Stefan W. Schimmel
Identität

STEFAN W. SCHIMMEL

Identität

Selbstbestimmung in einer unübersichtlichen Welt

wjs

Für meine Kinder Luisa und Jan,
für die ich mir wünsche, dass sie ein ausgeprägtes Gefühl für sich selbst bekommen und ihr Leben selbstbestimmt gestalten können.

Dankbar
bin ich meinen Eltern, die mir den Zugang zu Bildung ermöglicht und mir freie Wahl bei meiner Lebensgestaltung gelassen haben. Und natürlich meiner Frau Tanja, die nicht nur die Idee zu diesem Buch unterstützt, sondern mir beim Schreiben oft den Rücken freigehalten hat und dazu noch beim Lektorat behilflich war.

INHALT

Warnhinweis

Dieses Buch ist kein Ratgeber. Es ist kein weiteres Exemplar, das dem aktuellen und um sich greifenden *Selfness*-Trend geschuldet ist. Es sagt nicht, wie man zu sein hat, wie man sich optimieren sollte, um anzukommen – wo auch immer. Wer das erwartet, sollte sich anderswo orientieren, der Inhalt wäre nicht befriedigend.

Doch die ernsthafte Frage nach dem Ich – jenseits von künstlicher Selbstaufführung – hat Tradition. Seit jeher streiten Natur- und Geisteswissenschaftler, warum der Mensch so ist, wie er ist. Heute, bedingt durch die neuen Erkenntnisse der Psychologen, Biologen und Neurobiologen, mehr denn je. Die Wissenschaftler bestätigen einander, widersprechen sich und interpretieren die Natur des Menschen höchst unterschiedlich. Sich damit auseinanderzusetzen, ist nicht immer einfach. Aber es kann durchaus lohnend sein, weil es den Blick auf das, was uns ausmacht, schärft.

Das Buch ist für diejenigen geschrieben, die sich für das Rätsel Mensch mit all seinen Widersprüchen interessieren; für diejenigen, die Fragen stellen und nicht auf alles eine endgültige Antwort erwarten; für diejenigen, die sich einen eigenen Reim auf den Text ihres Lebens machen und das erkennen wollen, was tiefer sitzt: den Kern unseres *Soseins*, unsere Identität.

Stefan Schimmel, August 2009

Einleitung

Die Welt um uns herum ist unübersichtlich geworden. Durch den technischen Fortschritt und die Globalisierung werden wir mit vielen neuen Entwicklungen konfrontiert, unterschiedlichste Kulturen und Wertvorstellungen stehen konkurrierend nebeneinander. Die Welt hat sich beschleunigt. Wir stehen mittendrin und müssen ständig mit Veränderungen und zunehmenden Unsicherheiten, die alle Lebensbereiche betreffen, zurechtkommen. Das überfordert uns vielfach, raubt uns Kraft und Energie, erzeugt ein Gefühl des Kontrollverlustes und lässt uns unser Leben als weitgehend fremdbestimmt erscheinen.

Je häufiger und je schneller wir uns an veränderte Situationen anpassen müssen, desto mehr Stress erleben wir und umso gefährdeter ist unsere seelische und körperliche Gesundheit, unser Wohlbefinden und unsere Zufriedenheit.

Der Wissenschaftler Richard Rahe hat versucht, diesen Stress fassbar zu machen.[1] Er untersuchte, wie viele positive und negative Lebensveränderungen Menschen innerhalb einer gewissen Zeitspanne zu bewältigen haben. Von der Anzahl und den mit den damit verbundenen seelischen Kosten schloss Rahe auf das Ausmaß der Belastung. In seinen Umfragen kam der Stressforscher zu dem Ergebnis, dass sich seit 1960 der Stresspegel in unserer Gesellschaft um 44 Prozent erhöht hat. Anders ausgedrückt: Wir erleben sehr viel mehr Veränderungen als die Generationen vor uns.

Vielfach sind wir nicht in der Lage, diese Veränderungen zu beeinflussen, weil sie sich unserer Kontrolle entziehen. Auch wenn wir uns oft andere Zustände und Entwicklungen wünschen, müssen wir lernen, mit ihnen zurechtzukommen und zu akzeptieren, dass wir das Rad der Geschichte nicht einfach zurückdrehen können.

Wir können jedoch versuchen, die Zusammenhänge und Prozesse, in die wir oft unfreiwillig eingebunden sind, zu erkennen und über ihre Auswirkungen auf unsere Identität, also im weiteren Sinne auf unsere Persönlichkeit, unsere Denkhaltungen und unseren Lebensstil nachzudenken. Doch wir haben nur eine verschwommene Vorstellung von Identität. Das hat auch seinen Grund, denn zu Identität hat fast jeder etwas zu sagen: Psychologen, Psychiater, Philosophen, Mediziner, Theologen, Biologen und Soziologen – nur um die wichtigsten Spezialisten zu nennen. Und so unterschiedlich die Fachgebiete sind, so verschieden sind auch die spezifischen Definitionen und Interpretationen von Identität.

Im Teil I *Identität* will ich deshalb die begriffliche Vielfalt darstellen, logische Probleme, die mit der Bedeutung von Identität verbunden sind, erläutern, aber auch zu einer allgemeinverständlichen Definition kommen, auf die ich im weiteren Verlauf des Buches zurückgreifen werde.

Weil Identität Selbsterkenntnis voraussetzt, beschäftige ich mich auch damit, ob und inwieweit wir überhaupt dazu fähig sind und was unsere Erkenntnisfähigkeit einschränkt beziehungsweise bedingt.

Darstellen möchte ich außerdem, wie sich unsere Identität grundsätzlich entwickelt und wie uns sowohl die Rollen, die wir im Leben spielen, als auch unsere Mitmenschen prägen.

Thema des zweiten Teils sind *Umwelt und Gesellschaft.* Beide verändern sich radikaler als jemals zuvor. Momentan befinden wir uns im größten Experiment, auf das sich die Menschheit je eingelassen hat: Nach Zehntausenden von Jahren, die wir in Höhlen verbracht haben, sind wir seit kurzem dabei, uns zu einer Weltgesellschaft zu vernetzen. Das stellt uns vor neue Herausforderungen, die Auswirkungen auf jeden Einzelnen haben.

Unter den Schlagworten Evolution, Globalisierung, Ökonomisierung, Individualisierung, Wertewandel, Informations- und Wissensgesellschaft und vernetzte Gesellschaft möchte ich sowohl den Weg, den wir bis heute gegangen sind, als auch die momentane gesellschaftliche Situation und ihre Trends skizzieren.

Im dritten Teil *Gehirn, Erfahrung und Persönlichkeit* stelle ich dar, wie unser Gehirn funktioniert, denn Identität entsteht in unserem Kopf. Sie entwickelt sich durch die Verarbeitung unserer persönlichen Erfahrungen und macht uns zu individuellen Persönlichkeiten.

Im vierten Teil *Prägende Faktoren* gehe ich der Frage nach, warum wir so sind, wie wir sind, und beschreibe die wichtigsten Einflüsse, die unser Selbst und unseren Charakter formen. Zwar ist jede Person einmalig, weil sie auf andere Weise geprägt wurde – aber die

Einflussfaktoren sind oftmals die gleichen. So wird unsere Identität nicht nur durch Geschlecht, Rasse, Erziehung und Familie bestimmt, sondern auch durch unsere Arbeit, unsere Herkunft und sogar die Medien – um nur einige Aspekte zu nennen.

Ergänzend zum ersten Teil, der mit dem klassischen Identitätsverständnis endet, setze ich mich im fünften Teil *Identitätsarbeit heute* damit auseinander, ob dieses Verständnis auch in der heutigen Welt unter grundlegend veränderten Rahmenbedingungen noch zeitgemäß ist, oder ob wir genötigt sind, andere Wege zu gehen als die Generationen vor uns.

Thema des sechsten Teils ist die *Selbstbestimmung*. Frage ist nicht nur, was Selbstbestimmung bedeutet, sondern auch, inwieweit wir über unser Leben überhaupt selbst bestimmen können. Im Weiteren geht es um die steuerbaren Aspekte der Identität: um Einstellungen zu unserem Selbst, um Schlüsselkompetenzen und Denkhaltungen, die wir brauchen, damit wir uns in der unübersichtlich gewordenen Welt wieder besser orientieren und den permanenten Wandel positiv für uns nutzen können.

I.
IDENTITÄT

»Wir müssen das, was wir denken, auch sagen.
Wir müssen das, was wir sagen, auch tun.
Wir müssen das, was wir tun, auch sein.«

Alfred Herrhausen

Identität

Bis vor wenigen Jahren war Identität eher Gegenstand der intellektuellen Auseinandersetzung zwischen Philosophen, Psychologen oder Soziologen. Hier ging es dann vorwiegend darum, das Verhältnis des Individuums zu sich selbst oder seine Rolle in der Gesellschaft zu hinterfragen.

Zunehmend taucht Identität aber auch außerhalb dieser geschlossenen Zirkel als Thema in Zeitungen und Zeitschriften auf und wird so in das öffentliche Interesse gerückt. Bemerkenswert ist, dass nie so viel – und selten aus so unterschiedlichen Blickwinkeln – über Identität geredet oder geschrieben wurde wie heute. Dabei klären uns viele Autoren gar nicht darüber auf, was sie unter Identität verstehen, so als wäre sie eine eindeutige Sache. Es entstehen aber auch neue, recht originelle Definitionen wie zum Beispiel die von Wolfgang Büscher: *»Identität ist, wenn Iren, in dritter, vierter Generation in den USA lebend und ansonsten ganz vernünftige Amerikaner, es nicht übers Herz bringen, Nein zu sagen, wenn wieder für die IRA gesammelt wird.«*[1]

Aber Hand aufs Herz: Können Sie aus dem Stegreif definieren, was Identität ist? Ich vermute, dass es Ihnen genauso schwerfällt wie meinen Studenten, wenn ich ihnen diese Frage stelle. Klar formulieren, was Identität ist, kann keiner, aber im Hinterkopf tauchen Assoziationen wie Persönlichkeit, Charakter, Eigenschaften, Unverwechselbarkeit, Einmaligkeit, Zugehörigkeit, Ich, Fingerabdruck oder Individualität auf.

So ist unsere Vorstellung von Identität ziemlich diffus. Wir sehen zwar einzelne Puzzlesteine, aber es entsteht kein geschlossenes Bild. Unser Blick aufs Ganze wird noch weiter getrübt durch diverse Zusätze wie nationale, kulturelle, soziale, sexuelle, virtuelle, postmoderne, multiple und optische Identität. Außerdem gibt es die Patchworkidentität, wir arbeiten an unserer Identität, klagen über ihren Verlust, befürchten eine Identitätsaufspaltung und können unter verschiedenen Identitätsmodellen beziehungsweise -entwürfen wählen. Wer blickt da noch durch?

Identisch: Dasselbe oder das Gleiche?

Warum haben wir aber eine so unklare Vorstellung von Identität? Einer der Gründe ist sicherlich, dass wir den Begriff *identisch*, der ja im Wort Identität steckt, nicht in seiner eigentlichen Bedeutung verstehen und gebrauchen. So versuchen wir oft festzustellen, ob zwei Dinge gleich sind und wenn wir keine Unterschiede bemerken, sagen wir einfach, sie seien identisch. Das ist aber nicht korrekt, weil identisch (lat.: *id idem*) nicht die Gleichheit mit etwas anderem, sondern ausschließlich *ein- und dasselbe* bedeutet. Und dasselbe kann immer nur es selbst sein.

Mit diesem logischen Problem hat sich schon der österreichisch-englische Philosoph Ludwig Wittgenstein (1889–1951) beschäftigt. Er fragt, wie denn »*zwei Dinge*« überhaupt identisch sein könnten, wo doch »*zwei Dinge*« naturgemäß nicht identisch seien und man bei völliger Identität wiederum auch nicht von zwei Dingen sprechen könne?

Um diesen Konflikt zu lösen, geht eine Erklärung davon aus, dass der Mensch die Identität von Dingen zunächst nicht erkenne und deswegen erst einmal zwei verschiedene Dinge annehme. Wenn dann deren Identität bewiesen sei, ergäbe sich, dass er von Anfang an nur ein Ding betrachtet, diesem aber zuvor irrtümlich unterschiedliche Bezeichnungen gegeben habe.

Aber auch wenn wir annehmen, dass ein Ding nur mit sich selbst und somit mit nichts anderem identisch sein kann, ist es mit der völligen Übereinstimmung auch nicht ganz so unproblematisch, wie es auf den ersten Blick scheint. Denn wie lange ist ein Ding mit sich identisch, wenn es sich verändert?

Identisch: Immer nur so oder auch anders?

Thomas Hobbes hat dieses Phänomen am Beispiel des Schiffs des Theseus verdeutlicht. Dabei stellt er sich vor, dass bei einem Schiff im Laufe der Zeit alle schadhaften Planken durch neue ausgetauscht, die alten aber wieder zu einem neuen Schiff zusammengesetzt würden: *»Werden in diesem Schiff nach und nach alle Planken durch neue ersetzt, dann ist es numerisch dasselbe Schiff geblieben; hätte aber jemand die herausgenommenen alten Planken aufbewahrt und sie schließlich sämtlich in gleicher Richtung wieder zusammengefügt und aus ihnen ein Schiff gebaut, so wäre ohne Zweifel auch dieses Schiff numerisch dasselbe Schiff wie das ursprüngliche. Wir hätten dann zwei numerisch identische Schiffe, was absurd ist.«*[2]

Inwieweit ist Veränderung also überhaupt mit dem Identitätsbegriff vereinbar – und wenn, in welchem Maß?

Sind Sie mit sich identisch? Ihrem Gefühl nach wahrscheinlich schon – Sie sind ja der, der Sie sind – kein anderer. Also sind Sie mit sich identisch, ein und derselbe. Wie steht es aber mit Ihrer Identität, wenn Sie nach einer Operation eine künstliche Hüfte bekommen? Oder sich einen Bart stehen lassen? Oder eine neue Frisur? Sind Sie auch dann noch derselbe? Sicherlich, werden Sie vielleicht sagen, Ihr Selbst hat sich ja nicht verändert, und so eine kleine Veränderung macht aus Ihnen ja nicht einen anderen.

Aber wie viele Änderungen wären dann erlaubt, bis keine Identität mehr vorläge? Anders gefragt, ab welchem Grad der Veränderung könnte man – wenn überhaupt – von einer *neuen* Identität sprechen?

Nehmen wir, um diese Problematik verständlicher zu machen, das biblische Beispiel der Bekehrung des Apostels Paulus. Er hieß ursprünglich Saulus, war ein hebräischer Jude und ein erbitterter Verfolger der Christen. Nachdem ihm Jesus als Licht erschienen war – manche Forscher deuten diese religiöse Erscheinung auch als epileptischen Anfall –, bekannte er sich spontan zum Christentum, wurde getauft und unter seinem neuen Namen Paulus einer der erfolgreichsten Verkünder des Christentums. Im Volksmund hat sich diese Geschichte erhalten: Wir sagen heute noch, dass sich jemand vom Saulus zum Paulus gewandelt hat. Aber war Paulus nach seiner Bekehrung noch identisch mit Saulus? Antwortet man hier mit Nein, muss die Frage *Warum denn nicht?* beantwortet werden. Er aß doch wahrscheinlich noch genauso gern Lamm wie früher. Und sah auch noch genauso aus. Alle, die ihn kannten und nach der Taufe sahen, haben ihn auch als Saulus identifiziert: *»Ist das nicht der Mann, der in Jerusalem alle verfolgt hat, die sich zu Jesus bekannten?«*[3]

Sagen Sie aber, er sei noch derselbe wie früher, könnte man Ihnen auch widersprechen. Er hatte sich doch stark verändert und wurde ein ganz neuer Mensch. Er nannte sich Paulus, war früher Heide, wurde dann aber Christ und verhielt sich nach seiner Bekehrung auch ganz anders.

Wer hat recht? Hat Saulus jetzt eine neue Identität und besteht die alte nicht mehr – wo doch gerade dieser Bruch zu seiner Biografie gehört und ihm besondere Glaubwürdigkeit verleiht? Oder ist er immer noch derselbe und sein Wandel wäre – aus welchen Gründen auch immer – nur vordergründig und nicht authentisch?

Im Grunde ist die Identitätsfunktion ein rätselhaftes Paradox. Denn obwohl wir alle uns ständig ändern, neue Erfahrungen machen, älter werden, vergessen, dazulernen, bleibt unsere Identität erhalten: Stets fühlen wir uns als ein und derselbe identische Mensch. Die Identität ist für Gesunde so etwas wie eine psychologische Konstante über das ganze Leben hinweg.

Identität: Für jeden etwas anderes

Ein weiterer Grund, warum wir nur eine unscharfe Vorstellung von Identität haben, ist – wie in der Vorbemerkung schon erwähnt – die Tatsache, dass sich im Laufe der Zeit viele unterschiedliche Identitätsdefinitionen herausgebildet haben. Sie werden durch die jeweiligen Forschungsbereiche und -zwecke, Untersuchungsobjekte und Blickwinkel der unterschiedlichen Fachdisziplinen bestimmt. Kein Wunder also, dass uns Identität im Alltag auch aus so verschiedenen Perspektiven präsentiert wird.

So bezeichnet in der *Mathematik* der Begriff der identischen Gleichung eine Gleichung, die für den ganzen Definitionsbereich ihrer Variablen gültig ist.

Im *Recht* bedeutet Identität die Übereinstimmung der personenbezogenen Daten mit einer natürlichen Person. Wir alle kennen den klassischen Satz *Versuchen Sie, die Identität des Toten festzustellen* aus unzähligen Krimis. Deswegen nennen die Schweizer ihren Ausweis auch Identitätskarte und die Amerikaner Identity Card.

In der *Psychiatrie* umschreibt Identität die Unversehrtheit und Funktionsfähigkeit aller Organisationsleistungen des Nervensystems. Wenn hier irgendetwas durcheinandergerät, ist die Identität gestört.

Die *Soziologen* verstehen darunter die Kennzeichnung eines Bündels typischer Rollen eines Individuums.

Die *Moraltheologen* und *Philosophen* ein über die Zeit relativ stabiles Set persönlicher Werthaltungen und ethischer Prinzipien.

In der *Psychoanalyse* ist es die Bezeichnung für das emotionale Sich-gleich-Setzen mit einer anderen Person oder Gruppe.

Und in der *Psychologie* wird Identität als die als Selbst erlebte innere Einheit der Person beschrieben.

Zusätzlich definieren beziehungsweise interpretieren – auch innerhalb der oben genannten Fachgebiete – einzelne Wissenschaftler Identität noch aus ihrer eigenen Sicht, die meist durch ihre speziellen Interessensschwerpunkte geprägt ist:

Der Psychoanalytiker *Erik Erikson*, auf den der Begriff der Ich-Identität zurückgeht, definiert diese als »*Zuwachs an Persönlichkeitsreife, den das Individuum am Ende der Adoleszenz der Fülle seiner Kindheitserfahrungen entnommen haben muss, um für die Aufgaben des Erwachsenenlebens gerüstet zu sein.*« Für ihn bedeutet die Ich-Identität auch das Gefühl für ein inneres Sich-selbst-Gleichsein, ein Wissen um die eigene Unverwechselbarkeit und deren Bejahung.[4]

Der Soziologe *Erwin Goffmann* beschreibt, auf Erikson aufbauend, Identität als »*das subjektive Empfinden seiner eigenen Situation und seiner eigenen Kontinuität und Eigenart, das ein Individuum allmählich als ein Resultat seiner verschiedenen sozialen Erfahrungen erwirbt.*«

Für *Hans-Peter Frey* und *Karl Haußer* ist Identität ein selbstreflexiver Prozess des Individuums, in dem es innere und äußere, aktuelle sowie gespeicherte Erfahrungen über sich selbst verarbeitet: »*Identität entsteht aus situativer Erfahrung, welche übersituativ verarbeitet und generalisiert wird.*«[5]

Nach dem Verständnis des Soziologen *Lothar Krappmann* wird Identität über Sprache vermittelt. Sie sei nichts Starres, sondern entstehe durch die Kommunikation eines Individuums mit seinen Mitmenschen in jeder Situation neu.[6]

Ina-Maria Greverus, eine Kulturanthropologin, umschreibt Identität mit der Formel: *»Sich Erkennen, Erkannt- und Anerkanntwerden.«*[7]

Der Philosoph und Sozialpsychologe *George Herbert Mead* teilt die menschliche Identität in zwei Teilaspekte, das *»I«* (Ich) und das *»ME«*. Vergangene Erfahrungen und Erinnerungen werden innerhalb des Identitätsbereichs des *»ME«* sortiert und gespeichert, ergeben einen Teil der Identität, der objektiviert, also vom Individuum selber betrachtet werden kann. Betrachtet wird dieser Bereich vom *»I«*, dem subjektiven Bereich von Identität. Somit besteht die Identität eines Menschen aus einem Objekt und einem Subjekt, das in der Lage ist, dieses Objekt zu betrachten.[8]

Heiner Keupp meint, Identität sei in der heutigen Zeit *»dann nur noch das, was einer zu einem gegebenen Zeitpunkt an Bezügen bündelt, ohne notwendigen Anspruch auf Allgemeingültigkeit, Dauerhaftigkeit, Kohärenz und Kontinuität.«*[9]

Und nach *Jürgen Fritz* schließlich lässt sich Identität definieren als *»die Einheit aus Selbstkonzept, Selbstwertgefühl und Kontrollüberzeugung, als die konzeptionelle Grundlage der Selbstdarstellung einer Person in sozialen Kontexten.«*[10]

Diese Vielfalt an Definitionen und Interpretationen verwirrt den Laien eher, als dass sie ihm weiterhilft. Ich werde zwar im Verlauf dieses Buches noch auf einige dieser Formulierungen zurückkommen, möchte aber – um das Verständnis von Identität zu erleichtern – einen Schritt zurückgehen, zu einer allgemeineren und weniger komplexen Erklärung, um mich dann auf die wesentlichen Bedeutungsinhalte zu konzentrieren.

Begriffsbestimmung: Identität – mal ganz einfach

Das Geo-Lexikon definiert: *»Identität ist objektiv die Unverwechselbarkeit der Persönlichkeit, also das, wodurch sich ein Mensch vom anderen unterscheidet, und subjektiv das Gefühl, wer man ist.«*[11]

Vom *objektiven* Standpunkt aus hat also jeder Mensch eine eigene Identität. Zwar sind sich zum Beispiel eineiige Zwillinge sehr ähnlich, sie sind aber nicht identisch, denn jeder hat seine eigene und unverwechselbare Persönlichkeit.

Ähnlich können sich auch Mitglieder sehr homogener Gruppen sein, die gleiche Ansichten, Verhaltensregeln und Wertvorstellungen teilen. Je stärker jedoch Menschen in eine Gruppe und deren Normen eingebunden sind, desto unausgeprägter wird ihre eigene Identität. Im Extremfall scheint sie sich fast in der Gruppenidentität aufzulösen. Jeder Mensch hat also eine Identität, es bestehen aber Unterschiede in ihrer Ausprägung.

Aus der *subjektiven* Perspektive, also der Sicht der Person auf sich selbst, beschreibt Identität das Gefühl, wer man ist. Der Soziologe Florian Strauss ergänzt diese Definition noch durch die zeitliche Dimension: »*Identität ist vereinfacht formuliert die Antwort auf folgende Fragen: Wer war ich? Wer bin ich? Wer will ich sein?*«[12] Er verankert somit die Person in einem Zeitkontinuum: Identität hat nicht nur eine Gegenwart – sie ist ohne Vergangenheit nicht denkbar und hat ohne Zukunft keine Perspektive.

Zu diesen beiden Bedeutungen möchte ich noch eine dritte stellen, nämlich die Sichtweise der Psychologen, die Identität *als die als Selbst erlebte innere Einheit der Person* beschreiben. Erik Erikson bezeichnet dies als ein *inneres Sich-selbst-Gleichsein.*

Mit allen drei Aspekten werde ich mich im Verlauf dieses ersten Teils noch intensiver auseinandersetzen.

Selbstbewusstsein und Selbsterkenntnis

Die zentrale Frage der Identität nach dem *Wer bin ich?* ist ohne Selbstbewusstsein und die Fähigkeit zur Selbsterkenntnis nicht zu beantworten. Aber wie entsteht Bewusstsein? Und wie weit sind wir überhaupt zur Erkenntnis fähig?

Selbstbewusstsein: Ein Reich ohne König

Dass wir ein Bewusstsein über uns selbst empfinden, ist für uns selbstverständlich. Aber kann auch ein Tier ein Bewusstsein haben? Vielleicht haben Sie sich schon mal vorgestellt, wie es wohl wäre, ein Hund zu sein, oder wie sich der Goldfisch im Aquarium fühlt, wenn er Sie stumm anglotzt. Eine Methode, dies zu überprüfen, ist der *Spiegel-Test.* Dabei wird den Probanden ein Punkt ins Gesicht gemalt und beobachtet, inwieweit sie fähig sind, diese äußerliche Veränderung ihrem Selbst zuzuordnen. Versuchen sie, den Punkt wegzuwischen, erkennen sie, dass das Gesicht zu ihnen gehört. Wenn nicht, schauen sie hinter den Spiegel, um sich zu vergewissern, ob dort jemand mit einem Punkt im Gesicht steht. Bisher nahm man an, dass nur einige Primaten wie etwa Schimpansen, Gorillas und Orang-Utans über dieses Selbstempfinden verfügen, und vermutete, dass das Bewusstsein von Tieren umso stärker abnimmt, je weniger sie mit uns verwandt sind. Bei Tierversuchen hat man aber neuerdings herausgefunden, dass auch Krähen, deren Gehirn man für weniger leistungsfähig hielt, in der Lage sind, sich selbst zu erkennen. Und nicht nur das: Sie basteln sich Werkzeuge, haben ein hervorragendes Gedächtnis und planen sogar für die Zukunft.[13]

So überrascht uns die Natur immer wieder von Neuem. Aber vermutlich werden wir nie genau nachempfinden können, wie sich ein wildes Tier im Zoo hinter seinen Gitterstäben wirklich fühlt. Abgesehen davon, dass wir insgesamt noch sehr wenig über die Selbstwahrnehmung von Tieren sagen können, sind wir ja nicht einmal in der Lage festzustellen, wie ein anderer Mensch sich oder seine Umwelt sieht. Ob er das kräftige Rot einer blühenden Rose genauso oder anders empfindet als wir.

Zweifellos verfügen wir aber über das Gefühl für uns selbst. Es wird uns jedoch nicht in die Wiege gelegt, es entsteht erst ab dem 18. Lebensmonat. Dann entdecken Kinder ihr Ich und können sich im Spiegel erkennen. Sie nehmen sich ab da als von der Umwelt getrennt wahr – vorher empfinden sie sich noch als Teil von ihr – was in der Fachsprache als *ungetrennte Subjekt-Objekt-Einheit* bezeichnet wird. Die Kinder vergleichen nun vermehrt ihre eigenen Handlungen und ihr eigenes Erscheinungsbild mit anderen, sie entwickeln einen Bezug zu sich selbst und schließlich Selbstbewusstsein. Aber wodurch wird dieses *Selbst-Bewusstsein* verursacht, wie entsteht es?

Von dem französischen Philosophen, Mathematiker und Physiker René Descartes (1596 –1650) stammt die Bewusstseinsformel *»Ich denke, also bin ich.«* Als einzige Gewissheit galt ihm die durch methodischen Zweifel gewonnene Einsicht des *»cogito ergo sum«* (ich denke, also bin ich), das heißt die Selbstgewissheit und Selbstständigkeit im Denken.

Nachdem die Philosophen über 2500 Jahre lang Zeit hatten, Bewusstsein und Selbsterkenntnis zu erklären, versuchen heute die

Neurowissenschaftler zu ergründen, wo im Gehirn das Selbst zu lokalisieren ist und wie aus elektromagnetischen und chemischen Vorgängen im Kopf ein Gefühl vom Ich entsteht.

Im *Blue-Brain-Projekt* der polytechnischen Hochschule Lausanne wollen 40 Wissenschaftler bis 2015 das menschliche Gehirn als exaktes virtuelles Modell nachbauen – Nervenzelle für Nervenzelle. Nicht nur, um mehr über die Arbeitsweise des Gehirns und die Intelligenz zu erfahren, sondern auch über das Entstehen des Bewusstseins. Allerdings ist fraglich, ob ein Abbild der Realität, also ein Modell, jemals Bewusstsein erklären, geschweige denn erlangen kann.

Noch kennen wir die Ergebnisse nicht. Doch Wolf Singer vom Max-Planck-Institut in Frankfurt meint, dass sie das Bild von uns Menschen verändern, vielleicht sogar entzaubern könnten. Denn wenn eine biologische Verbindung zwischen Geist und Körper tatsächlich existiere, dann sei es schwer vorstellbar, dass Gedanken und Gefühle über den Tod des Organismus hinaus Bestand hätten. Dieses dann entstehende weltanschauliche Vakuum könnten aber die Neurowissenschaftler allein nicht füllen – hier benötigten sie wieder die Philosophen und Theologen, um die moralischen und ethischen Probleme zu lösen, die sie selbst aufgeworfen hätten.[14]

Doch diese stimmen schon heute ihre Theorien auf die Erkenntnisse der Hirnforschung ab. So vermutet der Philosoph und Bewusstseinsspezialist Thomas Metzinger von der Universität Mainz, dass das *»Gefühl des Selbst«* durch den *»ständig im Körper generierten Strom der Mitteilungen seiner inneren Sensoren«* entsteht. Das von ihm so genannte *»Selbstmodell«* sei *»die einzige repräsentationale Struktur, die im Gehirn durch eine kontinuierliche Quelle intern generierten Inputs verankert ist.«*[15] Mit dieser *kontinuierlichen Quelle intern generierten Inputs* meint er den Informationsfluss aus den vier Sinnesfeldern: den des Gleichgewichtsorgans, der Neuromatrix, der Eingeweide und Blutgefäße und den Regelkreis des Hirnstammes.

Metzinger macht das beschriebene Hintergrundgeräusch des Körpers, das im Gehirn wahrgenommen werde, als bewusstseinserzeugend aus. Vielleicht ist es an der Zeit, Descartes nach neuem Erkenntnisstand umzudeuten? Aus *Ich denke, also bin ich* müsste folglich *In mir rauscht es, also bin ich* werden.

Doch abgesehen von der noch nicht eindeutig geklärten Entstehung des Bewusstseins erfahren wir es täglich selbst: Es ist immer da, es rauscht kontinuierlich – bis wir abends die Augen schließen und langsam in den Schlaf sinken, bewusstlos werden, in ein Koma fallen oder sterben. Im Schlaf übernimmt dann das Unterbewusstsein die Herrschaft. Es räumt mit den Eindrücken des Tages auf und verarbeitet sie in den Träumen. Zumindest in der Formulierung steckt ja, dass das Unterbewusstsein auch eine Art des Bewusstseins ist – paradoxerweise bekommen wir davon jedoch kaum etwas mit.

Trotz aller Erkenntnisse: Noch konnte nicht lokalisiert werden, wo genau im Gehirn das Selbst sitzt und wie letztendlich Selbstgewissheit entsteht. Unter unserer Schädeldecke findet sich keine Kommandozentrale, in der alle Informationen zusammenlaufen. Vielmehr tragen mehrere räumlich und zeitlich getrennt arbeitende Module gleichberechtigt zum Bewusstsein bei. Die Autoren Werner Siefer und Christian Weber bezeichnen deshalb in ihrem Buch *Ich* unser Gehirn auch als *»ein Reich ohne König«*.[16]

Die Frage ist, ob die Naturwissenschaft uns überhaupt jemals das menschliche Selbstbewusstsein erklären kann. Vielleicht ist der Verursacher ja doch eine übergeordnete Kraft, oder, griffiger formuliert, ein Gott, der der fühllosen Materie Leben einhaucht und ihr so den Geist verleiht, den die Naturwissenschaft nicht finden kann?

Ebenso ist noch unklar, wann im Laufe der Evolution dieses Selbstbewusstsein entstanden ist. Der Sinn dieses Empfindens des Selbst ist allerdings eindeutig. Der Mensch ist ein soziales Wesen und alleine nicht überlebensfähig – und erst in einer Gruppe macht der Begriff *Ich* überhaupt Sinn. Hier übernimmt er eine doppelte Funktion: Er bezeichnet zugleich eine Abgrenzung und eine Zugehörigkeit. Ein Ich-Sager definiert so seinen Platz in der Gesellschaft, grenzt sich ab und kann erst dann auch seinen Platz in dieser Gesellschaft behaupten.[17]

Das Bewusstsein vom eigenen Ich hat uns also Überlebensvorteile gesichert. Und von einem primitiven Mechanismus der Selbstwahrnehmung hat es sich zu einem sehr differenzierten weiterentwickelt.

Unsere Erkenntnisfähigkeit: Wir sind als Pragmatiker ausgerüstet

Bevor wir uns der Selbsterkenntnis zuwenden, stellt sich die Frage, wie es allgemein um unseren Wahrnehmungs- und Erkenntnisapparat bestellt ist. Was nehmen wir überhaupt von unserer Umwelt wahr und wie realistisch ist das Bild, das wir von ihr sehen?

Die Evolution hat uns eher als Pragmatiker denn als Erkennende ausgerüstet, weil wir nur den Teil der Realität sehen, der für uns von Bedeutung ist. Was aus Sicht der Evolution auch sinnvoll ist. Denn zu langes Nachdenken wäre für unsere Vorfahren angesichts eines auf sie zudonnernden Mammuts nicht unbedingt richtig gewesen – die schnelle Flucht war sicherlich die bessere Lösung. Und da wir nicht die Nachkommen derer sind, die vom Mammut zertrampelt wurden, scheint sich unser Gehirn nicht in Richtung Erkenntnis entwickelt zu haben, sondern so, dass wir drohende Gefahren möglichst schnell erkennen können – was unsere Überlebenschancen wohl auch entscheidend erhöht hat.

Außerdem sind der Erkenntnisapparat des Menschen und seine darauf gründenden geistigen Fähigkeiten selbst ein Produkt seiner Evolution und schon deshalb entsprechend eingeschränkt. Dass wir nicht unbedingt als Erkennende geschaffen sind, liegt auch an der Art und Weise, wie wir unsere Umwelt wahrnehmen, denn dies geschieht nicht direkt, sondern wir interpretieren im Gehirn nur ihr Abbild.

Schon vor mehr als 2000 Jahren hat der griechische Philosoph Platon diesen Sachverhalt mit seinem sogenannten *Höhlengleichnis* versinnbildlicht. Er vergleicht uns mit einem Menschen, der mit dem Rücken zum offenen Höhleneingang sitzt und an der Rückwand der Höhle nur Schatten der realen Welt sieht, aber meint, er nähme sie selbst wahr.

Dass Platon mit seiner Ansicht gar nicht so falsch lag, obwohl er von den heutigen Erkenntnissen aus Biologie und Neurobiologie noch nichts wusste, verdeutlichen folgende Beispiele.

Ganz anders als der Mensch sieht zum Beispiel die Fledermaus ihre Welt. Sie orientiert sich in der Dunkelheit durch Ultraschall und erkennt Gegenstände und Insekten am zurückgeworfenen Muster. Sie erlebt ihre Umwelt also als ein sich ständig änderndes Klangbild aus bewegten und unbewegten Objekten.

Nilhechte wiederum erzeugen ein elektrisches Feld, das ihren Körper umgibt – so bekommen sie sogar im Dunkeln einen exakten räumlichen Eindruck ihrer Umgebung. Viele Insekten nehmen UV-Licht wahr, und Bienen sehen auf einer Wiese Blumenmuster, die wir nie zu Gesicht bekommen: Ultraviolette Adern und Punkte – Saftmale, die das Vorhandensein von Nektar anzeigen.

Wer hat nun das richtige Abbild der Welt im Kopf? Die Fledermaus, der Nilhecht, die Biene oder wir? Vermutlich niemand: Denn jedes Lebewesen sieht nur den Bereich, der für es relevant ist. Organismen, die in einer anderen Umwelt leben oder sich dort hineinentwickeln, interessieren sich für völlig andere Ausschnitte aus dieser physikalischen Welt.

Auch wenn wir der Meinung wären, dass wir – quasi als Krone der Schöpfung – die Einzigen sind, die die Welt so sehen, wie sie ist, müssen wir diese Ansicht schnell revidieren, wenn wir uns näher mit unserem Wahrnehmungsapparat beschäftigen.

Unsere Wahrnehmung: Eine rote Rose ist keine rote Rose

Nehmen wir als Beispiel die vorhin schon erwähnte rote Rose. Wir sehen sie zwar als rot, aber in Wirklichkeit strahlt sie nur eine bestimmte Wellenlänge des Spektrums aus dem Sonnenlicht zurück, von dem sie beschienen wird. Die Wellen gelangen durch die Pupille auf unsere Netzhaut, werden im Gehirn in elektrische Ströme umgewandelt und an den Verbindungen der Nervenzellen, den Synapsen, in chemische Signale übersetzt, und dann wiederum elektrisch weitergeleitet. Und obwohl es im Kopf dunkel ist, und man Ströme nicht sehen kann, entsteht irgendwo in unserem Gehirn das perspektivische Bild einer prächtigen roten Rose. Wir nehmen also etwas wahr, was in der Umwelt vielleicht gar nicht so aussieht.

Erstaunlich dabei ist auch ein anderes Phänomen: Wenn wir diese Rose betrachten, werden die von außen kommenden Eindrücke vom Sehnerv ins Gehirn weitergeleitet. Erst danach entsteht – im Vergleich zum relativ kleinen Input von außen – ein wahres Gewitter an Gehirnströmen. Unser Gehirn vergleicht dann den ankommenden Input mit unserer gespeicherten Welterfahrung ab, ordnet ein, interpretiert und lässt uns erst danach die Rose erkennen. Um es mit den Worten des Hirnforschers Manfred Spitzer auszudrücken: »*Es geht wenig hinein und es kommt wenig heraus, die Musik spielt innen.*«[18] Denn auch wenn wir uns die Rose nur vorstellen, laufen die gleichen Gehirnströme ab. Es fehlt nur der relativ marginale Input von außen.

Dazu kommt, dass wir selbst aus diesem externen Input noch immens viel aussortieren: Was unbekannt oder unwichtig scheint – das sind oft bis zu 99 Prozent! –, wird aus dieser Wahrnehmungsflut aussortiert, nur Interessantes und Vertrautes herausgefiltert, mit bisherigem Wissen verglichen und eingeordnet.[19]

So ist der Homo sapiens wohl wirklich kein Erkennender, sondern eher Schubladendenker und erfahrener Interpretierer der Wirklichkeit.

Selbsterkenntnis: Die permanente Selbsttäuschung

Erkenne dich selbst stand einst als Inschrift auf dem Apollo-Tempel in Delphi. Schon vor mehr als zweitausend Jahren wurden die Menschen dazu aufgefordert, ihre Persönlichkeitsstrukturen aufzufinden und kennenzulernen. Doch selbst Sokrates, von dem dieser Wahlspruch stammt, hielt sie für eine der schwierigsten Forderungen überhaupt.

Aber was soll daran so schwer sein? Schließlich haben wir den einfachsten Zugang zum eigenen Ich – wir stecken ja drin. Wir wissen doch selbst am besten, was im eigenen Kopf vor sich geht. Wir sind Herr unserer Gedanken, sind uns unserer Gefühle bewusst, können die Dinge benennen, die uns glücklich machen und vor denen wir uns fürchten.

Das stimmt zwar, diese Form der Selbsterkenntnis ist allerdings nur eine sehr oberflächliche. Wir realisieren zwar, *was* wir denken und fühlen, nicht aber warum. Die tiefer liegenden Motivationen bleiben uns fast immer verborgen, denn viele unserer Emotionen und Handlungen werden aus dem Unterbewusstsein gesteuert, zu dem wir keinen Zugang haben. Wir wissen, dass uns ein Gewitter ängstigt, oder wir unfähig zu einer festen Beziehung sind, kennen die Ursache aber nicht. Zwar bemerken wir unsere Affekte und Gefühle, diese sind laut dem Hirnforscher Gerhard Roth aber nur die Interpretationen der Erregungen aus den unbewusst arbeitenden Ebenen des Bewusstseins. In unser Bewusstsein dringen also nur die gefilterten Botschaften, die wir als Gefühle, Wünsche, Gedanken, Motive und Ziele erleben. »*Das bewusste Ich schreibt sie sich fälschlich als von ihm hervorgebrachte Zustände zu. Das ist die Illusion der falschen Urheberschaft des bewussten Ich.«*[20] So meinen wir nur, uns über viele Merkmale unseres Ichs im Klaren zu sein. Fest steht aber, so Roth, *»dass all unsere Bemühungen, uns per Selbstreflexion zu verstehen, an Grenzen stoßen, die das Vorbewusste ihnen setzt, und dass wir nie in die Sphäre unseres Unbewussten eindringen können.«*

Unsere Fähigkeit, die Umwelt und uns zu erkennen, scheint also recht eingeschränkt – wir bekommen wohl nur das Notwendigste mit. Vermutlich ist das auch besser so.

Doch verlassen wir diesen Exkurs und wenden wir uns wieder dem Thema Identität zu. Im Kapitel *Begriffsbestimmung* hatte ich die Identitätsdefinition des Soziologen Florian Strauss zitiert: *»Identität ist vereinfacht formuliert die Antwort auf folgende Fragen: Wer war ich? Wer bin ich? Wer will ich sein?«* Auf diese Verankerung der Person in der Zeit möchte ich nun näher eingehen.

Wer war ich? Keine Gegenwart ohne Vergangenheit

Stellen Sie sich vor, Sie wachen in der U-Bahn als Penner auf, haben aber das Gefühl, früher keiner gewesen zu sein. Mehr wissen Sie nicht. Nicht, woher Sie kommen, wo Sie wohnen, welchen Beruf Sie haben, ob Sie verheiratet sind oder Kinder haben. Sie wissen auch nicht, wie Sie in Ihre momentane Lage gekommen sind. Sie leben zwar, aber nur im Jetzt, ohne Vergangenheit.

Eine ähnliche Situation: Sie haben das Gedächtnis verloren und finden in einem Banksafe fünf Pässe, jeder aus einem anderen Land und mit unterschiedlichen Namen – aber alle mit der Angabe Ihrer Körpergröße und Ihrer Augenfarbe. Und mit Ihrem Passbild.

Kommen Ihnen die Situationen bekannt vor? Die erste ist aus dem Buch *Das zweite Gedächtnis* von Ken Follet, vor der anderen steht Matt Damon alias Jason Bourne in Doug Limans Film *Die Bourne Identität.* Mit dieser Art von Gedächtnisverlust lässt sich zwar trefflich Spannung erzeugen, sie hat mit realen Fällen aber wenig zu tun – diese können weitaus schlimmer sein.

Dies verdeutlicht der Fall von Udo Dedering. Am 3. Juni 1991 hatte er einen schweren Autounfall. Vor dem Unfall saß er im Rollstuhl. Danach konnte er gehen – hatte aber sein Gedächtnis verloren. Er wusste nichts mehr über sein früheres Leben, erkannte seine Eltern und seine Schwester nicht mehr und ohne sein Gedächtnis waren die meisten Erlebnisse, die ihn geprägt hatten, wie ausradiert, seine Erfahrungen nicht mehr abrufbar. Selbst einfachste Tätigkeiten wie Zähneputzen konnte er nicht mehr erledigen – er wusste nicht mehr, wie er sie auszuführen hatte. Er benahm sich zu Hause wie ein Fremder, war nicht in der Lage, sich an den Weg zu seiner Wohnung zu erinnern und hatte große Schwierigkeiten, sich neue Inhalte zu merken. Bei seinem Unfall wurden sowohl jene Gedächtnissysteme verletzt, die für die Speicherung als auch für den Abruf von Informationen zuständig sind.

Udo Dedering ist heute immer noch auf der Suche nach seiner Identität, die er nur durch Dritte erfahren kann, weil er sein autobiografisches Gedächtnis verloren hat. Umfangreiche Trainingsprogramme sollen ihn dabei unterstützen, sein Leben zu meistern, weil er die Hoffnung nicht aufgeben will, sich mehr merken zu können und das Gefängnis der Gegenwart in seinem Kopf zu überwinden.[21]

Diese Beispiele – gleichgültig ob fiktiv oder real – zeigen, wie wichtig es ist, die eigene Vergangenheit zu kennen. Ohne ein *Wer war ich?* ist die Frage nach dem *Wer bin ich?* nicht zu beantworten. Unsere Herkunft ist ein entscheidender Teil unserer Identität. Kein Wunder also, dass wir ein tiefes inneres Verlangen danach haben, unsere Wurzeln zu kennen. Gerade dann, wenn wir sie verloren haben. Kinder, die nicht wissen, wer ihre Eltern sind, setzen oft alles daran, es herauszubekommen – sogar in dem Bewusstsein möglicher Enttäuschung.

Wenn wir uns an die selbst erlebte Vergangenheit erinnern, greifen wir auf unser autobiografisches Gedächtnis zurück. Wir rufen Erlebnisse und Erfahrungen ab, denn ohne sie sind wir in der Gegenwart nicht überlebensfähig. Allerdings arbeitet unser Gedächtnis nicht verlässlich. Studien beweisen: Innere Erinnerungsfilme sind ziemlich ungenau, manchmal sogar frei erfunden, obwohl die Probanden sicher waren, etwas, was ihnen durch ein manipuliertes Kindheitsfoto vorgegaukelt wurde, genauso erlebt zu haben. Entgegen der landläufigen Meinung speichert unser autobiografisches Gedächtnis also nicht, wie bei einem Archiv, unser Leben lang zuverlässig Daten ab, denn nur ein winziger Bruchteil alles Wahrgenommenen oder Gelernten wird wirklich gut verankert – und zwar in erster Linie die Gedanken oder Erlebnisse, die hochemotional sind. Also das, was einem sehr viel Freude bereitet, Spannungen oder starke negative Empfindungen hervorruft. [22]

Selbst unsere vermeintlich stabilen Erinnerungen bleiben nicht einmal die gleichen. Das liegt daran, dass unser Gehirn dynamisch arbeitet. Weil wir uns durch neue Erfahrungen selbst ändern, bewerten wir beim täglichen Aufräumen unseres Speichers auch unsere vergangenen Erlebnisse immer wieder neu. Dabei interpretieren wir Erlebtes um. So verändern sich die Erinnerungen, wenn wir sie aufrufen. Unser autobiografisches Gedächtnis ist also kein Archiv, es gleicht vielmehr einem Zimmer, das immer wieder auf- und umgeräumt wird. So gesehen basteln wir uns unsere subjektive (vergangene) Welt täglich neu.

Wer werde ich sein? Die Sinngebung im Jetzt

Die Frage *Wer werde ich sein?* führt die Lebenslinie von der Gegenwart in die Zukunft. Es geht um Möglichkeiten, Ideen, Entwürfe, Pläne und Ziele. Der chinesische Denker Laotse hat einmal gesagt: *»Nur wer sein Ziel kennt, findet den Weg.«*

Es gibt nur wenige Menschen, die im Moment, ganz ohne Ziele, glücklich werden beziehungsweise in Übereinstimmung mit sich leben können. Ziele motivieren gegenwärtiges Handeln und geben Orientierung im Jetzt. Eine Tätigkeit erhält erst mit einem Ziel ihren Sinn. Auch wenn dieses nicht erreicht wird, scheint die Aktivität auch im Nachhinein nicht sinnlos – man hat es ja wenigstens versucht. Die gleiche Tätigkeit kann ohne Ziel zur Last werden. Die Sinnfrage lautet dann: Warum tue ich mir das eigentlich an?

Viele, denen Ziele fehlen, füllen das entstehende Vakuum mit Befürchtungen. Und Bedenken sind schlechte Ratgeber und tragen das Misslingen oft schon in sich.

Wie eingebunden wir in das Zeitkontinuum sind, zeigt sich, wenn wir uns eine Linie vorstellen, die mit der Geburt auf der linken Seite beginnt und mit dem Tod auf der rechten Seite endet. Diejenigen, die sich in der Mitte des Lebens befinden, haben noch genauso viel vor wie hinter sich. Erfahrungen sind schon gemacht und Pläne können noch realisiert werden. Für über Achtzigjährige ist die Strecke nach vorne deutlich kürzer als die zurückgelegte. Kein Wunder also, dass ältere Menschen auch immer wieder die gleichen alten Geschichten erzählen – denn der Großteil ihres Lebens besteht aus Vergangenheit. Umgekehrt wird vielleicht auch verständlich, warum Kinder so programmiert sind, dass sie fast ausschließlich in der Gegenwart leben: Was hinter ihnen liegt, ist viel zu kurz, um erzählt werden zu können, und vor ihnen liegt noch so viel Ungewissheit, dass sie – wenn diese ihnen bewusst werden würde – das Heute kaum unbeschwert genießen könnten.

Selbstbild und Fremdbild

Das Gefühl, wer wir sind, entsteht nicht nur in uns selbst, ist nicht allein Ergebnis der Selbstreflexion. Unsere Identität entwickelt sich auch durch das Feedback aus unserer Umwelt.

Jürgen Fritz, Professor für Interaktionspädagogik an der Fachhochschule Köln, umschreibt dies als dialogischen Prozess, bei dem wir »Identitätsentwürfe« anbieten, die vom Umfeld bestätigt oder abgelehnt würden, und dementsprechend würden wir sie wieder umbauen, bis sie hinlänglich akzeptabel seien.[23]

Rolf Eickelpasch, Professor für Soziologie an der Fachhochschule Köln, formuliert es so: *»Die persönliche Identität, das Bewusstsein des eigenen Selbst, ist von den Zuschreibungen, Wahrnehmungen und Benennungen anderer abhängig.«*[24] Und der britische Soziologe Stuart Hall meint, Identität müsse stets *»durch das Nadelöhr des anderen gehen, bevor sie sich selber konstruieren kann.«*[25]

Unsere Identität entwickelt sich also nach dem Prinzip von Aktion und Reaktion, Versuch und Irrtum. Bis es eben passt. Allmählich grenzt sich dann von dem Wir der Gesellschaft unser Ich ab. Es zieht Grenzen um sich, gewinnt Kontur, wird auf diese Weise einzigartig – und dadurch auch erst für andere erkennbar und einschätzbar.

Und prägend ist nicht nur die eigene Sicht auf mein Ich, sondern auch das Bild der anderen, die damit auch bestimmte Erwartungen an mich haben. Die kann ich erfüllen oder enttäuschen – in beiden Fällen aber wirkt die Reaktion meines Gegenübers auf mich zurück.

In diesem Zusammenhang wird auch die schon zitierte Identitätsformel *»Sich erkennen, Erkannt- und Anerkanntwerden«* von Ina-

Maria Greverus verständlicher. Bei Identität geht es nicht nur darum, sich selbst zu erkennen. Man hat auch das Bedürfnis, von anderen wahrgenommen, erkannt, gekannt werden. Und vor allem – man will von ihnen anerkannt, respektiert werden und damit auch ganz einfach als *Bekannter* dazugehören.

Wir reden hier also von zwei unterschiedlichen Perspektiven auf ein Ich, die sich gegenüberstehen und sich beeinflussen: dem *Selbstbild*, der subjektiven Einschätzung einer Person von sich selbst, und dem *Fremdbild*, das die Beurteilung einer Person durch andere bedeutet.

Das Selbstbild: Die Ich-Identität

Das Selbstbild wird von Psychologen definiert als ein relativ beständiges, aber änderbares System von Erwartungen, Beurteilungen, Überzeugungen, Gefühlen und Wunschvorstellungen bezüglich der eigenen körperlichen, psychologischen und sozialen Merkmale.

Erikson gebraucht dafür den Begriff der *Ich-Identität*. Sie kennzeichnet das Vorhandensein eines Bildes des Individuums von sich selbst. Professor Heribert Meffert, Direktor des Instituts für Marketing der Universität Münster, ergänzt: *»Man kann auch von einem individuellen Konzept der eigenen Person sprechen.«*[26] Wobei die Bedeutung des Begriffs *Konzept* aus meiner Sicht zu rational anmutet, zu sehr nach vernünftiger Analyse und verstandesmäßigem Abwägen. Ich denke, der Begriff *Bild* verdeutlicht treffender, worum es geht: ein Verwobensein von unterschiedlichen Formen, Farben, Flächen und Strichen, die zusammenwirken, von einem Rahmen gehalten werden und ein Ganzes ergeben.

Ist die Ich-Identität wenig ausgeprägt, so erlebt sich die Person als wenig integriert, mit inneren Widersprüchen und Spannungen, und ist mit einem stärker schwankenden Selbstsicherheitsgefühl belastet. Je reifer, gesünder und normaler eine Persönlichkeit ist, desto kohärenter und klarer ist ihre Identität dann auch für andere. Sie wird leichter fassbar und kann auch besser eingeschätzt werden.

Neueren Untersuchungen zufolge fühlt man sich besonders zu denjenigen Menschen hingezogen, die das eigene Selbstbild bestätigen. Interessanterweise im Guten wie im Schlechten. Deshalb suchen Menschen, die sich selbst negativ sehen, auch häufig den Kontakt zu denjenigen, die sie ebenfalls abwerten. So setzt sich dann ein Teufelskreis von Selbst- und Fremdabwertung in Gang.[27]

Das Fremdbild: Im Blick der anderen

Das Bild, das andere von einer Person haben, entspricht meist nicht dem eigenen Selbstbild. Montaigne hat in seinen Essays einmal geschrieben: *»Nur du selbst weißt, ob du feige und grausam bist oder pflichtgetreu und gottesfürchtig; die anderen haben kein wirkliches Bild von dir, sondern suchen sich anhand ungewisser Mutmaßungen eins zu machen. Sie sehen weniger, wie du bist, als wie du dich gibst.«*[28]

Unterschiedlichen Bezugspersonen gegenüber geben wir uns aber meist anders. Kaum jemand wird sich seinem Chef gegenüber genauso verhalten wie zu seinem Ehepartner oder seinen Kindern. Beeinflusst wird die Art, wie wir uns darstellen, auch durch die Nähe zum Gegenüber – je vertrauter uns diese Person ist, desto mehr Seiten unserer Persönlichkeit geben wir preis.

Andererseits hat auch jeder – bedingt durch seine individuellen Lebenserfahrungen – einen anderen Blick auf Menschen und damit verbunden auch unterschiedliche Vorstellungen, Sehnsüchte und Erwartungen. So entstehen in den Köpfen von Freunden und Bekannten verschiedene Fremdbilder von ein- und derselben Person.

Wie aber entsteht ein Fremdbild? Wenn wir jemandem zum ersten Mal begegnen, nehmen wir ein ganzes Bündel von Merkmalen wahr und relativ schnell entsteht das Gefühl von Sympathie oder Antipathie. Warum dieses Gefühl entsteht und wodurch es verursacht wird, ist noch nicht ganz geklärt.

Dieser erste Eindruck, der sich schon nach etwa sieben Sekunden festigt, scheint aber von entscheidender Bedeutung zu sein. Die Wahrnehmungspsychologie geht davon aus, dass wir im weiteren Kontakt mit der Person ständig den ersten Eindruck mit unseren neuen Erfahrungen abgleichen. Dabei ist es wesentlich schwieriger einen schlechten Eindruck zu verbessern als einen guten zu widerlegen. Das Sprichwort *Du hast keine zweite Chance, einen guten ersten Eindruck zu machen* hat also durchaus seine Berechtigung.

Woran aber orientieren wir uns, wenn wir versuchen, uns ein Bild (engl. image) von einem anderen zu machen? Etwas vereinfacht dargestellt beurteilen wir sein Erscheinungsbild, seine Leistungen und sein Verhalten. Man bezeichnet diese drei Parameter auch als die *Dimensionen der Identität.*

Das Erscheinungsbild ist das Erste, was wir von einem fremden Menschen sehen, und oft schätzen wir ihn auch spontan danach ein.

Zum Erscheinungsbild gehören neben dem Gesicht – worauf wir uns in der Regel zuerst konzentrieren – auch Körperstatur und -sprache, die Haltung, die Art sich zu bewegen, die Kleidung sowie Gestik und Mimik. Erstaunlicherweise auch der Gang. Die Staatssicherheit der DDR wusste darum und hat ihren Agenten Einlegesohlen verpasst, damit diese ihren charakteristischen Gang veränderten, um so ihre Identität zu verwischen.[29]

Zusammengefasst ist das Erscheinungsbild also all das, was wir sehen können, ohne dass der andere sich sprachlich mitteilt.

Für die eigene Identitätsbildung ist das Aussehen in der Regel nicht so entscheidend, normalerweise arrangiert man sich irgendwann damit. Für den ersten Eindruck auf andere aber schon.

Wir erfassen das Aussehen einer Person in Sekundenschnelle, es führt uns aber bei unserer Einschätzung nicht viel weiter. Deshalb versuchen wir einen Kontakt zu unserem Gegenüber aufzubauen und tasten uns damit zu weiteren Beurteilungskriterien vor.

In einem ersten Gespräch fragen wir oft zuerst nach Beruf, Hobbys oder Erlebnissen. Damit versuchen wir etwas über seine Leistungen zu erfahren.

Im übergreifenden Sinne bezeichnet der Begriff sowohl den Grad einer körperlichen oder psychischen Selbstbeanspruchung als auch deren Ergebnis. Dazu gehören auch Leistungsmotivation und Belastbarkeit. Durch die konkreten, fassbaren Leistungen eines Menschen jedoch – also das, was er geleistet hat – können wir aber auf seine Begabungen, seine Intelligenz, seinen Ausbildungsstand und sein Wissen beziehungsweise Know-how schließen.

Wenn wir hier mehr erfahren haben, entsteht schon ein konkreteres Bild unseres Gegenübers. Sein Beruf zum Beispiel gibt uns Aufschluss über seine soziale Stellung, seine Belastbarkeit und die Anerkennung, die er vermutlich genießt. Die Hobbys verraten mehr über seine persönlichen Vorlieben oder sein soziales Engagement und wir können ihn besser einordnen.

Die dritte Dimension der Identität ist das VERHALTEN. Es gibt uns Aufschluss über die Wertvorstellungen und inneren Einstellungen eines Menschen, die dieses steuern. Im Verhalten äußert sich der Charakter mit seinen positiven und negativen Eigenschaften. Wir merken, was unserem Gegenüber wichtig ist, was er mag und was nicht. Allerdings sind Gedanken, Vorstellungen und inneres Erleben nur dann für uns sichtbar, wenn sie sich auch in beobachtbaren Verhaltensweisen manifestieren.

Eindrücke aus diesen Bereichen beurteilen wir unbewusst auch nach ihrem harmonischen Zusammenwirken: Passt sein Aussehen beziehungsweise seine Kleidung zu seiner Position? Entspricht sein Werdegang den eigenen Wertvorstellungen? Kurz: Ergibt das Gesamtbild eine stimmige Persönlichkeit?

Je mehr wir von dem anderen erfahren, desto mehr nimmt auch seine Persönlichkeit für uns Gestalt an, und wir schätzen ab, inwieweit diese mit unseren Vorstellungen übereinstimmt. Anfängliche Vorurteile – negative oder positive – werden abgebaut oder bestätigt, und die Puzzleteile ergeben irgendwann ein mehr oder weniger geschlossenes Bild.

Das vermutete Fremdbild: Spekulationen über das Ich vom Du

Aber wie gerne wüssten wir, was die neue Freundin, der Partner, der Chef, die Kollegen oder die Nachbarn von uns halten, was sie an uns schätzen oder was sie irritiert! Manchmal erhalten wir Einblicke – zum Beispiel wenn aus unserer Sicht eine Gehaltserhöhung ansteht. Dann erfahren wir, wie wenig unser Selbstbild mit dem Fremdbild unseres Chefs übereinstimmt. Oder in emotionaleren Situationen: sei es bei einer überschwänglichen Liebeserklärung, die in blinder Verzückung auch alles Negative idealisiert – oder umgekehrt, bei einem diffamierenden Streit, der alles Positive leugnet, unsere negativen Eigenschaften überhöht und bei dem im wahrsten Sinne des Wortes *kein gutes Haar* an uns gelassen wird.

Nur, wer sagt wirklich, ohne Eigeninteressen, ehrlich seine Meinung über uns? Das geschieht eher selten. Einerseits weil es einen neutralen Standpunkt erfordert, den unsere Bezugspersonen meist nicht einnehmen, andererseits aus Angst, zu verletzen oder selbst an Sympathie oder Zuneigung beim anderen einzubüßen. Mangels Information sind wir dann darauf angewiesen zu vermuten, wie uns denn der andere sehen könnte.

Dass wir uns bei dem Versuch, die Einschätzung der anderen zu erahnen, manchmal versteigen können, verdeutlicht Paul Watzlawick humorvoll und treffend in seiner Geschichte mit dem Hammer:

»Ein Mann will ein Bild aufhängen. Den Nagel hat er, nicht aber den Hammer. Der Nachbar hat einen. Also beschließt unser Mann, hinüberzugehen und ihn auszuborgen. Doch dann kommt ihm ein Zweifel: Was, wenn der Nachbar mir den Hammer nicht leihen will? Gestern schon grüßte er mich nur so flüchtig. Vielleicht war er in Eile. Aber vielleicht war die Eile nur vorgeschützt, und er hat was gegen mich. Und was? Ich habe ihm nichts angetan; der bildet sich da etwas ein. Wenn jemand von mir ein Werkzeug borgen wollte, ich gäbe es ihm sofort. Und warum er nicht? Wie kann man einem Mitmenschen einen so einfachen Gefallen abschlagen? Leute wie dieser Kerl vergiften einem das Leben. Und dann bildet er sich noch ein, ich sei auf ihn angewiesen. Bloß weil er einen Hammer hat. Jetzt reicht's mir wirklich. – Und so stürmt er hinüber, läutet, der Nachbar öffnet, doch bevor er ›Guten Tag‹ sagen kann, schreit ihn unser Mann an: ›Behalten Sie sich Ihren Hammer, Sie Rüpel!‹«[30]

Hier stellt der Mann nicht nur Vermutungen über das Bild an, das sein Nachbar von ihm haben könnte: *»und er hat was gegen mich«* (er weiß aber nicht was und warum), sondern er macht sich auch selbst ein Bild seines Nachbarn: Er schütze Eile nur vor, tue Mitmenschen nicht einmal einen einfachen Gefallen, sei eingebildet und arrogant.

So entstehen auf Basis von Spekulationen vermutete Fremdbilder, die nichts mit der Realität zu tun haben. Trotzdem beeinflussen sie das Verhältnis der Akteure zueinander: Vermuten wir eine positive Einschätzung unserer Person, sind wir dem anderen gegenüber aufgeschlossen, finden ihn auch eher sympathisch; gehen wir aber davon aus, dass er uns schlecht beurteilt, halten wir Abstand, werden vielleicht sogar aggressiv. So können die in unserem Kopf entstandenen Bilder als *selffullfilling prophecy* wirken, denn wir bestätigen die Ansicht, die wir beim anderen über uns vermuten, durch entsprechendes Verhalten, im Negativen wie im Positiven.

Identität und Rolle

Wir alle spielen in unserem Leben viele Rollen: Wir übernehmen sie mal mehr, mal weniger freiwillig. Wir sind Mann oder Frau, Erzieher oder Zögling, Mutter oder Kind, Chef oder Angestellter, Vereinsvorstand oder Mitglied, Lehrer oder Schüler. In manche, die sogenannten *Primärrollen*, werden wir quasi hineingeboren, sie beziehen sich auf unsere unveränderlichen Merkmale wie Alter oder Geschlecht, während *Sekundärrollen* frei wählbar sind, wie zum Beispiel die berufliche.

Diese Rollen können uns Erfüllung geben oder uns kaltlassen. Sie können zum zentralen Bestandteil unserer Persönlichkeit werden oder Identitätskrisen heraufbeschwören. Egal, wie wir zu ihnen stehen – sie prägen unsere Identität.

Der Begriff der *sozialen Rolle* kommt aus dem Schauspiel. Hier schlüpfen Darsteller in die Rolle beziehungsweise die Haut eines anderen. Gute Schauspieler vergessen dabei sich selbst, sie gehen in ihrer Rolle auf: verändern – zumindest für eine gewisse Zeit – nicht nur ihr Aussehen, sondern auch ihre Art zu sprechen, sich zu bewegen, sich zu benehmen, manchmal sogar ihre Denkweise.

Dass bei Schauspielern Identitätskonflikte entstehen können, ist nicht verwunderlich. Sei es, weil sie sich mit einer Rolle nicht identifizieren und sie deshalb auch nicht glaubhaft verkörpern können; oder umgekehrt, sie in einer Rolle so stark aufgehen, dass sie sogar versuchen, dieses Image in die Realität zu übertragen. Bei manchen Schauspielern scheint beides zu verschwimmen – zumindest in den Augen ihres Publikums: Wo Sylvester Stallone oder Arnold Schwarzenegger draufsteht, erwarten wir auch, dass ein bisschen *Rambo* oder *Terminator* drin ist. Cary Grant hat dieses Dilemma treffend auf den Punkt gebracht: *»Jeder wäre gern Cary Grant. Ich auch.«*

Auch uns fällt es nicht immer leicht, Identität und Rolle zu trennen. Auf der einen Seite kann eine Rolle eine Facette unserer Persönlichkeit sein, auf der anderen kann sich aber auch das geglaubte Sosein als substanzlose Rolle entlarven, die vielleicht ein ganzes Leben lang gespielt wurde.

In jedem Fall sind Rollen mit Erwartungen verbunden. Erwartungen, die wir an uns selbst stellen, die uns andere vorgeben oder die eine Rolle eben einfach mit sich bringt. Meist passen wir uns unbewusst in unserem Verhalten an. So verhalten sich Lehrer gegenüber ihren Schülern anders als gegenüber dem eigenen Ehepartner. Oder wenn ein Paar Kinder bekommt und nun die Elternrolle übernimmt, ändern sich oft ihre Verhaltensweisen und auch ihre Sicht auf die Welt – sie ist plötzlich voller Kinder und nahezu alles wird auf Kindertauglichkeit hin überprüft. Ob es sich um die Robustheit von Geschirr, die Auswahl von Restaurants oder die Unverschluckbarkeit aller möglichen Produkte handelt.

Theoretisch steht es uns frei, Rollenerwartungen zu entsprechen, sie zu vernachlässigen oder sie – wenn wir die Macht dazu haben – zu verändern. Praktisch allerdings werden wir in unserem Rollenspiel von anderen Akteuren beeinflusst. Mit positivem Feedback, wenn wir den Erwartungen entsprechen, oder wenn nicht, als Abweichler mit negativen Sanktionen. Und da wir von anderen anerkannt werden wollen, fällt es nicht so leicht, bestimmten Verhaltensnormen und Erwartungen nicht zu genügen. Unsere Freiheit ist also tatsächlich eher eine theoretische.

Im Alltag erfüllen wir unsere Rollen meist relativ selbstverständlich. Wir sind einfach Mann, Vater, Lehrer und kommen damit zurecht. Manchmal können bestimmte Rollen für den Einzelnen sogar entlastend sein, weil sie ihm – oft unbewusst – Entscheidungen abnehmen. Das gilt umso mehr, wenn er sich mit seiner Rolle identifizieren kann. So wird zum Beispiel ein Angestellter, der keinen Anspruch auf eine Vorgesetztenfunktion erhebt, mit seiner Rolle besser zurechtkommen, als derjenige, der meint, er sei zu Unrecht bisher nicht zum Abteilungsleiter befördert worden. Spielen wir eine Rolle gerne und passt sie zu uns, haben wir in der Regel auch kein Problem mit ihr.

Konflikte: In der Rolle und von der Rolle

Rollen können aber auch zur Belastung werden und zwar dann, wenn sie im Widerspruch zu unserer Persönlichkeit stehen. Ein Mann, der Bindungsängste hat und möglichst keine Verantwortung übernehmen will, wird – wenn er ungewollt Kinder bekommt – in der Rolle des Vaters beziehungsweise Erziehers kaum glücklich werden. Im Extremfall kann eine Rolle, die unserem Wesen nicht entspricht, mit einer Identitätskrise enden. Dann kommt uns das Gefühl für unser Sosein abhanden: *Das bin nicht ich.*

Auf der anderen Seite verursacht auch eine Überidentifikation möglicherweise eine Krise: Wenn sich zum Beispiel ein Arzt oder ein Krankenpfleger noch in seiner Freizeit ständig damit beschäftigt, anderen zu helfen, führt dies unweigerlich zu Erschöpfungszuständen oder dem Burn-out-Syndrom.

Auch innerhalb einer bestimmten Rolle kann man zwischen zwei Stühle geraten, weil von verschiedenen Seiten unterschiedliche Erwartungen bestehen. So wird zum Beispiel von einem Werkmeister einerseits erwartet, die Forderungen der Arbeiter zu erfüllen, also ihre Interessen zu vertreten; andererseits ist er dem Arbeitgeber gegenüber für Arbeitsdisziplin und fristgerechte Fertigstellung eines Produkts verantwortlich, was sich nicht immer mit den Interessen der Arbeiter vereinbaren lässt (Intrarollenkonflikt).

Nehmen wir mehrere Rollen ein – was wir eigentlich immer tun –, kann ein Konflikt zwischen diesen entstehen. Wenn ein Lehrer eine Klasse unterrichtet, in der sein eigenes Kind ist, wird er bei bestimmten Forderungen des Kindes in die Verlegenheit kommen, sie als Lehrer zurückweisen zu müssen, während er ihnen als Vater nachgeben möchte (Interrollenkonflikt).

Auch eine Mutter, die Hausfrau und nebenher noch berufstätig ist, gerät in erhebliche Interessenkonflikte, wenn die Kinder mehr Familienzeit, der Arbeitgeber aber gleichzeitig Überstunden fordert.

Private und berufliche Rolle: Die Trennung der Ganzheitlichkeit

Eine etwas andere Form der Rollenaufteilung entsteht durch unsere arbeitsteilige Industriegesellschaft: Wir trennen unser Leben ziemlich starr in Berufs- und Privatleben. Acht Stunden am Tag sind wir Angestellter oder Vorgesetzter, danach Ehemann, Vater, Pfleger der gebrechlichen Oma oder Vereinsmitglied. Oft haben beide Welten – für uns schon beinahe selbstverständlich – nichts miteinander zu tun. Wir spalten uns auf in Berufs- und Privatmenschen. Dabei scheinen völlig unterschiedliche Eigenschaften gefragt zu sein. Im Beruf versuchen wir uns durchzusetzen, lassen wenig Gefühle zu und handeln rational. Im Privatleben sind wir vielleicht nachgiebiger, emotionaler, altruistischer und entscheiden mehr aus dem Bauch heraus.

Die meiste Zeit verbringen wir mit unserem Beruf, wodurch zwangsläufig das Nützlichkeitsdenken und zweckrationale Handeln dominiert. Unsere emotional-sozialen Fähigkeiten verkümmern – sie scheinen im beruflichen Alltag unnötig und werden ins Privatleben abgedrängt. So gelangt die Ganzheitlichkeit des Menschen nicht zur Entfaltung, sie wird im Gegenteil parzelliert. Auf der Strecke bleibt die lebensnotwendige Synthese von beruflichen und privaten Interessen. Arbeit, Beruf und Erfolg scheinen sich in unserer heutigen Gesellschaft mit Partnerschaft, Familie und Freundeskreis kaum in Einklang bringen zu lassen. Auf der individuellen Ebene wird dies zum ständigen Quell von Rollenkonflikten und Identitätsproblemen.[31]

Dieses Dilemma können wir nur durch Selbsterkenntnis lösen: Wir müssen eine Rolle auch als solche erkennen und zwischen ihr und dem Kern der eigenen Identität unterscheiden lernen. Nur dann sind wir in der Lage, uns auch von ihr zu distanzieren und so das innere Gleichgewicht wiederherzustellen.

Auch sollten wir uns bewusster machen, welche Erwartungen mit bestimmten Rollen verbunden sind, und klären, ob wir sie erfüllen können – oder wollen. Damit wäre schon viel für unser inneres Gleichgewicht getan. Denn das Gefühl für das, was man ist, wird umso indifferenter, je mehr man sich in unterschiedliche Richtungen gezogen fühlt. Manchmal wäre es auch in einer Multioptionsgesellschaft besser, sich gegen das *ich tanze auf allen Hochzeiten* zu entscheiden. Weniger könnte unter Umständen mehr bedeuten.

Entwicklung der Identität

Zu Beginn möchte ich kurz die zentralen Erkenntnisse der letzten Kapitel zusammenfassen: Als Ausgangspunkt, um uns dem Thema Identität zu nähern, diente uns die einfache Definition *»Identität ist das Gefühl, wer man ist.«*

Um zu erkennen, wer man ist, muss nicht nur das Bewusstsein vorhanden sein, dass man ist, sondern auch, dass man ein einzigartiges Selbst hat, also das Selbstbewusstsein. Dieses Selbst kann sich nicht allein im Jetzt, ohne Vergangenheit und Zukunftsperspektive definieren. Zu dem wer man ist, gehört auch die Antwort auf die Fragen, wer man war und wer man sein könnte.

Das Gefühl für sich selbst konkretisiert sich im Selbstbild (Ich-Identität), dem Zusammenspiel von Erwartungen, Beurteilungen und Überzeugungen bezüglich der eigenen Person, das auch durch das Fremdbild (die Vorstellung, die das Gegenüber von einem hat), beeinflusst wird.

Unsere Identität wird zudem maßgeblich von den Rollen geprägt, die wir im Leben übernehmen und die wir in unsere Person integrieren müssen. Können wir den Erwartungen, die mit diesen Rollen verbunden sind, nicht entsprechen oder widersprechen sich diese, kann dies zu Rollenkonflikten oder, im extremen Fall, zu Identitätskrisen führen. Wir müssen demnach nicht nur lernen, Rollen als solche zu erkennen, sondern auch die damit verbundenen Erwartungen, um mögliche Folgen für uns einschätzen zu können.

Unser Gefühl für uns selbst entsteht also nicht nur in uns selbst, es wird auch maßgeblich durch die Anforderungen und Erwartungen unserer Umwelt geprägt. Bleibt die Frage, wie sich Identität entwickelt: Ist sie vorherbestimmt? Geschieht sie zufällig, können wir sie selbst beeinflussen oder gar bewusst planen?

Identitätsentwicklung: Schicksal oder lebenslange Aufgabe?

Als Kind wird unser Sosein noch stark von unserem Umfeld geprägt – unser eigener Einfluss ist begrenzt. Genau das sei ja auch das Problem mit der Identität, meint Notker Wolf, der Abtprimas der Benediktiner: *»Ich habe meine Lebensgeschichte nur zum geringen Teil selbst geschrieben. In dem Augenblick, in dem ich mir meiner Identität bewusst werde, finde ich sie im Wesentlichen schon vor. Nichts habe ich beeinflussen können, meinen Geburtsort nicht, meine Eltern nicht, meine Muttersprache nicht, meinen Charakter nicht und meine Gesichtszüge auch nicht – alles ist vorgegeben. Identität ist also unausweichlich. Sie wird von der Lebenswirklichkeit geformt, ohne dass wir allzu viel Einfluss darauf hätten.«*[32]

Spätestens in der Pubertät übernehmen wir aber mehr Eigenregie. Meist setzen wir uns hier zum ersten Mal mit unserer Identität auseinander. Nach Eriksons Theorie der psychosozialen Entwicklung, die das Leben in sieben Phasen unterteilt, muss der Jugendliche in der fünften Phase – der Pubertät und Adoleszenz (zwischen 12 und 20 Jahren) – seine Identität entwickeln und die zentralen Fragen *Wer bin ich? Was sind meine Überzeugungen, Gefühle und Einstellungen?* beantworten.[33] Erikson sieht die Identitätsentwicklung am Ende der Pubertät als im Wesentlichen abgeschlossen.

Dem amerikanischen Sozialpsychologen Lawrence Kohlberg zufolge bildet sich Ich-Identität in Form des moralischen Urteilsvermögens gemäß einem sechsstufigen entwicklungslogischen Schema aus; dabei soll die Ich-Identität auf der sechsten Stufe erlangt sein, weil der Jugendliche erst dann in der Lage sei, zwischen Normen und deren Entstehungsprinzipien zu unterscheiden und grundsätzlich zu urteilen.

Nach der Auffassung des Soziologen und Pädagogen Lothar Krappmann hat ein Mensch erst dann Identität erlangt, *»wenn er für die anderen verständlich handeln kann, und dies ist ihm dann möglich, wenn er sein Handeln aus den Perspektiven der konkreten Gegenüber, aber auch des weiteren gesellschaftlichen Zusammenhangs einschätzen und kontrollieren kann.«*[34]

Fasst man die oben genannten Faktoren zusammen, so sind für eine halbwegs gefestigte Identität einige Voraussetzungen erforderlich: die Fähigkeit zu Selbsterkenntnis und Selbstreflexion (Erikson), moralisches Urteilsvermögen (Kohlberg), Selbstkontrolle und Einfühlungsvermögen (Krappmann).

Über dieses Bündel an Fähigkeiten verfügt man aus meiner Sicht kaum schon nach der Pubertät. Ich möchte mich deshalb der Ansicht von Krappmann anschließen, der – anders als Erikson und Kohlberg – die Identitätsentwicklung als eine lebenslange Aufgabe sieht. Berücksichtigt man hierbei noch, dass sie ein ständiges Aushandeln von *»Identitätsentwürfen«* (Fritz) bedeutet, wird sie zur immerwährenden Gratwanderung zwischen der Ausgestaltung der eigenen Individualität und der Anpassung an die Erwartungen des gesellschaftlichen Umfeldes.

Unsere Gesellschaft drängt uns dabei stark in Richtung Anpassung – sie fordert (und fördert) eher funktionierende Mitglieder als eigenständige Charaktere: Die Schule belohnt disziplinierte Aufpasser, das Militär formt gehorsame Befehlsempfänger, unsere Chefs erwarten karrierekompatible Denk- und Handlungsweisen und der Markt gibt vor, was wir uns zu wünschen haben und kaufen sollen, damit wir vermeintliche Befriedigung und die erstrebte Anerkennung bekommen.

Bleibt die Frage, inwieweit wir uns bei der Entwicklung unserer Identität von der noch notwendigen Fremdbestimmung der ersten Jahre lösen und zu mehr Selbstbestimmung kommen können. Was sie bedeutet und wie weit sie geht, werde ich in Teil IV *Prägende Faktoren* und Teil VI *Selbstbestimmung* näher beleuchten.

Identitätsarbeit: Abgleich der Erfahrungen mit Überzeugungen, Gefühlen und Erwartungen

Identitätsentwicklung ist – wie oben schon gesagt – eine Aufgabe, die jeder Mensch bewältigen muss. Sie wird somit zur Identitätsarbeit und beinhaltet die Verarbeitung von Interaktionen mit dem sozialen Umfeld. Haußer beschreibt sie so: *»Verarbeitung bedeutet (...) identitätspsychologisch die aktive, bewusste Auseinandersetzung im Sinne des Wortstamms: Arbeit an sich selbst, genauer an den Relationen zentraler Erfahrungen zu eigenen Überzeugungen, Gefühlen und Erwartungen.«*[35]

Bei der Auseinandersetzung mit dem sozialen Umfeld ist für uns aber nicht alles von Bedeutung, wir können auch nicht alles verarbeiten. Deshalb konzentrieren wir uns vor allem auf die Dinge, die uns wichtig sind, die uns beschäftigen und betroffen machen. Das können Menschen, Lebewesen, Sachen, Zustände, Veränderungen oder Ereignisse sein. Subjektive Bedeutsamkeit und Betroffenheit bilden nach Haußer einen Identitätsfilter – *»einen Filter für jene situativen Erfahrungen, mit denen sich eine Person besonders beschäftigt und anhand derer sie ihre ureigene, nur sie selbst kennzeichnende Identität aufbaut.«*[36]

Dinge, die für uns identitätsrelevant sind, bewerten wir auch hinsichtlich der personalen Kontrolle: Sie *»stellt das Bedürfnis dar, auf Gegebenheiten und Ereignisse der Umwelt Einfluss zu nehmen.«*[37] Anders ausgedrückt sind für uns die Dinge besonders wichtig, die wir auch selbst beeinflussen können.

Auf Bedeutsames konzentrieren wir uns, wir befassen uns länger und intensiver damit und machen mehr Erfahrungen als mit für uns unwichtigen Dingen. Wir stellen Regelmäßigkeiten fest, die wir dann generalisieren und in unseren Erfahrungsschatz einbauen. An diesen Erfahrungen wiederum richten wir unsere Werte, Einstellungen und unser Verhalten aus.

Wir werden also durch unsere Erfahrungen so, wie wir sind. Je bewusster und aktiver wir diese verarbeiten, desto mehr können wir unsere Entwicklung auch selbst bestimmen.

Selbstwahrnehmung: Selbstaufmerksamkeit und Selbstwertgefühl

Wenn wir unsere Identität bewusst weiterentwickeln wollen, müssen wir uns selbst beobachten, eine *Selbstaufmerksamkeit* entwickeln, mit anderen Worten: unser Selbstbild kritisch hinterfragen.

Dabei müssen wir unsere Empfindung von uns selbst betrachten – also wer wir nach unserer eigenen Vorstellung wirklich sind und was uns von den Grundlagen her ausmacht – und unsere Leistungsfähigkeit bei z.B. der Bewältigung von Problemen und Aufgaben.

Andererseits sollten wir versuchen, auch unsere eigene Wirkung und die unseres Handelns auf andere einzuschätzen. Dazu müssen wir eine Perspektive von außen übernehmen und uns wie mit den Augen eines anderen sehen. Das ist nicht immer angenehm, weil die eigenen Defizite so deutlicher zutage treten als bei der Innensicht. Aber Vorsicht: Wer sich ständig zu stark auf seine Außenwirkung konzentriert, kann leicht verunsichert werden. Wie immer ist auch bei der Selbstaufmerksamkeit eine ausgewogene Mischung aus Innen- und Außensicht angebracht.

Die Beobachtung alleine bringt uns aber noch nicht weiter: Es gilt, Ist-Zustände festzustellen, zu überprüfen, zu bewerten und gegebenenfalls notwendige Veränderungen vorzunehmen. Hinweise auf unseren Ist-Zustand liefert uns unser Selbstwertgefühl.

Das *Selbstwertgefühl* ist eine emotionale Qualität, bei der es um die Wertschätzung der eigenen Person geht. Es lässt sich am besten als eine Art innerseelischer Puffer oder Speicher verstehen, der durch Erfahrungen unter anderem in Elternhaus und Schule, in Ausbildung und Beruf sowie Liebesbeziehungen gefüllt oder geleert wird.

Es entsteht einerseits durch die Bewertung der Ich-Identität beziehungsweise des Selbstkonzepts, andererseits durch die Einschätzung der Kontrollüberzeugungen – oder einfacher ausgedrückt, inwieweit man glaubt, alles im Griff zu haben. Wie das Wort schon sagt, ist das Selbstwertgefühl ein Gefühl, keine rational sachliche Bewertung. Es äußert sich durch wertende Aspekte wie Wohlbefinden und Selbstzufriedenheit, Selbstakzeptanz und Selbstachtung, Erleben von Sinn und Erfüllung sowie durch Selbstständigkeit und Unabhängigkeit.

Ein stabiles Selbstwertgefühl führt dazu, dass eine Person nicht in jeder Situation mit anderen konkurrieren und den eigenen Wert beweisen muss, indem sie z.B. andere entwertet oder kränkt.

Ein wenig gefestigtes Selbstwertgefühl führt zu negativen Gefühlen wie Unausgeglichenheit, Unzufriedenheit, Selbstablehnung, Sinnleere, Abhängigkeit. Im Leben der Betroffenen gibt es keine kleinen Probleme, sondern nur Katastrophen, weil sie sich von jedem kleinen Misserfolg, jeder enttäuschten Erwartung, jeder gescheiterten Verliebtheit sogleich vollständig entwertet und in ihrer Daseinsberechtigung bedroht fühlen.[38]

Angela Merkel hat einmal gesagt: *»Unser ärgster Feind kann nur unser mangelnder Glaube an uns selbst sein.«* Sich diese eigene Wertschätzung nicht zu versagen, ist ja auch eine der zentralen Forderungen des christlichen Glaubens im Neuen Testament. *Liebe deinen Nächsten wie dich selbst* bezieht sich eben nicht nur auf den Nächsten. Denn ohne Eigenliebe, der Bejahung der eigenen Person, wird es auch mit der Nächstenliebe nichts.

Elisabeth Noelle-Neumann, die Gründerin des Instituts für Demoskopie in Allensbach, hat in einem Interview die eigene Wertschätzung so beschrieben, dass *»man mit sich selbst befreundet sein muss. Das ist eine absolute Voraussetzung, um glücklich zu sein«*. Und dies sei ja gar nicht selbstverständlich, denn es gäbe so fürchterlich viele Menschen, die an sich herumnagten. Diese Freundschaft mit sich selbst sei der Grund, warum sie immer so positiv und selbstsicher wirke.[39]

Manchen Menschen scheint ein positives Selbstwertgefühl angeboren zu sein, andere müssen es sich mühsam erarbeiten. Aber woran muss man arbeiten, wenn man meint, dass etwas nicht stimmt, sich ändern muss? Ein unbestimmtes Gefühl des Nichtpassens bietet keine Basis und gibt noch keine Richtung für eine mögliche Weiterentwicklung vor.

Ein positives Selbstwertgefühl entsteht durch das Bewusstsein, mit sich im Reinen zu sein, mit sich übereinzustimmen. Aber was muss denn womit übereinstimmen?

Authentizität: Das innere Sich-selbst-Gleichsein

Es gibt Menschen, die stehen mitten im Leben. Sie sind selbstbewusst, aber nicht arrogant. Sie ruhen in sich, sind aber nicht passiv. Sie bewegen etwas, lassen sich aber nicht treiben. Sie sind einfach sie selbst: Sie sind authentisch.

Authentizität kommt aus dem Griechischen und kann mit Echtheit, Zuverlässigkeit, Glaubwürdigkeit übersetzt werden. Authentizität heißt, dass das Handeln nicht durch externe Einflüsse wie zum Beispiel Gruppenzwang oder der Anpassung an den Mainstream bestimmt wird, sondern aus einem selbst heraus kommt. Authentische Menschen wirken besonders echt. Sie vermitteln ein reales, urwüchsiges, unverbogenes Bild von sich.

Warum sind sie so? Was stimmt bei ihnen, was bei anderen nicht passt? Ganz einfach: Sie verfügen über eine ausgeprägte Identität. Sie wissen nicht nur, wer sie sind, sie verspüren auch das Gefühl des inneren *»Sich-selbst-Gleichseins«* (Erikson).

Dieses Gefühl entsteht dann, wenn die eigenen Wertvorstellungen und Ziele mit dem Denken, Fühlen und Handeln übereinstimmen. Die authentische Person vereint mehrere Aspekte unterschiedlicher Auffassungen von Identität in sich: sowohl die von den Psychologen geforderte innere Einheit als auch die Werthaltungen und ethischen Prinzipien, auf welche die Moraltheologen beziehungsweise Philosophen Wert legen.

Weil unserer Gesellschaft das wirklich Authentische abhandengekommen ist, sehnen wir uns danach und reden darüber. Wenn wir nicht mehr richtig einschätzen können, ob etwas nur Schein ist und sich als fest geglaubte Zusammenhänge und Referenzpunkte auflösen, gerät unser Urvertrauen zur Welt ins Wanken und wir entfernen uns schrittweise von uns selber. Diese Entfremdung weckt eine starke Sehnsucht nach wieder verlässlichen Anknüpfungs-, Anhalts- und Reibungspunkten.

Authentizität bzw. Übereinstimmung mit sich selbst bedeutet also, dass man sich nach dem, was man für sich als richtig und wichtig erkennt, richtet und es dementsprechend auch in Lebensentwürfe umsetzt. Hier gilt das diesem ersten Teil vorangestellte Zitat von Alfred Herrhausen, dem ehemaligen Sprecher der Deutschen Bank: *»Wir müssen das, was wir denken, auch sagen. Wir müssen das, was wir sagen, auch tun. Wir müssen das, was wir tun, auch sein.«*

Je besser dies gelingt, desto stärker ist die Identität ausgeprägt. Je mehr man aber zu irgendetwas getrieben wird, das den eigenen Werten und Vorstellungen widerspricht, desto labiler wird dieses Gefühl der inneren Einheit. Das Ergebnis auf der positiven Seite können Selbstakzeptanz, Sinngebung und Zufriedenheit sein, auf der negativen Frustration und Depression.

Die Vorstellung des *authentischen* Selbst wird heutzutage eher als klassisches Identitätsverständnis betrachtet. Somit stellt sich die Frage, ob wir Wertvorstellungen und Überzeugungen heute noch über längere Zeit beibehalten können oder ob Identität – wie Heiner Keupp meint –, bedingt durch den Zeitenwandel, *»dann nur noch das ist, was einer zu einem gegebenen Zeitpunkt an Bezügen bündelt, ohne notwendigen Anspruch auf Allgemeingültigkeit, Dauerhaftigkeit, Kohärenz und Kontinuität?«*[40] Also eine Kurzfriststrategie, die bei Bedarf aus der Schublade geholt wird und ansonsten wieder in ihr verschwindet?

Doch bevor ich mich ausführlicher dieser Frage widme, möchte ich mich mit dem besagten Zeitenwandel beschäftigen, denn im vergangenen Jahrhundert hat sich unsere Welt mehr verändert als in Tausenden von Jahren zuvor. Um diese äußeren Einflüsse auf den Prozess der Identitätsentwicklung hin zu beleuchten, werde ich mich im nächsten Teil mit unserem sozialen Umfeld, unserer Entwicklung und den Auswirkungen der Zeitströmungen auseinandersetzen.

II.
UMWELT UND GESELLSCHAFT

Wie haben sich die Rahmenbedingungen für die Identitätsentwicklung verändert, wie haben sich unser Umfeld und die Gesellschaft gewandelt, an der wir uns orientieren und an der wir immer wieder unser Selbstbild ausrichten müssen?

Fragen, auf die ich keine kurze Antwort geben möchte. Ich hole deshalb auch weiter aus: von der *Evolution*, die uns Antwort auf unsere Herkunft und unser Werden gibt; über die *Globalisierung*, die uns als Individuen immer näher zusammenrücken lässt; die *Ökonomisierung* unserer Gesellschaft, die zunehmend alle Lebensbereiche bestimmt; die *Individualisierung*, die uns trotz einer unübersichtlicher werdenden Welt immer mehr auf uns selbst zurückwirft; den *Wertewandel*, der allenthalben beklagt wird; über die *Informations-* beziehungsweise *Wissensgesellschaft*, wie unser soziales Umfeld gerade bezeichnet wird; bis hin zu den Auswirkungen der durch das Internet vorangetriebenen *vernetzten Gesellschaft*.

Dies sind alles Entwicklungen und gesellschaftliche Strömungen, die unsere Identität maßgeblich beeinflussen. Wir müssen uns mit ihnen auseinandersetzen, eine Einstellung zu ihnen finden. Diese Analyse soll uns zeigen, welchen Weg wir gegangen sind, wo wir gerade stehen, und uns helfen, uns selbst zu verorten.

Evolution

Der Begriff Evolution beschreibt, im Unterschied zur Revolution, die langsame, kontinuierlich fortschreitende Entwicklung in verschiedenen Zusammenhängen und Beziehungen. In der Biologie bezeichnet sie den Verlauf der Stammesgeschichte von den niedrigsten Organisationsstufen des Lebens bis hin zu den heutigen hoch organisierten Formen.

Zwar gab es bereits in der Antike Vorstellungen über die Entstehung von Arten aus anderen Arten, allerdings ging noch im 18. Jahrhundert der Naturforscher Carl von Linné davon aus, dass alle Arten von Beginn der Schöpfung an existierten und unveränderbar seien. Erst im 19. Jahrhundert setzte sich durch die Forschungen von Jean-Baptiste Lamarck (Lamarckismus) und Charles Darwin (Darwinismus) die Erkenntnis von der stufenweisen Veränderung der Organismen gegen die Vorstellung der Artkonstanz durch.

Darwins Frage: Warum ist die Schöpfung so, wie sie ist?

Die historische Leistung von Darwin, dem wohl berühmtesten Biologen aller Zeiten, ist unbestritten. Er hat die Evolution zwar nicht entdeckt, gab aber als Erster eine Antwort auf die Fragen aller Fragen: Warum ist die Schöpfung so, wie sie ist?

In seinem Buch *On the origin of species by means of natural selection* (1859) versuchte er, die Abstammung der unterschiedlichen Arten von Pflanzen, Tieren und Menschen und den Verlauf ihrer Entwicklung zu erklären. Seiner Theorie nach schuf nicht Gott die biologische Fülle, sie brachte sich selbst hervor, indem sich die gegenwärtigen Arten aus einfacher organisierten Vorfahren entwickelten.

Einer der zentralen Vorgänge ist die *natürliche Zuchtwahl* – auch als Selektion bezeichnet. Demnach werden in Populationen immer zu viele Nachkommen gezeugt, die alle leicht variieren. Darunter gibt es besser und schlechter Angepasste, von denen nur die Besseren überleben (*survival of the fittest*). Auf diesem Weg wählt die Natur Varianten aus und züchtet so stetig neue Arten.

Die Selektion allein reicht aber nicht aus, um die Evolution voranzutreiben, weil weitere Selektionsprozesse die Variantenvielfalt wieder reduzieren. Erst Umweltveränderungen größeren Ausmaßes, die weitreichende Anpassungsleistungen erfordern, sorgen für Entwicklungsschübe.

Erst hundert Jahre nach Darwin lieferte die Gentechnik überzeugende Beweise für seine Sicht: Durch die Erforschung des Erbgutes erkannte man die Gründe für die Variation. Inzwischen lassen sich die verursachenden Gene einzeln verorten und auch in anderes Erbgut einbauen.

Heute wird die Abstammungslehre genauso wenig in Zweifel gezogen wie die Kugelgestalt der Erde. Durch Forschungsergebnisse aus Erdgeschichte, vergleichender Anatomie, Embryonalentwicklung, Genetik und Physiologie können Darwins Erkenntnisse nicht länger als Theorie bezeichnet werden, denn die Evolution ist eine Realität, die beweisbar ist. Weder das Leben noch die Natur sind so geschaffen worden, wie sie sind. Und Versteinerungen im Kalk hoher Berge sind keine Launen der Natur, sondern Zeugen aus der fernen Vergangenheit, als das Gestein noch Schlamm im Meer war.

In der Wissenschaft hat sich Darwins revolutionäre Erkenntnis, dass die modernen Lebensformen das Resultat von Jahrmillionen natürlicher Auslese sind, schnell durchgesetzt. Bei der Bevölkerung scheint sie aber auch 150 Jahre nach ihrem Erscheinen noch nicht mehrheitsfähig zu sein. So sind nur 14 Prozent der US-Amerikaner der Meinung, dass Homo sapiens allein durch die Evolution auf die Welt gekommen ist. 36 Prozent glauben, dass eine Evolution zwar stattfindet, allerdings unter Gottes Leitung. Die mit 44 Prozent größte Gruppe ist überzeugt, der Allmächtige höchstselbst habe den Menschen so geschaffen, wie er heute ist – und zwar vor höchstens 10 000 Jahren. Selbst in Darwins Heimat sind nach einer Umfrage von 2006 nur 48 Prozent von der Existenz der Evolution überzeugt.[1] Wie ist das zu erklären?

Darwins Frevel: Die zweite Kränkung der Menschheit

Darwins Lehre hat nicht nur das Verständnis der Natur, sondern auch das Selbstverständnis des Menschen erschüttert. Da er konsequenterweise den Menschen in seine Theorie einbezog, stürzte er ihn als Krone der Schöpfung von seinem Sockel, stellte ihn in eine Entwicklungslinie mit den Affen und unterwarf ihn den Gesetzen der biologischen Evolution. Seine Erkenntnisse widersprachen dem biblischen Schöpfungsglauben und werden auch als *die zweite Kränkung der Menschheit* – nach der ersten durch Kopernikus – bezeichnet. Für Gott blieb nur noch die Aufgabe, den *»Keim allen Lebens, das uns umgibt, nur wenigen oder einer einzigen Form einzuhauchen«*, wie Darwin auf der letzten Seite der zweiten Auflage seiner *Entstehung der Arten* schrieb.[2] Kein Wunder, dass seine Lehre schon zu seinen Lebzeiten heftiger Kritik ausgesetzt war, vor allem vonseiten der Kirche, die ihre Deutungshoheit bedroht sah.

Auch heute fällt es vielen schwer, die Evolution als planlosen Prozess zu sehen, den eine *natürliche Auslese,* bei der sich Zufall und Notwendigkeit ergänzen, antreibt – mit dem einzigen Ziel, die Art zu erhalten. Evolution wird als Kränkung empfunden, weil ein Leben voller Mühsal und Ängste doch einen Sinn haben muss. Menschen glauben lieber an einen zugrunde liegenden Plan, denn wozu sollte das Leben sonst gelebt werden?

Das Zufallsprinzip bei der Entstehung von Variationen wird nicht nur wegen seiner scheinbaren Sinnlosigkeit angezweifelt, es führt auch schnell zur Determinismusdebatte, denn wer den Zufall leugnet, müsste konsequenterweise auch die Evolution ablehnen. Gäbe es aber objektiv keinerlei echten Zufall, so wären alle Evolutionsprozesse deterministisch vorbestimmt, jedes Ereignis hätte eine genau bestimmte Ursache, die wiederum Wirkung einer anderen Ursache wäre. Das aber hieße, dass alle Vorgänge durch einen ersten Anstoß in Bewegung gesetzt, zwangsläufig zu einem bestimmten Endergebnis führten und kein Raum für Neues, Überraschendes bliebe. Die Zukunft wäre damit eindeutig durch deterministische Naturgesetze festgelegt, wir würden sie nur noch nicht kennen. Konsequent weitergedacht, lägen dann bereits heute das Datum und die Uhrzeit fest, zu der jeder Einzelne von uns sterben würde, wir wüssten es nur noch nicht. Die Evolution könnte dann nur noch als Entfaltung und Verwirklichung einer vorgefassten Idee mit vorherbestimmtem Ende betrachtet werden.

Ein weiteres, bis heute noch ungelöstes Rätsel ist die Frage nach der Entstehung des Geistes. Die Evolutionslehre geht davon aus, dass das Leben durch einen Phasenübergang aus der leblosen Natur entstand. Wie aber kam dann der Geist in die Welt? Gab es einen zweiten Phasenübergang? War das stofflich nicht fassbare Geistige von Anfang an Begleiterscheinung und Wesensmerkmal der Materie an sich? Oder ist es eine dritte Kraft, unabhängig von der Materie und dem evolutionären Werden?

Eine mögliche Antwort gibt der Evolutionsbiologe Josef H. Reichholf: Geist zu haben, sei kein Privileg des Menschen, und die biologische Evolution sei nur Teil einer umfassenden Evolution, die im Kosmischen begonnen habe, sich über das Leben fortsetze und *»im Geist des Menschen sich des Geistes selbst bewusst geworden ist«.*[3]

Besonders Religionsgemeinschaften tun sich schwer damit, eindeutig Position zur Evolutionslehre zu beziehen. Viele, dem *Kreationismus* verhaftete Richtungen lehnen die Evolution rundheraus ab und nehmen die biblische Schöpfungsgeschichte wörtlich; die Vertreter des insbesondere in den USA vertretenen *Intelligent Design* erkennen die Evolution an, sehen aber eine Intelligenz als Ursache der Entstehung des Universums und des Lebens und nicht einen von solcher Leitung freien Vorgang wie Mutation und natürliche Selektion.

Die katholische Kirche bekennt sich ebenfalls zu einem *Ja-Aber*: Nachdem Papst Johannes Paul II. 1996 erklärte, dass er in der Evolutionstheorie mehr als eine Hypothese sehe, vertritt Benedikt XVI. heute den Standpunkt der *theistischen Evolution.* Diese Haltung, die viele Mitglieder der christlichen Kirchen teilen, leugnet die Erkenntnisse der Evolutionsbiologie zwar nicht, postuliert aber hinter allem Gott als Creator Spiritus. Benedikt bleibt jedoch skeptisch, denn die Evolutionstheorie sei nicht beweisbar, weil die langen Zeitspannen, über welche die Evolution ablaufe, eine Überprüfung unmöglich machten. Man könne schließlich keine 10 000 Generationen ins Labor holen. Seine Aussage ist nach Ansicht von Naturwissenschaftlern dem Versuch geschuldet, die Deutungshoheit des Spirituellen zu retten.[4]

Darwins Irrtum: Was bleibt vom »survival of the fittest«?

Zwar war die Existenz von Genen zu Darwins Lebzeiten unbekannt, doch gerade die moderne Genforschung hat zahlreiche seiner Annahmen bestätigt. Inzwischen werden aber auch kritische Stimmen lauter, die zentrale Inhalte seiner Theorie infrage stellen. Hierzu gehören unter anderem die vermeintliche Zufälligkeit und Langsamkeit des Selektionsvorgangs, die von ihm angenommene fehlende Moral der Natur und die Übertragung darwinistischer Prinzipien auf die Entwicklung von Kultur und Gesellschaft – auch unter dem Begriff *Sozialdarwinismus* bekannt.

Joachim Bauer, Mediziner und selbst jahrelang in der Genforschung tätig, ruft gleich den *Abschied vom Darwinismus* aus und will mit der Vorstellung, die Evolution sei ein *blinder Uhrmacher* (Richard Dawkins) aufräumen. Er stellt Darwins Theorie, dass neue Arten im Zuge eines langsam-kontinuierlichen zufallsgesteuerten Werdens entstehen, infrage. Seinen Forschungen nach verfügt das Erbgut der Zellen über Kräfte, die bei Umweltstress sprunghaft Veränderungen hervorrufen und so explosionsartig Neues generieren können. Seine Botschaft: Lebewesen mitsamt ihren Erbanlagen sind keine steuerlos auf dem Fluss der Erdgeschichte treibenden Objekte, sondern Akteure der Evolution. Bauer versucht nachzuweisen, dass Leben von den Grundprinzipien der Kooperativität, Kommunikation und Kreativität getragen wird: Die Evolution sei keine Entwicklung von Einzelkämpfern, sondern eine Entwicklung von biologischen Systemen.[5]

Tatsächlich verlief die Evolution der menschlichen Psyche weitaus rasanter und vielgestaltiger, als man es bis vor kurzem noch für möglich gehalten hatte. Grund dafür war wohl der Wechsel vom Jäger- und Sammlerdasein – das immerhin fast 99 Prozent unserer Entwicklungsgeschichte ausmacht – zur Erfindung der Landwirtschaft und dem Aufkommen größerer Siedlungen vor etwa 10 000 Jahren. Die Herausforderungen einer abwechslungsreicher und vielfältiger gewordenen Umwelt haben nicht nur im Körper, sondern auch im Gehirn zu einer Fülle von Anpassungen geführt.[6]

Darwin sah die Natur als *mitleidlose Züchterin*, in der ausschließlich die Gesetze der Tauglichkeit im Überlebenskampf wirkten. Dass wir deswegen aber bereits auf genetischer Ebene zum Egoismus verdammt seien, widerlegt der niederländische Verhaltensforscher und Primatologe Frans de Waal. Auf der Suche nach der Entstehung der Moral, die unsere Gesellschaft zusammenhält, hat er herausgefunden, dass soziale Gefühle bereits das Zusammenleben von Schimpansen und Bonobos prägen. Die evolutionären Vorteile, die moralisches Verhalten sicherten, seien für Tiere genauso bedeutsam wie für uns Menschen. Seiner Ansicht nach wird unser Verhalten nicht durch eine natürliche Mechanik bestimmt, sondern vielmehr durch so etwas wie biologische Subjektivität und Emotionen, die wir mit anderen Lebewesen teilen. Für de Waal gehört die Moral also untrennbar zu unserer Natur.[7]

Doch der größte Irrtum Darwins war die Übertragung des Prinzips des *survival of the fittest* auf die Entwicklung der menschlichen Gesellschaft. Dabei stammt diese Phrase nicht einmal von ihm selbst, sondern von seinem Zeitgenossen, dem Sozialphilosophen Herbert Spencer. Dieser, begeistert von der Evolutionstheorie Darwins, gilt als Begründer des Sozialdarwinismus und glaubte an Evolution total: die Ausmerzung alles Schwachen und Entarteten im täglichen Daseinskampf. In Darwins *Entstehung der Arten* von 1859 hatte er die gesuchte Begründung seiner Weltanschauung gefunden. Darwin wiederum nahm die Begrifflichkeit des *survival of the fittest* zehn Jahre später in sein Hauptwerk auf.[8]

Auch wenn Darwin selbst nicht der Begründer des Sozialdarwinismus ist, hat er – passend zur damaligen Denkweise – das Angeborene über das Erworbene gestellt. Und da der Mensch wie alle Lebewesen den Gesetzen der biologischen Evolution zu unterliegen schien, musste auch alles, was den Menschen ausmacht, durch die natürliche Auslese gegangen sein. Umgebung und Erziehung hatten seiner Meinung nach nur eine geringe Wirkung auf den Geist, denn die meisten unserer Eigenschaften hielt er für angeboren.

Damit verkannte Darwin die Macht der kulturellen Evolution, die sich spätestens mit der Sesshaftwerdung des Menschen über die biologische Evolution zu erheben begann.

Dass *»die natürliche Selektion beim Menschen nicht mehr so wichtig«* ist, meint Claus Wedekind, Evolutionsbiologe an der Universität Lausanne, denn Technik, Medizin und Zivilisation schützten uns vor natürlichen Selektionskräften. Der Mensch habe die Spielregeln geändert. Er sei der Umwelt nicht mehr so ausgeliefert wie früher, forme sie nach seinen Bedürfnissen, und wer schwach, krank oder arm sei, habe im großen Spiel der Evolution nicht unweigerlich verloren – vorausgesetzt, er habe Zugang zu all den technischen und zivilisatorischen Errungenschaften. Auch Jean Jacques Hublin vom Max-Planck-Institut für evolutionäre Anthropologie konstatiert: *»Es ist das erste Mal, dass eine Spezies Kontrolle über ihr eigenes Erbgut erlangt hat.«* Das sei ein sehr starker Einfluss auf die Evolution. Der Mensch habe die natürliche durch künstliche Selektion ersetzt – und diese habe gerade erst begonnen: *»Die Genetik ist einhundert Jahre alt. Wir stehen noch ganz am Anfang«.*[9]

Der britische Genetiker Steve Jones glaubt gar, dass die Evolution des Menschen am Ende sei, denn Schwache und Starke stünden sich näher als zuvor – so wie die Menschen generell. Einen Partner könne man nicht nur im gleichen Dorf, sondern auch auf einem anderen Kontinent finden. Die Folge, so Jones, sei die Globalisierung des Genoms: *»Homo sapiens wird bald viel einheitlicher sein als jemals zuvor.«*[10]

Die Zukunft der kulturellen Evolution: System Menschheit

Doch vor der Globalisierung des Genoms müssen wir die Auswirkungen der Globalisierung an sich verstehen lernen. Durch medizinische und lebensmitteltechnische Errungenschaften hat sich Homo sapiens explosionsartig vermehrt, und die Welt wird täglich enger. Zwar haben wir schon früh erkannt, dass es zusammen besser geht als allein, und uns zu immer größeren Gemeinschaften zusammengeschlossen: Von der Familie zum Clan, vom Stamm zum Fürstentum und von der Nation zum Staatenbund. Aber gelingt uns dies auch beim Zusammenschluss zu einer Weltgesellschaft?

Momentan vernetzen sich alle gesellschaftlichen Systeme der Erde politisch, technisch und kommunikativ. Dabei dürfen wir aber nicht vergessen, dass diese Gesellschaften auf ganz unterschiedlichen Entwicklungsstufen stehen. Manche erleben aktuell die konfliktreiche Integration von Wildbeutergruppen und Stämmen in die Ebene der – zunächst oft schwachen – Staaten, andere befinden sich bereits bei der Integration zu kontinentalen Staatenverbänden. Zwischen Gesellschaften auf unterschiedlichen Stufen kommt es zu typischen und unvermeidlichen Missverständnissen und Konflikten, da sie sich gegenseitig in ethnozentrischer Weise, also aus ihrer speziellen Weltanschauung heraus, bewerten.

Alle werden durch die ungeplante Entwicklung in die letzte Integrationsebene, die *Weltgesellschaft*, gedrängt, wodurch sich das komplexeste System bildet, das überhaupt auf der Erde möglich ist. Dessen Organisationsstruktur deutet sich jedoch erst in schwachen Frühformen an, ihre Ausarbeitung wird lange Zeit in Anspruch nehmen, und sie könnte nach Meinung des Soziologen Norbert Elias auch in einem *»Desintegrationsschub«* wieder zerstört werden.[11]

Durch die Globalisierung werden bisher in geschlossenen Gesellschaften gültige Ordnungsparameter und Bewertungskriterien verändert. Es ist noch nicht absehbar, ob der Mensch in der Lage sein wird, die sich daraus entwickelnden Probleme in seinem Interesse zu meistern und so der Evolution eine Richtung zu geben, die der Menschheit eine lebenswerte Zukunft sichert.

Wie auch immer uns das *Wohin?* gelingt, dürfen wir nicht vergessen, dass uns Darwin als Erster die Antwort auf unsere Frage nach dem *Woher?* gegeben hat. Bei aller unberechtigter und berechtigter

Kritik hat er uns aber klargemacht, dass wir Gewordene sind und als Werdende noch lange nicht am Ende unserer Entwicklung stehen.

Heute wissen wir, dass die biologische Evolution der kulturellen Evolution mit jedem neu geborenen Menschen ein hochempfindliches, in viele Richtungen formbares Wesen übergibt, das einiges mehr von dem hat, was Darwin noch anzweifelte: Freiheit.

Globalisierung

Der Begriff taucht erstmals 1961 als *globalization* in einem englischen Sprachlexikon auf – zu einer Zeit, als man weder wusste, was sie bedeutet, noch welche Folgen sie haben könnte, und als man noch nichts von ihrer Wirkung im Alltag spürte.

Während in den siebziger Jahren unter Globalisierung vor allem die Probleme der Dritten Welt und die des Umweltschutzes proklamiert wurden (Global 2000), wandelte sich seine Bedeutung zusehends. Heute löst der Begriff überwiegend negative Assoziationen aus: Billigwaren aus Fernost, Abbau von Arbeitsplätzen, verantwortungslose multinationale Konzerne, zusammenbrechende Aktien- oder Finanzmärkte et cetera.

Gefahren scheinen nicht mehr die Atombombe, die Umweltzerstörung oder die Gentechnik zu sein, sondern aufstrebende Tiger-Staaten, die unseren Wirtschaftsstandort, unsere Energieversorgung, unsere Arbeitsplätze und unseren Wohlstand bedrohen.

Unter *Globalisierung* wird heute allgemein die zunehmende internationale Verflechtung in Bereichen wie Wirtschaft, Politik, Kultur, Umwelt und Kommunikation bezeichnet.

Die Globalisierung: Neues Phänomen oder alter Trend?

Ab welchem Zeitpunkt man von Globalisierung sprechen kann, ist umstritten. Die einen meinen, es sei ein neues Phänomen, das erst in der Zeit nach dem Zweiten Weltkrieg entstanden sei, die anderen, sie habe schon im 15. Jahrhundert mit der europäischen Expansion über die ganze Welt begonnen, und die nächsten sind der Ansicht, dass Globalisierung ein uralter Trend und dieser Integrationsprozess so alt sei wie die Menschheit selbst.

Im deutschsprachigen Raum verbreitete sich der Begriff erst nach 1990 in der öffentlichen Debatte. Doch bereits 140 Jahre vorher rief diese Entwicklung schon ihre Kritiker auf den Plan: *»Die große Industrie hat schon dadurch, dass sie den Weltmarkt geschaffen hat, alle Völker der Erde, und namentlich die zivilisierten, in eine solche Verbindung miteinander gebracht, dass jedes einzelne Volk davon abhängig ist, was bei einem anderen geschieht«* – so Friedrich Engels in seinen *Grundsätzen des Kommunismus* von 1847. Dies haben wir gerade bei der globalen Finanzkrise hautnah zu spüren bekommen. Die durch die Verflechtung entstehende Komplexität ist eine große Schwäche der modernen Gesellschaften und ein Sicherheitsrisiko – auch für die nicht unmittelbar Beteiligten. Durch ihre undurchschaubaren Wechselwirkungen sind die Folgen von Entscheidungen nicht mehr voraussehbar, und so können sich lokale Probleme schnell zum weltweiten Desaster auswachsen.

Doch der Vorgang der Vernetzung ist kein neuzeitliches Phänomen, genauso wenig wie es die *Global Player* sind. Auch sie gab es schon früher, nur nannte man sie noch nicht so. So unterstanden zum Beispiel den Fuggern aus Augsburg sämtliche Silbergruben des Alpenraumes, sie hatten das Kupfermonopol in Europa, ein Netz von Niederlassungen auf dem ganzen Kontinent – von Lissabon bis Helsingör und Kiew – und sie waren die größte Geldmacht der Welt.[12] Wohlgemerkt: Das war lange vor unserer Zeit, im 16. Jahrhundert.

Weltweite Entgrenzung: Das Ende der Differenzierung

Die Globalisierung macht deutlich, dass wir in *einer* Welt leben, die keine Grenzen mehr kennt. Die Trennung zwischen dem *Wir* und den *anderen* – wer und wo auch immer sie sind – ist nicht mehr aufrechtzuerhalten.

Wir haben uns über Jahrtausende hinweg immer mehr differenziert: Von Ostafrika ausgehend verbreiteten sich unsere Vorfahren über die ganze Welt, unterschiedliche Rassen haben sich gebildet, unterschiedliche Völker und Kulturen, die sich – isoliert in unterschiedlichen Weltgegenden – mit einer eigenen Sprache verständigten und verschiedene Götter anbeteten.

Diese immer größere Differenzierung ist unwiederbringlich zu Ende, die Entwicklung eher gegenläufig. Die Rassen haben sich schon weitgehend vermischt, eindeutige Trennungslinien sind nicht mehr zu ziehen; Lebensstile gleichen sich an, fast überall in der Welt wird materieller Wohlstand zum obersten Lebensziel; die Religionen verlieren ihre Eindeutigkeit und werden, gerade in der westlichen Welt, zu *Patchworkreligionen*, zu Versatzstücken aus unterschiedlichsten Glaubensbekenntnissen. Mit *»From tribal brotherhood to universal otherhood«* hat der Soziologe Benjamin Nelson die Entwicklung der abendländischen Gesellschaft einmal beschrieben; ursprünglich gab es die Brüderlichkeit der Stammesgemeinschaften, heute sind wir eine Weltgesellschaft aus *»anderen«*,[13] die keine Grenzen mehr kennt.

Diese Entgrenzung zeigt sich sogar in der Sprache. Weltweit setzt sich – ohne Rücksicht auf nationale Grenzen – die Wirtschaftssprache Englisch durch. Deutsche Manager treffen sich in Frankfurt und unterhalten sich auf Englisch – obwohl Deutsch ihre Muttersprache ist. Und Sprache vermischt sich, wie einstmals die Rassen, zu wunderbaren *engleutschen* oder, besser bekannt, *denglischen* Wortschöpfungen: Man lädt ein Programm nicht mehr aus dem Internet herunter, es wird *gedownloadet*, ein Flug nicht abgesagt, sondern gecancelt, eine Werbekampagne nicht mehr gestartet, sondern *gelauncht*.

Auch das Klima kennt keine Grenzen, es war schon immer globalisiert. Seine Auswirkungen, die zum allergrößten Teil von den reichen Industriestaaten verursacht werden, sind in der Antarktis und auf dem Himalaya genauso zu spüren.

Global Player, nicht mehr an nationale Grenzen gebunden, sind weltweit auf der Suche nach den geringsten Steuern, den besten Infrastrukturleistungen und entmächtigen nationalstaatliche Politik. Die agiert weitgehend hilflos, versucht aber den Schein der Einflussmöglichkeit zu wahren, der tatsächlich kaum noch vorhanden ist. Der Kabarretist Frank Markus Barwasser alias Erwin Pelzig bezeichnet Politik deswegen auch als die *»freundliche Moderation der eigenen Bedeutungslosigkeit«*.

Der Konsumkapitalismus ist nicht mehr an feste, zentrale Produktionsstandorte gebunden, versucht die billigsten Arbeitskräfte zu nutzen und lässt dabei ein weltweites Jobnomadentum entstehen.

Und weltweit kursierende Bilder, Symbole, Zeichen und die Popkultur bringen meist westlich geprägte Wertvorstellungen und

Lebensweisen in die entferntesten Winkel des Planeten: Nomaden in Sibirien erfahren aus amerikanischen Vorabendserien, warum man unbedingt einen überdimensionierten und überquellenden Kühlschrank braucht.

Ursachen und Folgen: Dezemberäpfel aus Australien

Als wesentliche Ursachen der Globalisierung gelten die weltweite Vernetzung der Finanzströme, bei der in Sekundenschnelle Milliardenbeträge bewegt werden, der technische Fortschritt – insbesondere in den Kommunikations- und Transporttechniken – sowie die politischen Entscheidungen zur Liberalisierung des Welthandels.

Die Auswirkungen erfährt inzwischen jeder am eigenen Leib: auf Autobahnen ist mindestens eine Spur von Lastwagen verstopft, die Käse aus Italien nach Norddeutschland bringen, die Milch dafür aber vorher von Bayern nach Italien. Animiert durch Billigflüge reist man auf einem Kurztrip übers Wochenende zum Shoppen nach Mailand, wo man früher mindestens eine Woche lang die südliche Wärme genossen hätte. Die australischen Dezemberäpfel im Supermarkt haben eine Flugreise um die halbe Welt hinter sich – eine Entwicklung, die sich in Zahlen in der Verhundertfachung der Transportmenge der Luftfracht seit 1950 niederschlägt.

Wir surfen von zu Hause weltweit im Netz, suchen uns die billigsten Angebote, chatten in *Communitys* über Gott und die Welt. In den Medien liegt der Fokus auf globalen Ereignissen, und wir wissen sofort, wenn in China der sprichwörtliche Sack Reis umfällt, ob wir wollen oder nicht.

Hautnah spüren wir die Globalisierung aber auch, wenn unser Arbeitsplatz in Gefahr ist oder wegrationalisiert wird, weil die Produktion ins billigere Ausland verlagert wird. Dass an dieser Entwicklung auch wir deutschen Schnäppchenjäger schuld sind, weil wir ja auch immer die billigsten Produkte kaufen wollen, findet kaum Einlass in unser Bewusstsein.

Gewinner und Verlierer: Mehr soziale Ungleichheit und mehr Wohlstand

Die Auswirkungen der Globalisierung werden kontrovers diskutiert und unterschiedlich beurteilt: Ihre Kritiker greifen oft nicht die Globalisierung selbst an, sondern deren als neoliberal bezeichneten Ausprägungen sowie den Kapitalismus oder die freie Marktwirtschaft an sich. Nicht alles solle privatisiert, verkauft und gekauft werden können, denn diese Form der deregulierten Globalisierung führe zu noch größerer sozialer Ungleichheit. Der Bürger habe im Gegensatz zu Lobbygruppen der Wirtschaft kaum Einfluss. Alles würde globalisiert, aber die Globalisierung von Menschenrechten, Arbeitnehmerrechten, ökologischen Standards oder Demokratie bleibe auf der Strecke.

Die Befürworter hingegen sind der Meinung, Globalisierung fördere das Wachstum, erhöhe den Wohlstand und schaffe mehr Warenvielfalt. Die Arbeitsmärkte wüchsen, Güter würden billiger, und durch die Steigerung der weltweiten Produktivität würde auch die technische Entwicklung beschleunigt, womit der Käufer seinen Lebenskomfort besser oder mit geringerem materiellem Aufwand decken könne. Außerdem könnten die Menschen durch Zusammenarbeit und den Kulturaustausch voneinander lernen; die Verflechtung fördere kooperatives Verhalten und verringere die Zahl der Kriege.

Wer hat recht? Kann man das überhaupt allgemein sagen? Vor allem wenn die Globalisierung schon für eine Person gleichzeitig negative sowie positive Auswirkungen haben kann? Wer genießt nicht gern im Winter frisches Obst, das bei uns in der kalten Zeit nicht mehr gedeiht? Auch eine Pizza beim Italiener oder Sushi beim Japaner bereichert unseren Speiseplan, denn die deutsche Küche ist ja nicht für jedermann das Höchste für den Gaumen. Und wenn der Kühlschrank nicht, wie noch zu Zeiten unserer Eltern, mehr als einen ganzen Monatslohn kostet, empfinden wir das ebenfalls als Steigerung unserer Lebensqualität. Wenn aber der Arbeitsplatz bedroht ist, weil Polen, Inder oder Chinesen die gleiche Ware für einen Bruchteil produzieren können, sind wir mit der Globalisierung nicht mehr so einverstanden. Das sind wir auch dann nicht, wenn die Rohöl- und Gaspreise unaufhaltsam nach oben klettern, weil Inder und Chinesen einen ähnlichen Energiehunger entwickeln wie Europäer und Amerikaner. Oder wenn bei uns die Preise von Milchprodukten steigen, weil in Australien die Ernte vernichtet wurde und die Asiaten Geschmack an Milch, Joghurt und Kefir finden.

Doch ob wir so oder so denken – es nützt uns nichts, denn in einem sind sich Kritiker und Befürworter einig: Die Globalisierung ist eine gewaltige Herausforderung, der sich niemand entziehen kann. So sind auch die Forderungen mancher Globalisierungsgegner nach Abschottung sinnlos – was der Niedergang des früheren Ostblocks, der hinter seinen Mauern verfiel, ja belegt hat. Nach Meinhard Miegel könnten sie sich ebenso dafür einsetzen, dass *»reife Äpfel vom Ast nicht auf die Erde fallen, sondern in den Herbsthimmel aufsteigen.«*[14]

Aber wer hat überhaupt die Globalisierung bestellt, wer sitzt am Steuer, wer darf mitfahren und wer bleibt am Straßenrand zurück?

Bei der Globalisierung gibt es Gewinner und Verlierer. Auf der Gewinnerseite stehen die schon wohlhabenden Industrieländer, die sich neue Märkte erschließen, wenn die heimischen zu eng werden. Bisher fast allen voran – obwohl es kaum einer glauben mag – Deutschland als Exportweltmeister. Entgegen der landläufigen Meinung profitieren wir auch von einer *regionalen* Globalisierung, nämlich der in der Öffentlichkeit ungeliebten EU-Erweiterung. Nach einer Umfrage der Wirtschaftsprüferorganisation *Grant Thornton International* hat jedes zweite mittelständische Unternehmen dadurch einen leichteren Zugang zu größeren Absatzmärkten und billigeren Produktions- und Importmöglichkeiten erhalten. Im EU-Vergleich treffe dies nur auf 38 Prozent der Firmen zu.[15]

Die Schwellenländer haben zwar durch niedrige Löhne die Chance, Wirtschaftswachstum und relativen Wohlstand zu erlangen, aber oft auf Kosten drastischen Strukturwandels bei international nicht wettbewerbsfähigen Branchen. Und die Entwicklungsländer befinden sich, wie immer, auf der Verliererseite. Meist gelingt es ihnen wegen instabiler politischer Strukturen nicht, Investitionen anzuziehen.

Aber in welcher Position sind wir zukünftig, wenn ein Drittel der Weltbevölkerung seinen Anspruch auf einen Lebensstandard erheben wird, der bisher ein Privileg des Westens war? Im Gegensatz zu den westlichen Industrienationen existiert in den asiatischen Staaten eine äußerst hohe Motivation zu lernen und sich weiterzuentwickeln. Sie sind bereit, für wesentlich geringere Löhne und auch unter Bedingungen zu arbeiten, die wir schon im Frühkapitalismus überwunden haben.

Wir werden erkennen müssen, dass im globalen Dorf der Zukunft ein Wettbewerb herrscht, dem wir uns stellen müssen. Und es sollte uns bewusst werden, dass wir unser Glück nirgends einklagen können und dass keine Macht der Welt unseren Wohlstand mehr garantieren kann.

Die Globalisierung der Kultur: Ein Clash of Civilizations?

Wir genießen die französische Küche, üben asiatische Kampfsportarten aus, entspannen bei afrikanischer Musik, gehen ins Kino und lassen uns Action aus Hollywood um die Ohren hauen oder zerfließen bei Liebesschnulzen aus dem indischen *Bollywood*, tragen Lammfellschuhe aus Australien und engagieren uns für den Schutz von Walen in der Antarktis. Wir sind richtige Weltbürger. Kultur ist global. Kulturelle Ausdrucksformen wie Bilder, Klänge, Vorstellungen, Symbole, Rituale lösen sich von ihrem ursprünglichen Ort und zirkulieren im globalen Hyperraum. Kulturen werden entgrenzt. Vieles und Unterschiedliches besteht gleichzeitig nebeneinander.

Befürworter freuen sich, dass weltweit Elemente aller Kulturen verfügbar sind und wir uns hin zu einer universalen Kultur entwickeln. Die Kritiker hingegen befürchten, dass die westliche Dominanz, die auch westliche Vorstellungen und Lebensziele vor allem über Fernsehen, Kino, Musik und Mode verbreitet, bestehende Kulturen untergräbt.

Aber auch auf der anderen Seite, im Westen, sehen sich vor allem konservativere Vertreter der christlich abendländischen Kulturen von Globalisierungseffekten bedrängt. Es wird immer wieder versucht, vor allem islamistischen Einflüssen eine europäische oder deutsche *Leitkultur* entgegenzustellen. Wenn man aber sieht, wie schwierig es scheint, diese zu definieren, könnte man meinen, dass sie gar nicht vorhanden ist. In *Kopftuchdebatten* oder dem *Kruzifixstreit* wird dann erörtert, ob religiöse Symbole – wenn das Kopftuch denn überhaupt eins ist –, die von unserer Verfassung garantierte freie Religionsausübung gefährden oder sie im Gegenteil gerade bestätigen.

In diesem Zusammenhang ist oft die Rede vom sogenannten *Kampf der Kulturen*. Populär wurde der Begriff Ende der neunziger Jahre durch das Buch des US-amerikanischen Politikwissenschaftlers Samuel P. Huntington *The Clash of Civilizations*, in dem er eine Prognose aufstellt, nach der sich die Menschen in Zukunft nur durch den Kampf der Kulturen behaupten könnten.[16] Der Gedanke ist zwar nicht ganz neu, denn schon 1938, zur Zeit des NS-Regimes, erschien in Deutschland eine Publikation von Heinrich Schmitthenner mit dem Titel *Lebensräume im Kampf der Kulturen*, aber er ist anscheinend immer noch aktuell.

Kritiker bezweifeln nicht nur die Prognose, sie warnen auch davor, den Kampf der Kulturen als unabwendbares Schicksal anzusehen, das im Zuge einer sich selbst erfüllenden Prophezeihung reale Ausmaße bekommen könnte. So weit ist es aber zumindest im Kopf der meisten Deutschen schon gekommen. Laut einer repräsentativen Umfrage des *Instituts für Demoskopie Allensbach* vom Mai 2006 sind 56 Prozent der Befragten der Überzeugung, dass es zurzeit einen ernsten Konflikt zwischen Christentum und Islam, den *Kampf der Kulturen* gäbe; nur 22 Prozent sind der Meinung, das könne man nicht sagen.[17]

Nicht ganz unschuldig an dieser Einstellung sind auch einige der konservativen Politiker, die kulturelle Unterschiede immer wieder gern instrumentalisieren. Sowohl die populistische Kampagne *Kinder statt Inder* von Jürgen Rüttgers, des damaligen NRW-Spitzenkandidaten der CDU, setzte sowohl auf ausländerfeindliche Ressentiments als auch die Aktion gegen die doppelte Staatsbürgerschaft, die auch zum Wahlsieg der hessischen CDU mit Roland Koch beigetragen hatte. Heinrich Heine hat einmal gesagt, dass das Herz der Deutschen eng werde, wenn sie von der Nation sprächen.

Ressentiments in extremer Form und damit die radikale Ablehnung jeglicher Art von Globalisierung finden sich dann bei nationalistischen, rechtsextremen Gruppen wie der NPD, die sich gegen die zunehmende Vereinheitlichung der Kulturen und die abnehmende Bedeutung der Nationalstaaten wenden, insbesondere gegen die Zuwanderung.

Die Zukunft: Kreolisierung und Ethnozentrismus

Es scheint also zwei Möglichkeiten zu geben, wie die Globalisierung der Kultur fortschreitet.

Erstens: Durch westliche Einflüsse wird Kultur homogenisiert. Kulturell einst eigenständige Gesellschaften sind bedroht oder verschwinden. Die Globalisierung ist dann nur ein neuer Name für die Verwestlichung beziehungsweise Amerikanisierung der Welt.

Nach einem zweiten Szenario droht Kultur sich zu fragmentieren und die Welt dabei in interkulturellen Konflikten – im Sinne von Huntingtons vereinfachtem Weltbild – zu versinken. Als Antwort auf die Vereinheitlichung scheint den Menschen nur noch die Abschottung gegen Fremdeinflüsse und die Zuflucht zu einem übersteigerten ethnischen Bewusstsein übrig zu bleiben.

Nach der Ethnologin Joana Breidenbach wird aber keines der Szenarien den neu entstehenden Lebenswelten gerecht.[18] Denn aus kultureller Sicht erweise sich *»Globalisierung als ein hochgradig dialektischer Prozess. Homogenisierung und Ausdifferenzierung, Konflikt und kulturelle Vermischung, Globalisierung und Lokalisierung stellen keine einander ausschließenden Entwicklungen dar, sondern bedingen sich gegenseitig.«*

Breidenbach untersucht, wie Menschen mit Fremdeinflüssen umgehen. Dabei kommt sie zu dem Schluss, dass Menschen nicht unreflektiert die Moralvorstellungen und die Essgewohnheiten amerikanischer Serienhelden übernehmen: Entweder werden sie abgewehrt oder verwandelt beziehungsweise in das eigene Weltbild integriert. Gesellschaften benutzen Fremdes, um – wie der Ethnologe Marshall Salins schreibt – *»mehr wie sie selbst zu werden.«*[19]

Im Globalisierungsprozess entstehen unendlich viele neue Kulturformen und Lebensweisen – Breidenbach nennt dies Kreolisierung. Die Grenzen zwischen dem Eigenen und dem Fremden würden sich verwischen. Auch in Deutschland würden in wenigen Jahren 40 bis 50 Prozent aller Kinder und Jugendlichen in den Großstädten aus Zuwandererfamilien kommen. *»Die neu entstehenden Gemeinschaften, wie die der Latinos oder der Afro-Deutschen«* würden das Deutsche *»auf unspektakuläre, aber nachhaltige Weise«* verändern, so Breidenbach.

Es gibt aber auch eine Kulturalisierung, die der Kreolisierung diametral entgegenwirkt. Viele Gemeinschaften fühlen sich bedroht und betonen deswegen ihre kulturellen Eigenarten. Dies birgt die Gefahr der Verabsolutierung kultureller Unterschiede, was zu einem von Hass und Rassismus geprägten Ethnozentrismus führen kann. Nordirland, Jugoslawien und Simbabwe sind traurige Beispiele dafür.

Wie auch immer die zukünftige Globalisierung der Kultur verlaufen mag: Es geht nicht darum, Kultur gegen die *anderen* zu verteidigen, denn Kultur ist nichts, was man verlieren oder gewinnen kann, sondern vielmehr ein Prozess, durch den Menschen der Welt, in der sie leben, einen Sinn geben. Und vielleicht finden wir irgendwann einen Weg, bei dem wirtschaftliche, religiöse oder ethnische Unterschiede nicht als Grenzen, sondern als Möglichkeiten zur Grenzüberschreitung gesehen werden.

Ökonomisierung

Unsere Gesellschaft wird in immer mehr Bereichen nach wirtschaftlichen Gesichtspunkten organisiert. Wert scheint nur zu haben, was wirtschaftlich ist, kurzfristig Profit verspricht und schnell geht. Denn Zeit ist ja schließlich Geld.

Als Motor der Ökonomisierung wird allgemein die neoliberale Denkweise ausgemacht. Wie im letzten Kapitel schon angesprochen, kritisieren auch die Gegner der Globalisierung weniger diesen Prozess selbst als vielmehr die damit verbundene neoliberale Ausrichtung.

Dabei tun sie der ursprünglichen Wortbedeutung Unrecht, denn die neoliberalen Vordenker dachten genauso wie ihre heutigen Gegner. Sie sahen schon in den dreißiger und vierziger Jahren die Gefahr, dass ein ungeregelter Markt dazu tendieren kann, durch die Bildung von Monopolen den Wettbewerb aufzuheben und dadurch seine eigene Grundlage zu zerstören. Markt ist nach Auffassung des Neoliberalismus daher nicht naturwüchsig, sondern muss durch den Staat gewährleistet werden. Alexander Rüstow forderte schon 1932 den starken Staat – genau das, was sogar die einstmals so neoliberalen Banker auch taten, als sie keinen Ausweg aus der Finanzkrise mehr fanden.

Unter dem Begriff Neoliberalismus werden heute verschiedene sozialphilosophische und wirtschaftspolitische Theorien mit liberalen, aber unterschiedlichen Ausrichtungen, sogenannten Schulen, zusammengefasst. Die Freiburger Schule verstand Neoliberalismus als Mittelweg zwischen Kapitalismus und Sozialismus, aus ihr ging auch die soziale Marktwirtschaft der Bundesrepublik Deutschland hervor.

Globalisierungsgegner und Gewerkschaften verwenden den Begriff Neoliberalismus meist in Bezug zu den Ideen der Chicagoer Schule um Milton Friedman, die auf den freien Markt setzt. Sie geht davon aus, dass auf lange Sicht die Selbstregulierungsmechanismen des Marktes zu einem Marktgleichgewicht führen.

Die Kritiker des (falsch verstandenen) Neoliberalismus machen ihn vor allem für die Deregulierung und Liberalisierung der Märkte, die Privatisierung und den damit verbundenen Rückzug des Staates und Einschnitte in die sozialen Ausgaben verantwortlich. Diese Sichtweise auf den Neoliberalismus dominiert heute. Insofern hat hier ein Deutungswandel stattgefunden.

Die Ökonomisierung der Gesellschaft: Nur was Wert hat, zählt

Das beherrschende Thema der Zeit ist der Globalisierungsdruck, dem die bundesrepublikanische Gesellschaft ausgesetzt ist. Wirtschaftlichkeit wird zum vorherrschenden gesellschaftlichen Reformprinzip, dem alle Bereiche unterzogen werden – Rente, Gesundheitspflege, Krankenkassen, Hochschulen, öffentliche Verwaltung.

Die Unternehmen nutzen diesen scheinbar unausweichlichen Globalisierungsdruck zur Verschlankung und zur Gewinnmaximierung, was man ihnen eigentlich nicht verübeln kann, denn das Ziel eines Unternehmens ist es ja, möglichst viel Geld zu verdienen. Sie ziehen sich aber auch zunehmend aus der gesellschaftlichen Verantwortung zurück, nutzen Fördergelder am Rande der Legalität und bilden kaum noch aus. Ihre sich selbst als permanent unterbezahlt einschätzende Führungsriege sorgt nicht nur für satte Abfindungen bei eigenem Versagen, sondern lässt es zum Teil auch stark an gesellschaftlichem Einfühlungsvermögen fehlen, wenn mit der Entlassung von Tausenden von Mitarbeitern gleichzeitig die Gehälter der Vorstände massiv erhöht werden. Der Druck macht's möglich.

Dabei darf man andererseits aber auch nicht vergessen, dass viele von ihnen selbst Getriebene sind, angepeitscht von Fondsgesellschaften, die Anteile an den Unternehmen halten oder Milliardenbeträge verwalten, die sie lukrativ investieren müssen. Diese werden wiederum getrieben, nämlich von den Renditeerwartungen ihrer Anleger wie Banken, Institutionen, Unternehmen und – vielen Kleinaktionären wie vielleicht Sie oder ich, die eine möglichst hohe Dividende erwarten und die ihr Geld auch nur da anlegen, wo am meisten versprochen wird. Und spätestens hier beißt sich die Katze wieder in den eigenen Schwanz.

Aber wie auch immer der *Turbokapitalismus*, wie der Neoliberalismus in Frankreich genannt wird, funktioniert: Verblüffend ist, dass wir die Ökonomisierung all unserer Lebensbereiche als anscheinend unabwendbar akzeptiert haben. Geld und Ökonomie sind zum eigenständigen Wert geworden, so als könnten alternative Konzepte nicht mal mehr gedacht werden. Wo ist der Zeitgeist der siebziger und achtziger Jahre mit seinen immateriellen Schlagworten wie *Selbstverwirklichung, Suche nach alternativen Lebensformen, ökologischem Umbau der Gesellschaft*? Heute sieht es so aus, als hinge die Lösung der Zukunftsfragen fast ausschließlich von ihrer Finanzierbarkeit und der Entwicklung der Wirtschaft ab. Brecht hatte wohl recht: *»Erst kommt das Fressen, dann die Moral«*.

Neoliberal ist aber nicht nur die Wirtschaft. Auch die Politik – und selbst die Sozialdemokratie – folgte zum Teil neoliberalen Ansätzen, indem sie Programme umsetzte, die ihrem politischen Selbstverständnis zuwiderliefen.

Doch in der Krise steht alles kopf: Die Amerikaner werden zu den größten Bankenverstaatlichern, chinesische Staatsfonds zu den letzten Turbokapitalisten; CDU-Abgeordnete sprechen von Enteignung und Marktliberale stimmen plötzlich Lehrsätzen von Peer Steinbrück zu: *»Der Staat kann keine Solidarität organisieren«*, *»Der Markt vermeidet keine Exzesse, er erzeugt sie«*, *»Wir brauchen eine neue Balance zwischen Markt und Staat«*.[20] Die, die den Staat vorher als Bürokratiemonster denunzierten, hoffen nun, dass er die von ihnen ins Feuer geworfenen Kastanien wieder herausholt. Und das größte Paradox: Ausgerechnet die Partei, die als einzige den Begriff *liberal* im Namen führt, profitiert am meisten von der Krise – die FDP.

Wenn die Krise nicht verheerend genug ist, wird wohl wieder auf die alten Rezepte zurückgegriffen – doch nicht bevor die Aktionäre mit Steuergeldern befriedet sind und die Allgemeinheit ein weiteres Mal den Standort Deutschland gerettet haben wird.

Ökonomische Ungleichheit: Wie viel wollen wir uns leisten?

Das Prinzip der Wirtschaftlichkeit sorgt nicht für ausgleichende Gerechtigkeit, es hat keinen *human touch*. Nicht der Normalmensch ist das Maß der Dinge, sondern eine Art Höchstleistungssportler, der stets bereit ist, die Maxime höher, schneller, weiter zu erfüllen.

Jürgen Kromphart kritisiert in seinem Buch *Konzeptionen und Analysen des Kapitalismus*,[21] dass durch den freien Markt eine Umverteilung von den ökonomisch Erfolglosen zu den ökonomisch Erfolgreichen erfolge, diese Fehlentwicklung aber verharmlost beziehungsweise geleugnet und die Realität so interpretiert werde, dass sie mit deren wirtschaftspolitischem Konzept übereinstimme.

Nicht verwunderlich, dass auch die Kirche für die Erfolglosen das Wort ergreift: Die Zunahme des Wettbewerbs solle die Bedürfnisse der Schwächsten in der Gesellschaft nicht unsichtbar machen, meinte Kardinal Lehmann, noch als Vorsitzender der *Deutschen Bischofskonferenz*. Die Befürworter neoliberaler Thesen seien leider *»blind«*, wenn sie auf Menschen stießen, die keine Voraussetzungen hätten, am Spiel des Marktes teilzunehmen.[22]

Die entscheidende Frage aber, die die Ökonomisierung aufwirft, ist, wie viel Ungleichheit die Gesellschaft aushalten kann und will.

Stehen Leistung und Ökonomie im Vordergrund, müssen wir uns wohl oder übel, wie in Amerika, an große soziale Unterschiede gewöhnen. An Siedlungen der Reichen und Superreichen, die Tag und Nacht von privaten Sicherheitsdiensten bewacht werden, um sie vor denen zu schützen, die sich in Ghettos und Slums zusammenfinden und den amerikanischen Traum schon lange nicht mehr träumen.

Wenn eher Gleichheit und soziale Aspekte im Vordergrund stehen, kommen uns als prototypische Vertreter eher die skandinavischen Länder in den Sinn. Sie stehen für hohe Sozialstandards, ein zukunftsfähiges und erfolgreiches Schul- und Bildungssystem – aber auch eine hohe Steuerlast, durch die weniger Geld zum Leben bleibt, als wir es im Schnitt gewohnt sind.

Die Ökonomisierung der Zeit: Die Geschichte mit den grauen Herren

Die Ökonomisierung macht auch vor der Zeit nicht Halt – denn Zeit ist ja schließlich Geld! Dabei ist Zeit eigentlich eines der Gottesgeschenke, die wir umsonst mitbekommen haben. Aber wir haben, wie vom Geld, auch von ihr nie genug, sie wird immer knapper und – entsprechend dem ökonomischen Prinzip, dass eine hohe Nachfrage den Preis erhöht – ist sie uns auch teuer geworden.

Wo ist die Zeit hingekommen, wer stiehlt sie uns? Vielleicht die *grauen Herren*, wie Michael Ende in Momo vermutet? *»Eine gespenstische Gesellschaft grauer Herren ist am Werk und veranlasst immer mehr Menschen, Zeit zu sparen. Aber in Wirklichkeit betrügen sie diese Menschen um die ersparte Zeit. Je mehr die Menschen daran sparen, desto ärmer, hastiger und kälter wird ihr Dasein.«*[23]

In der Antike und im Mittelalter war der Traum vom wahren und aktiv erfüllten Leben immer an die Muße gebunden. Wer es geschafft hatte, hatte Zeit. Bis zur Industrialisierung spielte Zeit im Alltag keine große Rolle, das Sonnenzeitmaß bestimmte den Tagesrhythmus. Bei Sonnenaufgang stand man mit dem ersten Hahnenschrei auf, und man ging mit den Hühnern zu Bett, wenn es dunkel wurde.

Das ist schon lange zu Ende. Heute machen wir unser Zeitalter zum *Speed Age*,[24] zum Hochgeschwindigkeitszeitalter, in dem alles nur noch an uns vorbeirauscht.

Wir machen alles immer schneller, trotzdem bleibt uns immer weniger Zeit. Durch internationale Vergleichsstudien wurde nachgewiesen:[25] Je produktiver die Wirtschaft eines Landes ist, desto höher ist sein Lebenstempo; je industrialisierter ein Land ist, desto weniger freie Zeit bleibt den Menschen; je mehr zeitsparende Maschinen es gibt, desto mehr stehen die Menschen unter Zeitdruck; je urbaner ein Lebensumfeld ist, desto schneller bewegen sich die Menschen vor Ort.

Auch Dinge, die Zeit brauchen, wollen wir schnell erledigen. Das toskanische Sprichwort *Du kannst noch so oft an der Olive zupfen, sie wird deshalb nicht früher reif* hat für uns keine Geltung mehr.

Wir entwickeln uns zu Multitaskern, die aus Zeitmangel alles gleichzeitig und möglichst von überall aus erledigen müssen. Handy und Computer unterstützen uns dabei. Hans Henrik Knoop, Professor an der Pädagogischen Universität Kopenhagen, vergleicht unsere Situation mit einem Autofahrer, der mit 210 Stundenkilometern auf der Autobahn fährt: *»Dieser Autofahrer* *muss bei hoher Geschwindigkeit permanent weit nach vorne schauen, und sein Gehirn muss eine Flut an Eindrücken und Informationen verarbeiten.«*[26]

Nach wissenschaftlichen Erkenntnissen sind wir aber für Multitasking nicht geschaffen, denn das menschliche Gehirn ist nicht in der Lage, verschiedene Dinge gleichzeitig zu verarbeiten. Der Zwang zur Gleichzeitigkeit führt zu einem schizoiden, unzusammenhängenden Denkstil. Die Folgen sind nicht nur Aufmerksamkeits- und Konzentrationsstörungen, chronische Übermüdung und eine eingeschränkte Analysefähigkeit, sondern auch eine beeinträchtigte Wahrnehmung der Realität.[27]

Die Frage ist auch, wie sich diese zunehmende Schnelligkeit auf die zwischenmenschlichen Beziehungen auswirkt. Das rasche Lebenstempo in den Städten führt beispielsweise dazu, dass die Menschen mit mehr Sinnesdaten überhäuft werden, als sie persönlich verarbeiten können. Die Folge ist eine Art psychische Überlastung,[28] weshalb die Überlasteten beziehungsweise Überforderten dazu neigen, alles auszublenden, was für ihre persönlichen Ziele nicht von Bedeutung ist. Konkret: Sie nehmen sich weniger Zeit und haben auch nicht die Geduld dazu, sich um Menschen zu kümmern, die in ihrem Leben nur eine marginale Rolle spielen.[29]

Nach Meinhard Miegel geht mit dem Verlust der Zeit auch ein Verlust der Nachhaltigkeit einher. In der Vergangenheit lebten Menschen zwar individuell kurze Leben, aber sie lebten die Existenz ihrer Vorfahren weiter und in ihren Nachkommen fort. *»Deshalb dachten und fühlten sie in sehr viel längeren Zeiträumen als die Menschen heute.«* Heute würden wir zwar unsere siebzig bis neunzig Jahre durchleben, aber nur wenige würden sich Gedanken über das Leben der Menschen in hundert oder zweihundert Jahren machen – die meisten seien froh, wenn sie heil durch das eigene Leben kämen. Und so gehe die Zukunft über die eigene Lebensspanne kaum hinaus. Die Auswirkungen zeigten sich nicht nur in der Politik, auch in der Wirtschaft steuerten Kapitäne nur noch auf Sicht, um bloß keine Risiken einzugehen und in den Augen irgendwelcher Analysten ja nichts falsch zu machen: *»Sie beschränken sich ängstlich auf die Gegenwart und vernachlässigen die Zukunft.«*[30]

Noch nie lebten Menschen so lange Leben, und wohl noch nie glaubten sie, so wenig Zeit zu haben. Dabei können immer mehr bei diesem Entwicklungstempo nicht mehr mithalten; sie resignieren oder verweigern sich dieser Hektik. Auf die Frage, wohin und warum wir uns so beschleunigen, gibt es keine allgemeingültige Antwort. Jeder muss für sich selbst entscheiden, inwieweit er sich dem Diktat von Ökonomisierungs- und Zeitdruck mit all seinen Folgen beugen will und muss, ob er tatsächlich unvermeidbar ist oder man sich im Verlangen nach *immer mehr* mitreißen lässt, eigentlich aber *immer weniger* übrig bleibt. Es wäre sicherlich ein Gewinn, in manchen Lebensbereichen wieder Inseln der Langsamkeit für sich zu entdecken. Um Dinge bewusster zu erleben und genießen zu können, für weniger Getriebensein und mehr Sinn und Nachhaltigkeit im Leben.

Individualisierung

Während sich auf der einen Seite die Welt entgrenzt und vernetzt, sind wir als Individuen auf gegenläufigem Kurs. Mit der zunehmenden Unübersichtlichkeit der Welt sieht sich der Einzelne immer mehr auf sich gestellt und muss die Grenzen um sein Selbst erkennen und definieren.

In der Soziologie bezeichnet der Begriff *Individualisierung* einen mit der Industrialisierung und Modernisierung der westlichen Gesellschaften einhergehenden Prozess eines Übergangs des Individuums von der Fremd- zur Selbstbestimmung. Das bedeutet, dass mit dem Zerfall traditioneller Bindungen jeder Einzelne sein Leben, seine Biografie und seine Netzwerke zunehmend selbst gestaltet.

Dass wir, innerhalb unserer Möglichkeiten, selbstbestimmt sind, ist für uns heute eine Selbstverständlichkeit. Wir billigen Individuen unveräußerliche Rechte zu und unser Moralsystem macht die einzelnen Individuen für ihr Handeln verantwortlich – nicht Clans, Familien oder Stände. John Lyons geht davon aus, dass das In-den-Mittelpunkt-Stellen des Selbst im Wesentlichen ein Produkt der Denkweise des späten 18. Jahrhunderts ist.[31] Vor dieser Zeit neigten die Leute dazu, sich als Exemplare allgemeiner Kategorien zu sehen – als Angehörige einer Religion, einer Klasse oder eines Berufsstandes. Sogar die Seele, sagt Lyons, war nicht gänzlich das Besitztum des Individuums. Sie war von Gott geschaffen und dem sterblichen Fleisch für eine vorübergehende Zeit überlassen.

Diese Einstellung wurde auch in Büchern deutlich. Während es jahrhundertelang üblich war, zum Beispiel in Reisebeschreibungen, als Repräsentant zu allen zu sprechen, änderte sich dies im späten 18. Jahrhunderts und es wurden zunehmend auch persönliche Eindrücke und Gefühle geschildert.

Mit seinem Roman *Robinson Crusoe*, der 1719 erschien, verhalf Daniel Defoe – zumindest in der Literatur – dem Individuum endgültig zum Durchbruch. Jenseits aller höfischen Traditionen, frei von Religion, Staat und Familie schafft sich das schiffbrüchige Individuum auf der karibischen Insel eine neue Welt und bewährt sich dabei.

Die moderne Gesellschaft: Mehr Ich als Wir

Wie schon im Kapitel Evolution beschrieben, entstanden im Laufe unserer Entwicklung immer komplexere Gesellschaften mit vielen Teilebenen, die sich die Aufgaben für das Überleben des Einzelnen teilten.

Laut Norbert Elias nahm die Individualisierung seit dem Ende des 19. Jahrhunderts zu – als die westeuropäischen Industriestaaten mit dem Ausbau des Gewaltmonopols und der Sozialsysteme wesentliche Aufgaben bei der Garantie der physischen und sozialen Sicherheit ihrer Mitglieder übernahmen. Die Staaten sahen seitdem ihre Bürger als Einzelne und nicht als Mitglieder von Familien oder Dörfern. Damit erhielten die Individuen auch größere Entscheidungsspielräume und die gesellschaftliche *Wir-Ich-Balance* wurde zugunsten der Ich-Identität verschoben.[32]

Ulrich Beck, Professor für Soziologie an der Ludwig-Maximilians-Universität München, hat Anfang der 80er Jahre den Begriff *Individualisierung* erstmals als Schlagwort für die Beschreibung der heutigen sozialen Lebensbedingungen eingesetzt. Nach Beck findet seit dem Ende der fünfziger Jahre ein zweiter Individualisierungsprozess statt. Alte gesellschaftliche Zuordnungen wie Stand und Klasse würden obsolet, die Pluralisierung von Lebensstilen nehme weiter zu und die Identitäts- und Sinnfindung werde zur individuellen Leistung. Diese Entwicklung werde auch durch eine Veränderung des staatlichen und ökonomischen Rahmens gefördert.[33] Mit dem Rückzug des Staates sind die Selbstorganisierer gefragt.

Elias bewertet die zunehmende Individualisierung als einen weiteren Machtgewinn des einzelnen Menschen gegenüber seinem sozialen Umfeld.

Nach Beck rückt die Individualisierung das Selbstgestaltungspotenzial, das individuelle Tun ins Zentrum. Die Gestaltung der Biografie würde so zur Aufgabe des Individuums, zum Projekt. Das birgt Chancen, aber auch Risiken. Wir können uns – entsprechend unseren individuellen Möglichkeiten – selbst entfalten, sind aber auch für unseren Misserfolg selbst verantwortlich.

Wie aber sieht eine Gesellschaft aus lauter Individuen aus? Kann man bei unendlich vielen *Ichlingen* überhaupt noch von einer Gesellschaft beziehungsweise einer sozialen Gemeinschaft reden, wenn ihre Mitglieder immer weniger gemein haben?

Beck weist darauf hin, dass in einer Gesellschaft der Individuen diese nicht zwanghaft nonkonformistisch sein müssten. Individualisierung bedeute vielmehr, dass jeder Einzelne entscheiden könne, wie er leben wolle. Nonkonformismus schließe die Möglichkeit ein, konventionell und traditionell zu leben. Eine Frau könne Hausfrau und Mutter im klassischen Sinne sein wollen – als nonkonforme, individualistische Wahllebensform.

Genauso kann man sich in seiner individuellen Entscheidungsfreiheit aber auch dazu entschließen, sein Selbst weitgehend aufzugeben, um sich damit von den Zwängen der Selbstbestimmung zu befreien – also ein Leben nach Vorschrift und in Abhängigkeit zu führen.

Die neue Gesellschaft: Vom Individualismus zum Narzissmus?

In einer Gesellschaft, die sich fortschreitend individualisiert, gehen immer mehr Orientierungspunkte verloren: Die Globalisierung konfrontiert uns mit unterschiedlichen Lebensstilen, kulturellen Eigenarten und Wertvorstellungen, die unvereinbar scheinen; das traditionelle Familienbild löst sich auf, Patchworkfamilien werden von der Ausnahme zur Regel; traditionelle Geschlechterrollen, ebenso die damit verbundene Arbeitsteilung, stehen auf dem Prüfstand; Kinder sind nicht mehr elterliches Eigentum, sondern Individuen, die auch so behandelt werden wollen.

Die alten Werte haben ausgedient, neue haben in individuellen Interessenkonflikten aber noch keinen gesellschaftlichen Konsens gefunden.

Wie kommen Jugendliche in dieser unübersichtlichen Welt zurecht, wie gestalten die neuen Generationen ihr Leben? Die Antworten fallen unterschiedlich aus, weil die aktuelle Gemengelage immer schwerer zu durchschauen ist. Eine vermeintliche Generation löst im stetig schnelleren Rhythmus die nächste ab, und immer neue Jugendszenen entstehen und vergehen.

Generell scheint sich die Jugend aber zunehmend auf sich selbst zu konzentrieren und den Individualisierungsprozess weiter voranzutreiben. Angesichts der gesellschaftlichen Situation bleibt ihnen wohl auch kaum eine andere Wahl.

Die amerikanische Professorin für Psychologie an der San Diego State University, Jean M. Twenge, hat Schülerbefragungen aus über hundert Jahren ausgewertet und ihre Erkenntnisse 2006 in dem Buch *Generation Me* zusammengefasst. Sie beschreibt diese, nach dem Pillenknick seit den siebziger Jahren herangewachsene Generation von Wunschkindern als selbstbezogen und von klein auf von ihren Eltern im Glauben bestätigt, alles erreichen zu können und keinem gefallen zu müssen. Die Ernüchterung käme aber dann, wenn die wirtschaftliche Realität die Heranwachsenden mit Einschränkungen träfe, vor denen sie niemand gewarnt hätte. Das Resultat seien nicht nur Rekordzahlen an depressiven Menschen, sondern auch Zynismus und der Rückzug aus dem sozialen Gefüge.

Twenge sieht die *Generation Me* als Folge der fortschreitenden Individualisierung. Doch die Entwicklung sei keineswegs abgeschlossen, sie würde sich sogar noch beschleunigen. Und so arbeitet sie bereits an ihrem nächsten Buch, dessen Titel Böses ahnen lässt: *Die Narzissmuss-Epidemie: das Zeitalter des Anspruchs.*

Amerika ist zwar weit weg, die *Generation Me* scheint aber keine rein amerikanische Erscheinung zu sein, denn im Zeitalter der Globalisierung gleichen sich die Entwicklungen immer mehr an: Selbst in China wird die aktuelle Generation offiziell als die *Ich-Generation* bezeichnet.[34]

Auf der einen Seite bedeutet, sich intensiver auf sich selbst konzentrieren zu können, ein Mehr an Freiheit, auf der anderen aber auch ein Weniger an Orientierung und Zusammenhalt. Ein Leserbrief an *Die Zeit* (Nr. 38/2008) bringt dieses Dilemma der nachwachsenden Generationen auf den Punkt: »*Die Jugend gibt es nicht mehr. Die kollektive Identität ist längst einem diffusen Individualismus gewichen, dem jede einheitsstiftende Färbung fehlt. Jeder ist für sich selbst verantwortlich. Dies ist der zentrale Leitsatz meiner Generation.*«

Es bleibt zu hoffen, dass bei der Konzentration auf das eigene Ich und zunehmendem Narzissmus die Anerkennung des Andersartigen nicht auf der Strecke bleibt – denn eine Gesellschaft muss nicht nur Unterschiede aushalten können, sondern auch erkennen, dass Verschiedenheit Reichtum bedeutet.

Wertewandel

Werte sind für unsere Identitätsbildung von entscheidender Bedeutung. Sie geben uns Orientierung, prägen unsere Einstellungen, unsere Lebensführung und geben unserem Handeln Sinn. Doch was sind Werte? Und welche gelten in der heutigen Zeit überhaupt noch? Sich zurechtzufinden ist nicht einfacher geworden: Die Globalisierung konfrontiert uns mit Vorstellungen und Werten, die uns fremd erscheinen; der Neoliberalismus stellt fast ausschließlich die ökonomische Ausrichtung in den Vordergrund; die Individualisierung lässt verschiedenste Wertvorstellungen unkommentiert nebeneinanderstehen und der Wandel schließlich verändert Werte. Doch was hat sich in unserem Werteverständnis geändert?

Werte: Vorstellungen, die uns was wert sind

Wertvorstellungen, oder kurz *Werte*, sind Vorstellungen über Eigenschaften, die dem Wertenden wichtig und wünschenswert sind. Werte sind subjektiv, sie entstehen aus einem Gefühl, einem persönlichen Urteil heraus. Sie können individuell unterschiedlich empfunden werden und sind somit auch relativ. Auch für die Identitätsbildung sind Werte wichtig: Eine authentische Persönlichkeit orientiert sich an ihnen und versucht, ihnen entsprechend zu handeln. Im allgemeinen Sprachgebrauch verstehen wir unter Werten vor allem die Grundsätze, nach denen eine Gesellschaft oder auch eine Gruppe von Menschen ihr Zusammenleben richtet oder richten will (*Ethik*). Der Begriff *Wert* beinhaltet auch, dass die entsprechenden Vorstellungen und Ideen vom Zusammenleben als richtig und daher wertvoll angesehen werden. Sie sind die konstitutiven Elemente der Kultur, sie definieren Sinn und Bedeutung innerhalb eines Sozialsystems.

Beständig in fast allen Gesellschaften sind sogenannte *ewige* Werte, die sich zwingend aus Gründen der Selbst- und Existenzerhaltung, der Gerechtigkeit und zur Vermeidung eines chaotischen Zusammenlebens ergeben, wie zum Beispiel die Forderungen aus den Zehn Geboten: *Du sollst nicht töten, nicht stehlen, nicht ehebrechen.*

Wertewandel:
Selbstverständlichkeit im Wechsel der Generationen

Werte und Normen werden in der Regel an nachfolgende Generationen weitergegeben; wenn dies nicht vollständig geschieht, sprechen wir vom Wertewandel oder – aus Sicht derer, die das Schwinden tradierter Wertvorstellungen beklagen – auch vom Werteverfall.

Bei einem Wertewandel verändern sich die Menschen aber nicht über Nacht. Er vollzieht sich vielmehr allmählich in dem Maße, in dem die jüngere Generation einer Gesellschaft die ältere ablöst. In der Regel kommen die Jüngeren mit dem Wandel besser zurecht als die Alten, denn sie haben ihre Erfahrungen bereits unter den veränderten Rahmenbedingungen gemacht und sind deshalb auch anders geprägt.

Das Einzige, was sich nicht wandelt, ist das ewige Lamento, dass früher alles besser gewesen sei und heute keine Werte mehr gälten. Dabei werden irgendwann in der Zukunft auch die heute jungen Leute von der Gegenwart als der *guten alten Zeit* erzählen.

Gesellschaften haben sich immer verändert und mit ihnen auch die Wertvorstellungen. Beim Vergeltungsrecht zum Beispiel galt in Urzeiten die Blutrache. Schon eine Beleidigung konnte mit dem Tod gerächt werden, und nicht selten führten die unausweichlich folgenden Racheakte zur Ausrottung ganzer Sippen. Verändert wurde diese lange geltende Praxis durch das Prinzip des *Auge um Auge, Zahn um Zahn* des Alten Testaments, das schon mehr Gerechtigkeit im Vergeltungsmaßstab mit sich brachte. Inzwischen hat eine differenziertere Rechtsprechung wiederum diese Vergeltung mit dem Gleichen abgelöst.

Der Wertewandel wird seit den siebziger Jahren immer wieder thematisiert. Die Diskussion ist also nicht neu – aber immer aktuell und rückt in mehr oder weniger regelmäßigen Abständen auf die politische Agenda. Nicht nur Helmut Kohl forderte vor seinem Amtsantritt die *Wende*, die er auch auf moralische Werte bezog. Der ehemalige Bundespräsident Richard von Weizsäcker warnte in den achtziger Jahren, unsere Demokratie *»lebe geistig von den Restbeständen vormoderner Werte und brauche diesen Vorrat allmählich auf«*. Eine moralische Erneuerung sei dringender denn je. Die westliche Welt habe die Auseinandersetzung mit Werten und ethischen Zielen in den vergangenen Jahrzehnten vernachlässigt.[35] Die berühmte Ruck-Rede seines Nachfolgers Roman Herzog zielte dann in die gleiche Richtung.

Die alten Werte: Der Muff unter den Talaren

Die spezielle Diskussion um den Wertewandel in Deutschland ist ohne die sogenannten Achtundsechziger nur schwer nachvollziehbar, denn sie spielen dabei eine zentrale Rolle. Die Achtundsechziger stehen als Synomym für die nach der nationalsozialistischen Indoktrination aufgewachsene Nachkriegsgeneration. Achtundsechziger deswegen, weil sich ihr Protest gegen die Werte ihrer Elterngeneration, die unfassbare Gräuel und einen Weltkrieg möglich gemacht hatten, 1968 in gewaltsamen Studentenunruhen entlud – eine Eskalation, die für die damals noch junge Bundesrepublik in dieser Heftigkeit neu war.

Ihre Kritik richtete sich aber nicht nur gegen die sogenannten *deutschen Sekundärtugenden* wie Pünktlichkeit, Gewissenhaftigkeit und Organisationstalent, *mit denen man Konzentrationslager leiten könne*, sondern auch gegen den Muff unter den Talaren ihrer Professoren. Damit war gemeint, dass unter ihrer Amtstracht die alten, nationalsozialistisch geprägten Werte nach wie vor präsent seien. Eine Schlussfolgerung, die nachvollziehbar war, denn viele Professoren – wie auch führende Personen aus anderen gesellschaftlichen Bereichen – setzten ihre Karriere, die sie in Nazideutschland begonnen hatten, nahtlos in der Adenauer'schen Bundesrepublik fort.

Die jungen Leute verstanden ihre Eltern und Großeltern nicht, sie fühlten sich aber mit einem Mal ermutigt und auch berechtigt, einer Gesellschaft Fragen zu stellen, die die unfassbaren Vorkommnisse während der Nazizeit nur für einen Betriebsunfall der Geschichte hielt. Ihr Aufstand war der Versuch, eine Schuld aus der Welt zu schaffen, die sie selbst gar nicht auf sich geladen hatten.

Das Ergebnis der ersten Wertewandelsforschung in den siebziger Jahren war ein Schock. Von 1967 bis 1972 untersuchte man erstmals mit demoskopischen Methoden Einstellungen und Werte, die sich in wenigen Jahren erheblich änderten, vor allem bei den jungen Menschen unter 30: Änderungen der Einstellungen zeigten sich in Fragen der Erziehung, Politik und im Verhältnis zur Kirche, insbesondere bei Sexualnormen. Zum ersten Mal wurden eine bestimmte Art von Bewusstsein und Regeln der Lebensführung infrage gestellt, die seit den ersten Jahrzehnten des 18. Jahrhunderts unangefochten schienen.

Dieser Wertewandel war zwar in allen westlichen Ländern zu bemerken, in Westdeutschland entstand aber eine Generationskluft wie nirgendwo sonst in Europa. Der Prozess der Weitergabe von Werten der Elterngeneration an die Kinder war offensichtlich gestört. Mitte der siebziger Jahre, so meinte man, sei der von 1967 bis 1972 erlebte schockhafte Wertewandel zum Stillstand gekommen. Aber in den entscheidenden Punkten zeigte sich keine Umkehr und auch keine Neuorientierung, und er hatte auch noch lange nicht seinen Höhepunkt erreicht. Die Generationenkluft vergrößerte sich weiter.[36]

Die Frage, ob sich Deutschland denn auch heute noch wesentlich von anderen Ländern unterscheide, beantwortet Dr. Jan W. van Deth, Direktor des *Mannheimer Zentrums für Europäische Sozialforschung*, mit Nein. Dass Deutschland, das bislang die größte Generationenkluft im europäischen Vergleich aufzuweisen hatte, wieder zum Normalmaß zurückgekehrt sei, liegt nach Ansicht von Deth am Generationenwechsel in Deutschland.

Die Kluft sei aber nicht deshalb so groß gewesen, weil die jungen Leute so anders gewesen wären als ihre Altersgenossen im Rest Europas – die Ausnahmeposition sei durch die älteste Generation der Deutschen entstanden. Erst das allmähliche Verschwinden der älteren deutschen Wiederaufbaugeneration mit ihrer relativ starken Betonung materialistischer und traditioneller Werte hätte zu dieser Normalisierung geführt.[37]

Das Teilen von Werten: Ist Deutschland wieder vereint?

Nicht nur die Auseinandersetzung mit den Achtundsechzigern macht den Wertewandel in Deutschland unvergleichbar. Auch die deutsche Teilung spaltete die Nation: Östlich des Eisernen Vorhangs galten andere Werte als im Westen.

Laut Noelle-Neumann, die in den neunziger Jahren erstmals Umfragen in der ehemaligen DDR durchführte, hatte dort kein Wertewandel stattgefunden.

Die Bürger wären nach der Maueröffnung in Bereichen wie Familie, Arbeit und Kindererziehung noch sehr stark an den fünfziger Jahren orientiert gewesen. Eine Generationenkluft sei nicht erkennbar gewesen, sie hielten auch an der durch das SED-Regime vermittelten Ansicht fest, der oberste gesellschaftliche Wert sei nicht die Freiheit, sondern die Gleichheit.[38]

In den folgenden Jahren entschieden sich die Westdeutschen bei Umfragen immer eher für freiheitliche Werte und die ehemaligen DDR-Bürger – nach einem leichten Vorsprung der Freiheit in den ersten Jahren – immer mehr für die Gleichheit. Im Laufe der Zeit wirkten sich aber auch die Vorstellungen der Ostdeutschen auf die Westdeutschen aus – immer weniger meinten, die Freiheit sei der Gleichheit vorzuziehen, und in Ostdeutschland breiteten sich dafür mehr die hedonistischen Tendenzen aus, die Generationenkluft jedoch wurde nie so groß wie im Westen.

Trotz dieser Annäherungen der Wertvorstellungen meint van Deth, dass auch mehr als ein Jahrzehnt nach der Wiedervereinigung die kulturellen Unterschiede zwischen den alten und neuen Bundesländern noch immer nachweisbar seien. Damit hätte ein neuer deutscher *»Sonderweg«* begonnen, der die Probleme der *»Republik zweier Generationen«* durch die Probleme einer *»Republik zweier Kulturen«* ersetze.[39]

Der Wandel: Werteverschiebung oder Werteverfall?

Nach Opaschowski leben wir seit den siebziger Jahren des 20. Jahrhunderts in einem Zeitalter zwischen Werteskepsis und Werterelativismus, Werteverschiebung und Werteverfall. *»Vielleicht ist der Kampf um Werte nichts anderes als ein verschleierter Kampf um Macht: Dahinter stehen meist verborgene Interessen.«*[40]

Die Wahrnehmung des Wertewandels in der Öffentlichkeit wird von den Medien geprägt. Deren Berichterstattung wird, wie sollte es auch anders sein, getreu dem vorherrschenden Grundsatz *only bad news is good news*, eher von negativen Einschätzungen dominiert. Ein Beispiel dafür: Unter der Überschrift *»Tanz um das goldene Kalb«* konstatierte *Der Spiegel* 1999, dass sich die Gesellschaft in einer tiefen ethischen Krise befinde. Das gemeinsame Verständnis von Gut und Böse schwinde, die Solidarität der Gesellschaft falle auseinander, die skandalgeschüttelte Politik kümmere sich kaum um das Gemeinwohl; und am augenfälligsten sei die Entwicklung zu einer *»Wert-losen«* Gesellschaft in der Wirtschaft, weil dort der Konsens, dass die Würde und das Wohlergehen des Menschen das Maß aller Dinge sein sollte, kaum noch vorhanden sei. Deutschland scheine in der privaten und öffentlichen Moral weitgehend orientierungslos.[41]

Dass das Stimmungsbild in der Bevölkerung von Pessimismus geprägt ist, stellt auch Dr. Helmut Klages, emeritierter Professor der Deutschen Hochschule für Verwaltungswissenschaften in Speyer, fest. Gelegentliche Meldungen über eine Wiederbelebung traditioneller Werte würden mit viel Zustimmung und Erleichterung begrüßt. In der Bevölkerung bestehe die Meinung, dass auf Moral, Pflichtbewusstsein, Fleiß, Recht und Ordnung zu wenig Gewicht gelegt würde. *»Die Gesellschaft beginnt sich als eine Egoistengesellschaft zu verachten«*, so Klages.[42]

Der Wertewandel wird allgemein verantwortlich gemacht für inflationäres Anspruchsdenken, für die Ellenbogengesellschaft, eine einseitige Spaßorientierung, einen Verlust moralischer Standards, ausufernden Individualismus und Privatismus wie auch für eine allgemeine Erosion des Gemeinsinns.

In der Diskussion um den Wertewandel steht immer wieder die Frage im Vordergrund, ob wir tatsächlich zu einer Gesellschaft aus lauter Egoisten geworden sind – was der gefühlten Realität der Deutschen ja zu entsprechen scheint – oder ob es doch noch Hoffnung auf gemeinsame Vorstellungen gibt, die unsere Gesellschaft zusammenhalten könnten.

Besonders der Staat, der sich zukünftig eher als aktivierender Staat sieht und sich zunehmend auf die Weckung gesellschaftlicher Eigenkräfte konzentrieren will, möchte durch Wertewandelforschung ergründen, ob seine Bürger die geforderte Bereitschaft und Kompetenz zur Eigenverantwortung haben. Der Mainstream in der Bevölkerung selbst scheint der Meinung zu sein, dass gesellschaftliches Engagement wegen der durch den Wohlstand verursachten *Vollkaskomentalität* eher nicht zu erwarten sei. Tägliche Berichte über kriminelle Absahner, Schwarzarbeit, Sozialhilfeschwindel, Steuerhinterziehung, Vetternwirtschaft, Subventionsbetrug und Korruption erzeugen dieses Bild nicht nur, sie bestätigen es auch.

Wie sieht es wirklich aus? Die Frage ist nicht leicht zu beantworten. Denn in der Forschung stehen sich unterschiedliche Theorien gegenüber, warum sich unsere Werte und Normen mit der Zeit ändern – entsprechend der jeweiligen Sichtweise werden dann auch unterschiedliche Ausprägungen festgestellt beziehungsweise unterschiedliche Schlussfolgerungen gezogen, die durchaus gegensätzlich sein können.

Zur Lage der Nation I: Die Erosion der Sekundärtugenden

Eine große Rolle bei der Debatte um den Wertewandel spielt das Institut für Demoskopie Allensbach, gegründet von Elisabeth Noelle-Neumann.

Laut Dr. Gerd Hepp, Professor für Politikwissenschaft und politische Bildung an der *Pädagogischen Hochschule Heidelberg*, vertritt Noelle-Neumann die kulturpessimistische These von einem seit 1968 kontinuierlich voranschreitenden Werteverfall. Dessen Symptome würden von ihr im Wesentlichen an folgenden Tendenzen festgemacht: Bindungsverluste an Gemeinschaften, an Religion und Kirche; allgemeine Infragestellung von Autoritäten und Hierarchien; Erosion der Sekundärtugenden sowie der bürgerlichen Arbeits- und Leistungsethik; individuelle Anspruchsinflation, abnehmender Gemeinsinn und sinkende Bereitschaft zum politischen Engagement.[43]

Die pädagogisch-politische Botschaft liege auf der Hand, so Hepp: Renaissance von Leistungs-, Pflicht-, Ordnungs- und Kollektivwerten durch eine Werteerziehung, die dem behaupteten Trend zur Spaß- und Freizeitgesellschaft Paroli bieten und über die wiederbelebten Sekundärtugenden die nachlassende Engagementbereitschaft wieder stärken soll.

Hepp ist der Meinung, dass sich die hartnäckige Behauptung eines stetigen Negativtrends empirisch nicht stützen lasse. Positive

Befunde stärkten vielmehr die Vermutung, dass der Wertewandel nicht Bremser, sondern Motor des bürgerschaftlichen Engagements sei.

Zur Lage der Nation II: Von der Pflicht zur Selbstentfaltung

Ulrich Beck sieht die Lage im Gegensatz zu Noelle-Neumann optimistisch. Unser Zeitalter, das er in seinem Essay *Das Zeitalter des eigenen Lebens* nennt, sei nicht durch Werteverfall und Ich-Sucht bedroht.

Auch Klages beurteilt den Wertewandel in Deutschland insgesamt positiv. Er betont vor allem die Ambivalenz des Wertewandels, der neben Risiken auch Chancen, neben Verlusten auch Gewinne beinhalte. Klages konstatiert einen generellen Megatrend in Form einer Gewichtsverlagerung von Pflicht- und Akzeptanzwerten hin zu Selbstentfaltungswerten. Sein Ansatz erfasst auch komplexe Wertemischungen in Form konkreter Wertetypen. Dabei spielt der sogenannte *aktive Realist* eine zentrale Rolle, der im Zuge des Wertewandels entstanden sei. Dieser nahezu optimale Persönlichkeitstypus, der gleichermaßen *»moderne und traditionelle Werte in sich vereine, nähere sich am ehesten dem Sollprofil menschlicher Handlungsfähigkeiten unter den Bedingungen moderner Gesellschaften.«*[44]

Er tritt auch dem Vorurteil entgegen, junge Menschen seien nur an Zerstreuungen und Vergnügungen interessiert, wie sie Freizeitparks und Medienangebote bereithalten. Es stimme zwar, dass Spaß wichtiger sei als bei früheren Generationen, sie empfänden aber auch Spaß am Helfen, *»weil sie das Erlebnis aktiven und erfolgreichen persönlichen Wirkens und Helfens in Verbindung mit Selbsterweiterungserfahrungen sehr schätzen.«*

Horst Opaschowski drückt dies etwas anders aus: *»In Zukunft droht kein soziales Analphabetentum, eher ein berechnender egoistischer Altruismus, bei dem die neuen Helfer das Warum, Wofür und Wie lange ihres Tuns selbst bestimmen.«*[45]

Auch Werte, so Klages, die man bei der jungen Generation eher als wichtig einstufe, wie: *»Die guten Dinge des Lebens in vollen Zügen genießen«*, *»Sich und seine Bedürfnisse gegen andere durchsetzen«*, *»Einen hohen Lebensstandard haben«* und *»Macht und Einfluss haben«* (alles hedonistische Züge), stünden abgeschlagen im unteren Mittelfeld der Werteliste.[46] Außerdem stellt Klages fest, hätte das Bedürfnis,

Subjekt des eigenen Handelns zu sein, einen deutlich gewachsenen Stellenwert. Die Menschen hätten ein verstärktes Bedürfnis nach persönlicher Autonomie und Mitbestimmung. Sie wollten selbst gewonnene Einsichten und Überzeugungen auch umsetzen und verlangten mehr Unabhängigkeit und einen größeren Handlungsspielraum.

Klages weist die Forderung nach einer Wiederbelebung traditioneller Werte als unnötig zurück. Er fordert allerdings eine Reform der Institutionen. Aus seiner Sicht würden gerade die Handlungsspielräume der großen und sich nachhaltig entwickelnden Gruppe der aktiven Realisten in einem überflüssigen Ausmaß eingeschränkt. Dies geschehe gleichermaßen bei Unternehmen, Organisationen, Vereinen, Gewerkschaften, Schulen und Parteien durch exklusive Zuständigkeiten, Entscheidungs- und Weisungsbefugnisse und hierarchische Strukturen.

Auch nach Karl-Heinz Hillmann zeichnet sich zu Beginn des 21. Jahrhunderts ein Wertewandel mit positiver Grundrichtung ab: Im Zentrum stünden wieder *»prosoziale Werte«*, die auf ein glückliches Zusammenleben der Menschen ausgerichtet seien. Dazu zählten Hilfsbereitschaft und menschliche Wärme, Freundschaft und Freundlichkeit, Gerechtigkeit und soziale Verantwortung. Verantwortung zähle wieder mehr als persönliche Freiheit: Letzteres hätte man. Ersteres vermisse man.[47]

Gerhard Schmidtchen spricht in seiner repräsentativen Studie über die moralisch-ethischen Dispositionen der 15- bis 30-Jährigen sogar von einer *»moralischen Generation«*, die es ernst meine mit der Suche nach Lebenssinn und persönlicher Identität. Was ihn am meisten beeindruckt, *»ist die Moralsehnsucht junger Menschen, die Lauterkeit des Strebens nach persönlicher Ehrlichkeit, der durchgängige Wunsch, in der Entwicklung der eigenen Persönlichkeit den Sinn des Lebens zu finden.«*[48]

Auch Noelle-Neumann ist in ihrem Rückblick *Zeitenwende. Der Wertewandel 30 Jahre später* in ihrer Einschätzung moderater geworden: Sie sieht den seit drei Jahrzehnten währenden Wertewandel als beendet. Indikator sei eine Renaissance, kein Rollback traditioneller Werte, und die Ansichten Jüngerer unterschieden sich nicht mehr wesentlich von denen der Älteren. Die Wiederbelebung traditioneller Werte sei aber nicht mit einer Umkehrung des Wertewandels identisch, wie er sich in Deutschland seit den späten Sechzigern entwickelt habe.[49]

Neue Werthaltungen: Auf individuellen Trampelpfaden in die Erwachsenenwelt

In der sich wandelnden Welt bestehen keine kollektiven Sicherheiten und Orientierungsanker mehr. Die Lebensbewältigung nach traditionellen Wertemustern kann nicht mehr gelingen, denn *»anstelle der alten Königswege in die Erwachsenenwelt zeichnen sich heute vielfach individuelle Trampelpfade ab«*,[50] die den Jugendlichen als *»Kindern der Freiheit«* (Ulrich Beck) ein hohes Maß an selbst gesteuerter Flexibilität und Mobilität in der persönlichen Lebensplanung und auch bei den Werthaltungen abverlangen.

Nach den Ergebnissen des *Freiwilligensurvey* scheint es so zu sein, dass der Wertewandel die Tendenz zu mehr Eigeninitiative, Eigensinn und Selbstsorge freigesetzt hat, dass jedoch die neuen Werte die traditionellen Tugenden des Sicheinfügens, des Helfens und des Dienstes für die Gemeinschaft keineswegs verdrängt haben.

Neben den Risiken des Wertewandels sollten also verstärkt auch dessen produktive Chancen ins öffentliche Bewusstsein gerückt werden. Denn offensichtlich unterstützt der Wertewandel den notwendigen Anpassungsprozess der Sozialpsyche an die Herausforderungen der sich wandelnden Gesellschaft. Der Wertewandel scheint folglich auch unumkehrbar.

Informations- und Wissensgesellschaft

Unser Leben ist zwar relativ kurz, trotzdem leben wir ständig in anderen Gesellschaften. In welcher leben Sie gerade? In der Industrie-, der Erlebnis-, der Risiko-, der Multioptions-, der Informations-, der Wissens- oder der Cybergesellschaft? Oder kennen Sie noch eine, die ich nicht erwähnt habe? Vielleicht leben wir auch in zwei oder mehreren gleichzeitig, vermutlich gerade mal wieder im Übergang von der einen zur anderen – wer kennt sich da noch aus?

Wir wechseln die Gesellschaften wie die Hemden. In früheren Zeiten ging das etwas langsamer. In der Steinzeitgesellschaft haben wir es rund zwei Millionen Jahre ausgehalten – etwa 10 000 Mal länger als in der Industriegesellschaft.

Nur damit Sie eine ungefähre Vorstellung von der unterschiedlichen Dauer der Gesellschaften bekommen, die wir bereits hinter uns haben: Wenn wir einen Tag mit 24 Stunden als Grundlage nehmen und uns vorstellen, um 0:00 Uhr hätte die Steinzeit begonnen, haben wir bis 23:45 Uhr in Höhlen gelebt, in der letzten Viertelstunde des Tages damit begonnen, Nutzpflanzen anzubauen, drei Minuten vor Mitternacht gelernt, Metall zu bearbeiten und erst in den letzten acht Sekunden die Dampfmaschine erfunden. Seit einem Wimpernschlag befinden wir uns in der Informationsgesellschaft.

Die Informationsgesellschaft: Ich weiß, dass ich nichts weiß

Etwa ab Mitte der siebziger Jahre stieg die Bedeutung kommunikativer Netzwerke. Zu dieser Zeit waren in den USA erstmals mehr Menschen im Bereich der Informationsverarbeitung beschäftigt als in der Verarbeitung von Energie und Materie.

Damals prägte der amerikanische Publizist und Soziologe Daniel Bell den Begriff *Informationsgesellschaft*. Er versteht darunter eine Wirtschafts- und Gesellschaftsform, in der sich die güterproduzierende Industriegesellschaft im späten 20. Jahrhundert zur nachindustriellen Informationsgesellschaft gewandelt hat.[51] Seine Bedeutung als Rohstoff konnte die Information aber erst durch elektronische Datenverarbeitung und globale Informationsflüsse erreichen. Der Stellenwert der Produktion von materiellen Gütern ging immer mehr zurück, entscheidend für die Wertschöpfung wurde stattdessen die Intelligenz, die in ein Gut gesteckt wird. Information wurde zum Produktivfaktor.

Eng mit der Informationsgesellschaft ist der Begriff *Informationsexplosion* beziehungsweise *Informationsflut* verbunden. Sie ist auch ihr größtes Problem. Geprägt wurde der Begriff 1970 – in seiner englischen Urform als *Information Overload* – von Alvin Toffler, einem amerikanischen Futurologen, in seinem Buch *Future Shock*.[52]

Information Overload bezeichnet den Zustand, zu viele Informationen zu einem Thema zu besitzen. Aufgrund der Kombination von alten, neuen und sich widersprechenden Daten fällt es schwer, eine Entscheidung zu treffen, was wichtig und richtig oder irrelevant und falsch ist. Im Sokrates'schen Sinne *weiß man nur noch, dass man nichts weiß.*

Wir verfügen heute über mehr Informationen, als wir wahrnehmen und verarbeiten können, und fühlen uns von der Vielzahl an Informationen weniger *ent-* als *be*lastet, was eigentlich ein Paradoxon ist. Denn bislang hat uns ein Mehr an Informationen nur Vorteile gebracht: Es ermöglichte die Ausbreitung von Kultur und Demokratie, die Entwicklung von Handel und Technologie.

Doch heute macht uns das Zuviel an Informationen eher Angst, sogar denen, von denen wir dies weniger erwarten würden. Stanislaw Lem, der 2006 verstorbene polnische Philosoph und Science-Fiction-Autor, hat gesagt, er stehe vor einer Epoche, vor der ihm graue: *»Was wussten denn die Menschen in Europa schon im 16. Jahrhundert darüber, was im fernen Osten geschieht? Gar nichts. Jetzt weiß man in Lichtgeschwindigkeit alles. Ich fürchte mich vor der informatischen Sintflut.«*[53]

Wir fühlen uns angesichts der Informationsflut oft hilflos, überwältigt, inkompetent. Wissenschaftler sprechen vom *infobiologischen Unzulänglichkeitssyndrom*, unter dem wir leiden, weil wir die eingehenden Informationen nicht schnell genug aufnehmen und verarbeiten können, oder auch von *Fragmentia*, dem Gefühl, dauernd unvollständigen Informationen ausgesetzt zu sein.[54]

Der Philosoph und Medientheoretiker Norbert Bolz meint, dass wir eigentlich gar nicht von einer Informationsgesellschaft reden dürften, weil *»Gesellschaft mit Information nichts anfangen kann.«* Denn erst die strenge Auswahl mache aus Daten Informationen und dann aus Informationen Wissen, das man gebrauchen könne.[55]

Bolz stellt fest, dass heute immer häufiger Information mit Wissen verwechselt werde. Aber die Informationsgesellschaft sei keine Wissensgesellschaft, sie *»hält den Computer und das Internet für eine Quelle des Wissens, aber sie interessiert sich nicht dafür, wie das Wissen in den Computer hineinkommt.«* Wissen aus dem Computer könne aber nicht überprüft und müsse deshalb geglaubt werden. Dadurch käme aber der Erkenntnisprozess ins Hintertreffen.

Da wir gerne Mitglieder einer Gesellschaft von Erkennenden wären, reden wir also im Folgenden besser von der Wissensgesellschaft.

Die Wissensgesellschaft: Ich weiß nicht mehr, was ich weiß

Der Begriff *Wissensgesellschaft* bezeichnet eine Gesellschaftsform in hoch entwickelten Ländern, in der individuelles und kollektives Wissen und seine Organisation vermehrt zur Grundlage des sozialen und ökonomischen Zusammenlebens werden. In der Wissensgesellschaft ist die effektive Nutzung des Wissens ein entscheidender Wettbewerbsfaktor. Wissen selbst wird zum veräußerlichen Gut, zur Schlüsselressource.

Der Begriff wurde bislang vorwiegend im wissenschaftlichen, (bildungs-) politischen und privatwissenschaftlichen Zusammenhang gebraucht, scheint aber zunehmend als flexiblerer Begriff den der Informationsgesellschaft abzulösen, weil er einem komplexeren Gesellschaftsbild gerecht wird.

Auch die Heinrich-Böll-Stiftung findet Gefallen an dem Begriff der Wissensgesellschaft, denn er *»eröffnet eine Perspektive, die auf den Willen und die Befähigung des Menschen zu Selbstbestimmung setzt – ganz im Gegensatz zum technizistischen Begriff der Informationsgesellschaft.«* Denn nicht Rechnerleistungen und Miniaturisierung würden die Qualität der künftigen gesellschaftlichen Entwicklung bestimmen, sondern die Auswahl des Nützlichen und die Gestaltung des Zugangs zu Wissen.

Es wird nicht ganz einfach sein, diesen Zugang zu gestalten. Denn seit 1945 haben wir ebenso viel Wissen und Informationen angesammelt wie in all den Jahrtausenden zuvor. In kürzester Zeit ist das zur Verfügung stehende Wissen explodiert. Im Fünf-Jahres-Rhythmus, so schätzen Experten, wird sich der Wissensstand verdoppeln. Wir haben alle Forschungs- und Wissensgebiete in immer kleinere Einheiten unterteilt, in diesen Untereinheiten maximierten und perfektionierten Spezialisten ihr Detailwissen. Zwangsläufig ging uns dabei das Überblicks- beziehungsweise Orientierungswissen verloren, das Zusammenhänge kennt und Wechselwirkungen einzuschätzen weiß. Wir stehen vor der Situation, die Goethe einmal so beschrieb: *»Dann hat er die Teile in seiner Hand, fehlt leider nur das geistige Band.«*

Das Problem der Informationsgesellschaft, der *Information Overload*, ist uns aber geblieben. Wollen wir die Gesellschaft in eine Wissensgesellschaft umwandeln, müssen wir aus diesem Zuviel an Informationen ein Genug an Wissen machen.

Die Wissensgesellschaft müsste Wissen als Service anbieten, gut strukturiert und verständlich vermittelt. Mit einem Navigationspfad durch den Informationsdschungel, der vom Allgemeinen ins Besondere geht, mit Abzweigungen zu verwandten Gebieten und Trampelpfaden ins Detail. Gelänge dies, wäre Wissen kein Herrschaftswissen einzelner Disziplinen oder Fakultäten mehr, sondern vernetzt, dezentral und interdisziplinär. Die Frage ist nur, ob dieser Überblick jemals zu erlangen ist im Gegeneinander unterschiedlichster Ansätze, Theorien, Sichtweisen und Interpretationen. Zu befürchten ist eher der weitere Anstieg des gleichgewichtigen Nebeneinanders unterschiedlichster Informationen, das uns heute schon so irritiert.

Doch abgesehen davon, ob uns dies gelingt, müsste in einer aufgeklärten Gesellschaft auch denen, die ihr Halbwissen vor allem mit den Computerfunktionen *Kopieren* und *Einfügen* generieren, klar sein: Die Produzenten von Wissen sind und bleiben die Menschen, nicht die Computer. Denn Wissen entsteht durch Denken, das in Texte mündet, die nicht nur heruntergeladen, sondern vorher erst geschrieben werden müssen. Die Wissensgesellschaft rückt Menschen in den Blick, die etwas wissen. Und wenn Wissen ihre zukünftige Schlüsselressource werden soll, dann wird eine exzellente Bildung immer wichtiger. Nicht als Luxus, sondern als Voraussetzung für die Teilhabe am gesellschaftlichen Leben.

Der Preis der Information: Mehr Bequemlichkeit, weniger Selbstbestimmung

Informationen beziehungsweise Wissen für alle verfügbar zu machen, ist eine gesellschaftliche Aufgabe, doch die diversen Institutionen sind damit überfordert. Weder sind sie in der Zielsetzung auf einen Nenner zu bringen, noch verfügen sie über die notwendigen technischen, finanziellen und personellen Ressourcen. Kein Wunder also, dass bei diesem Zukunftsgeschäft in erster Linie die großen Konzerne aktiv werden. So will *Google* mit dem Projekt *Google Book Search* die größte digitale Buchsammlung der Menschheit erstellen. Sieht man das Unternehmen positiv, hat es großes Potenzial: Es könnte Web-Enthusiasten und Kulturkritiker, die den Untergang der Buchkultur befürchten, zusammenbringen. Das Wissen und die Literatur der Welt würden demokratisiert und jedem zur Verfügung stehen, der Zugang zum Internet hat. Die Kehrseite der Medaille: Konzerne sind gewinnorientiert und agieren nicht aus altruistischen Motiven, sondern verfolgen ihre eigenen Interessen. Außerdem wäre nicht abzusehen, was es bedeutet, wenn ein einziges, gewinnorientiertes Unternehmen das Wissen der Welt verwalten würde.

Bei einer kritischen Betrachtung der Informationsgesellschaft darf auch ein weiterer Aspekt nicht vernachlässigt werden – nämlich die Informationen, die nicht *für* uns, sondern die *von* uns produziert und von der Wirtschaft gespeichert werden. Denn wir hinterlassen überall unsere Spuren: Sei es bei der Verwendung von Kredit-, Kunden- oder Payback-Karten, beim Electronic Banking, bei Gewinnspielen, durch das Handy oder in diversen Tummelplätzen im Internet. Die Industrie nutzt diese Daten, denn je mehr sie von ihren Konsumenten weiß, desto zielgruppengerechter kann sie ihre Werbung gestalten und platzieren.

Um ihr Geschäft anzukurbeln, versuchen die Anbieter, uns immer mehr Informationen zur Verfügung zu stellen. Durch Sensoren, Funketiketten oder Minicomputer wird unsere reale Umwelt überwacht, digitalisiert und virtuell abgebildet. Sie erfassen, wo wir gerade sind, was wir machen, was wir eingekauft haben. So werden die Dinge und wir selbst zum Bestandteil eines ständig wachsenden Datenstroms. Elektronische Assistenten diagnostizieren unseren Gesundheitszustand, beurteilen unser Fahrverhalten im Auto, registrieren unsere Einkäufe, entlasten uns bei der Mühsal, uns Dinge merken zu müssen, kennen unsere Vorlieben und was uns zum persönlichen Glück noch fehlt. Auf den Datenautobahnen von morgen wird nicht nur gearbeitet und konsumiert, auch die physischen Körper der Datenarbeiter und Konsumenten samt ihrer Umgebung werden erfasst und vernetzt.

Dass unsere persönlichen Daten *nur* für Werbe- und Verkaufszwecke genutzt werden, ist dabei nicht mehr der Kern des Problems – inzwischen geht es um mehr. Denn aus den Daten, die wir hinterlassen, lassen sich weitere Rückschlüsse ziehen. So weiß zum Beispiel *Amazon* nicht nur, welche Bücher wir gekauft, sondern zeigt uns auch, welche wir uns nur angesehen haben und welche ähnlichen andere Kunden bestellt haben. Auf Grundlage unseres Interesses und Kaufverhaltens ließe sich also leicht ein Persönlichkeitsprofil erstellen – und wie sollten wir verhindern, dass diese Daten eines nicht allzu fernen Tages völlig legal auf Anfrage staatlicher Stellen herausgerückt werden müssen?

Denn nicht nur die Industrie, auch der Staat sammelt persönliche Daten und erhebt sie selbst, meist ohne dass wir davon wissen. Die Terrorismusangst dient dabei als Vorwand, um tief in unsere Privatsphäre einzudringen. Dabei steigt die Tendenz, den Einzelnen als Risikofaktor zu betrachten, der beobachtet, registriert und bewertet werden muss. Passdaten sollen weitergegeben werden, private Computer werden von Geheimdiensten durchsucht und Rechte umgangen. Peter Schaar, seit 2003 Bundesbeauftragter für den Datenschutz und Informationsfreiheit, befürchtet, dass dieses Kontrollbedürfnis allmählich den Kern unserer Demokratie aufweichen könnte.[56]

Die Informationstechnik verspricht Sicherheit, sie macht das Leben bequemer. In manchen Bereichen strukturiert sie auch nur die Unübersichtlichkeit, die wir uns selbst mit ihr ins Haus geholt haben. Doch wer lenkt die Suchmaschinen? Wer sammelt die Daten? Wer nutzt die Datenströme? Wer zieht welche Schlüsse aus unseren persönlichen Daten? Und was passiert, wenn sie falsch sind?

Je mehr wir von uns preisgeben, je mehr wir uns auf das Spiel der Industrie einlassen, desto transparenter werden wir. Und zunehmend wird die wachsende Informationsfülle den Freiheitsspielraum des Einzelnen einschränken. Die Privatsphäre ist inzwischen für niemanden mehr heilig. Die Frage ist, was uns in Zukunft wichtiger sein wird: die Erhaltung unseres Rechts auf informationelle Selbstbestimmung oder das Gefühl, alles unter Kontrolle zu haben.

Die vernetzte Gesellschaft

Die Welt rückt immer näher zusammen. Dieser Prozess ist eigentlich nichts Neues, das tut sie seit Jahrhunderten. Nur geschieht dies immer schneller. Benötigte die Nachricht vom Ausbruch des amerikanischen Unabhängigkeitskampfes 1775 noch rund sechs Wochen, um Europa zu erreichen – nämlich genau die Zeit, die ein Schiff brauchte, um den Atlantik zu überqueren –, tauschen wir heute wie selbstverständlich Daten im Sekundentakt rund um den Globus untereinander aus.

Ermöglicht wird dies durch das World Wide Web, von manchen auch als das Betriebssystem der modernen Gesellschaft oder Treibrad der Globalisierung bezeichnet.

Kein Medium vorher hat sich so schnell ausgebreitet: Dauerte es beim Radio noch fast 40 und beim Fernsehen immerhin noch 13 Jahre, bis es 50 Millionen Nutzer erreichen konnte, gelang dies dem Internet in weniger als fünf Jahren.[57]

Das Internet ist nicht nur ein zusätzliches – quasi ein moderneres –, es ist das *Medium aller Medien*: Es berührt alle Sphären des sozialen Daseins, die Arbeit, den Güteraustausch, den Konsum, die Öffentlichkeit, die Privatsphäre, und bringt damit Bereiche zusammen, die vorher voneinander getrennt waren. So wurde das Internet neben einem technischen auch zu einem sozialen Phänomen. Es hat unseren Alltag beschleunigt, Gesellschaft, Wirtschaft, Politik und Kultur beeinflusst. Es hat und wird unser Leben stärker verändern als jedes andere Medium zuvor, keines ist jemals so tief in unsere privatesten Bereiche vorgedrungen wie dieses. Es hat Einfluss auf unseren Lebensstil, unser Verhalten, unsere Art uns darzustellen, miteinander umzugehen. Das Netz fängt an, unsere Sicht auf die Welt und unser Selbst zu prägen. Mit anderen Worten: Von allen Medien, die wir nutzen, hat es die stärkste Wirkung auf unsere Identität.

Das Internet hat in unglaublich kurzer Zeit einen gewaltigen Raum an Möglichkeiten geschaffen, es bringt aber auch Risiken mit sich. Fasziniert von den ungeahnten neuen Möglichkeiten haben wir uns nur allzu schnell und in noch nie praktizierter Bedenkenlosigkeit darauf eingelassen, ohne uns über die Folgen im Klaren zu sein. Wie auch: Aufgrund seiner Neuartigkeit und Schnelligkeit sind wir noch gar nicht in der Lage, diese auf lange Sicht einzuschätzen.

Die Entwicklung: Von der Optimierung der Rechnerkapazitäten zum chaotischen Mitmach-Marktplatz

Das Internet ging aus dem 1969 entstandenen *Apranet* hervor, einem Projekt des US-Verteidigungsministeriums. Ziel war es, ein dezentral organisiertes Computernetzwerk zu entwickeln, um auch nach einem Atomschlag in Verbindung mit Überlebenden zu bleiben. Gleichzeitig sollte durch die Vernetzung von Computern – anfangs waren es nur vier – Rechnerkapazitäten optimiert werden.

Rasanten Auftrieb erhielt das Internet seit 1993 durch das World Wide Web, kurz *www*. Das World Wide Web wurde 1989 im Forschungszentrum CERN bei Genf von Tim Berners-Lee entwickelt. Die Erweiterung der Zugriffsmöglichkeiten führte zu einer wachsenden Zahl von Nutzern, dies wiederum zu vielen kommerziellen Angeboten im Netz.

Durch seine dezentrale Technologie unterscheidet sich das Internet essenziell von seinen Vorgängern: Es ist das erste Medium ohne verwundbares Nervenzentrum. Und es ist *worldwide*: von jedem jederzeit an jedem Ort abrufbar, meist ohne Zugangsbeschränkungen. Obwohl die Ausdehnung des Internets eigentlich nicht genau bestimmbar ist, da theoretisch jeder über eine Netzwerkkarte verfügende Rechner Teil des Internets werden kann, gibt Bitkom die Zahl der weltweiten Internetnutzer für 2008 mit 1,4 Milliarden an – das wäre knapp ein Viertel der Weltbevölkerung. Ob man das als viel oder wenig interpretiert, ist Ansichtssache. Der Begriff *worldwide* erscheint aber relativ, vor allem, wenn man sich die Datenautobahnen – also die Datenströme in Kabel- und Satellitenverbindungen – genauer ansieht. Hier gibt es eindeutige Schwerpunkte: Der intensivste Datenverkehr findet in den entwickelten Industriestaaten statt, davon in erster Linie in und zwischen Europa und Nordamerika.[58]

War das Internet in seiner ursprünglichen Ausprägung ein eher eingleisiges Medium, von unterschiedlichen, mehr oder weniger professionellen Sendern an seine Empfänger gerichtet, kursiert seit 2004 die Bezeichnung Web 2.0. Sie gibt einem Gefühl Ausdruck, dass sich etwas im Netz verändert hat. Die Bezeichnung geht zurück auf Tim O'Reilly, einen der Vordenker des World Wide Web. Web 2.0 war das Motto seiner Veranstaltung von 2004, bei der er die neuesten Webtrends vorstellte. Es wurde zum Namen einer neuen Ära. Bemerkenswert ist, dass der neue Name nicht mit einer neuen Technologie einhergeht, die alles verändert hätte. Web 2.0 ist eher ein Oberbegriff für die Kombination von interaktiven

Techniken und Diensten des Internets, die teilweise bereits Ende der neunziger Jahre entwickelt wurden, und neuen Angeboten wie zum Beispiel Blogs und Wikis.

Im Zuge von Web 2.0 wächst der Desktop ins Netz und das Netz in den Desktop, denn die Trennung von lokaler und zentraler Datenhaltung schwindet. Softwareprogramme aktualisieren sich selbstständig per Zugriff auf das Internet, und durch Neuerungen kann der allgemeine User, der nur wenig oder nichts vom Programmieren versteht, wesentlich problemloser aktiv am Prozess der Informations-/Meinungsverbreitung teilhaben.

Der große Unterschied zum Web 1.0 – das durch seinen Nachfolger 2.0 posthum zu diesem Namen kam – besteht darin, dass Inhalte nicht mehr von einem Editoren erstellt und von einem meist passiven Benutzer empfangen und konsumiert werden, sondern dass dieser die Inhalte jetzt in zunehmendem Maße selbst erstellt und/oder bearbeitet. Der Leser wird zum Autor, der passive Konsument zum aktiven Produzenten. Das Internet ist nach Meinung des Spiegel-Autors Frank Hornig *»zu einem bunten, chaotischen Mitmach-Marktplatz geworden, auf dem jeder nach Laune im Publikum sitzen oder die Bühne bespielen kann.«*[59]

Das Web 2.0 ermöglicht Dinge, die früher entweder nur über Verlage oder Sender, mit hohen Kosten oder gar nicht zu realisieren waren. Mit den entsprechenden Auswirkungen auf die Medienlandschaft.

Die Angebote und Möglichkeiten sind fast unbegrenzt: Selbst gemachte oder unabhängig produzierte Radio- oder Videoshows können auf der Plattform *PodShow.com* präsentiert werden. Jeden Monat werden dort über zehn Millionen Downloads getätigt.

Wer lieber Entertainment genießt oder Kontakte mit anderen Teens und Twens schließen will, klickt zu *MySpace.com*. Und wird damit eins von rund 180 Millionen Mitgliedern.

Wem das zu unkreativ ist, der stellt selbst gedrehte Kurzvideos ins Netz, über die dann die halbe Welt lacht. Auf *YouTube.com* tun das täglich 65 000 Menschen.

Vielleicht möchte man doch lieber die eigenen Digitalfotos speichern oder mit anderen tauschen? Bei *Flickr.com*, dem Familienalbum der Netzgesellschaft, gibt es inzwischen über zwei Milliarden davon.

Das Internet ist aber nicht nur ein Medium, in dem wir weltweit shoppen, uns informieren oder einfach unterhalten lassen können – der Einzelne erhält auch ganz neue Möglichkeiten zur Selbstdarstellung. Nie vorher – vor allem in der sogenannten *Offlinezeit* – gab es so viele Foren, in denen Privates vor der Öffentlichkeit ausgebreitet wurde, manches sogar recht ungehemmt in allen Details, bis zur seelischen und körperlichen Entblätterung.

Hier geht es um klassische Identitätsthemen: um Selbstdarstellung, soziale Einbringung und Anerkennung. Wer dazugehören will, organisiert sich spätestens mit 14 in sozialen Netzwerken wie *Facebook*, *StudiVZ* oder seinem jüngeren Ableger *SchülerVZ*. Eifrig werden Profile ins Netz gestellt, Kontakte geknüpft oder Freundschaften verwaltet.

Eine andere Form, sich zu präsentieren, sind Internettagebücher, sogenannte Blogs oder Weblogs, die periodisch ergänzt werden. Einige von ihnen haben inzwischen Kultstatus erlangt. Sie sind real oder zusammenfantasiert, die Leser schalten sich ein, kommentieren die Erlebnisse oder verlinken ihre Seiten untereinander.

Ein Leben ohne Internet ist heute – vor allem für die jüngere Generation – nicht mehr vorstellbar. Wir sind am Arbeitsplatz mit der ganzen Welt verlinkt, kommunizieren bequem per E-Mail, kaufen unsere Bücher am Bildschirm, ersteigern Raritäten per Mausklick und skypen mit unseren Freunden.

Doch welche Auswirkungen hat das Web auf unser Leben und auf unsere Identität? Worin besteht der Segen, was ist Fluch?

Die Chancen: Weltweit Freiheiten ersurfen

Grundsätzlich ist das Internet weder gut noch böse, sondern genauso wie die Menschen, die es benutzen und mit Inhalten füllen. Wir werden auf Ideen gebracht, die wir sonst vielleicht nie gehabt hätten: im Positiven wie im Negativen.

Allgemein bietet uns das Netz ungeahnte neue Möglichkeiten. Wir haben – weitgehend von allen sozialen und intellektuellen Zugangsschranken befreit – weltweit Zugang zu fast unendlich vielen Informations-, Kommunikations- und Unterhaltungsangeboten. Wir surfen durch die ganze Welt und das noch bequem von zu Hause, vom Sessel aus. Das Internet ist eine gigantische Unterhaltungs- und Wunscherfüllungsmaschine, ein unendliches Wissensreservoir, Tratschbörse, kompetenter Ratgeber, riesiges Kaufhaus.

Einer der größten Vorteile des Internets liegt zweifellos in der unerschöpflichen Fülle an Informationen und gesammeltem Wissen, das durch die Suchmaschinen jederzeit auffindbar ist – ohne sie wäre das Netz ein einziger Datenhaufen. Einzigartig sind dabei die Verweisungstiefe und die Aktualität des Internets. Die Recherchemöglichkeiten sind besser denn je: Wir können uns über nahezu alles und jeden informieren und finden sogar Antworten auf Fragen, die wir nie gestellt hätten. Wir sind nicht mehr gezwungen, tagelang auf Informationen zu warten oder uns in verstaubte Bibliotheken zu begeben, um dort mühsam einzelne Seiten zu kopieren. Stattdessen archivieren wir heute ganze Buchinhalte gleich auf der Festplatte.

Das Netz ist für uns auch zur unersetzbaren Kommunikationsplattform geworden: Wir sind mit Freunden und Kollegen in der ganzen Welt verbunden, halten direkten Kontakt zu verstreuten Familienmitgliedern, knüpfen Bekanntschaften, führen miteinander Diskussionen von verschiedenen Orten über unterschiedliche Zeitzonen hinweg. Noch nie wurde so viel mitgeteilt, diskutiert, geredet und getratscht wie in der Onlinezeit.

Wir finden im Web außerdem den idealen Ratgeber für alle Lebenslagen. Es hilft jungen Menschen, ihre sexuellen Unsicherheiten zu überwinden, gibt auf Websites Tipps für Kinder alkoholabhängiger Eltern oder für magersüchtige Mädchen. Viele Foren sind Ansprechpartner für Außenseiter und durch die Anonymität des Internets bleibt die Suche diskret wie bei einer Vertrauensperson.

Das Netz stärkt auch die Macht des Verbrauchers. Beim Shopping stehen uns mehr Informationen zur Verfügung als beim normalen Kauf: Wir können Angebote, Preise und Leistungen vergleichen, zudem Test- und Erfahrungsberichte nutzen und sind nicht von der lokalen Versorgungssituation, einem kleinen Sortiment oder einem einzigen, vielleicht auch noch inkompetenten Verkäufer abhängig. Und wenn ein Anbieter online schlechte Waren verkaufen will, die Umwelt verpestet oder seine Produkte mit Kinderarbeit herstellt, kann sein Ruf durch vernetzte Protest-E-Mails schnell in Verruf gebracht werden. So wurde sogar im streng zensierten China der Milchpulverskandal während der Olympischen

Spiele in Peking nicht durch die Kontrollbehörden, sondern das Internet aufgedeckt.

In gesellschaftlicher Hinsicht verheißt uns das Internet mehr Mitspracherecht und Demokratie. Leicht und in Windeseile lassen sich Bürgerinitiativen, Selbsthilfe- oder Aktionsgruppen aufbauen oder ein Forum für Geschädigte, in dem sich diese Gehör verschaffen und ihre Ansprüche geltend machen.

können. Mit Blogs und Podcasts können Protest, Boykott und Unterstützung im Handumdrehen organisiert werden. Politiker fürchten Netzaktivisten und Blogger inzwischen mehr als Leitartikler.

Auch besteht die Hoffnung, dass die subversive Kraft des Internets auf lange Sicht die Fesseln von Zensur und Diktatur sprengen könnte. Nicholas Negroponte, ein früher Vordenker der Netzkultur, prophezeite 1997, das Internet schaffe den Weltfrieden und beende den Nationalismus. Ganz so weit sind wir noch nicht, aber Tendenzen sind zu spüren, denn das System ist kaum zu kontrollieren und kennt weder Landes- noch Hoheitsgrenzen. Im Iran wird im Internet – im Gegensatz zu allen anderen Medien – alles und jeder kritisiert, es besteht schon eine regelrechte Gegenöffentlichkeit. *»Wenn Iran einmal eine demokratische Revolution auf der Straße erleben sollte«*, so der Autor Ulrich Ladurner, *»dann wurde sie im Netz bereits vorweggenommen.«*[60]

Die Risiken: Manipuliert, verführt, diffamiert werden

Der 2003 verstorbene Medienwissenschaftler Neil Postman hat uns aufgefordert, auch nach den Verlusten zu fragen, wenn ein neues Medium unsere Wahrnehmung und unseren Umgang miteinander zu verändern beginnt. Und wo Licht ist, ist bekanntermaßen auch Schatten. Neben allem Positiven ist das Internet auch ein Verführungsmedium, eine Vereinsamungsmaschine, ein Diffamierungsinstrument, ein Zeiträuber. Genauso, wie sich im Guten Gleichgesinnte finden können, gilt das auch für die, die nach Illegalem suchen: nach Sex und Gewalt, Kinderpornografie, Terrorismus.

Gerade die größte Stärke des Internets, nämlich seine Informationsvielfalt, kann auch zur Schwäche werden. Problem ist heute nicht mehr der Mangel, sondern der Überfluss an Information.

Auch die Suchmaschinen schaffen es nicht, den Schrott vom Wesentlichen zu trennen. So verliert man spätestens beim dreißigsten von 3000 Treffern die Lust am Weitermachen. Einer Untersuchung zufolge liefern 40 Prozent aller Suchanfragen dem Nutzer kein befriedigendes Ergebnis.[61] Deshalb wird zurzeit an Suchmaschinen gearbeitet, die schon die Eingabe vollständiger Fragen ermöglichen. Aus der Suchmaschine wird die Antwortmaschine. Google entwickelt eine sprachbasierte Suchmaschine für das Handy – und irgendwann werden wir dann auch mit unserem PC reden können. Aller Erfahrung nach werden aber mit mehr und besseren Antworten auch die Fragen wieder zunehmen.

Ein weiteres Problem des Internets: Den meisten Usern ist nicht bewusst, dass es ein nahezu rechtsfreier Schonraum ist. Es gelten nicht die Gesetze, die für andere Medien verbindlich sind. Während zum Beispiel Fernsehen und Rundfunk langsamer und unter staatlicher Einflussnahme gewachsen sind, hat das Internet schnell die nationalen Grenzen überwunden. Hier regeln nicht Gesetze, die durch demokratische Verfahren entstanden sind, was man darf und was nicht, sondern zunehmend die Allgemeinen Geschäftsbedingungen der Konzerne. Und die verfolgen eigene ökonomische Interessen, denn sie wollen – verständlicherweise – Gewinne erwirtschaften. Der Gründer des sozialen Netzwerks *Facebook*, Mark Zuckerberg, gab dies 2008 auch offen zu: Er wollte die persönlichen Daten der Mitglieder (sie werden weltweit auf mehr als 100 Millionen geschätzt) in ein maximal großes Geschäft verwandeln.[62] Was er Anfang 2009 dann auch prompt versucht hat. Er änderte die Allgemeinen Geschäftsbedingungen, um sich damit die weltweite Lizenz für Nutzerbeiträge und -informationen zu sichern.[63] Die positive Meldung: Zuckerberg konnte sich nicht durchsetzen, er musste die Änderungen kurze Zeit später wegen weltweiter Proteste zurücknehmen.

Das Erstaunliche bei Mitgliedern sozialer Netzwerke ist, dass sie freiwillig und meist recht unbedarft ihre persönlichen Daten als Profil ins Netz stellen – eine Fundgrube für Werber und Verkäufer aller Art. Und ein Gräuel für Datenschützer.

Der Grund für die verblüffende Offenheit mancher Nutzer liegt in der Hoffnung auf die prinzipielle Unkontrollierbarkeit des Netzes und seine vermeintliche Anonymität. Aber mit der ist es nicht so weit her, wie manche glauben. Denn wir hinterlassen im Netz Spuren, die sehr wohl zurückverfolgt werden können. Mithilfe der IP-Adresse, die ähnlich funktioniert wie eine Postanschrift auf einem Briefumschlag, ist jeder User erkennbar. *»Die Spuren, die wir im Internet hinterlassen«*, so der Internetunternehmer Michael Fertik, *»brandmarken uns wie Tattoos, unsere virtuelle Identität beeinflusst inzwischen jede Art von menschlicher Begegnung.«*[64] Und er muss es wissen: Seine Firma Reputation Defender versucht, im Internet für Kunden negative Einträge zu löschen. Das ist schwierig genug, denn wirklich entfernen lassen sich einmal platzierte Einträge nicht, Querverlinkungen, History-Tools und Archivseiten machen das Internet zu einem unkontrollierbaren Megagedächtnis.

Der Verfassungsrechtler Lawrence Lessing von der kalifornischen Stanford Law School, warnt, dass das Netz immer mehr zu einer Technologie würde, mit deren Hilfe Staat und Wirtschaft alle Aspekte unseres Lebens durchdrängen.«[65] Und spioniert wird mehr denn je: mit Viren, Trojanern und Hackermethoden. Gerade auch von Sicherheitsbehörden, die seit dem 11. September einen schier unstillbaren Datenhunger entwickelt und mit Erfolg auf eine massive Verbesserung ihrer Überwachungsinstrumente gedrängt haben.

Von vielen Fachleuten wird auch der Zerfall des klassischen Expertendiskurses beklagt. Jeder kann heutzutage zu allem seine Meinung abgeben – auch wenn er vom Thema gar nichts versteht. So muss sich mancher Autor gegen Kommentatoren durchsetzen, die schon die Grundlage seiner Arbeit ablehnen oder sie erst gar nicht begreifen wollen. Auf diese Weise zerfällt im Internet zunehmend die Dominanz der Experten und manches Mal gewinnen Amateure die Oberhand.

Diese Möglichkeiten, sich äußern zu können und dafür in Blogs oder Foren Öffentlichkeit zu erhalten, macht auch vor Diffamierung nicht Halt. Und gerade diejenigen, die sich als Individuum öffentlich inszenieren, können auch als Individuum öffentlich hingerichtet werden. Sei es aufgrund ihres Aussehens, ihrer Sprache oder missliebiger Ansichten. Das reicht vom Mobbing bis hin zu Morddrohungen.

So positiv es ist, im Internet schnell und ohne große Komplikationen Interessenvertretungen oder Protestbewegungen aufbauen zu können, so leicht ist es auf der anderen Seite aber auch für kleine Splittergruppen und Radikale, die früher aus Mangel an Organisation und Medienzugang einflusslos geblieben wären, ein Forum mit erheblicher Breitenwirkung zu bekommen. Die öffentliche Bekanntheit von Gruppen mit extremistischer und rassistischer Ausrichtung, sogenannter *hate groups*, hat zugenommen. *»Übers Internet kommen Leute zusammen, die eigentlich nicht miteinander sprechen sollten«*, sagt Zukunftsforscher Paul Saffo.[66] Er führt die christlichen Fundamentalisten Amerikas an, die früher viel schwerer zueinandergefunden hätten, weil sie in größere Gemeinschaften eingebunden gewesen waren und ihre Vorstellungen nicht so weit verbreiten konnten. Doch auch die islamistische Seite ist aktiv. Der Terrorismusexperte Berndt Georg Thamm verweist darauf, dass gerade al-Qaida schon sehr weit gekommen sei: *»Das Langzeitziel von al-Qaida, nämlich ein globales Kalifat zu erschaffen, ist im Internet schon fast erreicht. Selbst die kleinste Gruppe kann ein Teil der virtuellen Umma sein, der weltweiten Gemeinschaft der Dschihadisten. Aus diesem Gemeinschaftsgefühl kann man natürlich Stärke ziehen.«*[67] Saffo glaubt, dass im Netz auf lange Sicht viele selbst gewählte virtuelle Gemeinschaften entstehen, die nach ihren eigenen Gesetzen funktionieren und ihre eigene kulturelle Identität entwickeln. Das Internet werde zu einem völlig unvorhersehbaren Verstärker sozialer Trends.

Seit jeder in Web 2.0 ein Journalist sein, also Meldungen, Artikel und Kommentare selbst verfassen kann, stellt sich unwillkürlich die Frage nach deren Wahrheitsgehalt. Auf den ersten Blick sieht man es einer Nachricht nämlich nicht an, ob sie auf Hörensagen beruht oder auf sachlicher Recherche. Durch das fehlende Regulativ des Redakteurs, der in früheren Zeiten die Spreu vom Weizen getrennt hat, sind immer mehr Halbwahrheiten im Umlauf, die manchmal sogar in seriöse Medien gelangen. Wir müssen heute lernen, dass veröffentlichte Nachrichten nicht unbedingt wahre Nachrichten sein müssen.

Eine weitere Gefahr droht durch Internetzeitungen. Die Verlagerung vom Gedruckten ins Internet ist eine Entwicklung, die vermutlich nicht mehr aufzuhalten ist, denn die Zeitungsverlage verlieren seit Jahren konstant an Auflage. Die Vorteile der Internetversionen liegen auf der Hand: Sie sind aktueller als gedruckte Zeitungen, umweltfreundlicher, weil sie ohne Papier auskommen, und müssen nicht mehr zugestellt werden. Und vor allen Dingen – sie sind für den Leser umsonst. Was auf den ersten Blick vorteilhaft erscheint, kann sich auf lange Sicht aber als Todesurteil für den klassischen, seriösen Journalismus entpuppen. Warum das? Da sich Internetzeitungen fast ausschließlich durch Werbung finanzieren, sind sie nichts anderes als Werbeplattformen mit Newsangebot. Im Gegensatz zu Zeitungsverlagen, die ihren *Content* durch eine Vielzahl erfahrener Autoren, Redakteure und Korrespondenten generieren, die professionell Belanglosigkeiten vom Relevanten trennen, bedienen sich deren Mitarbeiter genau dieser Quellen und schreiben sie ab. Da aber die Auflage der seriösen Zeitungen sinkt, sind diese wiederum gezwungen, ihre professionellen Journalisten zu entlassen. Irgendwann wird dann keiner mehr da sein, von dem die Abschreiber kopieren. Zurück bleiben Versatzstücke beliebiger Newshäppchen und Meinungen, die nicht eingeordnet, gedeutet und kommentiert, sondern von irgendwelchen Entertainmentmoderatoren ungeprüft in die Welt gestreut werden.

Ein weiterer negativer Aspekt des Internets: Die neue Technologie, die uns eigentlich befreien sollte, macht uns auch zu Sklaven und raubt uns wertvolle Zeit. Nach Untersuchungen der amerikanischen Beratungsfirma *RescueTime*, die Nutzerprofile von 40 000 Angestellten erstellt hat, öffnet ein typischer Informationsarbeiter etwa 50-mal pro Tag sein E-Mail-Fenster, 77-mal wendet er sich dem Instant-Messaging-Programm für den schnellen Versand von Nachrichten zu und nebenbei besucht er noch rund 40 Webseiten. Der moderne Mensch ist online von früh bis spät, er surft von Link zu Link, nimmt Informationen auf, liest und bearbeitet E-Mails, als wäre er an einem digitalen Fließband beschäftigt. Das kostet nicht nur Zeit, sondern auch Geld – 650 Milliarden Dollar verliert angeblich allein die US-Wirtschaft jedes Jahr, weil ständige Unterbrechungen die Angestellten von ihren eigentlichen Aufgaben ablenken und ihre Produktivität dadurch verringern.[68]

Doch auch in der Freizeit springen wir ständig zwischen Online- und Offlineleben hin und her und verbringen viel Zeit im virtuellen Raum. Neben sinnvoller Beschäftigung können wir uns aber allzu leicht in seiner Tiefe verlieren und verzetteln. Das Netz wird zum Zeiträuber. Diese Zeit fehlt uns dann für reale Begegnungen.

Durch den Stress der ständigen Erreichbarkeit lassen wir uns terrorisieren. Wir glauben, dass nur wer im Kommunikationsfluss oben mitschwimmt, wer erreichbar und gefragt ist, wer sendet und empfängt, auch wichtig ist. Morgens wird der PC an-, kurz vor dem Ins-Bett-Gehen abgeschaltet. Versagt die Technik, fühlen wir uns ausgeschlossen, abgenabelt vom Rest der Welt, aus dem Datenverkehr gezogen.

Das Netz breitet sich in unserem Leben aus, viele von uns breiten aber auch ihre Persönlichkeit in ihm aus. Inwieweit man dies als Chance zur Identitätsfindung oder einfach nur als Peinlichkeit empfindet, hängt vom Einzelfall oder der persönlichen Sichtweise ab. Ein neues Phänomen ist aber, dass sich manche mit einer erstaunlichen Naivität und einem alle (Scham-) Grenzen brechenden inneren Drang selbst entblößen.

Elektronischer Exhibitionismus: Schaut her – das bin ich!

Nach Ansicht Andy Warhols sollte jeder in seinem Leben für mindestens 15 Minuten berühmt sein. Das Internet bietet heute die Plattform, auf der sich jedermann auch einmal ins gefühlte Rampenlicht stellen kann. Dabei benehmen sich die Selbstdarsteller, wie sie es draußen niemals wagen würden. Sie erzählen jedem alles und tischen dazu noch eine Menge Lügen auf. Wobei generell gilt: Je jünger jemand ist, desto mehr gibt er preis. In Foren und sozialen Netzwerken wird das Innerste nach außen gekehrt, die intimsten Details in aller Öffentlichkeit ausgebreitet, in Wort, Bild und Video.

Schon daran gewöhnt, von wildfremden Menschen in ihre Urlaubs- und Liebeserlebnisse, Heiratsvorbereitungen oder Geburtswehen einbezogen zu werden, steigt das Verlangen nach Intimerem, während gleichzeitig die Schamgrenze sinkt. Höhepunkt der Selbstentblößung – im wahrsten Sinne des Wortes – ist die Website *beautifulagony.com*: Der zahlende User kann sich hier Filme von Menschen in ihrem intimsten Moment ansehen, dem Orgasmus. Die Darsteller zeigen zwar nur ihr Gesicht, geben auch nicht ihren vollen Namen preis, aber es ist wohl nur eine Frage der Zeit, bis auch die letzten Hüllen fallen.

Den Boden für diese Zurschaustellung hat die explosionsartige Ausbreitung des People-Journalismus und der Voyeur-Formate im

Reality-TV bereitet. Das setzt die Jugendlichen unter Druck, selbst dabei sein zu wollen. Inzwischen gibt es kaum noch einen Bereich, der nicht von Kameras eingefangen und dem prüfenden Blick der Zuschauer preisgegeben wird. Mit dem Web 2.0 wurde die hemmungslose Selbstdarstellung zum Massenphänomen.

Nach Ansicht der Journalistin Sigrid Neudecker beruht die erstaunliche Offenheit in Onlinecommunitys und Weblogs auf einem Deal: *»Je mehr du mir erzählst, umso mehr erzähle ich auch dir.«*[69] Diese neue Offenheit löse einen Dominoeffekt aus, der den Einzelnen unter Zugzwang setze mitzumachen. Und plötzlich rutsche ihm selbst etwas aus seinem Privatleben heraus, das er eigentlich für sich behalten wollte.

Aber was treibt Menschen zu dieser öffentlichen Selbstentblößung? Norbert Bolz zu den Beweggründen: *»Sie können so die ganze Welt über ihre Existenz informieren. Früher war Identitätsbildung – vor allem bei Jugendlichen – ja meist auf die Mode beschränkt (...). Die jungen Medien bieten ein neues Forum: Exhibitionismus – leichtgemacht. Sie können über die körperliche Beschränktheit hinaus Selbstdarstellung betreiben, ein ganz anderes Ich aufbauen.«*[70]

Präsentieren und bewerten scheint das Credo einer zunehmend aufs äußere Erscheinungsbild fixierten Kultur. Es gilt: Nur was für alle sichtbar ist, ist wahr; erst in der Zurschaustellung der intimsten Details wird man ganz man selbst. Dabei wird auch die Sexualität als Mittel zur Selbstdarstellung und Identitätskonstruktion nicht mehr ausgespart: Immer mehr Durchschnittsbürger fotografieren sich beim Sex und stellen die Bilder Online. Sex ist zum Statement geworden, durch das man sich selbst ausdrückt und anderen seine Persönlichkeit offenbart. So hat sich inzwischen auch sexueller Exhibitionismus als schicker Tabubruch im Mainstream etabliert.[71]

Doch was auch immer die Motivationen für den elektronischen Exhibitionismus sind – der Begriff Privatsphäre wird durch das große Bedürfnis, sich selbst einmal mitteilen zu können, immer mehr an Bedeutung verlieren, weil das Private immer weiter und rücksichtsloser in die Öffentlichkeit vordringt.

Das Internet ist das Medium der globalisierten Gesellschaft. Es ist nicht mehr aus unserem Leben wegzudenken. Wir leben mit ihm und in ihm. Wir müssen lernen, seine Möglichkeiten zu nutzen, aber auch die systemimmanenten Risiken einzuschätzen.

Das World Wide Web hält verlockende Angebote bereit. Es schenkt uns neue Freiheiten, verführt uns aber auch. Sich im Netz nicht zu verlieren und Relevantes aus dem Gebraus der Nichtigkeiten herauszufiltern, erfordert sehr viel Selbstdisziplin und Urteilskraft. Gerade das haben Jugendliche und vor allem Kinder noch nicht. Und sie entwickeln sich nicht im Unterhaltungsrausch ständig verfügbarer Onlinespiele, Chatrooms und Clips. Die berieseln nur und lenken ab, lassen die eigene Kreativität verkümmern.

Um nicht zu einem *Gleichzeitigen*, einem ständig nach allen Seiten spähenden Wesen zu werden, das alles mitnehmen und nichts verpassen will, sich aber kaum auf Nichtunterhaltsames konzentrieren kann, müssen gerade junge Menschen erfahren, dass man die Langeweile eines Nachmittags auch mit eigenen Ideen vertreiben kann, ohne ständig online zu sein.

Aber auch Erwachsene sollten bewusst entscheiden, wo sie sich auf das Netz einlassen und wo nicht. Wie weit sie sich durch die ständige Erreichbarkeit terrorisieren lassen, wie viel sie von ihrem privaten Selbst preisgeben – und ob sie es überhaupt wollen. Um den Verführungen des Internets als souveränes Individuum entgegentreten zu können, ist viel Ichstärke nötig. Das bedeutet, auch mal abzuwählen und zu sagen: Mit mir nicht.

III.
GEHIRN, ERFAHRUNG UND PERSÖNLICHKEIT

Identitätsbildung erfolgt durch Erfahrungen. Diese werden nicht nur im Gehirn gespeichert, sie beeinflussen sogar dessen Struktur. Außerdem ist unser Gehirn der Sitz unserer Persönlichkeit. Alles, was wir von der Welt erleben, entsteht im Gehirn – auch unser Gefühl für uns selbst. Und vieles, was wir meinen, überlegt zu tun, wird vom Unterbewusstsein gesteuert – es hat unser Bewusstsein im Griff. Wie aber sieht dieses rätselhafte Organ aus und wie funktioniert es?

Gehirn

In unserem Gehirn, einer etwas mehr als ein Kilogramm schweren, weichen Neuronenmasse, ist alles drin, was uns als Menschen ausmacht, alle Fertigkeiten, die wir je gelernt haben, die Erinnerung an unsere Vergangenheit, in ihm spielen sich alle Sinnesempfindungen und Willkürhandlungen ab. In ihm ist der Sitz unseres Bewusstseins, es ist der Ursprung aller geistigen und seelischen Leistungen. Ohne ein funktionierendes Gehirn ist alles nichts.

Seine primäre Aufgabe ist es, die Funktionen und das Verhalten des Körpers so zu steuern, dass er sich an seine Umwelt anpasst und dadurch seine Überlebenschancen erhöht. Der Mensch ist das anpassungsfähigste Wesen der Erde – was er in erster Linie seinem Gehirn zu verdanken hat.

Es ist das komplexeste Organ, das die Evolution je hervorgebracht hat. Es besteht aus 100 Milliarden vernetzter Nervenzellen – mehr als die Milchstraße Sterne hat – und die Nervenzellen sind aneinandergereiht mehr als eine Million Kilometer lang. Über das autonome und das willkürliche Nervensystem wirkt es auf alle Teile des Körpers ein, aber auch fast jedes Körperteil sendet Signale zum Gehirn zurück. Zur Verarbeitung und Steuerung der vielfältigen Prozesse benötigt das Gehirn viel der uns zur Verfügung stehenden Energie: Obwohl es nur etwa zwei Prozent unserer Körpermasse entspricht, beansprucht es rund 20 Prozent unseres Grundumsatzes. Verglichen mit einem Supercomputer ist es allerdings enorm sparsam – es verbraucht nur 60 Watt. Dieser würde, bei gleicher Leistung, mit mehreren Milliarden Euro an Stromkosten zu Buche schlagen.

Unser Wissen: Angeboren und angelernt

Wenn wir, noch unwissend, auf die Welt kommen, weiß unser Gehirn schon einiges. Es regelt lebenswichtige Prozesse wie Atmung oder Kampf- und Fluchtverhalten. Die angeborenen Triebe und Instinkte sind in den unbewussten Regionen des Gehirns gespeichert: Im Hypothalamus, im Hirnstamm und im limbischen System. Diese Bereiche haben sich schon in einem frühen Stadium der Evolution entwickelt. Es sind auch die Regionen, die wir mit anderen weniger weit entwickelten Arten gemeinsam haben.

Dieses »Grundwissen« reicht aber nicht aus, um in komplexeren Lebenssituationen oder einer sich verändernden Umwelt zurechtzukommen. Wie wir uns dann zu verhalten haben, müssen wir durch eigene Erfahrungen lernen, oder unsere Artgenossen bringen es uns bei.

Wir lernen beziehungsweise nehmen unsere Umwelt über unsere Sinnesorgane für Sehen, Hören, Tasten, Schmecken und Riechen wahr. Diese Wahrnehmungsbilder werden im Gehirn gespeichert und bei Denkvorgängen als Erinnerungsbilder abgerufen. Dieses durch Lernen erworbene Wissen wird – im Gegensatz zum Grundwissen – überwiegend in den noch jungen, höheren Regionen des Gehirns, in Rindenfeldern und subkortikalen Kernen, gespeichert. In diesen Bereichen, vor allen Dingen in deren Größe und Vernetzung, unterscheiden wir uns am stärksten auch von den uns nahe stehenden Arten wie zum Beispiel den Menschenaffen. Hier würde, um den Entwicklungsstand des Menschen zu umschreiben, die Bezeichnung Krone der Schöpfung zutreffen.

Das für lebenswichtige Funktionen erforderliche Wissen und der Grundaufbau des Gehirns sind durch Gene vorgeplant. Die letztendliche Ausführung, also die Struktur, die Vernetzung und damit die Funktionsfähigkeit des Gehirns, entwickeln sich individuell – mit anderen Worten: ergebnisoffen. Die Unterschiede der Gehirne von Albert Einstein und Kaspar Hauser sind also nicht nur genetisch bedingt.

Bei der Gestaltung und Arbeitsweise der sich entwickelnden neueren Areale haben aber die evolutionär älteren Teile trotzdem ein gewichtiges Wörtchen mitzureden.

Gehirnentwicklung: Von Aufbau und Zerstörung

Schon von Geburt an steht uns die endgültige Zahl der Neuronen zur Verfügung. Die Anzahl und Art ihrer Verbindungen untereinander verändert sich im Laufe unseres Lebens aber enorm.

Im Mutterleib verknüpfen sich die Nervenzellen zwar schon miteinander, die massenhafte Bildung der Kontaktstellen, auch Synapsen genannt, geschieht aber hauptsächlich im ersten Lebensjahr und setzt sich in manchen Hirnbereichen bis ins zweite Lebensjahr fort. In den ersten Lebensmonaten wächst die Zahl der Synapsen auf mehr als das Zwanzigfache an, und ein zwei Jahre altes menschliches Gehirn enthält doppelt so viele wie das eines Erwachsenen. Offensichtlich werden diese Nervenschaltstellen während der Kindheit im Überschuss gebildet, multipliziert und dann in rasantem Tempo wieder weggewischt. Der Dirigent dieser Umvernetzung ist die Erfahrung.

Anlass für die Verknüpfungen sind Reize aus der Umwelt, die von den Sinnesorganen empfangen, ins Gehirn weitergeleitet und dort verarbeitet werden. Je nach Art des Reizes, seiner Dauer, Intensität oder Anzahl der Wiederholungen verknüpfen sich die Neuronen unterschiedlich. Auf diese Weise bilden sich die Gehirne der Menschen im Laufe des Lebens individuell aus. Diese Verknüpfungen haben aber nicht ein Leben lang Bestand. Es finden – vor allem in der Pubertät – massive Ausleseprozesse statt, in deren Verlauf zwei Drittel aller zuvor geknüpften Kontaktstellen wieder gekappt werden. *»Ein Ich zu werden, lernen und heranwachsen geht also mit einem großen Sterben der Synapsen bei Babys, Kindern und schließlich Jugendlichen einher«*, so Professor Manfred Spitzer, einer der renommiertesten Hirnforscher Deutschlands.[1]

Aus Sicht der Pädagogen ist die Funktion des kindlichen Gehirns stark davon abhängig, wie intensiv es besonders in den ersten

Lebensjahren gefördert wird und in welchem Milieu es heranwächst. Zwar bilden sich im Gehirn auch nach der Pubertät neue Kontaktstellen, was uns dazu befähigt, ein Leben lang zu lernen, doch bei Erwachsenen ist der Umbau nicht mehr so grundlegend wie bei einem Heranwachsenden.

Welterfahrung

Erfahrungen helfen uns dabei, die Welt zu verstehen und in ihr zurechtzukommen. Mit dem Beginn der Sprache konnten sich Menschen ihre Erfahrungen mitteilen und dadurch nicht nur aus ihrem eigenen Leben lernen, sondern auch aus dem von anderen. Das ist nicht selbstverständlich, denn Hunde zum Beispiel lernen hauptsächlich durch das, was ihnen im Leben widerfährt. Ihre Eltern können ihnen zwar die überlebenswichtigen Verhaltensweisen vermitteln – sie können aber keinen wesentlichen Nutzen aus der Erfahrung von anderen Hunden auf der Welt ziehen.

Im nächsten Entwicklungsschritt ermöglichte uns die Erfindung der Schrift vor etwa 10 000 Jahren unsere persönlichen und kulturellen Geschichten in einer verlässlichen Form zu erinnern und sie künftigen Generationen zu überliefern. In erster Linie müssen wir aber unsere Erfahrungen selbst machen, denn *»was nützen die Erfahrungen anderer, wenn man sie nicht im eigenen Kopf hat?«*, wie so treffend ein Indianerhäuptling bei Karl May[2] die Erkenntnisse der Hirnforschung schon vor 140 Jahren vorweggenommen hat.

Erfahrungen: Wie die Welt in unseren Kopf kommt

Wir verstehen nicht nur die Welt durch unsere im Gehirn gespeicherten Erfahrungen, auch unsere Identität entwickelt sich daraus. Deshalb spielt die Erfahrung auch bei einigen, in Teil I bereits zitierten, Definitionen von Identität eine wichtige Rolle.

Für Erikson entsteht die Ich-Identität eines Individuums aus *»der Fülle seiner Kindheitserfahrungen«*, laut Goffmann erwirbt sie der Mensch *»als ein Resultat seiner verschiedenen sozialen Erfahrungen«*. Nach Frey und Haußer entwickelt sich Identität durch die Verarbeitung *»innerer und äußerer, aktueller sowie gespeicherter Erfahrungen* *über sich selbst«* und bei George Herbert Mead werden Erfahrungen und Erinnerungen innerhalb des Identitätsbereichs des »*ME*« sortiert und gespeichert, um dann vom Bereich des »*I*« beurteilt zu werden.

Wie wir die Welt erfahren, so sehen und beurteilen wir sie auch. Dies wird vielleicht durch das zwar nicht ernst gemeinte, aber umso anschaulichere *Huhn-Exempel* deutlich. Dabei geht es darum, dass ein Huhn die Straße überqueren will. Stellen Sie sich jetzt vor, was wohl bestimmte Personengruppen oder Persönlichkeiten auf die Frage antworten würden, warum es wohl auf die andere Straßenseite wolle.

Eine Kindergärtnerin würde vermutlich sagen: »*Weil es zu seiner Mama auf der anderen Straßenseite will.*« Zumindest entspräche das ihren Erfahrungen aus dem Kindergarten. Wie aber würde Karl Marx das sehen? Vielleicht: »*Weil es historisch unvermeidlich war.*« Denn Geschichte entwickelt sich seiner Theorie nach in Schritten auf ein Ziel hin. Oder Martin Luther King, der für die Gleichberechtigung der Rassen kämpfte: »*Ich habe einen Traum. In dem wird eines Tages jedes Huhn – egal welcher Farbe – die Straße überqueren können, wann immer es mag.*« Und James T. Kirk, Kommandant vom Raumschiff Enterprise: »*Weil es dahin kommen möchte, wo noch kein Huhn vor ihm jemals gewesen ist.*« Bill Clinton, mit seinen speziellen Erfahrungen in verfänglichen Situationen, würde sich möglicherweise sogleich verteidigen: »*Ich war zu keiner Zeit mit diesem Huhn allein.*« Und sein Nachfolger George Bush, die Welt in seiner simplen Sichtweise in Gut und Böse einteilend: »*Wir müssen auf alle Fälle verhindern, dass dieses Huhn die Straße überquert. Es ist eine Bedrohung für Amerika und die ganze freie Welt. Wer für dieses Huhn ist, ist gegen Amerika. God bless you.*« Und Barack Obama? »*Yes it can!* «

Wie Sie sehen, sind diese Beispiele ironisiert, aber sie versinnbildlichen, dass Menschen unterschiedlich sind und sie unter Umständen den vermeintlich gleichen Sachverhalt ganz anders interpretieren. Sie haben andere Erfahrungen im Leben gemacht und wurden durch sie auch unterschiedlich geprägt.

Erfahrungen sammeln wir durch einen Lernprozess, der oft unbewusst abläuft. Bereits im Mutterleib beginnt der Säugling damit, Erfahrungen zu machen und diese im Gehirn zu repräsentieren. Er weiß ja noch gar nichts über seine Umwelt und muss ungeheuer viel über sie lernen. Und das tut er in einem unglaublichen Tempo. Dabei sucht er beziehungsweise sein Gehirn nach sich wiederholenden Mustern in seiner Umgebung, also quasi nach regelmäßigen Abläufen, die immer wieder vorkommen, und – da sie sich öfter wiederholen – interpretiert diese auch als dementsprechend wichtig. Durch diese Wiederholungen werden im Laufe der Zeit auch immer wieder dieselben Nervenbahnen im Gehirn aktiviert, die durch die permanente Benutzung verstärkt beziehungsweise ausgebaut werden.

Spitzer illustriert diesen Vorgang sehr anschaulich durch den Vergleich mit dem Blick von einem Aussichtsturm auf einen frisch verschneiten Park: Stellen Sie sich vor, Sie stehen auf diesem Turm, es schneit leicht und die Umgebung ist bereits mit 20 Zentimetern Neuschnee bedeckt. Bislang ist die Schneedecke unter dem Turm noch unberührt – vergleichbar mit dem unberührten Gehirn. Doch dann öffnet ein Glühweinstand. Menschen kommen, essen und trinken und – müssen irgendwann, einem allzu menschlichen Bedürfnis folgend, zur anderen Ecke des Parks, in der sich die Toilette befindet. Es entsteht langsam ein Pfad zwischen Stand und Toilette, der von immer mehr Menschen ausgetrampelt und deswegen auch nicht mehr verschneit wird – vergleichbar mit den regelmäßig aktivierten Nervenbahnen im Gehirn.[3]

Dementsprechend kann man sich auch die Funktionsweise unseres Gehirns vorstellen, das anhand häufig benutzter Nervenbahnen Muster ableitet und sie in den Erfahrungsschatz übernimmt. Erfahrungen, die sich nicht wiederholen, regen nur selten die Nervenbahnen an und verkümmern – genauso wie ein Weg im Schnee, der nur sporadisch begangen wird, wieder mit Schnee bedeckt wird. Dass einzelne zufällige Erfahrungen praktisch keine Spuren hinterlassen, hat auch seinen Grund, denn die Zufälle der Vergangenheit nützen niemandem, um in der Zukunft richtige Entscheidungen treffen und sich richtig verhalten zu können. Nur die regelhaften Erfahrungen, also diejenigen, die einem regelmäßigen Zusammenhang oder Aspekt der Welt entsprechen, nützen dem Organismus, das Richtige zu tun.

Und die Welt enthält einige Regeln: Wenn die Sonne scheint, wird es warm, wenn es schneit, kalt; Honig ist süß und Vogelkirschen bitter; wenn zwei Objekte zusammenstoßen, macht es Krach; wenn man einen Gegenstand loslässt, fällt er zu Boden. All dies muss ein junges Menschenkind lernen, und dies geschieht durch die Auseinandersetzung mit der Welt. Im Gehirn bleiben Spuren dieser Auseinandersetzungen, die jedes Kleinkind nicht nur passiv erlebt, sondern aktiv sucht.[4] Dabei erfolgt das Lernen des Kindes automatisch, das Gehirn kann nicht anders, denn dieses Lernen gehört zu den grundlegenden Funktionen der Neuronen im Gehirn.

Der Erwerb des Weltwissens geschieht auf diese Weise des Extrahierens von Strukturen und Regeln durch die Verarbeitung einzelner Erfahrungen, sofern diese Beispiele Regeln und Strukturen enthalten. *»Durch Erfahrung von Welt kommt die Welt in den Kopf«*, so Spitzer.

Der Input strukturiert die im Gehirn entstehenden Spuren der Welt. Dadurch wiederum wird aus den im Gehirn des Säuglings angelegten unendlich vielen Möglichkeiten die Wirklichkeit des jeweiligen erwachsenen Menschen. Laut Spitzer stecken alle unsere Erfahrungen, all unser Wissen und Können *»in den unterschiedlichen Stärken der Synapsen unseres Gehirns. Die etwa 10^{15} Synapsen mit ihren jeweilig durch die Erfahrung bedingten Stärken machen uns aus, unsere Einzigartigkeit, machen uns zu dem unverwechselbaren Menschen, der wir sind.«*[5] Die Vernetzung des Gehirns ist also bei jedem Menschen einzigartig und abhängig davon, welche individuellen Erfahrungen er gemacht hat.

Die kindliche Entwicklung: Altern beginnt schon in der Wiege

Kinder kommen aber nicht als *tabula rasa*, also als unbeschriebenes Blatt auf die Welt, wie viele immer noch meinen. Bereits bei der Geburt besitzt ein Kind eine Vermutung darüber, wie die Menschen und die Welt beschaffen sind. Diese eingebaute Starthilfe besteht nicht nur aus einfachen Reflexen oder Reaktionen auf Reize, sondern beinhaltet komplexe Vorstellungen und Hypothesen. Wie kleine Wissenschaftler erkunden Kinder ihre Umgebung und stellen dabei immer neue Theorien über deren Zusammenhänge auf – mit den Erwachsenen als Lehrmeister. Babys sammeln fortlaufend Daten und werfen überholte Annahmen über Bord, die nicht mehr den neuen Erkenntnissen entsprechen. Derart hypothetisieren sie sich in die Zukunft hinein und sind als Erwachsene schließlich ganz anders als zu Beginn.[6]

Mit jedem Monat machen Kinder Fortschritte in ihrer Welterfahrung: Im siebten fremdeln sie bei Menschen, die nicht zu ihrer Familie gehören; mit neun Monaten können sie Emotionen wie Freude, Traurigkeit oder Zorn aus Stimmen heraushören; im Alter von einem Jahr beginnen sie zu verstehen, dass sich die Handlungen, Gefühle und Wahrnehmungen anderer Menschen auf eine äußere Welt richten können; mit 18 Monaten schließlich merken sie, dass ihre eigenen Gefühle und Wünsche von denen anderer abweichen können.

Wie schon in Teil I angesprochen, ist das Alter von 18 bis 24 Monaten ein gravierender Einschnitt. Die Kinder gelangen zur Erkenntnis, dass sie ein Ich besitzen. Sie erlangen Selbstbewusstsein und erkennen sich selbst im Spiegel, mit 22 Monaten auf Bildern, es tauchen in ihrem Wortschatz auch Vokabeln wie ich, mir, mich, du oder der eigene Name auf und sie entwickeln erstmals Mitgefühl. Außerdem bildet sich das autobiografische Gedächtnis und damit die Zeit, an die wir uns erinnern können.

Mit zwei Jahren lernen Kinder, wie die Eltern manipuliert werden können, mit circa vier verstehen sie, dass Mitmenschen andere Ideen und Vorstellungen haben können als sie selbst. Die Grundmerkmale des Erzählens erlernen sie mit fünf und um das siebte Lebensjahr können sie einkaufen, aber erst mit zwölf fangen sie an, Dinge auch kritisch zu bewerten.

In der Pubertät schließlich wird das Gehirn nochmals radikal umstrukturiert: Neue Verbindungen werden auf- und alte abgebaut, das Gehirn organisiert sich in vielen Regionen um. Mit 18 Jahren setzt dann der Alterungsprozess des Gehirns ein, Nervenzellen werden abgebaut.

Der Psychologe Ulman Lindenberger, Direktor am Max-Planck-Institut für Bildungsforschung, setzt diesen Prozess noch früher an: *»Älterwerden bezeichnet zunächst nur das Vergehen von Zeit. Im Grunde beginnt Altern schon in der Wiege: Der Mensch wächst, er reift, er lernt und er altert.«* Auf keinen Fall aber stimme die Gleichung, dass Altern nur Abbau und Verlust bedeute. Auch ein Hochbetagter könne Neues lernen und daran reifen.[7]

Mit zunehmendem Alter fällt es zwar schwerer, Dinge gleichzeitig zu tun, weil das Gehirn Energie aufwenden muss, um altersbedingte körperliche Defekte auszugleichen, aber die Entwicklungsfähigkeit unseres Gehirns hört nicht auf – auch wenn uns das die Personalchefs von Unternehmen gern glauben machen wollen. Die Synapsenstärken ändern sich zeitlebens durch weitere Erfahrungen, wenn auch das Ausmaß der möglichen Veränderungen mit zunehmendem Alter abnimmt.

Diese Fähigkeit des Nervensystems zur permanenten Anpassung seiner Verbindungen an ihren Gebrauch nennt man *Neuroplastizität.* Die hierbei beteiligten Prozesse sind sehr genau untersucht, denn sie sind letztlich die Grundlage für jede Form von Lernen und Gedächtnis.

Lernen: Problem erkannt, Problem gebannt

Wir lernen aber nicht nur durch die Erfahrungen, die wir durchleben, sondern auch durch bewusste, von uns selbst initiierte und organisierte Lernprozesse. Dabei geht es in erster Linie um den Erwerb von Kenntnissen, Fertigkeiten und Wissen. Viele Wissenschaftsbereiche beschäftigen sich mit dem Lernen, dementsprechend vielfältig wird auch definiert, was Lernen eigentlich sei. Ein gemeinsames Verständnis vieler Theorien ist, dass Lernen dann einsetzt, wenn es gilt, ein wahrgenommenes Problem zu lösen.

Lernen kann Denken, Fühlen und Verhalten ändern. Dass wir die Fähigkeit besitzen, lernen zu können, ist eine der Grundvoraussetzungen für die Anpassung an unsere Umwelt. Wie schon im Kapitel *Evolution* angesprochen, passen wir uns an die Umwelt nicht mehr durch genetische Mutationen, sondern Intelligenz- und Lernleistungen an. Unsere Lernfähigkeit ist auch eine Voraussetzung für Bildung, also ein reflexives Verhältnis zu sich, zu den anderen und zur Welt.

Zum Grundinstrumentarium des Lernens gehört neben dem Lernprozess auch die Fähigkeit zur Erinnerung und zum Abrufen – also der Anwendung des Erlernten. Lernen ist jedoch mehr als das reine Abspeichern von Informationen. Lernen beinhaltet die Wahrnehmung der Umwelt, die Verknüpfung mit Bekanntem – also bereits Erfahrenem – und das Erkennen von Regelmäßigkeiten, der Mustererkennung.

Regelmäßigkeiten zu entdecken, gehört zu unserem evolutionären Betriebssystem. *»Menschen sind Muster suchende Tiere«*, sagt der

US-Mathematiker John Allen Paulos. Die automatische Suche nach Regeln im Chaos, nach Mustern im Durcheinander unserer Welt ist uns in die Wiege gelegt. Hätten wir keine Veranlagung zum Mustersehen, glauben Kognitionsforscher, dann könnten wir kaum Sinn in unseren Alltag bringen.[8]

Bei dieser Mustererkennung haben wir es weit gebracht, sie beginnt ja schon – noch unbewusst – im Säuglingsalter, wir führen sie aber konsequent fort. Wir versuchen, Ordnung im Leben zu schaffen – und sei es im Büro: Wir ordnen bestimmte Objekte in spezielle Schränke. Andere Objekte gehören dann in andere Schränke. In diesem speziellen Schrank wiederum gibt es Schubladen, in denen wir die zum Ganzen gehörenden Sub-Objekte lagern. Darin befinden sich – in Hängeordnern mit Registern – die Teile, die wiederum zu diesen Sub-Objekten gehören und auf jedem Blatt innerhalb des Registers lassen sich, fein säuberlich hintereinander, mit Seitenzahlen versehen, die Sub-Sub-Objekte finden. Und in unserem Büro stehen viele weitere Schränke. Damit uns ja nichts entgeht.

Und so machen wir es mit allem. Der Mensch ist nicht für Unordnung geschaffen – also räumt er auf. Für diese Vorgehensweise gibt es auch eine Bezeichnung: *Kategorisierung.*

Kategorisierung: Schublade auf, Erkenntnis rein

Wir sind von Kindheit an gedrillt, Ordnung zu schaffen. Wir lernen, Objekte zu separieren, einzuordnen und in Beziehung zu setzen. Das explizite Denken will die Fülle der Phänomene mithilfe von gliedernden und zergliedernden Begriffen sortieren, systematisieren und dadurch in den Griff bekommen.

Als *Kategorisierung* wird der Prozess verstanden, mit dem Konzepte und Objekte wahrgenommen und verstanden werden. Dieser Vorgang ist fundamental beim Entscheidungsprozess und in allen Arten von Interaktion mit der Umwelt. Es gibt verschiedene Vorstellungen davon, wie Kategorisierung funktioniert.

Kategorisierungen sind meist hierarchisch aufgebaut und fassen zusammengehörende Objekte unter einem Oberbegriff zusammen. Dabei orientieren wir uns oft an *Prototypen.* Dieser Begriff wurde von Eleanor Rosch und George Lakoff in die Forschung eingebracht. Die Prototypensemantik geht davon aus, dass die idealen Kategorisierungen nie exakt stattfinden, sondern sich nur einem abstrakten Prototypen graduell annähern können. Ein Prototyp ist dabei die ideale Verkörperung eines Vertreters der Kategorie.

Um etwas konkreter zu werden, nehmen wir als Beispiel die Kategorie der Vögel: Wenn es Federn und einen Schnabel hat und fliegen kann, ist es einer. Idealer Prototyp wäre der Spatz. Andere sind aber genauso gut, wie zum Beispiel die Meise oder die Amsel. Also leicht als Vogel einzuordnen und zu erkennen. Es gibt aber auch nichtprototypische Exemplare, welche in einer Rangfolge angeordnet sind, die sich von den besten zu den weniger guten Beispielen erstreckt.[9] Auf den hinteren, nicht prototypischen Rängen müssten wir den Pinguin einordnen. Er hat einen Schnabel und auch Flügel, aber keine Federn und kann auch nicht fliegen. Solche Vertreter gibt es auch bei Fischen: Ein (proto)typischer Konfliktreferent ist beispielsweise der Wal: Er kann schwimmen und lebt ausschließlich im Meer; in einer volkstümlichen Kategorisierung ginge er also als Wal*fisch* durch, für Experten ist er hingegen ein Meeressäuger.[10]

Manchmal passt sich die Natur einfach nicht unseren Kategorisierungen an! Sie ist aber eine für uns wichtige Strategie, die uns hilft – durch Erfassung, Ordnung und Klassifizierung –, die Welt überhaupt verstehen zu können. Und wir klassifizieren alles: Vögel, Fische, Gurken, Menschen. Dabei unterläuft uns mancher Fehler, und Vorurteile bleiben nicht aus.

Vorurteile: Definieren, bevor wir sehen

Dinge, die neu sind, versuchen wir in einer Schublade unserer Erfahrung unterzubringen: Schublade auf, Objekt rein, Schublade zu. Meistens passt es, aber manchmal klemmt sie beim Zuschieben – wir haben offensichtlich falsch eingeordnet. Das passiert uns auch mit Menschen. Wir kennen dies von Äußerungen wie: *Ich lasse mich doch nicht einfach in diese Schublade stecken* oder *Du mit deinem Schubladendenken*.

Vorurteile sind selektive Informationsfilter. In unserem Gedächtnis werden unsere Vorerfahrungen gebündelt. Der Beobachter greift sich das heraus, was seiner Vormeinung entspricht. Vorrangig wird so aktuell nur das wahrgenommen, was wir sehen wollen und was bereits bekannt ist. Lippmann hat einmal gesagt: *»Wir definieren, ehe wir sehen – wir sehen nicht, ehe wir definieren.«*

Immer wieder gibt es Situationen im täglichen Ablauf, in denen Reize aufgenommen und ohne Überlegen beurteilt werden. Kritisches Überprüfen ist eher die Ausnahme. Gerade bei der Beurteilung von Mitmenschen bestimmen oberflächliche Merkmale wie äußere Erscheinung, Kleidung, Hautfarbe und Verhalten über unsere erste Einschätzung.

Die eigene Lebenserfahrung, die unter anderem durch die elterliche Erziehung, unsere Freunde oder die Gesellschaft geprägt wurde, liefert uns Bilder und Muster von Menschen oder Gruppen, die oft von Vorurteilen mit stark vereinfachten Klischeevorstellungen gekennzeichnet sind.[11]

Eine Vorstufe der Vorurteile sind sogenannte *Stereotype* – verallgemeinernde und vereinfachende Aussagen über andere Menschen oder Gruppen. Sie werden meist weder hinterfragt noch widerlegt. Werden diese Meinungen von einem negativen Gefühl begleitet, entstehen daraus Vorurteile. Zwar können diese auch positiv sein – zum Beispiel die Sicht des Verliebten auf den Geliebten –, das ist aber eher die Ausnahme.

Stereotypen entstehen dadurch, dass die menschliche Informationsverarbeitung darauf ausgerichtet ist, Ressourcen zu sparen. Dies geschieht durch die automatische Kategorisierung von Stimuli und deren Zusammenfassung in Form von den oben schon genannten Prototypen.

Stereotypen, die durch die Sozialisationsprozesse geprägt werden, gehören zum Allgemeinwissen einer Gesellschaft. Hat sich erst einmal ein Stereotyp gebildet, so sind wir bestrebt, diesen über die selektive Wahrnehmung und Verarbeitung von Informationen fortlaufend zu bestätigen. Stereotype entstehen häufig aus einem Informationsdefizit heraus. Wir wissen eigentlich zu wenig über ein bestimmtes Objekt, wollen es aber einordnen, quasi bewältigen, und stecken es in eine bestimmte Schublade. Unbekanntes, uns fremd Erscheinendes, Auffälliges oder auch gesellschaftliche Minderheiten werden oft mit Stereotypen belegt. Weil wir die Lage oft nicht *be*-urteilen können, *vor*-urteilen wir eben. Eng mit Vorurteilen und Stereotypen verbunden ist das *Othering*.

Othering: Ausgrenzen – aus Identifikationsbedürfnis und Angst

Othering kommt aus dem Englischen von *other*, was so viel wie andersartig bedeutet. Vermutlich geht er auf Hegels Begriff der Andersheit zurück, wurde aber im Wesentlichen von Irit Rogoff geprägt. Othering bezeichnet die Differenzierung und Distanzierung einer Gruppe, der man sich zugehörig fühlt, von anderen Gruppen.

Verhaltensbiologisch ist die Entstehung dieser Abschottung leicht zu erklären. Der Einzelne war in der Evolution nicht überlebensfähig, er schloss sich einer Gruppe an. Nach innen verhielt man sich brüderlich und solidarisch, um durch Gemeinsamkeit der Gleichartigen das Überleben der Gruppe zu sichern. Jeder andere, der nicht zu dieser Gruppe gehörte, wurde als potenzieller Feind angesehen, der die eigene Kultur oder Identität bedroht.

Othering dient nicht nur der Feindabwehr, es ermöglicht auch, Schwächen und Probleme der eigenen Gruppe zu übertünchen: *»Wenn das Böse von außen kommt (...), muss sich niemand mehr fragen, was vielleicht in der eigenen Welt nicht stimmt. Und so verbarrikadierte man sich gegen das Fremde, ohne zu merken, dass das Böse schon längst heimisch geworden war.«*[12]

Auf der anderen Seite kann Othering zu einer starken Gruppenidentität führen, die für den Einzelnen ein hohes Maß an Identifikationspotenzial bietet. Man gehört dazu. Viele finden nur in der Gruppe ihre vermeintlich eigene Identität. Sie werden gestützt durch verbindliche Regeln, erleben Halt bei Gleichgesinnten, werden anerkannt, müssen ihr Ich nicht selbst suchen und definieren.

Othering entsteht aus Irritation und Angst vor dem Fremden und eigener Unsicherheit. Um diese Unsicherheit abzubauen, wird das eigene Selbst aufgewertet und damit zwangsläufig der andere abgewertet. Die eigene, durch die Gruppe bestätigte Normalität wird zum Maßstab für den Fremden, der diesem natürlich nie genügen kann. Dieses Prinzip führt automatisch zu hierarchischem und stereotypem Denken. Folgen dieser Konstruktion der Andersheit sind nicht nur Machotum und Fremdenfeindlichkeit, sondern auch Ethnozentrismus und Rassenhass.

Othering betrifft aber nicht nur Mitglieder anderer Rassen oder Ethnien. Auch innerhalb eigentlich geschlossener Gruppen ist dieses Phänomen der Abgrenzung zu beobachten. So war es früher auf dem Land verpönt, jemanden aus einem anderen Dorf zu heiraten. Damit die Dorfkultur ungestört blieb, nahm man sogar ein erhebliches Maß an Inzucht in Kauf. Mit früher meine ich übrigens nicht das Mittelalter – diese Einstellung war in manchen Gegenden noch Anfang des 20. Jahrhunderts vorzufinden.

Persönlichkeit

Die Persönlichkeit ist Teil unserer Identität. Sie entsteht und entwickelt sich im Laufe unseres Lebens – im Gehirn. Identität und Persönlichkeit sind ein Mysterium. Zu Beginn des Lebens ist das Selbst kaum imstande, die eigene Person von den umgebenden Lebewesen zu unterscheiden, erst im Laufe des Lebens sammelt und konzentriert es allmählich das subjektive Lebensgefühl zur Bewusstheit eines Individuums.

Wie fragil, rätselhaft und verletzlich dieses Gefühl sein kann, zeigt sich am Beispiel des Schicksals von Tommy McHugh,[13] einem heroinsüchtigen 51-jährigen Bauarbeiter und Ex-Sträfling: Er saß auf der Toilette, als er einen stechenden Kopfschmerz verspürte. In der Notfallaufnahme stellten die Mediziner eine kleine Gehirnblutung fest, ein bekanntes Problem, das schnell behoben schien.

Zwei Wochen nach der Notoperation begann McHugh plötzlich Gedichte zu schreiben und Hunderte von Blättern mit Bleistiftskizzen zu füllen, die Wände seiner Wohnung mit bunten Pastellkreiden zu bemalen. Er wurde unablässig kreativ, malte, dichtete und knetete. Aus dem aggressiven und jähzornigen Schläger war innerhalb von wenigen Wochen ein obsessiver Künstler geworden. Und das alles aufgrund einer minimalen Verletzung im Gehirn.

Da fragt man sich, worauf unsere Identität gründet, wie fest sie verankert ist und wie dünn das Eis unserer Persönlichkeit ist, wenn wir so schnell durchbrechen können und danach kaum noch etwas so ist, wie es vorher war. Doch unabhängig von ihrer Zerbrechlichkeit – wie entsteht Persönlichkeit überhaupt?

Sie entsteht, wie sollte es auch anders sein, aus den Erfahrungen, die wir im Leben machen und aus unserer genetischen Veranlagung. Dabei stellt sich immer die Frage, ob wir *Herren unseres*

Schicksals sind oder nur die *Sklaven unserer Gene*. Inwieweit können wir unser Selbst beeinflussen und welchen Einflüssen sind wir ausgeliefert?

Daran, ob wir mehr von unseren Erbanlagen oder unserer Umwelt geprägt werden, scheiden sich nach wie vor die Geister. Wären überwiegend die Erbanlagen schuld an der Ausrichtung unserer Persönlichkeit, würde dies in der Konsequenz bedeuten, dass niemand für sein Handeln verantwortlich gemacht werden könnte, weil wir ja von unseren Genen gesteuert würden, für die wir nichts können.

Wie auch immer diese Frage beantwortet wird: Eine hundertprozentige Vererbbarkeit wie etwa bei Blutgruppen oder Körpermerkmalen weist Verhalten wohl nicht annähernd auf. Zwar schließt kein Wissenschaftler erbliche Einflüsse auf die Persönlichkeit aus. Doch wie stark die Auswirkungen sind, lässt sich kaum ermitteln.

Ob Psychologen, Philosophen, Biologen, Soziologen oder Mediziner: Sie alle wollen dem *bei jedem Menschen einzigartigen, relativ stabilen und den Zeitablauf überdauernden Verhaltenskorrelat* auf die Spur kommen – so eine von zahllosen Lehrbuchdefinitionen von *Persönlichkeit*. Dabei wird versucht zu ergründen, wodurch sich Persönlichkeiten unterscheiden und wie sich dies äußert.

Menschen besitzen bekanntlich unterschiedliche Temperamente und Mentalitäten. Manche kommen schon lachend auf die Welt, andere missgelaunt und nörgelnd. Beide behalten womöglich ihre vermeintliche Anlage ein Leben lang bei. Die einen gehen, trotz massiver Schicksalsschläge, fröhlich und optimistisch durchs Leben, lassen sich durch nichts in ihrem Glauben erschüttern, die anderen zerbrechen schon bei vergleichsweise kleinen Problemen und bekommen ihr Leben nicht mehr in den Griff. Fast jeder stellt sich irgendwann die Frage, warum die Menschen so verschieden sind, so unterschiedlich ihr Leben bewältigen.

Die großen Fünf: In jedem steckt alles

Die Forscher analysieren, katalogisieren und typisieren auf ihrer Suche nach grundsätzlichen menschlichen Ausrichtungen Abertausende Persönlichkeiten auf der ganzen Welt. Sehr bekannt zur Beschreibung der unterschiedlichen Persönlichkeitsdimensionen sind die sogenannten *big five*. Diese Einteilung geht zurück auf ein

Verfahren, das Psychologen in den USA schon vor 50 Jahren entwickelt haben: Sie stellten Tausende personenbeschreibender Eigenschaftswörter aus einem Lexikon zusammen und reduzierten diese schließlich mithilfe statistischer Methoden auf fünf Grundfaktoren. Individuen werden dabei in den Domänen *Extraversion, Neurotizismus, Offenheit, Verträglichkeit* und *Gewissenhaftigkeit* beurteilt. Die großen Fünf bewegen sich immer zwischen zwei Polen wie Minus und Plus – den Extrempersönlichkeiten.

Keine Person lässt sich nur durch einen Faktor typisieren. In jedem steckt ein wenig von allem, die großen Fünf treten quasi als Melange auf, einer vielfältigen Kombination aus unterschiedlichen Stärken und Schwächen. Die ideale Kombination ist die, die bei allen fünf Eigenschaften in die positive Richtung tendiert. Ich möchte diese Typologisierung im Folgenden im Sinne der Geo-Autorin Hania Luczak zusammenfassen.[14]

Hoch extravertierte Menschen (nach außen gerichtete) gelten als aktiv und gesellig. Sie könnten alle Menschen umarmen und fühlen sich in Gruppen, sei es am Stammtisch oder beim Kaffeekränzchen, am wohlsten.

Dagegen sind *niedrig Extravertierte* beziehungsweise *Introvertierte* reserviert, ernst, in sich gekehrt – und am liebsten mit sich allein.

Offene Menschen sind kreativ, haben breite Interessen und erweitern gern ihren Erfahrungsschatz. Sie sind neugierig auf neue Fantasien, Eindrücke und Gefühle. Sie werden von Abenteuern gelockt, beschreiten gern Wege der Selbsterkenntnis, schätzen Kunst und Philosophie. Als Prototypen gelten Künstler wie Joseph Beuys.

Auf der anderen Seite stehen *unflexible, bodenständige* Leute ohne Lust auf intellektuelle Abenteuer. Geistige Höhenflüge und tief gehende Diskussionen empfinden sie als vertane Zeit. Sie sind eher traditionsverhaftet und engstirnig. Für sie hat keine Sprache der Welt eine treffendere Bezeichnung als das Deutsche – Spießer.

Hoch gewissenhaft zu sein bedeutet, gut organisieren zu können, sein Leben in fester Ordnung zu halten sowie sich pflichtbewusst, bedächtig und selbstdiszipliniert zu zeigen – Eigenschaften, wie sie vor allem von Beamten erwartet werden. In ihrer schärfsten Ausprägung kennen wir sie als Pedanten.

Am anderen Ende der Skala befinden sich *niedrig gewissenhafte*, mehr oder weniger chaotische, unzuverlässige Typen, die planlos durchs Leben gehen, unvorsichtig gegen sich selbst sind und weder mit Dingen noch mit Mitmenschen sorgfältig umgehen. Alles, was sie anpacken, mündet ins Chaos, oft bekommen sie ihr Leben nicht auf die Reihe.

Die emotional Stabilen kann nichts aus der Ruhe bringen. Sie sind stressresistent, selbstsicher, fast immer entspannt und verlieren sogar in sehr belastenden Situationen nie die Fassung. Allerdings werden diesen eher hartgesottenen Charakteren auf der Neurotizismusskala eher niedrige Werte zugebilligt. Zu den emotional Stabilen wurde Papst Johannes Paul II. gezählt, der trotz immerwährender Kritik wie ein Fels in der Brandung ruhte.

Auf der anderen Seite befinden sich *emotional instabile* Menschen. Sie sind neurotisch, ängstlich, gehemmt, verletzlich und werden häufig von Schuldgefühlen, Ärger und Traurigkeit heimgesucht. Auf ihrem Leben scheint ein Schatten zu liegen. Der Stadtneurotiker Woody Allen hat diesen Extremtypus in seinen Filmen porträtiert.

Unter hohe soziale Verträglichkeit ordnen Persönlichkeitsforscher bescheidene und altruistische Menschen ein, die sehr auf Harmonie und Kooperation bedacht sind, die gerne helfen und deren wichtigste Triebfeder Mitleid ist. Sie erwarten von anderen erst einmal das Beste, geben jedem eine Chance und schließen enge Freundschaften. Zu den bekanntesten Vertretern dieser Gruppe gehört Mutter Teresa.

Niedrige soziale Verträglichkeit zeigen die *Konkurrenztypen*: Sie kämpfen sich ihren Weg rücksichtslos frei, spielen hart und stur andere aus und gehen über Leichen. Sie sind stets misstrauisch, bisweilen feindselig und missbrauchen häufig ihre Macht – ein Menschenschlag, der seine dunklen Seiten besonders am Arbeitsplatz zeigt und trotz seiner unsozialen Grundeinstellung immer wieder zu gesellschaftlichem Erfolg gelangt.

Verfechter der *big five* sind überzeugt davon, dass jede der fünf Eigenschaften eine starke erbliche Komponente hat, denn schon im Alter von drei Jahren ließen sie sich ansatzweise erkennen, spätestens mit zwölf seien sie ausgeformt. Vom 30. Lebensjahr an lasse sich kein grundsätzlicher Wandel in der Persönlichkeit mehr verzeichnen und mit 40 oder spätestens 50 gelte sie als ausgereift.

Man habe sich dann eine Lebensweise zurechtgelegt, die dem jeweiligen Charakter entspräche. Die Persönlichkeit gleiche nun einem stehenden Gewässer: Sie sei nicht im Fluss, aber es gäbe durchaus noch ein wenig Bewegung.

Analysen zeigen jedoch mit dem Lebensalter verbundene Trends: Neurotizismus, Extravertiertheit und Offenheit gingen im Allgemeinen mit dem Alter zurück, während Verträglichkeit und Gewissenhaftigkeit zunähmen.

Darüber, in welchem Maß wir im Laufe unseres Lebens Grundzüge unserer Persönlichkeit ändern können, gibt es unterschiedliche Lehrmeinungen. Die einen gehen davon aus, dass Umwelteinflüsse oder der eigene Wille viel bewirken können, andere wiederum glauben, dass wir bewusst kaum in der Lage sind, uns gegen unsere Gene und frühkindliche Prägungen durchzusetzen.

Die Unfähigkeit zur Veränderung: Ist das Ich eine Einbahnstraße?
Nach Ansicht des Hirnforschers Gerhard Roth werden etwa 20 bis 50 Prozent unserer Persönlichkeit durch die Gene bestimmt. Er teilt die Persönlichkeitsentwicklung in vier Schritte auf:[15]

In der *vorgeburtlichen Prägung* (ab der 6. Schwangerschaftswoche) erlebt das Ungeborene schon die ersten emotionalen Konditionierungen, die sein Gehirn für das ganze Leben unbewusst prägen.

Bei der *frühkindlichen Prägung* werden Bindungserfahrungen gemacht, das Grundvertrauen und das unbewusste Selbst aufgebaut. Diese Phase dauert bis zum vierten Lebensjahr.

In der Phase der *bewussten sozialen Prägung* (etwa bis zum 20. Lebensjahr) speichern wir die Ergebnisse unserer Erziehung ab. Hier beginnen sich auch unsere *sekundären Charakterzüge* zu entwickeln, die mit zunehmendem Alter immer mehr gefestigt werden.

Unser *rationales Wissen* schließlich können wir am längsten weiterentwickeln – über das ganze Leben hinweg.

Roth betont besonders die Rolle der frühkindlichen Prägung: *»Die Erziehung von Kleinkindern kann demnach so einschneidend sein wie ein hirnchirurgischer Eingriff. Das kindliche Unbewusste ist der Kern, das Zentrum, der Mittelpunkt des Planeten Mensch. Hier häufen sich frühe Zuwendung, Ablehnung, Qual und Glückseligkeit an. Alle Erfahrungen schlagen sich direkt und ungefiltert in der neuronalen Struktur eines Kinderhirns nieder. Hier wurzelt – gemeinsam mit den genetischen Anla-*

gen – das Temperament mit Merkmalen wie Ängstlichkeit, Spontaneität, Verwegenheit, Introvertiertheit, Extravertiertheit.«[16]

Roth bezeichnet den unbewussten Mechanismus, der einem Charakter zugrunde liegt, als *emotionale Konditionierung*: Das ganze Leben lang greife das Individuum auf den Erlebnisspeicher zurück und gleiche ab. *»Das Gehirn funktioniert aufgrund seiner Geschichte, der wir kaum entfliehen können – sie ist uns nicht bewusst.«*

Er vertritt die Position, dass wir – bedingt durch die genetische Disposition und die frühkindliche Prägung – auch nur einen sehr eingeschränkten Spielraum hätten, unsere Persönlichkeit zu verändern, denn gerade das, was sich früh ausbilde und unser Verhalten am stärksten beeinflusse – unser emotionales Grundgerüst –, höre am frühesten auf, stark veränderbar zu sein.[17] Deshalb sei es auch so schwer, sich selbst oder andere zu ändern. Aus einem verträumten Kleinkind könne auch durch beste Erziehung niemals ein pünktlicher Erwachsener werden.

Neben der frühkindlichen Prägung führt Roth noch einen weiteren Grund für die schwierige Veränderbarkeit an: das Automatisierungsstreben unseres Gehirns. Auf der einen Seite erleichtere es uns zwar, dass wir über viele Dinge, die wir tun, nicht mehr nachdenken müssten, auf der anderen Seite kämen wir aber auch von unseren schlechten Gewohnheiten nicht mehr weg. *»In dieser Hinsicht ist unser Ich eine Einbahnstraße«*.

Doch es geht ja nicht immer gleich um große Veränderungen – auch kleine sind schon schwierig genug. Das kann jeder nach-empfinden, der jährlich nach Sylvester an der Durchführung seiner guten Vorsätze scheitert.

Unser Veränderungswillen stößt nämlich immer wieder auf innere Widerstände, die schwer zu überwinden sind. Der Neurobiologe Gerald Hüther spricht hier von *Haltungen*.[18] Er meint damit die inneren Einstellungen und Überzeugungen, die man sich im Laufe des Lebens aufgrund bestimmter Erfahrungen angeeignet hat. Wird zum Beispiel jemand in der Schule gemobbt, hat er ein Leben lang Schwierigkeiten, eine positive Haltung zu dieser Institution zu finden.

Allein durch die Ratio gelingt dies nicht. Es fällt uns schon schwer genug, die eigenen Haltungen zu überdenken, geschweige denn, Verhaltensänderungen daraus abzuleiten und durchzuhalten. Der Philosoph Richard David Precht meint, dass die ganze Ratgeberliteratur nichts nütze, *»weil wir aufgrund kluger Einsichten unser Leben nicht ändern, jedenfalls als Erwachsene nicht«*. Kurze Zeit nach der Ratgeberlektüre übernähmen unsere Gewohnheiten wieder das Regiment. Als Erwachsene änderten wir unser Leben nur aufgrund sehr starker Emotionen, etwa durch einen Todesfall oder wenn wir uns in jemanden verliebten.[19] Veränderungen geschehen also nur dann, wenn jemand Änderungsbedarf erkennt und ihn innerlich auch wirklich will.

Die Struktur der menschlichen Persönlichkeit scheint dem Wandel also einige Hindernisse in den Weg zu legen. Doch sollten wir uns, als die am besten angepasste Spezies auf der Erde, tatsächlich nur so minimal ändern können? Hat Gerhard Roth wirklich recht, wenn er das Ich als Einbahnstraße bezeichnet?

Die Fähigkeit zur Veränderung: Affen sind erziehbar

Es gibt auch andere Erkenntnisse: Eine Studie von Stephen Suomi vom *National Institute of Child Health and Human Development*, belegt, wie stark die Umwelt auf genetisch vorgeprägte Temperamente einwirken kann.

Eines von vielen Lehrbüchern beschreibt Temperament als *»biologische Basis, beziehungsweise das Rohmaterial, aus dem sich durch Lern- und Umwelterfahrungen die konventionellen Persönlichkeitsmerkmale entwickeln.«*

Suomi ist Persönlichkeitsforscher und arbeitet mit Rhesusaffen. Ihm zufolge kommen auch sie mit unterschiedlichen Temperamenten auf die Welt. Durch Forschungen hat er herausgefunden, dass auch extrem gehemmte Naturen durch die Erziehung einer Supermutter umgekehrt werden konnten – bis hin zu anerkannten Anführern in ihrer Altersgruppe und später zu ungewöhnlich kompetenten Eltern. Seine Schlussfolgerung: *»Gene sind nur ein kleiner Teil der Geschichte, diese Affen sind das Produkt ihrer Erziehung.«*[20] Darauf, dass Erziehung, die ja auf Lernen und Erfahrungen beruht, das Gehirn verändert, habe ich schon im letzten Kapitel hingewiesen. Diese Formbarkeit unseres Hirns sorgt dafür, dass für uns, auch bei eventuell bestehender genetischer Vorbelastung, noch Hoffnung auf Besserung besteht. Erziehung scheint also doch nicht ganz sinn- und wirkungslos zu sein. Zumindest bei Rhesusaffen.

Die Fähigkeit zur Neuroplastizität nimmt zwar nach der Pubertät ab, unser Gehirn und somit auch unsere Persönlichkeit bleibt aber weiter zu einem gewissen Grad formbar. Weil das menschliche Gehirn mehr Zeit zur Reifung braucht als bei jeder anderen Art – das limbische System, das die Emotionen verarbeitet, reift erst während der Pubertät aus –, tritt ein Charakter also erst danach deutlich zutage. *»Je älter wir werden«*, sagt die Max-Planck-Forscherin Ursula Staudinger, *»desto schwieriger wird es zwar, unsere Persönlichkeit zu verändern«*, aber möglich sei auch das immer noch.[21]

Unfähig und gleichzeitig fähig zur Veränderung? Von der Kontinuität im Wandel

Was bleibt an Erkenntnissen aus den teils widersprüchlichen Thesen? Wichtige Facetten unserer Persönlichkeit scheinen genetisch vorgeprägt (umstritten bleibt, in welchem Maß) oder in früher Kindheit erworben. Diese Prägungen sind aber nicht unser Schicksal, sie lassen sich durch geeignete Umweltfaktoren beeinflussen. Doch dieses *sowohl als auch* gibt uns noch keine befriedigende Antwort auf die Frage, ob wir – wenn wir uns schon nicht neu erfinden können – zumindest in der Lage sind, unseren Lebenslauf eigenmächtig voranzutreiben. Und wenn ja, wie?

Gerald Hüther sieht unsere Haltungen zwar einerseits als einschränkend, insbesondere dann, wenn sie engstirnig sind und dadurch den Blick verstellen. Andererseits baue sich niemand freiwillig engmachende Haltungen ins Gehirn ein; blieben Neugier, Offenheit und Begeisterung aber erhalten, könnte sich, besonders beim Kleinkind, das Gehirn noch aus Fülle, Überfluss und Reichhaltigkeit strukturieren.[22]

Dem entgegen steht der Beharrungsgrad unserer Identität, den Richard David Precht für sehr hoch hält. Er sieht hierin aber auch einen tieferen Sinn: Zwar stellten wir uns manchmal vor, ganz anders zu sein oder auszusehen und wären manche Probleme gern mal los, *»aber wenn wir tatsächlich so anders wären, wären wir nicht mehr Wir beziehungsweise Ich«*.[23]

Hat er nicht recht? Wäre es nicht viel beunruhigender, wenn wir ein Arsenal an Ichs zur Verfügung hätten, uns ständig neu erfinden könnten, ja vielleicht müssten? Wir würden uns selbst verlieren, würden nach Belieben Masken auf- und absetzen und hätten keine Heimat in einer stabilen Identität.

Letztendlich stellt sich die Frage, ob sich Kontinuität und Wandel überhaupt ausschließen. Vielleicht könnte ein bewusst herbeigeführter Wandel der Lebensumstände weniger ein Zeichen für eine Veränderung der Persönlichkeit als vielmehr für ihre Stabilisierung sein? So gesehen würde sich der, der sein Leben bewusst lebt, an einem roten Faden entlanghangeln und die Chancen der Veränderung nutzen, die seine wahre Persönlichkeit erst zur Entfaltung bringen. So würde auch das Kunststück gelingen, sich zu verändern und sich dennoch treu zu bleiben.

Das Unbewusste

Ich habe bereits darauf hingewiesen, dass die älteren Schichten des Gehirns, in denen das Unterbewusstsein sitzt, die neueren Areale, in denen die eher bewussten Erkenntnisprozesse ablaufen, in seiner Struktur und Arbeitsweise beeinflussen. Damit stellt sich die Frage, inwieweit das Unterbewusstsein unser Bewusstsein steuert und wer in unserem Gehirn eigentlich das Sagen hat. Dies herauszufinden ist nicht ganz einfach, denn – wie der Name schon sagt – entzieht sich das Unbewusste weitgehend der bewussten Erkenntnis.

Unterbewusstsein: Der Reiter denkt, das Pferd lenkt

Sigmund Freud war einer der ersten, die das Unterbewusstsein erkundet haben. Er ortete in dieser *Terra incognita* das Böse, wo vererbte Instinkte und Reflexe, verdrängte Triebe und Traumata herrschen.

Während Freud noch im Nebel stocherte und auf Vermutungen angewiesen war, versuchen Forscher heute durch Positronenemissions- und Magnetresonanztomografie Licht ins Trübe zu bringen.

Freud hatte das Unbewusste mit einem Eisberg verglichen, dessen eigentliche Massen sich unter der Oberfläche ausdehnen, und das Bewusstsein lediglich mit dessen herausragender Spitze. Dieses Bild ist aber aus Sicht der heutigen Forschung überholt. Das Bewusstsein sei nicht die Spitze eines Eisberges, sondern eher mit einem Schneeball zu vergleichen, der auf ihm ruhe. Das Unterbewusstsein sei viel voluminöser als bisher vermutet, lenke uns auf rätselhafte Weise durchs Leben und mache ständig seinen Einfluss geltend.[24]

Das Unterbewusstsein regiert vor allem aus den entwicklungsgeschichtlich älteren Schichten des Gehirns heraus, dem *Stammhirn*, das Reflexe oder Hormone befehligt und dem *limbischen System*, das Affekte und Emotionen steuert, sowie den völlig unbewusst arbeitenden *Basalganglien*.

Freud hat das Unbewusste (*Es*) mit einem Pferd verglichen und das Bewusstsein (*Ich*) mit seinem Reiter, der die überlegene Kraft des Pferds zügeln soll. Die Hirnforscher stellen sich das heute etwas anders vor: Aus ihrer Sicht bestimmt das Pferd die Richtung. Der Reiter macht sich lediglich die Intentionen des Tieres zu eigen und glaubt triumphierend: Das Pferd ist genau dorthin gegangen, wohin ich wollte. Wir haben eine Deutungsmaschine im Kopf, die sich lange darauf spezialisiert hat, für alles eine Erklärung zu finden.[25]

Leben mit Autopilot: Spart Energie und hält den Kopf frei

Im Unterbewusstsein läuft vieles ab, was für uns überlebenswichtig ist: die scheinbar automatischen Körperfunktionen, die Triebe und Instinkte. Aber auch viele Dinge, die wir irgendwann einmal erlernt haben und die wir inzwischen automatisch tun. Je besser wir etwas beherrschen, desto dauerhafter sinken die Inhalte ins Unbewusste ab. Das ist auch sinnvoll, denn es hält den Kopf frei für wichtigere Dinge. Müssten wir uns hingegen alle Abläufe immer wieder bewusst machen, würden wir kaum einen Schritt vor den anderen setzen können, ohne zu stolpern.

Vielleicht kennen Sie diese Situation auch: Oftmals kann man sich beim Autofahren an bestimmte Streckenabschnitte gar nicht mehr erinnern – geradeso als wäre der Autopilot eingeschaltet gewesen. Sogar wenn plötzlich ein Reh über die Straße springt, weicht man nicht aus oder bremst – vielmehr wird man dann gebremst: auch vom Unterbewusstsein. Erst in einer Situation, für die das Gehirn keine passenden Programme findet und Problemlösungen gefragt sind, zum Beispiel an einer Abzweigung, schaltet sich das Bewusstsein wieder ein.

Das Bewusstsein benötigt 80 Prozent der Energie im Gehirn. Nur 20 Prozent stehen dem Unbewussten zur Verfügung. Bewusstsein kostet Energie und ist Luxus. Deshalb schaltet das Gehirn, so oft es geht, auf Automatikbetrieb. Dieser Mechanismus wirkt auch bei vielen alltäglichen Situationen wie Kaffeekochen, wenn man etwas in den Keller trägt, beim Tischdecken. Diese Tätigkeiten sind so automatisiert, dass wir uns nicht einmal mehr daran erinnern, ob wir sie schon erledigt haben. Oder wissen Sie immer, ob Sie die Marmelade schon auf den Frühstückstisch gestellt haben? Das ist kein Zeichen von beginnender Alzheimer, man war eben nur gerade in Gedanken – hat seine Energie also für etwas Wichtigeres gebraucht.

Viele der Eindrücke, die auf uns einströmen, nehmen wir gar nicht wahr. Das bedeutet aber nicht, dass sie an uns vorbeirauschen. Das Unterbewusstsein lässt nur vieles nicht bis zum Bewusstsein vordringen, es filtert aus und bewahrt uns vor dem chaotischen Überfluss. Dieser sinkt ins Unterbewusstsein und wird irgendwann hervorgeholt, wenn wir ihn brauchen – wir sprechen dann von *Intuition* oder *Kreativität.*

Unsere Ziele: Bewusst anfangen, unbewusst weiterverfolgen

Auch wenn wir glauben, bestimmte Prozesse im Griff zu haben, muss dieser Eindruck nicht immer der Realität entsprechen. So gehören uns unsere selbst gesteckten Ziele offenbar auch nicht so, wie wir das meinen, denn auch zielstrebige Menschen gehen nicht immer so bewusst vor, wie es von außen scheint.

Die Sozialpsychologen Peter Gollwitzer und John Bargh, die Motivationsforschung betreiben, gründeten auf Experimenten ihre viel beachtete *Automotive Theorie*. Sie besagt: Genauso wie bei anderen Fertigkeiten, die durch Wiederholung unbewusst werden können – wie Auto fahren oder das Erlernen einer Fremdsprache –, verfolgen wir unsere einmal bewusst gesetzten Ziele im späteren Leben unbewusst weiter. Der Vorteil ist groß: Ohne Beteiligung des Ich kostet das Streben fast nichts.

Alfred North Whitehead schrieb schon 1911: *»Die Zivilisation schreitet weiter voran, indem sie die Zahl der Operationen vergrößert, die wir tun können, ohne an sie zu denken.«* Dass Wissen, Erlerntes, Wahrnehmungen, biologisches und soziales Verhalten, Ziele und Motive im Hoheitsgebiet des Unbewussten liegen, scheint nach den vorliegenden Ergebnissen nicht mehr umstritten zu sein.[26]

Sigmund Freud: Wir sind nicht Herr im eigenen Haus

Vieles, was wir tun, wird also maßgeblich von unserem Unterbewusstsein beeinflusst. Solange dies nur die automatisch ablaufenden Vorgänge betrifft, ist dies auch nachvollziehbar und hat wohl seine Vorteile. Wie aber würden Sie sich fühlen, wenn auch ihre Gedanken und ihre bewussten Handlungen von ihrem Unterbewussten gesteuert würden?

Der amerikanische Neurophysiologe Benjamin Libet hat mit seinen legendären Experimenten in den achtziger Jahren das Selbstbild des Menschen heftig durcheinandergebracht. Seine Probanden sollten zu einem selbst gewählten Zeitpunkt ihren Finger krümmen, dabei wurden ihre Hirnströme aufgezeichnet. Libet registrierte unerklärliche Zeitverzögerungen, denn etwa eine halbe Sekunde vor der bewussten Entscheidung zur Fingerbewegung zeigten die Hirnströme, dass die Vorbereitungen dafür längst begonnen hatten.[27]

Neuere Versuche haben sogar noch deutlich längere Zeitverzögerungen nachgewiesen. Bevor wir uns also bewusst zu etwas entschließen, entscheidet schon vorher das Unterbewusstsein, ob es auch damit einverstanden ist. Das Pferd läuft eben nur dahin, wohin es selbst will.

Dieses Schutzsystem mit der eingebauten Kontrolle ist zwar raffiniert, aber nicht unfehlbar. Wie oft begehen wir immer wieder den gleichen Fehler, fallen auf ähnliche Maschen herein und geraten immer wieder an die falschen Menschen? Und wie oft gleichen die neuen Partnerinnen von Prominenten den vorhergehenden fast aufs Haar – den Altersunterschied mal abgerechnet?

Die Erklärung ist nicht schwer. Wir verfahren nach den bereits in den letzten Kapiteln erwähnten Mustern und geraten dabei manchmal in Schienen, aus denen wir trotz besserer rationaler Erkenntnis nicht mehr herauskönnen. So wiederholt sich Altbekanntes immer wieder, denn das Unbewusste setzt auf Wiederholungen und Vertrautes.

Freud hatte recht: Das Ich ist nicht Herr im eigenen Haus. Damit hat er der Menschheit nach Kopernikus und Darwin die dritte Kränkung zugefügt.

IV.
PRÄGENDE FAKTOREN

»Jeder bekommt seine Kindheit über den Kopf gestülpt wie einen Eimer. Später erst zeigt sich, was darin war. Aber ein ganzes Leben lang rinnt das an uns herunter, da mag einer die Kleider oder auch die Kostüme wechseln, wie er will.«

Heimito von Doderer

Genetik und Umwelt

Wir sind in unserem Leben zahlreichen Einflüssen ausgesetzt, die wir verarbeiten und einordnen müssen und die uns prägen. Sie formen unser Selbst. Eine treffende Bezeichnung für das Ergebnis dieser Prägung ist der aus dem Griechischen kommende Begriff *Charakter*, der im Wortsinne übersetzt *das Eingeprägte* bedeutet.

Beeinflusst werden wir, neben unserer genetischen Vorbestimmung, auch durch unsere Umwelt, also durch die Erfahrungen, die wir machen – positiven wie negativen, alltäglichen wie extremen. Dabei stellt sich immer wieder die Frage, welcher der beiden Faktoren überwiegt: Genetik oder Umwelt?

Aufschluss darüber, was angeboren und was erworben ist, versucht die Zwillingsforschung zu geben. An was sich heute kaum noch jemand erinnert: Einer der ersten, der die Zwillingsforschung fanatisch vorangetrieben hat, war Dr. Josef Mengele, der berüchtigte KZ-Arzt des Dritten Reichs. Während damals Wissenschaftler außerhalb der Reichsgrenzen mit Versuchskaninchen oder Mäusen arbeiteten, standen ihm und seinen Kollegen lebende Menschen zur Verfügung, wodurch sie gegenüber den ausländischen Kollegen im Vorteil waren. Die Ergebnisse dieser verbrecherischen Forschung sind inzwischen wie selbstverständlich längst in den globalen Wissensfundus aufgenommen worden.[1]

Interessant für die Forscher sind vor allem eineiige Zwillingspaare, die kurz nach der Geburt voneinander getrennt wurden und unter unterschiedlichen Bedingungen aufgewachsen sind. Dabei geht die Forschung – etwas vereinfacht gesagt – davon aus, dass die Dinge, die bei den Zwillingen trotz unterschiedlicher Umwelteinflüsse gleich sind, angeboren sein müssten, und die Unterschiede durch Umwelteinflüsse zu begründen seien. Immerhin sind inzwischen einige Hundert der seltenen Fälle eineiiger, getrennt aufgewachsener Zwillinge dokumentiert.[2]

Ein bizarrer Fall sind die Zwillingsbrüder James Springer und James Edward, geboren 1939, die in getrennten Familien aufwuchsen und sich nach 40 Jahren wiedertrafen – die Übereinstimmungen waren erstaunlich: *»Beide James hatten eine Linda geheiratet. Um sich danach von ihr scheiden zu lassen und eine Betty zu ehelichen. Ihre erstgeborenen Söhne nannten sie James Allan Lewis und James Allen Springer. Beide besaßen einen Hund namens Toy. Beide hatten in einem Teilzeitjob bei der Polizei gearbeitet und Urlaub am selben Strand in Florida gemacht. Beide waren 1,80 Meter groß und wogen 90 Kilo. Sie schätzten beide Miller-Light -Bier und kettenrauchten Salem-Zigaretten. Jeder von ihnen lebte in einem frei stehenden Haus mit einer weißen Holzbank, die um einen Baum im Garten gezimmert war. Beide hatten eine Heimwerkstatt; der eine bastelte darin Miniatur-Picknicktischchen, der andere Miniatur-Schaukelstühlchen. Beide interessierten sich für Autorennen und verabscheuten Baseball. Beide schrieben ihren Frauen kleine Zettelchen mit Liebesbotschaften. Beide knirschten nächtens mit den Zähnen und kauten tagsüber Fingernägel. Beide hatten Bluthochdruck, Hämorrhoiden und Migräne. Auch ihre Persönlichkeitsmerkmale und ihre Intelligenz, mit Standardtests gemessen, glichen sich, als hätte ein und dieselbe Person die Fragebögen zu unterschiedlichen Zeiten ausgefüllt.«*[3]

Mehrere Zwillings-, Adoptions- und Eltern-Kind-Studien haben inzwischen erwiesen, dass Grundzüge unserer Persönlichkeit wie geistige Fähigkeiten oder emotionale Befindlichkeiten, gesellschaftliches Geschick oder Neigung zu Kriminalität von den Genen beeinflusst sind. Neueste Forschungen zeigen außerdem, dass auch die Neigung zu Ängstlichkeit, Depression, Aggressivität, Drogensucht, Religiosität oder Treue von unserem Erbgut abhängen kann.

Aber die Formulierungen *werden beeinflusst*, *können abhängen*, *geht man davon aus* lassen schon erkennen, dass gewisse Ausprägungen kaum eindeutig einzelnen Faktoren wie Genetik, Umwelt oder Biologie zugeschrieben werden können, weil diese auf komplexe und zum Großteil noch unerforschte Weise zusammenwirken. Der US-Evolutionsbiologe Peter Richerson meint deshalb, dass die Frage nach Genetik oder Umwelt überhaupt falsch gestellt sei: *»Genauso gut könnte man fragen, ob die Länge oder Breite eines Rechtecks wichtiger für seine Fläche ist.«*[4]

Forscher der University of Alabama haben kürzlich herausgefunden, dass selbst Erfahrungen das Erbgut modifizieren können. Dabei wird dieses offenbar durch den Vorgang der DNA-Methylierung chemisch verändert.[5] Der Epigenetiker Moshe Szyf glaubt sogar, *»dass die Erlebnisse in früher Kindheit das Gehirn markieren.«*[6] So wäre es denkbar, dass Eltern, die ihre Kinder vernachlässigen oder missbrauchen, dauerhaft die Gene im Hirn der Kleinen verändern würden. Oder dass das, was eine Mutter einst gegessen hat, in ihren Kindern nachwirkt. Die Vermutungen von Szyf lassen sich zwar aufgrund fehlender Langzeitstudien noch nicht beweisen, sie würden aber das gesamte Wechselspiel von Umwelt, Genen und Verhalten in einem neuen Licht erscheinen lassen. Das lange gültige Dogma der Biologie, dass nur zufällige Mutationen der DNA neue Merkmale in nachfolgenden Generationen hervorbringen könnten, wäre erschüttert. Seiner Theorie nach scheint es jetzt denkbar, dass auch kulturelle Einflüsse und Erfahrungen biologisch vererbt werden.

Im Folgenden widme ich mich den Faktoren, die uns alle prägen. Zwar haben sie nicht alle die gleichen Auswirkungen, aber jeder von uns ist ihnen mehr oder weniger ausgesetzt und dementsprechend wird auch seine Identität beziehungsweise seine Persönlichkeit von ihnen beeinflusst.

Ich habe sowohl Faktoren von zentraler Bedeutung aufgenommen, die in der Literatur auch als Identitätsanker bezeichnet werden (wie zum Beispiel Rasse, Geschlecht, Nation oder Arbeit), als auch scheinbar weniger bedeutungsvolle (wie soziale Herkunft, Medien oder die Weltanschauung), weil sie mir im Zusammenhang mit Identität ebenso interessant und erwähnenswert erscheinen. Dabei erhebe ich aber keinen Anspruch auf Vollständigkeit.

Über jeden dieser Faktoren könnte man ein eigenes Buch schreiben, über die meisten gibt es auch schon mehrere; ich kann deswegen nur einen Überblick über die Themen geben und hauptsächlich solche Aspekte herausgreifen, die ich beachtenswert finde.

Wie der Schriftsteller Heimito von Doderer feststellt, bekommen wir unsere *»Kindheit über den Kopf gestülpt wie einen Eimer«* und können ihren Auswirkungen nicht entfliehen, auch wenn wir die *»Kleider oder auch Kostüme«* wechseln, wie wir wollen. Es ist aber wichtig, sich diese Einflussfaktoren bewusst zu machen und sie auch als solche zu erkennen.

Es wäre schön, wenn Sie Aspekte finden, die Ihr Selbst geprägt haben, und neue Einblicke in Ihr Sosein gewinnen könnten.

Rasse und Ethnie

Was heißt es, weiß zu sein in Deutschland? Seltsame Frage, werden Sie vielleicht denken. Und völlig irrelevant. Sie haben recht. Doch setzt man ein anderes Land und eine andere Hautfarbe ein, kann sie sehr wohl weitreichende persönliche Konsequenzen haben. Wie zum Beispiel für Linton Kwesi Johnson, die als Schwarze in England lebt: *»Was heißt es, schwarz zu sein in Großbritannien? Es heißt, dass du eigentlich einen unglaublich aufwendigen Kampf um Dinge führen musst, die für den größten Teil der Gesellschaft selbstverständlich sind: Wohnungssuche, Bildung, gewerkschaftliche Rechte usw. Es bedeutet, dass du, obwohl du in England geboren bist, für immer als Immigrantin giltst. Es bedeutet, dass du in dieser Gesellschaft ganz unten bist und immerzu versuchst, mit den kolonialen Regeln zu brechen.«*[7]

Warum werden die Mitglieder anderer Rassen oft schlechter behandelt als die Einheimischen? Sind Weiße denn so viel anders als Schwarze, Rote oder Gelbe? Viele würden diese Frage wohl mit einem Ja beantworten. Denn Rassen scheinen so unterschiedlich zu sein, dass man zu bestimmten Zeiten sogar meinte, sie trennen zu müssen.

Die Unterschiede sind ja auch augenfällig: Rassen haben äußerlich sichtbare, für jeden erkennbare Unterscheidungsmerkmale wie Hautfarbe, Körpergröße und Gesichtszüge. *»Die anderen muss man nicht kennen; entscheidend ist, dass man sie erkennt. Man muss die Unterschiede nicht erst aufbauen, sie sind da.«*[8]

Rasse: Die Kategorisierung der natürlichen Andersartigkeit
Aber was ist eigentlich eine Rasse? Das Lexikon bezeichnet sie als eine Gruppe von Lebewesen, die sich durch ihre gemeinsamen Erbanlagen von anderen Artangehörigen unterscheiden. Der Begriff wird allerdings sehr umfassend eingesetzt, er wird sowohl bei Tieren als auch bei Menschen angewendet und beinhaltet neben dem durch die Evolution Gewordenen auch das durch den Menschen Gezüchtete wie zum Beispiel Hunderassen.

In der Vergangenheit haben Anthropologen versucht, eine Klassifizierung von Menschen anhand typologischer Kategorien vorzunehmen. Augenfälligste Unterschiede sind dabei Haut, Haar- und Augenfarbe, bestimmte Körper-, Kopf- und Gesichtsformen sowie physiologische Parameter wie die Wärmeregulation und Blutmerkmale. Dabei haben sich sieben typologische Kategorien herausgebildet: Europiden, Mongoliden, Indianiden, Negriden, Australiden, Pygmiden und Polynesiden.

Im Zuge der Aufklärung versuchten führende Theoretiker der westlichen Welt wie Johann Gottfried Herder, Immanuel Kant und Georg Wilhelm Friedrich Hegel rassische Unterschiede wissenschaftlich zu erklären. Dabei nahm man an, dass die menschlichen Rassen nicht nur körperliche Unterschiede aufweisen würden, sondern auch feststehende und unveränderbare Merkmale hinsichtlich ihrer Mentalität und ihres Charakters.

So gelten seit der Zeit des Kolonialismus Weiße als rational, zivilisiert, triebbeherrscht, selbstständig und Schwarze eher als emotional, wild, triebhaft, unselbstständig und instinktgeleitet. Diese diskriminierende Sichtweise auf die anderen entsteht dadurch, dass die gesellschaftliche Gruppe, die an der Macht ist, auch die Klassifikationen aufstellt. Unterlegenheit und Rückständigkeit der anderen rechtfertigen Machtausübung und deren Unterdrückung.

Damit wurde der Grundstein für den Rassismus gelegt und Argumente für die vermeintliche Über- oder Unterlegenheit von Rassen geliefert, die scheinbar auch durch Darwins Evolutionstheorie gestützt wurden *(»survival of the fittest«)*.

Die Folgen reichten von Trennungsneigung über Diskriminierung bis zu Rassenhass und Rassenvernichtung. Ergebnis dieser Entwicklung waren zum Beispiel die Apartheid in Südafrika, der Genozid der Indianer und die Sklaverei in Amerika; aber auch die

Politik der Australier gegenüber den Aborigines und der Völkermord der Türken an den Armeniern von 1915, der bis heute von der Türkei nicht als solcher anerkannt wird – wer darüber berichtet, wird als Feind des Türkentums angeklagt.

In Europa gehörte die *slavofobia*, ein militanter Slawenhass, zum aufstrebenden italienischen Faschismus. Die Slawen galten als unterlegene Rasse, die aus Bauerntölpeln bestehe und der jede Befähigung zu höherer Kultur abgehe.

Der unglaubliche Höhepunkt – die Vernichtung der Juden in Europa durch die Nationalsozialisten – wurde ebenfalls auf rassischer Grundlage gerechtfertigt (Nürnberger Gesetze, 1935), obwohl *Jüdischsein* eher eine Frage der Religions- beziehungsweise der ethnischen Zugehörigkeit, nicht der Rasse ist.

Die Nationalsozialisten haben die jüdische Rasse herbeikonstruiert. Damit verfolgten sie – wie übrigens alle Rassisten – das Ziel, Unterschiede innerhalb des eigenen Landes vergessen zu machen und Aggressionen auf ein Feindbild zu fokussieren. Die Juden waren an allem schuld: am verlorenen Ersten Weltkrieg, an der Arbeitslosigkeit, der Geldentwertung, dem Verfall der Moral. Durch die permanente Rassifizierung der Juden konnten sich die Nazis beständig ihrer inneren Einheit und Integration versichern.

Da aber ein Feindbild noch nicht ausreicht, um ein Gefühl der Einheit entstehen zu lassen, benötigte man als Abgrenzung eine Art identitätsstiftende Gegenrasse, der man sich zugehörig fühlen konnte. Der Rassekundler Hans F. K. Günther, Verfasser der populären *Rassenkunde des deutschen Volkes*, hatte dazu die *Nordische Rasse* zu der allen anderen überlegenen erklärt und eine Aufnordung des deutschen Volkes gefordert.

Die Bevölkerungswissenschaft in Nazideutschland erlebte in diesem Zuge eine ungeahnte Blüte: Es entstanden 20 Lehrstühle und Institute, von denen lediglich 3 schon vor 1933 existierten. Welchen Widerhall die Arbeit dieser Experten im Volk fand, illustriert eine im August 1934 veröffentlichte Heiratsanzeige aus dem *Völkischen Beobachter*: *»SA-Scharführer, Anfang 30, blonder Vollgermane, kernig und erbgesund, sucht auf diesem Wege die Mutter seiner kommenden Kinder und Wahrerin seines Hortes. Selbe muss Garantin rassischer Vollwertigkeit kommender Geschlechter sein. Stattliche Blondine bevorzugt, nachgedunkelte Schrumpfgermanin unerwünscht.«*[9]

Obwohl seit langem klar ist, dass von körperlichen Merkmalen nicht auf charakterliche geschlossen werden kann und dass die Übergänge zwischen den Rassen bei Hautfarbe, Physiognomie und Habitus so fließend sind, dass sie keine Kategorienbildung zulassen, bestehen viele Vorurteile bezüglich einzelner Rassen hartnäckig weiter.

Spätestens seit der Entschlüsselung des menschlichen Genoms ist der Begriff Rasse völlig fragwürdig geworden. So unterscheiden sich Menschen in ihrer genetischen Ausstattung nur durch 0,1 Prozent voneinander – 99,9 Prozent sind bei allen Menschen gleich. Auch sind die genetischen Unterschiede zwischen Angehörigen einer Rasse im Durchschnitt quantitativ größer als die genetischen Unterschiede zwischen verschiedenen Rassen. Die eingangs genannte Definition, dass eine Rasse eine Gruppe von Lebewesen sei, die sich durch ihre gemeinsamen Erbanlagen von anderen Artangehörigen unterscheide, ist also obsolet.

Bei näherem Hinsehen zeigt sich, dass die für uns so sichtbaren Unterschiede keine reale Basis haben, sondern Ergebnis lange eingeübter und kulturell tief verankerter Wahrnehmungs- und Zuschreibungspraktiken sind. Der Mensch als Mustersucher hat falsch kategorisiert.

Die uns innewohnende Abgrenzungsneigung bleibt aber weiterhin bestehen. Um uns irgendwo zugehörig fühlen zu können, muss es wohl offensichtlich auch andere geben, die nicht dazugehören. Nach Eickelpasch und Rademacher gehören *»beide Seiten des Gegensatzes stets zusammen, sie definieren sich wechselseitig. Die Bezeichnenden müssen wissen, wer sie nicht sind, um zu wissen, wer sie sind.«*[10]

Da die rassische Kategorisierung nicht mehr trägt, hat sie eine andere ersetzt: die der *ethnischen Gruppe* beziehungsweise der *kulturellen Identität.* So weicht das »*Wissen*« um die »*natürliche*« Ungleichheit der verschiedenen Rassen der Vorstellung einer Unaufhebbarkeit kultureller Differenzen.[11]

Ethnie: Die Trennung von Subjekten und Objekten

Weil das Wort Rasse in Bezug auf Menschen deutlich rassistisch-ideologischen Charakter annehmen kann, hat die *UNESCO* schon 1952 empfohlen, es durch die rein deskriptive Bezeichnung *Ethnische Gruppe* zu ersetzen. Dieser Begriff steht für eine Gruppe von Personen, die derselben Sprachgruppe, Kultur oder Religion angehören und deren Mitglieder eine Abstammung von gemeinsamen Vorfahren annehmen. Dabei können Volksgruppen von gleicher ethnischer Zugehörigkeit Staatsbürger verschiedener Staaten sein; so leben zum Beispiel ethnische Russen nicht nur in Russland, sondern in vielen europäischen Staaten.

Der Begriff der *Ethnizität* geht auf den Sozialwissenschaftler Ezra Park zurück, der in den fünfziger Jahren ein Klassifikationsschema entwickelt hat, um eine Begründung dafür zu finden, warum sich viele Einwanderer der Modernisierung verweigerten. Nach Park stehen auf der einen Seite die modernen, demokratischen, städtischen *»Subjekte«*, auf der anderen die ungebildeten, undemokratischen, primitiven, bäuerlichen *»Objekte«*.[12]

So ist nicht nur die Bedeutung des Begriffs *Ethnizität* äußerst zweifelhaft, sondern auch seine Herkunft. Er ist noch dazu unscharf, die Kategorisierung willkürlich. Man treibt damit den Teufel mit dem Beelzebub aus: Rasse wird zu Ethnizität, aus genetischem Mangel wird Kulturdefizit.

Ethnizität ist – wie die Rasse – eine Fremdzuschreibung der herrschenden Gruppe, die die Identität der anderen festlegt. Damit werden zwangsläufig Kulturunterschiede zwischen beiden Gruppen herbeidefiniert, die womöglich als unüberbrückbar erscheinen. Da sind wir wieder – beim *Kampf der Kulturen.*

Problematisch bei der Kategorisierung ist, dass die Mitglieder einer ethnischen Gruppe nicht mehr als Individuen mit bestimmten kulturellen Vorlieben wahrgenommen, sondern als Verkörperung einer vorgestellten Kollektivkultur vergemeinschaftet werden. Diese Einteilung widerspricht nicht nur der Erkenntnis, dass sich Menschen die Dinge und ihre Bedeutung in einem lebenslangen Prozess aneignen und sie entsprechend ihren individuellen Lebensverhältnissen umarbeiten bzw. transformieren, sondern stempelt sie auch als passive Empfänger einer Pränormierung ab.[13]

Außerdem löst dieser an sich gut gemeinte Begriffswechsel von der Rasse zur ethnischen Gruppe das eigentliche Problem der Diskriminierung nicht, da auch die rein deskriptive Bezeichnung *Ethnische Gruppe* sehr schnell missbraucht wurde. Denn ob Abgrenzungstendenzen durch rassische oder ethnische Unterschiede begründbar werden, spielt für den Unterdrücker kaum eine Rolle.

Vielleicht ist es sogar noch einfacher geworden, Andersartigkeit abzulehnen, denn die Einteilung nach ethnischen Gruppen ist noch willkürlicher als die nach Rassenzugehörigkeit.

Der Perspektivwechsel der Unterdrücker vom Rassischen auf das Ethnische ist schnell erfolgt. Und die Liste der Unterdrückten, Vertriebenen und Ermordeten ist lang. Die im Abschnitt *Rasse* teilweise schon genannten Beispiele wie der Völkermord an den Armeniern oder die Vernichtung der Juden wird jetzt unter der Kategorie Ethnie eingeordnet – da stehen sie zwar richtiger, werden dadurch aber nicht weniger schrecklich. Es sind inzwischen auch noch einige dazugekommen: die Vernichtung der Kurden durch die Iraner und Iraker, der jahrzehntelange Krieg zwischen Israelis und Palästinensern, die Massaker zwischen Hutus und Tutsis in Ruanda und Burundi oder die Ermordung von Bosniern durch die Serben im Jugoslawienkrieg. Der relativ neue und harmlos klingende Begriff der *ethnischen Säuberung*, welcher die Vertreibung und Ermordung von ethnischen Gruppen beschreibt, steht als Unwort in seiner Menschenverachtung kaum dem Vokabular der Nationalsozialisten nach.

So sind die Grenzen, die wir zwischen den Rassen und Ethnien ziehen, nicht genetisch bedingt, sondern durch Umwelteinflüsse erzeugt und deswegen auch veränderbar. Die Zugehörigkeit zu einer bestimmten Rasse oder ethnischen Gruppe determiniert uns also weder bei bestimmten Charaktereigenschaften noch im Verhalten. Rassismus und Ethnozentrismus beruhen auf Vorurteilen und entstehen durch das Bedürfnis der anderen sich abzugrenzen, um dadurch ihrer selbst sicherer zu werden. Die Grenzen werden dabei mehr oder weniger willkürlich gezogen. Denn genauso wie nach der Rasse könnten wir uns auch nach unserer Nasengröße kategorisieren. Sie ist auch ererbt wie die Hautfarbe und genauso willkürlich wie die Rasse. Wir müssten uns nur noch ausdenken, welche Charakterzüge die Groß- von den Kleinnasen unterscheiden würden. Aber auch hier würde uns sicherlich etwas einfallen.

Insofern bieten Rasse oder Ethnie kaum noch Abgrenzungspotenzial. Nach wie vor können wir uns zwar mit ihnen identifizieren, aber nicht als naturhaft Überlegene. Es bleibt zu hoffen, dass die Wahl von Barack Obama als Mischling mit europäischstämmiger Mutter und afrikanischem Vater ein Zeichen dafür war, dass wir dem Zeitalter des Postrassismus, und damit auch einem vorurteilsfreieren Miteinander der Weltbürger, schon ein ganzes Stück näher sind.

Geschlecht

Was unterscheidet die Frau vom Mann? Wie groß ist der kleine Unterschied wirklich? Und was ist bei Jungen anders als bei Mädchen?

»Ein richtiger Junge, der hat immer sehr große Füße.« Und: *»Jungs pinkeln immer hinter den nächsten Baum.«* Oder: *»Frauen rasieren sich die Haare an den Beinen.«* Das ist es also! Zumindest sahen das die Kinder in der Sendung *radioMikro* des Bayerischen Rundfunks so.[14]

Der große Unterschied: Männer sind anders. Frauen auch

Dieser Titel des Bestsellers von John Grey bringt die Andersartigkeit der Geschlechter auf den Punkt. Denn dass der Mensch zwar nur ein *nackter Affe* (Desmond Morris), der Mann aber nicht nur eine behaarte Frau ist, wissen inzwischen auch die Erwachsenen. Die Unterschiede der Geschlechter sind ja nicht nur von außen sichtbar, sie zeigen sich auch im Verhalten. Das sieht man schon im Kindergarten: Während sich die Jungs gerne mit Machtspielen beschäftigen, viel in Bewegung sind, wenig sprechen und kaum Emotionen zeigen, sitzen die Mädchen eher in Gruppen zusammen, spielen differenzierter, unterhalten sich, finden Spaß an Rollenspielen.

Die Unterschiedlichkeit der Geschlechter findet ja schon seit jeher großes Interesse. Das Bedürfnis, den oder die Andersartige besser verstehen zu wollen, wurde besonders in den vergangenen Jahren durch die populären Bestseller von Barbara und Allan Pease bedient. Was auch bitter nötig zu sein scheint, denn zumindest den Buchtiteln nach scheinen sie so gar nicht zusammenzupassen: Frauen können schlecht einparken, kaufen immer Schuhe und wollen ständig reden; Männer hingegen lügen, können nicht zuhören und zappen dauernd beim Fernsehen.

Doch was macht Männer und Frauen so anders: Sind es die Gene, ist es die Erziehung oder die Gesellschaft? Je nach wissenschaftlichem Erkenntnisstand schwingt das Pendel mal in die eine, mal in die andere Richtung.

Noch bis Anfang der siebziger Jahre überwog keine der beiden Ansichten. Während zum Beispiel der amerikanische Sexualforscher John Money behauptete, dass die geschlechtliche Identität ausschließlich Folge einer sozialen Prägung sei, vertrat der österreichische Verhaltensforscher Irenäus Eibl-Eibesfeldt die Meinung, dass die soziale Umwelt bei der Geschlechtsrollenbestimmung doch einen geringeren Einfluss habe, als man für gewöhnlich annehme.

Zum gleichen Ergebnis wie Eibl-Eibesfeldt kamen einige Studien der vergangenen Jahre: Bedingt durch die unterschiedliche Ausprägung der Gehirnstrukturen bei Mann und Frau unterschieden sich auch deren Fähigkeiten deutlich. Ergebnisse von Tierversuchen legten zudem nahe, dass die Geschlechts-Chromosomen direkt an der Ausprägung des Gehirns beteiligt seien. Und viele dieser Muster würden schon im Mutterleib festgelegt und seien damit eine Folge genetischer Faktoren. Die Trennung von Genetik, Biologie und Umwelt sei aber nicht eindeutig, weil sie sich im Laufe des Lebens gegenseitig beeinflussen würden und auch noch die individuelle Lebenserfahrung als weiterer Faktor dazukäme. Also alles wieder offen? Anscheinend nicht.

Der kleine Unterschied: Männer und Frauen sind nicht so anders

Neueste Forschungen geben eine ziemlich eindeutige Antwort auf die Frage, was die beiden Geschlechter trennt: Frauen werfen nicht so gut, sie sind weniger aufgeschlossen für One-Night-Stands, neigen nicht so stark zu körperlicher Aggression und masturbieren seltener – und das ist aber schon fast alles!

Die anderen Differenzen, so die amerikanische Psychologin Janet S. Hyde, würden statistisch gesehen nicht ins Gewicht fallen. Und Hyde müsste es wissen – sie hat die Daten von 46 Metaanalysen über Geschlechterunterschiede verglichen. Auch Lutz Jäncke, Neuropsychologe an der Universität Zürich, sagt: *»Die wenigsten Unterschiede von den Geschlechtern sind angeboren.«* Und der Biopsychologe Markus Hausmann, der an der Universität Bochum über Männer und Frauen forscht, ergänzt: *»Innerhalb der Geschlechter gibt es weit größere Unterschiede als zwischen den Geschlechtern.«*[15]

Also kann man Barbara und Allan Pease, die sich auf scheinbar hochwissenschaftliche Ergebnisse der Hirnforschung berufen, so nicht glauben. Sie behaupten, Männer und Frauen seien komplett unterschiedlich – und das sei von Geburt an fest in den Hirnen verankert. Das verkauft sich zwar gut, stimmt aber nicht. Zur Begründung der Unterschiede bemühen sie auch immer wieder Szenarien aus der Steinzeit: Schweigsame, tollkühne Jägersmänner, die das Fleisch nach Hause bringen, stehen unablässig quasselnden, auf Beziehungen fixierten Frauen gegenüber, die sich allenfalls mit filigranen Hausarbeiten oder den Kindern beschäftigten und zur Not vielleicht auch mal Beeren in der Nähe der Höhle sammeln. Dieses Bild des Mannes als Jäger und Ernährer sei nichts als *»ein Konstrukt der Forschungsgeschichte«*, sagt Gerd-Christian Weniger, Direktor des Neanderthal-Museums in Mettmann bei Düsseldorf. Auch Linda Owen, Dozentin für Ur- und Frühgeschichte an der Universität Tübingen und Spezialistin für Geschlechterrollen in der Steinzeit, hält solche vermeintlichen Erkenntnisse über die Steinzeitmenschen für ideologisch und verdummend.[16] Bei den Jäger- und Sammlervölkern gab es zwar eine Arbeitsteilung, also Aufgaben, die nur von Männern oder nur von Frauen erledigt wurden, diese waren jedoch so vielfältig, dass von einer Trennung in jagende umherschweifende Männer und an den Lagerplatz gebundene Frauen nicht die Rede sein konnte. Da auch Frauen jagten, hat die Arbeitsteilung nichts mit grundlegend anderen kognitiven Fähigkeiten zu tun – die im Übrigen bei Männern und Frauen sehr gleich verteilt sind.

Was stimmt, ist, dass Gehirne von Frauen etwas anders sind als die von Männern: Sie sind kleiner und leichter, haben aber in dem Bereich, der für die Sprachverarbeitung zuständig ist, 11 Prozent mehr Nervenzellen. Ob dies aber tatsächlich Auswirkungen auf das Verhalten hat, ist unklar. Außerdem ist nicht erwiesen, dass die Unterschiede in der Struktur der Gehirne angeboren sind, sie könnten auch das Ergebnis gesellschaftlicher Prägung sein. Denn unser Gehirn verändert sich ja im Laufe unseres Lebens.

Durch sogenannte *Baby-X-Versuche* hat man herausgefunden, dass Eltern und Umwelt schon von den ersten Lebenstagen an die Geschlechterrollen vermitteln. Die Journalistin Eva-Maria Schnurr berichtet, wenn man Erwachsene mit einem neutral gekleideten

Baby konfrontiere und sage, es sei ein Junge, sie es anders behandeln würden als wenn sie denken, es wäre ein Mädchen. Bei männlichen Kindern wählten sie eher ein Auto als Spielzeug, bei weiblichen eine Puppe. Erschrecke ein Kind, würde das bei Mädchen als Angst, bei Jungen als Ärger interpretiert.

Ähnliche Verhaltensmuster kennt auch die amerikanische Karriereberaterin und Bestsellerautorin Barbara Sher: Als junges Mädchen werde man gelobt, wenn man mitfühlend und hilfsbereit sei, und abgelehnt, wenn man zu viel Interesse am eigenen Erfolg zeige. Bereits im Kindergarten würden es Erzieher und Erzieherinnen bei Jungen schätzen, wenn sie sich lautstark Aufmerksamkeit verschaffen würden – bei Mädchen nicht. Wir würden uns der Zustimmung zuwenden, *»wie Pflanzen sich der Sonne zuwenden«*, und schreckten genauso vor Ablehnung zurück. *»Immer noch ist es einfach, Karrierefrauen damit ein schlechtes Gewissen zu machen, dass sie die Familie vernachlässigen; und Männer glauben immer noch, dass sie mit ihrer Karriere eine Pflicht gegenüber der Familie erfüllen.«*[17]

Anscheinend lernen wir unsere Geschlechterrollen, denn es ist gut möglich, dass die anatomischen Unterschiede im Gehirn von Männern und Frauen erst im Laufe der Zeit entstanden sind, denn untersucht wurden bislang nur Erwachsene. *»Wenn eine Frau also überzeugt ist, nicht einparken zu können, wird sie vermeiden es zu tun, weshalb im Gehirn keine entsprechenden Nervenverbindungen sprießen. Wenn sie aber übt, hat sie irgendwann ein Hirn, dem Einparken leichtfällt«* – so Eva-Maria Schnurr.[18]

Es scheint also so zu sein, dass sich der feste Glaube an die fundamentale Verschiedenheit von Männern und Frauen im Sinne einer *selffullfilling prophecy* selbst reproduziert.

Die Polarität der Geschlechter: Mann sagt, wer Frau ist

So ist also die geschlechtsspezifische Zuordnung bestimmter Eigenschaften und Verhaltensweisen nichts Natürliches, sondern eine soziokulturelle Konstruktion. Was als männlich oder weiblich gilt, ist folglich nicht naturgegeben, sondern eine gesellschaftliche Rollenzuschreibung.

Diese Konstruktion konnte aber über Jahrhunderte aufrechterhalten und verteidigt werden. Das weibliche Geschlecht wurde zum schwachen Geschlecht. Dies schien als Gewissheit unverrückbar, gerade weil es in der Natur verankert schien. Wie die Rasse hat auch die Polarität der Zweigeschlechtlichkeit von Mann und Frau seinen Ursprung *»in der kulturell tief verwurzelten Klassifikations- und Benennungspraxis, in der sich das Machtsystem des Patriarchats spiegelt. Der Mann hat beschrieben, das Männliche liefert den Maßstab zur Beschreibung des Weiblichen. Der Mann ist normal, die Frau wird als Nicht-Mann, als das andere Geschlecht konstruiert.«*[19]

Bordieu ist der Meinung, dass die Beharrungskraft dieses Klassifikationsschemas daran liege, dass es im Laufe des Sozialisationsprozesses tief im Habitus der Menschen – also in den Gewohnheiten des Denkens, Fühlens, Wahrnehmens und Handelns – verankert worden sei.[20]

Der Rollenwandel: Mann lernt dazu, Frau trägt die Last

Doch auch unabhängig von den Erkenntnissen der Hirn- und Geschlechterforschung hat sich im Zuge des Wertewandels und der Individualisierung auch das Verständnis der Geschlechterrollen langsam, aber stetig geändert. Die Emanzipation hat nicht nur die Rolle der Frau verändert, sondern sich auch auf das Selbstverständnis des Mannes ausgewirkt. Victor Seidler stellt fest, dass Männer langsam lernen, Verantwortung für ihr Gefühlsleben zu übernehmen: *»Perceptions may have changed under the influence of feminism, but men have been slow to learn about how to take more responsibility for their emotional lives.«*[21]

Um zu untersuchen, inwiefern Männer die Forderungen der Frauenbewegungen wahrnehmen und darauf eingehen, befragten Sigrid Metz-Göckel und Ursula Müller 1987 eine Gruppe von Männern und verglichen die Ergebnisse mit einer Studie, die zehn Jahre zuvor durchgeführt wurde. Eine Gruppe der *»neuen Männer«* war zwar nicht zu erfassen, aber: Nur noch eine Minderheit (zwischen zehn und dreißig Prozent) der Männer zwischen 20 und 50 Jahren fanden, dass eine Frau nicht berufstätig sein sollte, um mehr Zeit für den Partner zu haben. Auch ging man nicht mehr davon aus, dass beruflich erfolgreiche Frauen ihren Erfolg spezifisch weiblichen Strategien und nicht ihren besonderen Leistungen zu verdanken hätten. Mann hielt auch nicht mehr Frauen für viele Berufe ungeeignet. Es war auch nicht mehr üblich, es peinlich zu finden, wenn ein Mann weine. Außerdem hielte man es nicht mehr für zwingend nötig, dass Männer ihre Gefühle verbergen.

Im Gegensatz zu der vorangehenden Studie von 1977 hatte die Mehrheit der Männer offensichtlich dazugelernt: *»Von einer natürlichen Überlegenheit gegenüber der Frau und einer größeren logischen Befähigung des männlichen Geschlechts spricht kaum noch jemand.«*[22]

Bei der Gleichberechtigung – denn darum geht es meist bei der allgemeinen Geschlechterdiskussion in Deutschland – sind wir scheinbar schon weit gekommen: Der Anteil der weiblichen Studierenden ist gestiegen, Frauen dringen zunehmend in Männerberufe vor, und mit Angela Merkel hat es eine der ihren sogar an die Spitze des Staates geschafft. Auch verlangen nicht einmal mehr die konservativen Kreise öffentlich, dass Frauen sich auf Kinder, Küche, Kirche zurückbesinnen sollten. Und wenn die ehemalige Tagesschausprecherin Eva Herman in ihrem Buch *Das Eva-Prinzip*[23] die Emanzipation als einen *»fatalen Irrtum«* bezeichnet und die Frauen dazu auffordert, die *»schöpfungsgewollte Aufteilung«* der Geschlechter zu respektieren und sich ihrer biologischen Bestimmung entsprechend zu verhalten, siedelt nicht mehr nur Alice Schwarzer das Werk zwischen *»Steinzeitkeule und Mutterkreuz«* an.

Heute wird niemand mehr, wie noch vor hundert Jahren der Nervenarzt Paul J. Möbius (1853-1907), schreiben: *»Der Instinkt macht das Weib tierähnlich, unselbstständig, sicher und heiter.«*[24] Und verglichen mit den fünfziger Jahren haben wir einiges erreicht, denn bis zur Verabschiedung des Gleichstellungsgesetzes (1958) hatte die Ehefrau dem Mann zu gehorchen. Aufgrund des über 60 Jahre gültigen *Gehorsamsparagrafen* von 1896 musste sie ihren Ehemann fragen, wenn sie arbeiten oder den Führerschein machen wollte. Doch auch nach dem Inkrafttreten des Gleichstellungsgesetzes blieb die letzte Entscheidung in Streitfällen noch beim Mann. Für junge Paare von heute ist diese Form der Zweisamkeit gar nicht mehr vorstellbar.

Zwar hat sich das Rollenverständnis geändert, trotzdem tragen die Frauen nach wie vor die Hauptlast: Sie sind es, die in erster Linie die Doppelbelastung zwischen Beruf und Familie aushalten müssen. Gleichgültig, wie viele Stunden Frauen arbeiten, sie fühlen sich immer noch für Haushalt und Kindererziehung zuständig. Laut der Psychologin Ursula Nuber verzichten heute über

40 Prozent der Akademikerinnen und ein Drittel aller Frauen auf Kinder, weil sie nicht wissen, wie sie die beiden Lebensbereiche Kinder und Arbeit vereinbaren sollen. Auch bleiben diejenigen, die im Beruf etwas erreichen wollen, eher unverheiratet und kinderlos als Männer. Während eine Familie für Frauen eine eindeutige Karrierebremse ist, gilt für Männer das genaue Gegenteil.[25]

Das Zynische dabei ist, dass Frauen in Deutschland – wenn sie arbeiten – bis zu 22 Prozent weniger verdienen als ihre männlichen Kollegen. Zudem sind ihre Karrieren kürzer und verlaufen langsamer, obwohl sie besser ausgebildet sind.[26]

Der neue Mann: Verunsichert und ohne Identität?

Doch auch für den neuen Mann scheint es nicht einfach zu sein. Sein Selbstverständnis hat sich aufgrund der Verselbstständigung und Individualisierung der Frau ebenfalls gewandelt. Die Frage bleibt, ob dieser Veränderungsprozess echt ist, weil er eigentlich keine Frage des Wollens, sondern vielmehr eine Folge des Gezwungenseins war.

Während Frauen jahrzehntelang über ihre Rolle debattiert, sich mit ihr auseinandergesetzt haben und dadurch zu einer gewissen Klarheit über ihre Situation gelangt sind, scheint der Mann – der seine Identität auch ein Stück weit als Gegenstück oder Ergänzung der Frau definiert hat – für das entstandene Vakuum noch keine befriedigende Antwort gefunden zu haben, die dieses ausfüllen könnte.

Noch in den sechziger Jahren war alles klar: Der Mann war das durchsetzungsstarke Oberhaupt der Familie. Er schob keinen Kinderwagen, trocknete nicht ab, putzte nicht den Küchenboden und trug auch keinen Müll runter.

Heute scheint nichts mehr klar: Männer begleiten ihre Frau auf Geburtsvorbereitungskurse, wickeln ihre Sprösslinge, bringen ihre Kleinen zum Kindergarten und klagen nach der Scheidung ums Sorgerecht.

Dazu muss der Mann auch den teils sehr ambivalenten weiblichen Ansprüchen an seine Männlichkeit gerecht werden. Umfragen in Frauenmagazinen belegen regelmäßig ein Wünschedurcheinander: 60 Prozent der Frauen finden Entscheidungsfähigkeit wichtiger als Zuhörenkönnen, andererseits wünschen 70 Prozent eher Kompromissfähigkeit statt Durchsetzungsvermögen.

Kein Wunder, dass Umfragen des Bundesfamilienministeriums eine *»fundamentale Verunsicherung«* von Männern in Bezug auf Frauen und deren modernes Rollenbild belegen und auch das *Frankfurter Institut für Sozialforschung* in einer Untersuchung 65,5 Prozent mehr oder minder verunsicherte Väter beklagte.[27]

Anscheinend muss dem verzweifelten Wesen Mann sein Selbstgefühl zurückgegeben werden: Eine *»Anleitung zum Männlichsein«* soll ihm auf die Sprünge helfen. Die heutigen Männer seien ohne Eigenschaften, ohne Mut zum Risiko, ohne Identität – so die Autorenbrüder Andreas und Stefan Lebert. *»Die alten Bilder Jäger, Cowboy, Ritter – hat er der Lächerlichkeit preisgegeben, neue hat er nicht entworfen.«* Männer müssten wieder mehr Stärke zeigen. Sie seien zu ichbezogen, übernähmen keine Verantwortung. Sie seien noch nicht richtig erwachsen geworden, müssten reifer werden und sich mehr trauen, eine Haltung einzunehmen, *»und zwar eine eigene – unabhängig davon, wie die anderen darauf reagieren«.*[28]

Eine ähnliche Ansicht vertritt der Psychologe und Therapeut Stephan Grünewald: *»Deutsche Männer wissen nicht mehr, wie sie sich als Mann darstellen, also selbst inszenieren sollen.«* In ihrer männlichen Brust schlügen zwei Seelen, die miteinander in ständigem Streit lägen: auf der einen Seite der verständnisvolle Softie, auf der anderen der Macho, der auf den Tisch haue. Sie scheiterten heute daran, *»gleichzeitig Latin Lover, Prinz Eisenherz und verständnisvoller Therapeut für Frauen«* sein zu wollen.[29]

Seiner Meinung nach gelänge es den Männern nicht mehr, authentisch zu sein, weil ihnen ein klares Selbstbild fehle. Zu viel Verständnis mache Frauen kirre, es fehle ihnen der Widerpart, an dem sie sich reiben könnten.

Grünewalds Empfehlung an den verunsicherten Mann: *»Man sollte nicht versuchen, es der Freundin immer recht zu machen, sondern eine eigene Idee haben, wohin man will.«* Dieser Idee sollte man treu bleiben und dabei in Kauf nehmen, auch mal Niederlagen einzustecken. Die Regel laute: *»Fallen können statt gefallen müssen«*. Nur so könne man eine souveräne Haltung entwickeln. Und nur wer souverän sei, könne männlich, könne authentisch sein. Denn Frauen liebten authentische Männer.

Unabhängig von diesen Befindlichkeitsstörungen der Männer und den Belastungen, die nach wie vor die Frauen weitgehend allein auszuhalten haben, gibt es aber nicht nur negative Auswirkungen des geänderten Rollenverständnisses. Ursula Nuber beklagt zwar, dass *»wir uns von alten Rollenmodellen nicht frei machen können, weil wir fast automatisch davon ausgehen, dass Arbeit und Familie nur durch große Opfer und fast übermenschliche Anstrengungen zu vereinbaren sind«*, sie sieht aber auch die positiven Aspekte und Entwicklungspotenziale, die in dieser Situation liegen.

Dass dieser Balanceakt zwischen Arbeit und Familie durchaus auch Vorteile hat, zeigen neuere Studien: Menschen, die viele verschiedene Rollen ausübten, ginge es besser als Menschen, die nur eine Rolle hätten. Das bedeute konkret: Wer sich im Beruf und für die Familie gleichermaßen engagiere, sei gesünder, psychisch stabiler und zufriedener mit seinem Leben.

Aber warum bringt eine Mehrbelastung Vorteile? Als Gründe werden angeführt, dass man, wenn man mehrere Rollen ausfülle, umso geschützter sei, wenn es in einem Bereich nicht mehr so gut laufe; Männer würden auf berufliche Niederlagen gelassener reagieren, weil sie ihre Beziehungen zu Ehefrau und Kindern positiv erlebten; umgekehrt würde bei Frauen das Selbstwertgefühl gestärkt, wenn sie sich im Beruf als erfolgreich und kompetent erlebten – dadurch könnten sie häuslichen Ärger und Sorgen besser wegstecken; außerdem würde sich, wenn Mann und Frau berufstätig seien, auch ihre Beziehung verbessern. Vorausgesetzt, die Kinderbetreuung sei geregelt – so neuere Forschungen –, seien zufriedene Berufsfrauen auch zufriedenere Mütter.[30]

Trotz aller Widersprüche in der Übergangsphase – wer die Studien der vergangenen 50 Jahre vergleicht, stellt fest: Die Geschlechterdifferenzen werden immer weniger. Männer verbessern ihre verbalen Fähigkeiten, Frauen lösen räumliche Aufgaben immer fixer. Das alles lasse nur einen Schluss zu, sagt der Neuropsychologe Lutz Jäncke: *»Die Unterschiede zwischen Mann und Frau verschwinden zunehmend.«*[31]

Mit dem Schwinden dieser Unterschiede geht uns ein weiterer Identitätsanker verloren, denn kaum etwas wurzelt tiefer im Menschen als seine eigene geschlechtliche Identität. Wir haben diese Unterschiede über Jahrtausende zementiert, um uns zu vergewissern, wer wir sind. Heute wird es zunehmend schwerer, sich über das Mann- oder Frausein zu definieren. Jeder muss selbst entscheiden, welche Rolle seine Geschlechtszugehörigkeit für seine Identität spielt, was Männlichkeit oder Weiblichkeit für ihn selbst bedeutet. Die Andersartigkeit des Geschlechts kann weder als naturgegebener Anlass für Diskriminierungen herhalten noch als bequeme Entschuldigung für vermeintlich geschlechtsbedingte Verhaltensweisen.

Sexuelle Orientierung

Stellen Sie sich vor, der Oberbürgermeister von Köln tritt vor seine Bürger und sagt: *»Ich liebe eine Frau! Und das ist auch gut so.«* Das wäre weder eine Sensation noch der Rede wert. Erklärt das aber der Regierende Bürgermeister von Berlin – allerdings mit einem Mann als Objekt der Begierde – ist es eine und wird sogar zur Redensart. Auf Neudeutsch nennt man diesen Vorgang dann *Outing*.

Laut Wikipedia umschrieb Outing ursprünglich das erzwungene Coming-out öffentlicher Personen, die *»beschuldigt«* wurden, homosexuell zu sein. Innerhalb der Schwulen- und Lesbenszene wurde es als offensiver Befreiungsschlag gesehen und sollte durch Aufdeckung der Homosexualität von prominenten Identifikationsfiguren besonders homosexuelle Jugendliche dabei unterstützen, ein gesundes Selbstbewusstsein zu entwickeln.

Obwohl unsere Gesellschaft toleranter geworden ist, hat Homosexualität nach wie vor einen etwas schmuddeligen und zwielichtigen Beigeschmack. So kann die Behauptung, jemand sei homosexuell – insbesondere wenn Beweise fehlen –, strafrechtlich als Verleumdung verfolgt werden.

Man stelle sich vor, diese Begriffe gälten bei Heterosexualität: erzwungenes Coming-out, Verleumdung, Beweise, strafrechtliche Verfolgung! Dabei geht es bei Homosexualität doch lediglich darum, dass der Sexualpartner gleichgeschlechtlich ist. Wieso löst eine so private Entscheidung noch heute kontroverse gesellschaftliche Debatten aus? Und wieso wurden Homosexuelle wegen ihrer Neigung sogar verfolgt?

Anders als die anderen: Anlass für Diskriminierung und Verfolgung

Die Diskriminierung der Homosexuellen hat eine lange und wechselvolle Geschichte. Mal waren sie mehr, zu anderen Zeiten wieder weniger verachtet.

In der Antike, schreibt der amerikanische Historiker John Boswell, war Homosexualität noch kein großes Thema: *»In der antiken Welt kümmerten sich so wenige Menschen darum, ihre Zeitgenossen auf der Basis des Geschlechts zu kategorisieren, zu dem sie sich erotisch hingezogen fühlten, dass keine Dichotomie (die Aufteilung in zwei Strukturen oder Begriffe; Anm. des Autors) gebräuchlich war, um diese Unterscheidung auszudrücken.«*[32]

Bis zum Hochmittelalter galt der Analverkehr im christlichen Bereich zwar als Sünde, aber noch nicht als Verbrechen und wurde maximal mit einer Kirchenbuße und einem zeitweisen Ausschluss von der Eucharistie bestraft. Vom 13. Jahrhundert bis zur Aufklärung verschärften sich die Strafen, bei der damals so genannten *Sodomie* drohte sogar der Scheiterhaufen.

Ursache der Verfolgung war die Andersartigkeit, die Abweichung von der Norm. Wenn in einer Gesellschaft heterosexueller Vaginalverkehr als Normalität gilt, alle anderen Neigungen oder Praktiken aber als Laster oder abnormal, ist der Boden für Diskriminierung bereitet.

Traurige Berühmtheit erlangte in Deutschland der Paragraf 175 des Reichsstrafgesetzbuchs, der 1872 in Kraft trat: *»Die widernatürliche Unzucht, welche zwischen Personen männlichen Geschlechts oder von Menschen mit Thieren begangen wird, ist mit Gefängniß zu bestrafen; auch kann auf Verlust der bürgerlichen Ehrenrechte erkannt werden.«*

Die Nationalsozialisten verschärften den Paragrafen, indem sie die Höchststrafe von sechs Monaten auf fünf Jahre Gefängnis hinaufsetzten und den Paragrafen 175a hinzufügten, der in besonderen Fällen bis zu zehn Jahre Haft vorsah. Die Zahl der Verurteilungen stieg darauf um das Zehnfache und von den 10 000 Personen, die wegen Homosexualität in ein Konzentrationslager eingewiesen wurden, überlebten weniger als die Hälfte.

Lange hat man den in der NS-Zeit verfolgten Schwulen und Lesben die Empathie verweigert. Erst 2008, 63 Jahre nach den Gräueln, wurde in Berlin das Mahnmal der beiden Künstler Elmgreen und Dragser eingeweiht. Die überfällige Kenntnisnahme der Leiden kam so spät, weil mit dem Ende des Nationalsozialismus zwar das Morden aufhörte, die Verfolgung aber weiterging. Denn die beiden Paragrafen 175 und 175a wurden nach dem Krieg – nur unwesentlich abgewandelt – in die Rechtsprechung der Bundesrepublik Deutschland übernommen. Zwischen 1950 und 1969 kam es auf dieser Basis zu mehr als 100 000 Ermittlungen und etwa 50 000 rechtskräftigen Verurteilungen. 1969 und 1973 wurde der Paragraf reformiert und erst 1994 endgültig aus dem Strafgesetzbuch gestrichen.

Unsere Gesellschaft ist inzwischen toleranter geworden: Parteien lassen sich von homosexuellen Vorsitzenden führen, die Öffentlichkeit hat sich an lesbische Fußballerinnen gewöhnt und mit der *eingetragenen Partnerschaft* ist das Zusammenleben eines gleichgeschlechtlichen Paares anerkannt und rechtlich abgesichert. Aber die Toleranz, die heute zum guten Ton gehört, ist abstrakt und mit echter Empathie nicht zu verwechseln. Die Aufarbeitung der Geschichte steht noch aus, wie die bis heute grassierende Homophobie einzelner gesellschaftlicher Gruppen beweist.

Wie bei allem Andersartigen stellt sich auch bei der Homosexualität die Frage nach deren Ursachen. Man versucht herauszufinden, wie die sexuelle Neigung entsteht und ob sie durch erbliche Faktoren beeinflusst wird. Anfänglich ging man davon aus, was auch durch die Bezeichnung sexuelle Veranlagung deutlich wurde. Da dies aber nicht nachgewiesen war, wurde der Begriff Veranlagung durch *Orientierung* ersetzt.

Die sexuelle Orientierung bezeichnet die Hauptzielrichtung der sexuellen Interessen einer Person im Hinblick auf die gewünschten Partner. Dabei gibt es viele unterschiedliche Kategorisierungen und Bezeichnungen – insgesamt 16 – unter anderem nach Geschlechtsvorlieben, dem Alter oder der Anzahl der Partner oder bestimmten Praktiken. Ich möchte mich hier aber auch weiterhin auf die am heftigsten diskutierte, nämlich die Homosexualität, beschränken.

Homosexualität: Angeboren oder erworben?

Es gibt zahlreiche wissenschaftliche Erklärungsversuche, wodurch Homosexualität verursacht werden könnte. Die einen Forscher behaupten, dass sie schon vor der Geburt angelegt sei, andere versuchen sie durch besondere Abläufe in der Pubertät zu erklären.

Bei allen diesen Theorien scheint als Einziges gesichert zu sein, dass zwar eine genetische Disposition zur Homosexualität bestehen könnte, das Ausmaß ihres Einflusses aber nicht klar ist.

Der Streit um die Ursachen wurde meistens von den gesellschaftlichen Rahmenbedingungen beeinflusst, die gerade herrschten. Vor allem in den Zeiten, in denen homosexuelles Verhalten strafbar war, prallten die gegensätzlichen Ansichten aufeinander. So wurde die vermeintliche genetische Vorbestimmung als Argument für die Forderung nach Straffreiheit angeführt, da homosexuelle Handlungen ja folglich unausweichlich seien. Für die Gegner der Homosexualität wiederum bot sich eher das Modell der im Laufe des Lebens erworbenen Homosexualität an, weil sie dann – da sie ja eine freie Entscheidung sei – einen moralischen Verfall verursache, den es strafrechtlich zu verfolgen gelte.

Angesichts dieser Argumentationsweisen scheint es für die Betroffenen am besten zu sein, wenn sich nie eindeutige Ursachen für Homosexualität feststellen ließen.

Orientierungen: Erotisierung des Alltags und Heterosexismus

Inzwischen hat sich die Situation – zumindest in den westlichen Gesellschaften – entspannt. War die Sexualität in der Vergangenheit noch eng an die Ehe gekoppelt (aus katholischer Sicht war Sexualität nur in ihr legitim, aber auch nur dann, wenn ein Kinderwunsch mit ihr verbunden war), sind im Laufe der Zeit die menschliche Reproduktion und die Sexualität immer weiter voneinander gelöst worden. Inzwischen sind in den sexuellen Subkulturen des Westens Orientierungen entstanden, die in ihrer Vielfalt für den Durchschnittsbürger gar nicht mehr zu durchschauen sind.

Trotz dieser gesellschaftlichen Veränderungen bestehen Vorurteile und somit auch Diskriminierungen weiter, die heute als *Heterosexismus* bezeichnet werden. Dieser Begriff steht für ein Denk- und Verhaltenssystem, das Heterosexualität als überlegen und andere Formen sexueller Orientierung als von der sozialen Norm abweichend einordnet. Die Auswirkungen des Heterosexismus können von Beeinträchtigungen der Selbstentfaltung bis hin zur Todesstrafe reichen wie zum Beispiel in den stark von der islamischen Scharia geprägten Staaten Jemen, Iran, Saudi-Arabien, Mauretanien und Sudan.

In fast allen westlichen Industrieländern sind homosexuelle Handlungen heute straffrei, und das Recht auf sexuelle Selbstbestimmung wird in manchen Verfassungen geschützt und verbietet die Bevorzugung oder Benachteiligung von Personen wegen ihrer sexuellen Orientierung.

Trotzdem wird Homosexualität in manchen medizinischen Büchern noch – ähnlich wie eine Krankheit – als *heilbare Störung* bezeichnet, homosexuelle Lehrer und Jugendleiter wegen unterstellter Beeinflussung der Kinder in einigen Fällen abgelehnt und gelebte Homosexualität als nicht mit dem christlichen Glauben vereinbar angesehen. Und welches Zeugnis stellt sich eine Gesellschaft aus, bei der es sogenannte *Überfalltelefone* für Opfer antihomosexueller Gewalt geben muss?

Die sexuelle Identität: Zwischen Konflikt und Selbstentfaltung

Der Begriff *sexuelle Identität* wird häufig als Synonym für sexuelle Orientierung verwendet. Da sich Identität aber eher auf ein einzelnes Individuum bezieht, die sexuelle Orientierung aber ein Verhältnis verschiedener Personen zueinander beschreibt, ist diese Gleichsetzung problematisch.

Außerdem umfasst die sexuelle Identität auch wesentlich mehr als nur die spezifische Ausrichtung auf potenzielle Geschlechtspartner. So sind auch das Verständnis der eigenen Geschlechterrolle und die Einstellung zur Sexualität und deren Ausübung von Bedeutung, die von der Exzessivität bis zum Zölibat reichen können.

Trotzdem hat die sexuelle Orientierung natürlich Einfluss auf die Identitätsentwicklung. Für Heterosexuelle führt die sexuelle Orientierung per se nicht zu Problemen mit der eigenen Identität, weil die Ausrichtung auf einen Partner des anderen Geschlechts von der Gesellschaft als normal gesehen wird. Die möglicherweise entstehenden *menschlich-allzumenschlichen* Probleme in der Beziehung von Mann und Frau haben ihre Ursache nicht in der sexuellen Orientierung, sondern im Verständnis der Geschlechterrollen und in der Beziehungskompetenz der Partner.

Bei Homosexuellen hingegen kann die Orientierung auf gleichgeschlechtliche Partner zu Identitätskonflikten führen, weil die freie Selbstentfaltung und damit auch die eigene Identitätsbildung massiv durch nach wie vor bestehende Vorurteile der Gesellschaft beeinträchtigt werden. Die Diskriminierung oder die eigene Nichtakzeptanz kann sogar bis zum Selbstmord führen. So liegt die Selbsttötungsrate bei pubertierenden homosexuellen Jugendlichen deutlich höher als bei gleichaltrigen Heterosexuellen.

Die Frage ist, wie man als Betroffener mit der Situation umgehen kann. Wie man die Gefühle in den Griff bekommt, wenn man seine Neigung feststellt und sich dann auch noch bei Familie, Freunden und Kollegen *outen* – sich also *außerhalb* stellen – muss, und das alles womöglich in der Pubertät, einer Phase der Desorientierung, in der sogar die meisten Heterosexuellen nicht wissen, wo sie mit sich und ihren Emotionen hinsollen.

Es bleibt zu hoffen, dass wir als Gesellschaft lernen, offener mit Homosexualität umzugehen, sie nicht als Laster, Krankheit oder Abnormität sehen. Wir sollten sie als Teil der Identität begreifen, der nicht mehr unterdrückt werden muss, sondern selbstbestimmt gelebt werden darf.

Aussehen

»Das Gesicht, das bin nicht ich«, sagt Isabelle Dinoire, *»ein Teil von mir und meiner Identität ist für immer verloren. Und ich habe kostbare Erinnerungen daran, was ich war.«* Im Mai 2005 war Dinoire von ihrem Hund angegriffen und schwer entstellt worden. Ein halbes Jahr später wurden ihr in der weltweit ersten Gesichtstransplantation die Nase, der Mund und die Kinnpartie einer hirntoten Frau übertragen. Durch diesen Eingriff sei sie *»unter die Menschen zurückgekehrt, mit einem Gesicht, einem Lächeln, mit Ausdrücken.«* Trotz der Dankbarkeit gegenüber der Familie der Spenderin und der Möglichkeit, in ein normales Leben zurückkehren zu können, fühlt sich Dinoire noch nicht wohl in ihrer Haut.[33]

Zugegeben – ein etwas krasses und ziemlich einzigartiges Beispiel für den Zusammenhang von Aussehen und Identität. Beide sind aber untrennbar miteinander verbunden. Unser Aussehen macht uns erkennbar, unverwechselbar, einzigartig, verleiht uns

Individualität. Wir prüfen es täglich kritisch vor dem Spiegel, versuchen unser Selbst mit ihm auszudrücken. Andere nehmen es als Erstes von uns wahr und beurteilen uns danach.

War unser Körper vor der Aufklärung noch eine unveränderliche, weil von Gott zu verantwortende Gegebenheit, ist er heute laut der Soziologin Julia von Hayek zu *»einem selbst zu verantwortenden Projekt jedes einzelnen Menschen geworden«*.[34] Und unser Aussehen ist uns viel wert: Geschätzte 160 Milliarden US-Dollar werden jährlich auf der Welt für Make-up, Haut- und Haarpflege, Parfüm, Diätpillen, Fitnessclubs und kosmetische Chirurgie ausgegeben. Die Amerikaner investieren mehr Geld in ihre Schönheit als in ihre Bildung.

Was wir als schön zu empfinden haben, exerzieren uns Werbung und Medien Tag für Tag vor – auf der Kinoleinwand und auf Plakaten, in Anzeigen und Top-Model-Shows im Fernsehen. Schön sein heißt: groß zu sein, hellhäutig, gepflegt, durchtrainiert und überschlank.

Diese westliche Schönheitsvorstellung ist weltweit auf dem Vormarsch. Das zeigt sich nicht nur daran, dass viele Kosmetika in Asien Bestandteile enthalten, die die Haut aufhellen sollen, sondern auch an der steigenden Beliebtheit von Lidoperationen, die zu westlicheren Augen verhelfen sollen.

Wer schön ist, ist in unseren Augen auch besser und erfolgreicher. So schreibt der *Economist*: *»Attraktive Menschen gelten als intelligenter und besser im Bett; sie verdienen besser und heiraten mit einer größeren Wahrscheinlichkeit.«* Und tatsächlich erhalten gut aussehende Menschen durchschnittlich zwischen fünf bis zehn Prozent mehr Gehalt als Gleichqualifizierte, die als weniger schön gelten.[35]

Doch warum reagieren wir auf Schönes und nach welchen – vielleicht inneren – Kriterien beurteilen wir es?

Was ist schön? Das, was unserem Gehirn wenig Mühe macht

Der Anblick eines schönen Menschen versetzt uns augenblicklich in ein Hochgefühl, denn Schönheit aktiviert das Belohnungszentrum im Gehirn – es schüttet Glücksbotenstoffe aus. Dabei sind dieselben Hirnregionen aktiv, die auch bei anderen Lustempfindungen reagieren. Ein schöner Anblick wirkt im Kopf also ganz ähnlich, als würden wir gerade etwas besonders Leckeres essen, Sex haben oder Drogen zu uns nehmen. Aber der Anblick von Schönheit macht nicht nur glücklich, er bringt uns auch in Bewegung, denn dasselbe System im Gehirn, das auf Schönheit reagiert, motiviert uns auch zum Handeln. Das kann auch dazu führen, dass wir auf schönere Menschen eher zugehen und sie ansprechen.[36]

Forscher machen für unser Schönheitsempfinden die Arbeitsweise des Gehirns verantwortlich. So haben sie herausgefunden, dass es asymmetrische Gesichter nicht attraktiv findet, es bevorzugt eher Durchschnittstypen, symmetrische und vertraute Gesichtszüge. Sie werden als schön eingestuft, weil das Gehirn sie schneller einordnet. Zumindest könnte dadurch erklärt werden, warum uns vertraute Menschen nach einer gewissen Zeit oft schöner erscheinen, als wir sie vom ersten Eindruck her in Erinnerung haben.

Dass die Symmetrie aber nicht allein die dominierende Rolle spielt, die man ihr immer zugeschrieben hat, haben Wissenschaftler der Universität Regensburg festgestellt. Denn ihre Probanden fanden die Frauengesichter am attraktivsten, die überhaupt nicht existierten: nämlich die, die im Computer so verändert wurden, dass Fältchen, Hautunreinheiten und Unregelmäßigkeiten verschwanden. *»Sehr symmetrische Gesichter sind noch lange nicht attraktiv und sehr attraktive Gesichter zeigen durchaus Abweichungen von der Symmetrie«*, so die Forscher. Also scheinen nicht nur die Proportionen Gesichter schön zu machen, sondern auch die Oberflächen. Das Fazit der Experten: *»Aufgrund unserer Ergebnisse müssen wir bezweifeln, dass gegenwärtig die Attraktivität von Menschen noch mit Maßstäben bemessen wird, die sich an realen Gesichtern herausbilden.«*[37]

Der Zweifel ist berechtigt. Denn von den Hochglanzmagazinen strahlen uns schon seit langem nur technisch retuschierte Schönheiten entgegen, gegen die selbst attraktive Originalgesichter keine Chance haben.

Neben diesen auf Gesichter bezogenen Kriterien haben Wissenschaftler versucht, weitere zu finden, nach denen Schönheit bewertet wird. Ihrer Meinung nach könnte es bestimmte Standards geben, zum Beispiel besondere, den Fortpflanzungserfolg verheißende Merkmale wie große Statur, gesunde Hautfarbe, bei den Männern ein muskulöser Körper oder bei den Frauen ein gebärfreudiges Becken und große Brüste. Das würde aber auch bedeuten, dass diese Beurteilungen unbewusst ablaufen und quasi genetisch verankert wären, was aber umstritten ist. Dagegen spricht außerdem, dass menschliche Kulturen schon seit Urzeiten Schönheitsideale entwickelt haben – allerdings sehr unterschiedliche. Die Chinesen schätzten bei Frauen kleine Füße. Dafür brachen sie jungen Mädchen die Zehen und bandagierten anschließend die Füße, was zu einem Tippelschritt führte, den die chinesischen Männer sehr attraktiv fanden. Bei den Südseeinsulanern steigt die Schönheit einer Frau mit ihrem Umfang, und die Männer der Padong wiederum lieben Hängebrüste. Und zur Zeit des Malers Rubens waren barocke weibliche Formen gefragt. All das hat nicht viel mit unserem heutigen Ideal der ultradünnen Models zu tun.

Inwieweit also Schönheitsideale genetischen Mustern folgen oder ansozialisiert sind, scheint nicht ganz klar, vermutlich wirkt beides zusammen.

Alice Schwarzer kritisiert, dass Schönheit in erster Linie bei Frauen gemessen wird. Sie sieht die Ideale als ein Attribut der patriarchalischen Gesellschaft. Für sie ist *»Schönheit auch und vor allem eine Waffe gegen Emanzipation«*.

Schöner werden: Narzissmus oder Streben nach Anerkennung?

Wenn Aussehen nicht mehr als von Gott gegeben akzeptiert wird und jeder quasi seines eigenen Körpers Schmied wird, muss auch jeder für sich selbst Verantwortung übernehmen und entscheiden, wie weit er sich dem gängigen Schönheitsideal unterordnet. Vor allen Dingen dann, wenn das eigene Aussehen diesem nicht entspricht, man den eigenen Körper nicht akzeptiert und sich in ihm nicht wohlfühlt. Mangelt es an Selbstwertgefühl, nimmt man sich als hässlich wahr und wird dementsprechend verunsichert. Dabei muss man nicht einmal hässlich sein, es genügt schon, wenn man sich so empfindet. Und genauso wie Selbstsicherheit anziehend wirkt, kann die Herabsetzung des Selbstwertgefühls auch unattraktiver machen. Ein Teufelskreis, der nicht selten Essstörungen, Bulimie oder soziale Isolierung nach sich zieht.

Die Kosmetik- und Nahrungsindustrie und auch die Schönheitschirurgie leben recht gut von den entstehenden Komplexen. Umfragen zufolge würden neun von zehn Mädchen zwischen 15 und 17 gerne mindestens einen Aspekt ihres Äußeren verändern und bei den Erwachsenen fühlt sich jede zweite Frau zu dick.[38] Und so werden außer dem schon seit längerem üblichen Liften inzwischen auch Fett abgesaugt, als zu klein empfundene Brüste mit Silikon gepolstert und Lippen mit Botox aufgeblasen. Vermeintliche Hässlichkeit – oder auch nur durchschnittliche Attraktivität – wird als Schicksal nicht mehr akzeptiert. Das Erschreckende an der Entwicklung: Schon jede zehnte Schönheitsoperation wird inzwischen bei Minderjährigen durchgeführt.

Der Rat, sein Aussehen einfach zu akzeptieren, sich so zu nehmen, wie man ist, ist leicht gegeben, aber für manche schwer umzusetzen. Es setzt ein hohes Selbstwertgefühl voraus, das aus anderen Bereichen generiert werden muss. Aber gerade das ist schwierig, weil gutes Aussehen eben einen so hohen Stellenwert in unserer Gesellschaft hat. Im Rahmen der Identität kann der Versuch, sein Aussehen zu verändern, also nicht allein als Ausdruck eines individuellen Narzissmus bewertet werden, sondern als der verständliche Versuch, mehr Anerkennung zu erhalten und nicht ausgegrenzt zu werden.

Zum Trost für die weniger Attraktiven: Auch die Schönen haben es nicht immer leicht. Oft werden sie – gerade wegen ihres guten Aussehens – nur auf dieses reduziert, andere Persönlichkeitsaspekte werden weniger wahrgenommen. Auch wird häufig davon ausgegangen, dass attraktive Menschen weniger intelligent seien. Diese intellektuelle Abwertung erfahren allerdings öfter Frauen als Männer. So hat eine Studie ergeben, dass in Führungspositionen gut aussehenden Männern mehr Kompetenz zugebilligt wird als schönen Frauen.

Und nicht zuletzt: Schönheit vergeht. Wenn das gute Aussehen eine wichtige Rolle im Leben spielt, drohen mit ihrem Schwinden auch Ängste und die Verringerung des Selbstwertgefühls.

Die Regensburger Forscher haben auch herausgefunden, dass man beim Aussehen nicht nur auf seine Geburtsgaben vertrauen muss, sondern dass ein gepflegtes Äußeres und die Ausstrahlung ganz oben auf der Liste der Schönmacher stehen. Also kommt wahre Schönheit doch (auch) von innen.

Alter

»Falten sind Orden für das Leben.«
Lauren Hutton

In jedem Lebensjahr gewinnen wir neue Erfahrungen. Sie bringen uns weiter, machen uns reifer, können uns aber auch zurückwerfen und Identitätskrisen verursachen. Besonders prägend sind Lebensabschnitte wie die frühe Kindheit, Pubertät, Midlife-Crisis und Wechseljahre.

Dem Alter selbst gegenüber haben wir eine ziemlich gespaltene, wenn nicht gar negative Einstellung – denn kaum jemand wird gern älter. Unsere Haltung zum Alter kann jedoch unser gesamtes Leben nachhaltig beeinflussen, ja sogar unser Leben verlängern: Studien belegen, dass Menschen, die eine positive Einstellung zum Älterwerden einnehmen, nicht nur zufriedener leben, sondern auch länger. Es ist also an der Zeit, unsere Sicht auf das Alter zu überdenken.

Dass es zukünftig in den Industrienationen immer mehr alte Menschen geben wird, ist inzwischen jedem klar. Gründe für diese Verschiebung in der Alterspyramide sind der Geburtenrückgang und dass wir – weil wir gesünder leben – auch immer älter werden.

In den vergangenen 150 Jahren hat sich die Lebensdauer der Deutschen nahezu linear um jeweils drei Monate pro Jahr erhöht. Im Jahr 2000 lag die Lebenserwartung bei durchschnittlich 78 Jahren, manche Wissenschaftler gehen davon aus, dass wir zur Jahrhundertmitte durchschnittlich 93 bis 94 Jahre alt werden. Schon jetzt gibt es über zwanzig Millionen Rentner, und es werden stetig mehr. Hier beginnt sich ein Potenzial zu bilden, das seinen Willen – im Gegensatz zu Kindern – durch Wahlentscheidungen durchsetzen kann. Manch einer redet schon von einer kommenden Gerontokratie.

Unsere negative Sicht des Alterns wurde maßgeblich durch die Wirtschaft und die gesellschaftliche Diskussion über die zunehmende Belastung der Sozialsysteme verursacht. Beide Perspektiven sind relativ einseitig und beleuchten hauptsächlich die Nachteile einer alternden Gesellschaft. Kein Wunder also, dass wir beim Stichwort *Alter* in erster Linie an Arbeitslosigkeit, die Vergreisung der Gesellschaft, Pflegenotstand, Verfallserscheinungen und Altersarmut denken.

Alter in der Wirtschaft: Zu viele Alte

Industrienationen, allen voran wir Deutschen, haben ein ziemlich gestörtes Verhältnis zum Alter. Alt ist man aus Sicht der Unternehmen schon sehr früh. So stellt die Unternehmensberatung *McKinsey* keine neuen Mitarbeiter über 35 Jahre ein. Für die Werbeagenturen – die Vorreiter des Jugendwahns, deren Durchschnittsalter bei Mitte zwanzig liegt – ist selbst das schon zu alt. Nur eine Minderheit der deutschen Unternehmen beschäftigt überhaupt noch Mitarbeiter über fünfzig.

Verursacht wurde diese Einstellung einerseits durch das Aufkommen der neuen Kommunikationstechniken und den schnellen technologischen Wandel, andererseits durch die Meinung, dass der Alterungsprozess nicht einen Zugewinn an Erfahrung, sondern in erster Linie Verfall bedeute. Ältere Beschäftigte galten als weniger motiviert, weniger produktiv, kreativ und vergleichsweise teuer.

Der Wandel ist für Ältere schwerer zu verkraften als für die Jüngeren, die mit ihm aufwachsen. Und er beschleunigt sich immer mehr. So wird die technologische Entwicklung heutzutage an der Entwicklung von Speicherchips festgemacht. Der Umstand, dass sie alle achtzehn Monate ihre Leistung verdoppeln, zeigt, mit welcher Geschwindigkeit sich unser Leben verändert. Das in manchen technischen Fächern erworbene Wissen ist drei Jahre nach dem Studium oft schon veraltet. Von dieser Entwicklung profitierten vor allem die Jungen, die ihr neues Wissen von den Hochschulen mitbrachten. Das Fachwissen der Alten schien überholt, sie konnten ihre fachliche Erfahrung kaum mehr weitergeben, und ihre sozialen Kompetenzen, die ja erst durch Erfahrung entstehen, waren in der *New Economy* nicht mehr gefragt.

Seit 1973 wurden viele ältere Mitarbeiter im Zuge der Frühverrentung freigesetzt, um in Zeiten schrumpfender Arbeitsnachfrage die Arbeitslosenzahlen zu dämpfen. Noch bis Mitte der neunziger Jahre waren ältere Arbeitnehmer lediglich Dispositionsmasse für die Beschäftigungs- und Rentenpolitik, und die Altersdiskriminierung galt als verdrängte Benachteiligung. Die Unternehmen entledigten sich so mit staatlicher Förderung ihrer Altlasten. Nicht ausreichend berücksichtigt haben viele dabei, dass bei einer jungen Belegschaft jahrelang niemand in den Ruhestand geht, und demzufolge auch nur wenige neue Mitarbeiter nachrücken. Das Paradoxe an der Entwicklung: Unternehmen mit älteren Arbeitnehmern bleiben jung, weil sie sich laufend erneuern müssen; im Gegensatz dazu werden heute noch junge Belegschaften alt, weil kaum Junge eingestellt werden können.

Der demografische Wandel wird uns aber gar keine andere Möglichkeit mehr lassen als ältere Mitarbeiter länger im Erwerbsleben zu halten. Es rücken zu wenig junge nach, während die Zahl der Konsumenten auf längere Sicht etwa gleich bleibt. Bei Facharbeitern kam der Mangel früher als erwartet. Einige Unternehmen sahen das voraus, sie ruderten zurück und suchten wieder ältere Mitarbeiter wie zum Beispiel BMW 2006 in Leipzig. Doch kaum einer glaubte ihnen das: *»Es hat ganz schön lange gedauert, bis wir den Medien und der Bevölkerung begreiflich machen konnten, dass wir das ernst meinen«*, sagte Michael Jannsen von BMW.[39]

Alter im demografischen Wandel: Zu wenig Junge

Durch die demografische Entwicklung stehen immer mehr Alte immer weniger Jungen gegenüber. Heute kommen auf 100 Erwerbstätige 56 Rentner, im Jahr 2030 erhöht sich deren Zahl auf 80 bis 95. Eine Entwicklung, die schon seit langem bekannt ist, aber immer wieder verdrängt wurde.

»Die Problemignoranz der Politik«, so Klaus F. Zimmermann, Direktor des Instituts zur Zukunft der Arbeit, habe den demografischen Wandel bislang ausgeblendet, obwohl dessen *»Konsequenzen für Familien, Arbeitsmarkt, soziale Sicherungssysteme und Wanderungen«* in der Wissenschaft schon seit den siebziger Jahren diskutiert worden seien. Doch auch schon vierzig Jahre früher war dieser Wandel bemerkt worden: 1932 wies Friedrich Burgdörfer, Direktor der Abteilung Bevölkerungsstatistik des *Reichsamtes Berlin*, in seinem Hauptwerk *Volk ohne Jugend* auf den drohenden Verlust der *»physischen Kraft und Gesundheit des Volkskörpers« hin und machte dafür »Geburtenschwund und Überalterung«* verantwortlich.[40]

Aber irgendwann wurde das Thema so brisant, dass es sich nicht mehr verdrängen ließ. Es brach durch, wurde dadurch für die Medien interessant und folglich auch in kräftiger Schwarz-Weiß-

Manier ausgemalt. So hat es in den vergangenen Jahren nicht an Mahnern gefehlt, die meist Hiobsbotschaften verkündet haben.

In dem dreiteiligen Fernsehspiel *2030 – Aufstand der Alten*, das vom ZDF Anfang 2007 ausgestrahlt wurde, sah unsere Zukunft düster aus: Verwahrloste Alte, im Krieg mit der Vorgängergeneration und in Turnhallen hausend, konnten sich nur durch Banküberfälle am Leben halten. Das Drehbuch folgte den Schreckensbildern, die etliche Wissenschaftler und Publizisten in den vergangenen Jahren gezeichnet hatten.

Dazu gehören der Bevölkerungswissenschaftler Herwig Birg mit seinem Buch *Die demografische Zeitenwende* (2001), der Bonner Sozialforscher Meinhard Miegel mit *Die deformierte Gesellschaft* (2002) und der Mitherausgeber der Frankfurter Allgemeinen Zeitung, Frank Schirrmacher, mit seinem Bestseller *Das Methusalem-Komplott* (2004).

Nach ihren Büchern zu urteilen, befinden wir uns anscheinend in einer vergreisenden Gesellschaft, bei der ein langes Leben eine schreckliche Vorstellung zu sein scheint. Sie treffen oder erzeugen die vorherrschende Stimmung in Deutschland: Einer Studie des Bielefelder Forschungsinstituts *TNS Emnid* aus dem Frühjahr 2006 zufolge herrscht fast nirgendwo sonst in Europa so viel Pessimismus beim Blick in die Zukunft wie bei uns. Demgemäß schüttelt James W. Vaupel, Gründungsdirektor des *Max-Planck-Instituts für demografische Forschung* in Rostock, über die Horrorszenarien nur den Kopf: *»There ist too much angst in Germany and not enough hope.«* Er sagt das auf Englisch mit dem anscheinend unübersetzbaren Begriff für diese deutsche Grundbefindlichkeit.

Der ehemalige Vorsitzende des *Sachverständigenrats zur Begutachtung der gesamtwirtschaftlichen Entwicklung*, Bert Rürup, hält es auch für verfehlt, die Altersdebatte zu einer Angstdebatte zu machen. Wirtschaft und Wohlstand könnten trotz demografischen Wandels weiterwachsen: *»Wir werden vermutlich etwas weniger Geld für Autos oder Immobilien ausgeben und mehr für Pflege und Gesundheitsleistungen«* – aber für die Wachstumsraten einer Volkswirtschaft sei das letztlich egal.[41]

Seit 2008 wird versucht, auch die positiven Seiten des Methusalem-Trends herauszustellen: Die ARD setzte mit der Sendereihe *Mehr Zeit zu leben* einen Programmschwerpunkt mit über 800 Fernseh- und 1000 Hörfunkbeiträgen über die Chancen einer alternden Gesellschaft. Nicht nur die Talkgrößen Anne Will, Frank Plasberg und Sandra Maischberger nahmen sich des Themas an, auch Magazine wie *Fakt*, *Monitor*, *Plusminus* und *Titel, Thesen, Temperamente* wollten ihrem Publikum die Angst vor der Übermacht der Alten nehmen.

Unsere Einstellung zum demografischen Wandel kann zwar einiges verbessern, bei der Regelung des Problems jedoch ist die Politik weitgehend machtlos. Denn die Ursache für den Geburtenrückgang und damit der demografischen Entwicklung – nämlich die Einführung der Pille – liegt 40 Jahre zurück.

Durch Krippenplätze und günstigere Arbeitsbedingungen für Eltern wird versucht, die heutige Situation familienfreundlicher zu gestalten, sie ändern aber nichts mehr an der Vergangenheit. Wer vor 40 Jahren nicht geboren wurde, wird es auch nicht durch noch so viel Elterngeld. Und woran es letztlich tatsächlich liegt, dass so wenige Kinder geboren werden, können auch die Experten nicht genau sagen.

Die einzig wirksame Stellschraube für eine Verjüngung der Gesellschaft ist eine zielgerichtete Einwanderungspolitik. Bei einer jährlichen Zuwanderung von 300 000 Ausländern pro Jahr könnte die Bevölkerung bis 2050 nahezu bei 80 Millionen Einwohnern konstant gehalten werden.

Ein Volk, das so wenige Kinder bekommt, sollte sich Einwanderung wünschen. Doch das Anfang 2005 in Kraft getretene Zuwanderungsgesetz ist eher geeignet, Zuwanderer fernzuhalten und Ausländer abzuschieben. *»Zuwanderungen und die Zuwanderer«*, moniert der Bielefelder Bevölkerungswissenschaftler Ralf. E. Ulrich, würden *»weniger aus demografischer Perspektive behandelt denn als Sicherheitsproblem«*.[42]

Wir stehen mit diesem Problem aber nicht alleine da. In allen westlichen Industrienationen außer Amerika werden zu wenig Kinder geboren. In Italien, Spanien, Polen und Tschechien sogar noch weniger als in Deutschland. Aber einige haben sich besser vorbereitet – während beispielsweise Frankreich, Finnland oder Schweden ihre Familienpolitik längst auf den gesellschaftlichen Wandel ausgerichtet haben, wird hierzulande eifrig darüber diskutiert, ob die Berufstätigkeit von Müttern den Kindern schade.

Doch zurück zum Alter: Die notwendigen Maßnahmen zur Anpassung an das Altern der Gesellschaft sind bekannt. Nicht nur die Sozialsysteme müssen modernisiert, vor allem sollte die Lebensarbeitszeit flexibler gestaltet werden: kürzere Ausbildung, gestufte Abschlüsse, bezahlte Auszeiten für die Kindererziehung, begleitet von lebenslanger Weiterbildung. Bei manchen Dingen scheinen wir ja schon auf dem richtigen Weg zu sein. Wir sollten aber auch unsere Einstellung zum Alter und dem vermeintlich drohenden Gegeneinander der Generationen ändern.

Paul B. Baltes, Leiter des Berliner *Max-Planck-Instituts für Bildungsforschung* ist überzeugt, dass es nie zu einem *»wirklichen Krieg der Generationen«* kommt. Die *»Psychologie der Generationen«*, so Baltes, sei vielmehr *»auf wechselseitige Harmonie angelegt«* – die Jungen wüssten ja, dass sie selbst mal alt werden. Langes Leben sei doch ein *»Geschenk«*, betont auch Demograf Vaupel: Erstmals in der Geschichte der Menschheit könnten *»die meisten erleben, wie ihre Kinder und Enkel aufwachsen«*.

Außerdem, so Harald Wilkoszewski vom Rostocker MPIDF, seien *»an den heutigen Problemen des Sozialversicherungssystems ja nicht die vielen Alten schuld, sondern hauptsächlich die beträchtlichen Steuer- und Beitragsausfälle aufgrund der hohen Arbeitslosigkeit.«*[43]

Unser gefühltes Alter: Keiner wird mehr alt

Im Gegensatz zur Sichtweise von Wirtschaft und Gesellschaft steht unsere eigene: Wir fühlen uns alle jünger, als wir es den Jahren nach sind. Und es scheinen vor allem die anderen zu sein, die älter werden.

In keinem Zeitalter vor uns waren die Alten so jung wie heute. Sie treiben Sport und bleiben fit bis ins hohe Alter. Manche Frau über fünfzig strahlt mehr Erotik aus als ihre zwanzig Jahre jüngeren Geschlechtsgenossinnen. Auch durch die Hobbys oder in der Kleidung sind die *jungen Alten* von der nachfolgenden Generation kaum zu unterscheiden: Turnschuhe, T-Shirt, Jeans und Käppi.

Und viele wollen gar nicht älter werden, haben es vielleicht auch im Zeitalter des Jugendwahns verlernt. Es gibt schon eine Bezeichnung für die Personengruppe, die sich dem Älterwerden verweigert: die *kidults*. Also die, die zwar alt sind, aber immer Kind bleiben wollen.

»Die Alten rücken den Jungen dermaßen auf den Pelz, dass die kaum noch Luft zum Atmen haben«, klagt Klaus Hurrelmann, wissenschaftlicher Leiter der Shell-Jugendstudie 2006. Der zur Schau gestellte Jugendwahn, die Weigerung erwachsen – oder gar alt – werden zu wollen, dürfte die nächsten Jahrzehnte prägen. Denn immer weniger Jugendlichen stehen immer mehr Erwachsene gegenüber, die sich wie Jugendliche benehmen.[44]

Claudius Seidel beschreibt diese Situation plastisch in seinem Buch *Schöne junge Welt*: Die Baby-Boomer-Generation, also die Jahrgänge 1954 bis 1970, wälzten sich *»wie eine gewaltige Welle (...) durch die deutsche Altersstatistik; sie waren als Jugendliche in der Mehrheit, sie sind jetzt in der Mehrheit und sie werden es, wenn Krieg und Seuchen sie verschonen, auch noch in 25 Jahren sein«*. Eine Jugendkultur der Teens und Twens müsste sich demgegenüber als Minderheitenkultur definieren.[45]

Wie anders sah das noch vor 30 Jahren aus. Man sah auch so alt aus, wie man war. Auf den Schwarz-Weiß-Fotos im Familienalbum trägt der Opa noch biedere Stoffhosen, die fast bis unter die Achseln reichen, natürlich mit Hosenträgern, ein weißes Hemd und Jackett, einen Hut, er raucht Zigarre. Auch die Eltern sehen reifer aus als wir heute, sie wirken mit 25 schon so wie unsere Generation mit 35 immer noch nicht. Und sie scheinen gefestigt und besser zu wissen, was das Leben bereithält – und vor allem auch, was nicht.

Unsere Eltern waren unseren Großeltern im gleichen Alter noch ähnlicher. Wir sind heute anders als alle Generationen zuvor und haben deshalb auch kein Vorbild mehr, an dem wir uns orientieren können. Die alten Strategien zur Lebensbewältigung taugen nicht mehr, die Rahmenbedingungen haben sich geändert.

Die Grenzen der Jugend haben sich innerhalb von nur 30 Jahren – in einem Zeitraum, den man früher eine Generation genannt hätte – um mehr als zehn Jahre nach hinten verschoben. Aber die Situation ist paradox: Noch nie fühlten sich die Älteren so fit wie heute – trotzdem würden sie die Arbeitgeber am liebsten 20 Jahre früher als in der Vergangenheit in den Ruhestand schicken.

Das Älterwerden: Keiner will es

Das Altern hinterlässt Spuren: Dem Zugewinn an Erfahrung folgt auch der an Falten und Gebrechlichkeit.

In seinem Roman *Das Bildnis des Dorian Gray* schildert Oscar Wilde die Trauer eines schönen Jünglings über die Vergänglichkeit der Jugend. Als dieser sein von einem Maler gefertigtes Porträt sah, wurde er bei dessen Anblick von einer überwältigenden Angst ergriffen: »*Wie traurig das ist. Ich soll alt werden, hässlich und abstoßend. Aber dieses Bild wird ewig jung bleiben. Es wird nie älter werden, als es heute, an diesem Junitag ist (...) Wenn es doch umgekehrt wäre! Wenn ich ewig jung bliebe und das Bild altern würde.*« Der Teufel erfüllte schließlich diesen Wunsch, das Bild alterte, der Mann blieb jung, und bald musste er das Gemälde verstecken, damit kein Besucher sehen konnte, welche Spuren sein Leben auf dem Bild hinterließ.[46]

Uns hilft der Teufel nicht mehr, wir lassen uns liften, nehmen Botox und Anti-Aging-Cremes. Wir wollen nicht nur nicht älter werden – es wird auch zunehmend schwieriger. Noch in der letzten Generation war es übersichtlicher, die Entwicklung geradliniger. Nach dem Spielen im Kindergarten ging's in die Schule, danach wurde eine Lehre gemacht oder studiert. Wer einen Abschluss hatte, konnte sich relativ sicher sein, dass er auch einen Job bekam. Dann wurde es Zeit, um die Hand der Angebeteten anzuhalten – der Satz *Können Sie meine Tochter überhaupt ernähren?* klingt noch im Ohr. Wenn das möglich war, wurde geheiratet, irgendwann kamen dann die Kinder und zum Schluss der wohlverdiente Ruhestand. Man wusste so in etwa, wann und was man vom Leben zu erwarten hatte. Außerdem ging es bei den meisten im Beruf und beim Lebensstandard stetig aufwärts.

Heute sieht es etwas anders aus. Der Kindergarten wird immer mehr zur Vorschule, die Schulzeit zum ideologischen Experimentierfeld, der Lernstoff zwar immer mehr, die Zeit ihn einzupauken aber gleichzeitig weniger. Die Ausbildung, auch eine gute, ist kein Garant mehr für einen guten Job. Kinder kommen vielleicht irgendwann – wenn es die Karriere erlaubt –, sie werden weniger erzogen als früher und sind dafür anspruchsvoller. Geheiratet wird, wenn überhaupt, oft nur aus steuerlichen Gründen. Die Kinder werden dann – beim nächsten Lebensabschnittspartner – hälftig auf die neuen Patchworkfamilien aufgeteilt. Man ist froh, wenn man den gewohnt hohen Lebensstandard halten kann. Bei wenigen steigt er, bei vielen sinkt er aber stetig. Wer Glück hat, behält seinen Job oder wird in den Vorruhestand geschickt, wer nicht, bekommt dafür seine Rente noch später als in früheren Zeiten.

Eine schwierige Phase für junge Erwachsene ist heute das Alter zwischen Ende 20 und Mitte 30: Sie geraten in die *Rushhour des Lebens.* In dieser kurzen Zeitspanne von etwa fünf bis sieben Jahren müssen sie, wie es im siebten Familienbericht der Bundesregierung von 2005 heißt, Entscheidungen treffen und realisieren, *»die mehr oder minder das ganze Leben bestimmen«*: Sie müssen die Ausbildung abschließen, einen Job suchen und einen Lebenspartner finden. Die Elterngeneration, die früher schon mit Mitte zwanzig heiratete, konnte sich dafür etwa doppelt so viel Zeit lassen.[47]

In diesem Lebensabschnitt kommen dann aufgrund des Tickens der biologischen Uhr auch in der Regel Kinder – wenn überhaupt der Wunsch nach ihnen besteht. Denn nach der langen Ausbildung und der damit verbundenen langen Abhängigkeit vom Elternhaus bleibt für die Gründung einer Familie nur eine knappe Zeitspanne. Nicht gerade förderlich für den Kinderwunsch sind auch die schwierigen Startbedingungen für Berufsanfänger: Manche hangeln sich schlecht oder gar nicht bezahlt von Praktikum zu Praktikum, andere – wenn sie überhaupt einen Job bekommen – erhalten nur Monatsverträge.

Dabei wäre dieser Zeitdruck eigentlich gar nicht nötig, denn die Lebenserwartung der heute jungen Leute liegt jenseits von 80 Jahren. So scheint diese Form einer zeitlichen Konzentration wichtiger Lebensereignisse und -phasen nicht mehr ganz zeitgemäß.

Wo früher eher geradlinige Verläufe das Leben planbar machten, wird es heute eher von Abzweigungen, Kurven und Vor- und Rückschritten bestimmt. Und da wird es zunehmend schwieriger, einen Kurs zu finden oder ihn dann zu halten. Dieses Auf und Ab können jüngere Leute besser verkraften, Ältere mit Familie sind da verständlicherweise nicht mehr so flexibel.

Doch auch viele Alte sind heutzutage ebenfalls nicht zu beneiden. Waren sie früher in Familien eingebunden, ist dies heute seltener der Fall. Und die Lebenswirklichkeit in Heimen sieht teilweise erschreckend aus. Die Zustände werden eindringlich von Markus Breitscheidel in seinem Buch *Abgezockt und totgepflegt* beschrieben.[48] Menschen, die relativ gesund ins Altersheim kommen, werden – wenn sie zu aktiv sind und dadurch mehr Zuwendung oder Aufmerksamkeit benötigen – einfach ruhig gestellt und verfallen dadurch zusehends. Und der durch die Ökonomisierung der Pflegearbeit vorgegebene Minutentakt, die hohe psychische Belastung des Pflegepersonals und die niedrigen Löhne tun ihr Übriges dazu, dass die Pflege zur Notversorgung verkommt und der Pflegeberuf zu der Sparte geworden ist, von der sich schon kurz nach dem Einstieg die meisten wieder abwenden. Die skandinavischen Länder zeigen, dass es auch anders geht – sie kommen fast ohne Heime aus.

Aber wenn das Alter so problematisch sein kann, warum sterben wir dann nicht früher? Warum werden wir überhaupt so alt?

Das biologische Alter: Länger jung macht alt

Wir Menschen sind die Art von Säugetieren mit der längsten Jugendzeit – und werden wohl deshalb auch am ältesten.

Nach Stephen Jay Gould ist die verzögerte Entwicklung des Menschen das entscheidende Merkmal der menschlichen Evolution. Weil unsere Art eine lange Kindheit unter dem Schutz der Eltern verbringe und erst spät geschlechtsreif werde, hätten wir zwei Jahrzehnte oder mehr Zeit, fürs Leben zu lernen. Und da wir das meiste von den anderen lernen, sei die verlängerte Kindheit auch der Grund dafür, dass wir soziale Wesen geworden sind. Wir seien flexibler und anpassungsbereiter als unsere Vettern, die Primaten, die deshalb aus den tropischen Wäldern und Savannen auch nie herausgekommen sind.[49]

Der Mensch ist also zum Menschen geworden, als er begann, seine Kindheit und Jugend immer weiter hinauszuzögern. Viele Tiere überleben das Ende ihrer Fruchtbarkeit nicht lange – wir werden im Schnitt fast doppelt so alt.

Der Biologe und Anthropologe Jared Diamond schreibt in seinem Buch *Der dritte Schimpanse*, dass der Mensch älter werden musste, damit die stark verlängerte Jugendzeit der Kinder ausgeglichen wurde. Die Eltern mussten also mindestens so lange leben, bis der Nachwuchs auf eigenen Beinen stehen konnte. Dazu würden allerdings schon 40 bis 45 Jahre ausreichen. Wir werden aber wesentlich älter – warum?

Der Grund dafür: Im Gegensatz zu heute war in den früheren menschlichen Gesellschaften das Alter eine der wertvollsten Ressourcen. Der alte Mensch ersetzte in einer Kultur, die weder Schrift noch andere Speichermedien kannte, ganze Bibliotheken und Archive. Während die Jungen auf die Jagd und Beeren sammeln gingen, sammelten die Alten, die zu schwach für die Jagd waren, Wissen, bewahrten es auf und erzählten es weiter.

Insofern machte sogar die mit dem Alter einsetzende Gebrechlichkeit einen Sinn. Denn wären die Menschen fit geblieben, hätten sie ja weiterhin jagen und sich fortpflanzen können. So blieb ihnen notgedrungen nichts anderes übrig, als am Lagerfeuer zu bleiben, von alten Zeiten zu erzählen und so das Wissen ihres Clans oder Stammes zu erweitern.[50]

Reife und Erfahrung wurde auch in späteren Epochen hoch geschätzt. Bei den Römern oder Griechen konnten ehrenvolle Ämter nicht vor dem 50. Lebensjahr angetreten werden. Auch gab es bei vielen Naturvölkern als ausgleichendes Moment zu den eher impulsiven Problembewältigungsstrategien der Jüngeren den Ältestenrat, dessen Empfehlungen gehört und respektiert wurden. Heute sind Altersweisheit und Erfahrung nicht mehr so gefragt, vielleicht wollen wir auch deshalb nicht älter werden.

Bewusst altern: Verlust oder Gewinn?

Dass wir Älteren wenig zutrauen, liegt auch daran, dass sich das Interesse der Forschung sehr lange eher auf Kinder, Jugendliche und Erwachsene konzentriert hat – das Alter war früher kein Thema. Zudem war in den Köpfen auch die Erfahrung latent, dass mit fortschreitendem Alter immer weniger geht – was ja durch die zunehmenden Gebrechen offensichtlich wurde.

1953 veröffentlichte der Psychologe Harvey Lehmann eine durch Fakten untermauerte Studie, deren Ergebnis darauf hinauslief, dass nach dem 40. Geburtstag praktisch nichts Neues mehr in den Köpfen selbst der klügsten Leute entstanden sei.[51]

Weil diese Fakten anscheinend unwiderlegbar waren, bemühten sich Biologie und Medizin in der Folge nur noch darum, eine solide Begründung nachzuliefern. Man stellte fest, dass Tempo und Flexibilität des Denkens nachließen, dass der menschliche Arbeitsspeicher schon im dritten Lebensjahrzehnt schrumpfe und die Neugier rapide nachlasse. Es sah so aus, als ob es unumstößliche naturwissenschaftliche Gesetze gebe, die bestimmen, wie alt ein

Mensch in welchem Lebensjahrzehnt sei. Diese Sichtweise hat sich lange hartnäckig gehalten.

So verbindet sich hohes Alter automatisch mit Vergreisung, Alzheimer, Demenz und hohen Pflegekosten. Alte werden zur Last für die Gesellschaft. Tatsächlich sind aber, Studien zufolge, viele der heutigen Alten ziemlich fit. Sind einmal die 70 überschritten, bleiben erstaunlich viele weitgehend gesund, die meisten können sich auch noch lange Zeit selbst versorgen. Sie unterstützen sogar noch die Kinder- und Enkelgeneration – nicht nur durch Babysitten, vielfach auch finanziell, und leisten so weiter ihren Beitrag zum Funktionieren der Gesellschaft.

Auch die Vorstellung, dass die Krankheitskosten im Alter sehr hoch seien, scheint nicht zuzutreffen. Natürlich sind ältere Menschen meist öfter krank als junge – aber das muss nicht unbedingt heißen, dass sie auch teurer sind.

Die Soziologin Hilke Brockmann von der Universität Bremen legte 2002 eine Untersuchung vor, die belegt, dass nicht das Lebensalter für die Gesundheitskosten entscheidend ist, sondern vielmehr *»die Nähe des Kranken zum Tod«*. Generell seien Patienten in ihrem letzten Lebensjahr am teuersten – egal, ob sie 50 oder 80 sind. Anhand einer Datenanalyse von 430 000 AOK-Patienten fand Brockmann heraus, dass die kostspieligsten Behandlungen sterbenskranken Frauen zwischen 20 und 50 Jahren zuteil wurden.[52]

Immer öfter wird jetzt auch mal eine Lanze für die Fähigkeiten der Älteren gebrochen. Leider nicht unbedingt aus Einsicht, sondern mehr der Not gehorchend. Denn die Industrie merkt, dass ihr die jungen Fachkräfte ausgehen und sie zukünftig mehr auf Frauen und die älteren Semester zurückgreifen muss. Vielleicht wird aus der Not irgendwann doch mal eine Tugend.

Auch mag es eine Rolle spielen, dass sich die *Baby-Boomer* (also die zwischen 1950 und 1965 Geborenen) als stärkste Generation überhaupt vermehrt Gedanken über ihre eigene Zukunft machen. Und wo viele sind, verschiebt sich das Interesse und die Deutungsmacht.

So wird das Alter langsam unter einem neuen Blickwinkel gesehen: Es hat zwar mit Abbau und Verlust zu tun, aber auch mit (innerem) Wachstum und Gewinn, denn Erfahrung, Menschenkenntnis und Organisationswissen werden größer. Auch Güte und Gelassenheit sind positive Eigenschaften, die eher den Älteren zugeschrieben werden. Und wie wir schon im Kapitel Gehirn gesehen haben, bilden sich auch noch im Alter neue Gehirnzellen (*adulte Neurogenese*) wodurch wir bis ins hohe Alter lernfähig bleiben. Die physische Leistungsfähigkeit nimmt zwar mit den Jahren ab, sie ist aber in einer immer stärker wissensorientierten Gesellschaft auch nicht mehr so notwendig.

In seinem Essay *Wie alt sind wir?* sagt Robert Pogue Harrison, dass auch die Weisheit jene Intelligenz ist, die eher bei den Alten zu finden ist. Er meint damit das Bewusstsein von Tod und Endlichkeit, die Kenntnis der Tradition und der Konvention, die Ehrfurcht vor dem Vergangenen, das Gespür für Maß und Wichtigkeit und nicht zuletzt das Wissen, wie man die Kinder erziehen und warum man der Jugend die Freiheit geben muss, die sie braucht, um schöpferischen Geist zu entwickeln.[53]

Die Gesellschaft sollte ein Interesse daran haben, aus den unterschiedlichen Fähigkeiten von Alten und Jungen Synergien zu schöpfen. Denn nur eine gute Balance zwischen jugendlichem Geist und erwachsener Weisheit sichere der Gesellschaft die Zukunft, so Harrison. Leider hat die Gesellschaft dies noch nicht richtig erkannt.

Aber je mehr Einzelne ihre Einstellung zum Alter ändern, desto mehr wird sie zum gesellschaftlichen Konsens. Grundsätzlich kann eine positive Haltung dem Altwerden gegenüber sogar das Leben verlängern. Eine amerikanische Studie hat herausgefunden, dass jene, die im mittleren Lebensalter eine positive Einstellung zum Alter offenbarten, im Schnitt 7,15 Jahre länger lebten als jene, die eine negative Sicht des Alters hatten.[54]

Wenn wir positiv über das Alter denken und uns dabei auch noch bewusst sind, dass die Aufgaben der zweiten Lebenshälfte sich deutlich von den Aufgaben der ersten unterscheiden – wir also nicht immer jung bleiben können –, werden wir nicht nur besser älter, sondern gewinnen auch in jungen Jahren eine neue Einstellung zum Leben.

Pubertät

Wer seine Pubertät noch im Gedächtnis hat, wird sich erinnern, dass man in dieser Zeit ziemlich mit sich selbst beschäftigt war, sich manchmal recht sonderbar vorkam, das andere Geschlecht erstaunlicher und die Eltern peinlicher wurden. Diese sahen das etwas anders. Sie erlebten ihr Kind als rätselhaftes Wesen, das sich merkwürdig abweisend, manchmal unberechenbar verhielt und an dem Erziehungsversuche meist nur noch wirkungslos abprallten. Die Schuld an diesem Zustand gab man den Hormonen.

Wie schon im ersten Teil des Buches erwähnt, unterteilt Erik H. Erikson unsere psychosoziale Entwicklung in sieben Phasen. In jeder haben wir ein spezielles Problem zu bearbeiten. In der fünften – der Pubertäts- und Adoleszenzphase – sollten wir uns klar darüber werden, wer wir sind und wie unsere Überzeugungen, Gefühle und Werte aussehen. Also mit anderen Worten: unsere Identität finden. Die Bedingungen, um halbwegs unbeschadet aus dieser Zeit hervorzugehen, sind nach Erikson eine innere Festigkeit und positive Rückmeldungen aus unserem Umfeld.[55]

Die Pubertät ist zweifellos die prägendste Zeit des Lebens, Psychologen bezeichnen sie auch als *zweite Geburt*. In dieser Zeit entdecken die Jugendlichen ihre Persönlichkeitseigenschaften und die Möglichkeit, an sich selbst zu arbeiten. Wenn die jungen Menschen auch nach außen offensichtlich in der Pubertät stecken, übernimmt die Psyche die Regie: Wie reagieren die anderen auf die Tatsache, dass ich kein Kind mehr bin – das wird in dieser Phase zur entscheidenden Frage. Vor allem aber: Wie empfinde ich dies selbst?

Die Pubertät: Immer früher reif

Das Wort Pubertät kommt aus dem Lateinischen und ist abgeleitet aus *pubes*, was Schamhaar bezeichnet. Hier wird der Prozess der in ihr stattfindenden sexuellen Reifung direkt beim Wort genommen.

Die Pubertät zeigt sich äußerlich in Pickeln, sprießenden Härchen und Zickenattacken, denn die Eierstöcke und Hoden werden mit stimulierenden Hormonen versorgt, deren Auswirkungen sich schwer verbergen lassen. Diese Reifung ist zum größten Teil genetisch gesteuert. Wie genau in den Körpern von Kindern der

Sprung zum Erwachsenen startet, darüber rätseln die Forscher noch.

Der Zeitpunkt der ersten Regel hat sich innerhalb der vergangenen 150 Jahre in den Industrieländern verschoben; waren die Mädchen früher 17 Jahre alt, sind sie heute erst zwölfeinhalb. Diese Entwicklung wird hauptsächlich auf bessere Ernährung und Hygiene und darauf zurückgeführt, dass Infektionen heute seltener sind. In den vergangenen 15 Jahren ist jedoch das Alter, in dem die erste Regel eintritt, relativ konstant geblieben. Allerdings bekommen die Mädchen immer früher einen Busen – manche bereits vor dem achten Geburtstag – was nach den Medizinlehrbüchern nicht als normal gilt.[56] Bei Teenagern in unterentwickelten, ärmeren Ländern setzt sie etwa ein bis zwei Jahre später ein.

Wie so oft sind die Mädchen schneller als die Jungen: Ist bei ihnen ein Mindestanteil von Fett im Körpergewicht erreicht, etwa um die 17 Prozent, starten sie heute mit 10 bis 13 Jahren, die Jungen irgendwann im Alter zwischen 12 und 15 Jahren. Bei Mädchen, die wenig Fettanteil haben, also zum Beispiel aktiven Sportlerinnen, kann die Pubertät später ausgelöst werden als bei dickeren.

In der Pubertät legen Mädchen an Rundungen zu, im Extremfall kann sich ihr Körpergewicht verdoppeln – eine Entwicklung, die dem gängigen Schönheitsideal widerspricht und dazu führt, dass 30 Prozent aller Zehnjährigen und 60 Prozent aller Fünfzehnjährigen sich für zu dick halten.

Aber nicht nur die körperliche Konstitution spielt eine Rolle: Bei einer schwachen emotionalen Verfassung wird der Beginn der Pubertät sogar vorgezogen. In Familien mit vielen Problemen ist das frühe Gründen einer eigenen Familie anscheinend eine Anpassungsleistung – quasi eine Flucht nach vorn, aus der schwierigen Situation mit den Eltern heraus in eine eigene, die vielversprechender scheint.[57]

Von Früh- und Spätstartern: Folgen für die Biografie

Die Zeit, in der bei Teenagern die Pubertät einsetzt, hat offenbar gravierendere Folgen für deren Biografie als bislang angenommen. Früh- und Spätentwickler müssen sich mit anderen Problemlagen auseinandersetzen, wobei sich diese bei Mädchen und Jungen durchaus unterschiedlich auswirken.

Sich früh entwickelnde Jungen übernehmen oft Führungspositionen unter Gleichaltrigen, fühlen sich aber nach eigenen Angaben in der Pubertät nicht so wohl wie die Spätentwickler. Diese werden zwar oft als *kindisch* und *noch nicht so weit* bezeichnet, sind aber noch unbelastet, weil sie sich weniger Gedanken um ihre Sexualität und ihre neue Geschlechterrolle machen.

Mädchen, die sich früh entwickeln, haben selten Führungspositionen unter Gleichaltrigen. Sie sind häufiger in abweichendes Verhalten verwickelt und in der Schule schlechter. Sie haben weniger Selbstvertrauen und sind ängstlicher. Sich spät entwickelnde Mädchen erleben das Gegenteil. Sie werden als körperlich attraktiv, lebendig, sozial und führend in der Schule angesehen.[58]

Eine Studie an 66 Probandinnen, die von der Kindheit bis ins Erwachsenenalter begleitet wurden, zeigte andere, aber nicht unbedingt widersprechende Entwicklungstendenzen: Die Mädchen, die erst relativ spät ihre erste Blutung erlebten, waren im weiteren Leben meist ängstlicher und depressiver als die anderen Mitglieder der Gruppe – vermutlich Folge einer verlängerten Kindheit, in der sie weniger Selbstständigkeit erfahren konnten.

Aber auch die Frühstarter hatten Besonderheiten aufzuweisen. Sie waren zwangsläufig in Körper und Rolle von Erwachsenen geschlüpft, während ihre Psyche noch in der Kindheit feststeckte, und mussten Übergänge vollziehen, für die sie noch gar nicht bereit waren. Durch ihre zwangsläufig älteren Ansprechpartner bekamen diese Mädchen früher Kinder, investierten weniger in die eigene Ausbildung, waren beruflich weniger erfolgreich als Gleichaltrige und neigten zu kurzfristigeren Beziehungen von geringerer Tiefe. Sie reagierten aber auch deutlich autonomer und verfügten über mehr Freiheitsdrang. Und dieser ist es, der Jugendliche überhaupt dazu bewegt, sich ihren eigenen Weg im und einen Partner fürs Leben zu suchen.[59]

Aber eines gilt für alle – ob für Spät-, Mittel- oder Frühpubertierende: Am Nestrand lauern unerwartete Zweifel. *Wer bin ich? Wohin will ich und wie schaffe ich das?* Auf sich allein gestellt, sieht sich der Heranwachsende erstmals mit jenen existenziellen Fragen konfrontiert, die er vermutlich für den Rest seines Lebens mit sich herumschleppen wird.

Das Benehmen der Teenager stellt nicht nur die Eltern, sondern auch sie selbst vor einige Rätsel – sie kennen sich oft selbst nicht mehr. Noch bis Mitte der neunziger Jahre dachte man, dass Verhaltensänderungen durch den Aufruhr der Hormone hervorgerufen werden. Vom Denkorgan war noch keine Rede, Fachleute dachten, das Hirn sei mit zwölf Jahren fast ausgereift.

Doch mehrere Faktoren wirken zusammen. Der Autor Harald Willenbrock beschreibt den Prozess der Pubertät sehr bildlich: *»Letztlich müssen wir uns die drei Faktoren Gehirnstruktur, Hormone und Psyche wohl wie Zutaten einer Backmischung vorstellen, die zusammengerührt und in den Ofen geschoben werden und dort über die Pubertät hinweg überhitzt miteinander reagieren.«*[60]

Neuerdings finden gerade die komplexen Umwälzungen im Gehirn viel Beachtung, die erst in den vergangenen Jahren näher erforscht wurden. Es hat sich gezeigt, dass sich das Gehirn in den Teenagerjahren weitaus dynamischer entwickelt als Forscher bislang vermutet haben.

Die Gehirnentwicklung: Vorsicht Baustelle

Ich möchte diese neuen Erkenntnisse der Hirnforschung auf den folgenden Seiten im Sinne von Willenbrock zusammenfassen.[61]

Nach dem ersten Wachstumsschub im Kleinkindalter erfährt das Hirn in der Adoleszenz den zweiten – danach schrumpft die Hirnmasse wieder. Es bilden sich Myriaden neuer Kontaktstellen zwischen den Nervenzellen, mit deren Hilfe das Gehirn Informationen verarbeiten und speichern kann. Anschließend beschneidet es aufgrund seiner Erfahrungen diese Vielfalt wieder. Der amerikanische Neurobiologe Gerald Edelman nennt diese Selbstorganisation des Denkapparats, bei dem nur die meistgenutzten Synapsen überleben, einen *neuronalen Darwinismus.*

Die verschiedenen Hirnregionen entwickeln sich aber nicht gleichzeitig, die Reifung des Präfrontalhirns dauert bis über das 20. Lebensjahr hinaus. Dieser Stirnlappen ist für exekutive Aufgaben wie Planung, Prioritätensetzung, das Abwägen von Konsequenzen und die Unterdrückung von Impulsen zuständig. Er fällt Entscheidungen wie *»Jetzt beende ich zunächst meine Hausaufgaben und bringe den Müll raus, und dann schreibe ich meiner Freundin eine Mail.«* Wenn ein Kind trotz wiederholter Aufforderung den Müll nicht wegbringt, kann es sein, dass sein Präfrontalhirn die Welt und deren

Signale anders bewertet. Auf die ärgerliche Frage seiner Eltern, ob sie richtig verstanden worden seien, müsste der Teenager ehrlicherweise antworten: *»Ja, aber nicht so, wie ihr denkt!«*

Aufgrund dieser Umstrukturierung ihres Hirns denken Teenager auch weniger über die Konsequenzen ihres Tuns nach, handeln impulsiver und sind auch viel risikobereiter. Die Forscher erklären das damit, dass die Ausbildung des Belohnungszentrums im Hirn noch nicht so weit fortgeschritten ist wie bei Erwachsenen: Um überhaupt einen *Kick* zu verspüren, benötigen Jugendliche höhere Reize. Deshalb lassen sie sich auch eher auf waghalsige Autorennen, Drogenexperimente oder Ausgehexzesse ein. Das Problem dabei: Teenagerhirne reagieren – womöglich aufgrund einer noch nicht effizienten Verschaltung des Gehirns – auch langsamer. Das traurige Resultat ist, dass das statistische Risiko von Verletzungen, auch mit tödlichem Ausgang, so hoch ist wie in keiner anderen Lebensphase. Die Unfallrate ist in dieser Zeit etwa dreimal so hoch wie bei Kindern unter acht Jahren.

Von psychischen Störungen, die durch die Pubertätshormone verursacht werden, berichtet der Kinder- und Jugendpsychiater Resch: *»Die Probleme treten auf, wenn gewisse Netzwerke im Gehirn nicht abgebaut werden«*, dies äußere sich etwa in einem *»gestörten Körperschema«*, was zur Magersucht führen könne.

Teenager – immerhin 16,8 Prozent der Mädchen und 8,3 Prozent der Jungen – verfolgen gelegentlich Selbstmordgedanken. Gerade in diesem Unglücklichsein mit sich und der Welt, so vermuten einige Forscher, liegt auch ein Grund, warum Jugendliche so empfänglich für Drogen sind. Denn psychoaktive Stoffe regen im Gehirn vor allem Dopamin-Rezeptoren an, die das Belohnungssystem stimulieren und einen gewissen Glückszustand erzeugen.

Bei den meisten Teenagern führt die Pubertät zu einer Selbstentfremdung – der veränderte Körper und die völlig neue Beziehung zu sich selbst und zu anderen macht ihnen zu schaffen. Entsprechend unkontrolliert ist ihr Verhalten.[62]

Grenzen überschreiten: Ich provoziere, also bin ich

Während der Pubertät berichten sowohl Eltern als auch Jugendliche, dass sie gegenseitig keine Nähe mehr fühlen. Ein Grund für die auftretenden Probleme zwischen Eltern und Kind kann – neben den geschilderten hormonellen Ursachen und der Umstrukturierung des Gehirns – auch die verbesserte Urteilsfähigkeit des Kindes sein, wodurch das Verhalten der Eltern eher infrage gestellt und kritisiert wird. Zusätzlich verändern sich mit der körperlichen Reife auch die Rollen der Jugendlichen in ihrem Leben; sie wollen jetzt als Erwachsene behandelt werden. Die Heranwachsenden wollen mehr Selbstständigkeit, die Erwachsenen, die sie vor Schaden bewahren möchten – und ja eigentlich nur *ihr Bestes* wollen –, nehmen so automatisch die Gegenposition ein.[63]

Für die Kinder sind ihre Eltern fortan nicht mehr Vorbilder, sie werden zu Gegenspielern. Diese vermeintliche Ablehnung treibt viele Eltern an ihre Verständnis- und Toleranzgrenzen.

Der Philosoph Hans-Georg Gadamer hat einmal gesagt: *»Unser Selbst können wir immer nur über unsere Grenzen erfahren«* – dies gilt ganz besonders in der Pubertät. Oftmals haben Eltern bei den Experimenten und Provokationen ihrer Kinder die Sorge, dass alle Erziehung nutzlos gewesen sein könnte. Es ist in dieser Phase nicht leicht für die Eltern, ihren Kindern zugleich Halt und Freiheit zu geben. *»Es ist ein großer Fehler, wenn Eltern glauben, sie müssten Ihre Kinder dann ganz in Ruhe lassen«*, sagt der Jugendpsychiater Resch. Nie dürfe eine Beziehung aufgegeben werden, denn um eine neue Welt zu entdecken und aufzubauen, diene die alte als Fundament.

In dieser Zeit ist es wichtig, dass Eltern Position beziehen, weil Teenager klare Ansagen brauchen – und sei es nur, um sie zu ignorieren. Die Eltern müssen die für sie selbst unangenehme Rolle des Gegenspielers einnehmen, denn zu viel kumpelhaftes Verständnis oder ein nachsichtiges Lächeln sind nicht der Weg, der Jugendlichen nutzt.

Sich zurückzuziehen, hätte fatale Folgen, denn der Kampf der Jugendlichen verliefe dann im Leeren. Wenn ihr Geschrei, ihre Ungehorsamkeit und ihr unflätiges Reden nicht auf Widerstand stoßen, greifen sie deshalb oft zu noch extremeren Provokationen.

Oder sie reagieren völlig anders und ziehen sich in sich selbst zurück: Fachleute bezeichnen dies als *innere Askese*. Die Jugendlichen weichen jedem Gespräch aus, leben völlig ziel- und planlos. Diese innere Emigration kann von Depression über Selbstmordgedanken bis hin zum Selbstmord führen – die nach Verkehrsunfällen zweithäufigste Todesursache bei Jugendlichen.

Auf die Eltern wartet eine wahrhaft schizophrene Aufgabe: Sie müssen gleichzeitig Halt geben und loslassen. Dazu ist die Belohnung der durchstandenen Anstrengungen für viele Eltern manchmal schwer zu verkraften – sie besteht nicht nur im eigenen Kontroll- und Autoritätsverlust, sondern auch in der innerlichen Ablösung der Kinder.

Es gibt aber auch viele Jugendliche, die bei ihrer Selbstfindung bestens zurechtkommen – ohne negative Folgen oder Defizite. Fachleute schätzen ihren Anteil auf etwa 30 Prozent. Sie kommen prima mit ihren Eltern aus, während es um sie herum kracht. Aber unabhängig davon, wie anstrengend die Phase der Pubertät für Eltern und Kinder verläuft – die neuen Ergebnisse der Hirnforschung können jetzt immerhin erklären, warum alles durcheinandergerät und wie Heranwachsende die Welt erfahren.

Auch die positive Seite, nämlich die phänomenale Plastizität des Gehirns, ist ein mächtiger und vielversprechender Aspekt, der bislang viel zu wenig berücksichtigt wurde. Denn es liegt in unserer Macht, über die Verschaltungen im Hirn selbst zu entscheiden. Genauso gut wie zum Schlechten kann sich ein Gehirn durch menschliche Zuwendung und Anregungen aus Kultur, Sport und Musik zum Guten hin verändern – und so mehr Selbstentfaltung und Selbstverwirklichung ermöglichen.

Familie

Wir leben in einer Zeit, in der mehr Familien zerbrechen als je zuvor. Seit drei Jahrzehnten steigt in Deutschland die Zahl der Scheidungen kontinuierlich an. Wurden in den siebziger Jahren noch rund 15 von 100 bestehenden Ehen in Westdeutschland geschieden, waren es zu Beginn der neunziger Jahre mit 30 schon doppelt so viele. Im Jahr 2003 stieg der Prozentsatz der geschiedenen Ehen auf 43 Prozent.[64]

Trotz dieses offensichtlichen Verfalls der traditionellen Familie bedeutet sie uns sehr viel. Nach einer repräsentativen Untersuchung des *Allensbacher Instituts für Demoskopie* betonen 85 Prozent der Deutschen, dass gute und enge soziale Beziehungen für sie besonders erstrebenswert seien. Für über drei Viertel von ihnen steht dabei die Familie im Vordergrund. Und dass Eltern und Großeltern für die Sechs- bis Vierzehnjährigen nach eigenen Angaben die wichtigsten Vermittlungsinstanzen und Vorbilder für Werte sind, hat eine Studie der Unicef 2007 herausgefunden.[65]

Die Familie in ihren vielfältigen Formen ist für die meisten Menschen der Raum, in dem sie aufwachsen, erste soziale Erfahrungen sammeln, ihre ethischen Grundüberzeugungen und ihre sozialen und kommunikativen Kompetenzen entwickeln. Hier lernen Kinder, wie man sich benimmt, ob es normal ist, dass man seine Tiefkühlpizza vor dem Fernseher verspeist und ob man seine Hausaufgaben erledigt oder besser Fußballspielen geht.

Die Familie gibt schon Säuglingen ein sicheres Zuhause, erzieht Kinder und Jugendliche und beeinflusst ihre Motivationen und Fähigkeiten. Sie prägt weitestgehend die persönliche Identität, den Charakter und das Selbstwertgefühl der Kinder. Nachweislich entscheiden die familiäre Situation, die Intensität der familiären Beziehungen und die Förderung der genannten Kompetenzen über die Bildungschancen der Kinder.

Zusätzlich sorgt sie für materiellen Schutz und Fürsorge – auch für kranke und alte Familienangehörige. Nicht nur deswegen steht sie auch nach dem deutschen Grundgesetz unter dem besonderen Schutz des Staates.

Aber die Strukturen der Familie haben sich in den letzten fünfzig Jahren stark verändert. Nur eine Minderheit lebt heute noch in einer Familie, wie sie in den fünfziger und sechziger Jahre typisch war: Die Eltern waren – meist in einer lebenslangen Ehe – verheiratet und hatten eigene leibliche Kinder. Der Vater war als Hauptternährer auch gleichzeitig Familienvorstand, während die Mutter sich um den Haushalt und die Kinder kümmerte. Die Wohn- und Arbeitsstätte lagen räumlich getrennt.

Im westlichen Kulturkreis ist heute die sogenannte Kernfamilie, bestehend aus Vater, Mutter und deren Kindern, das überwiegend vorkommende Modell. Sie hatte aber nicht immer die gleiche große Verbreitung wie heute. So lebten früher etwa 50 Prozent der sesshaften Menschen, überwiegend Bauern und Stadtbürger, im sogenannten *Ganzen Haus*, das neben der Kernfamilie noch unverheiratete Verwandte und das Gesinde einbezog. Die vorindustrielle Familie war eher eine ökonomische Einheit, in welcher der

Mann zu bestimmen hatte. Frauen und Kindern wurden die Rechte, die ihnen heute zustehen, weitgehend versagt. Diese heute häufig idealisierte, aber nicht immer unbedingt ideale Lebensform ging mit der zunehmenden Industrialisierung stark zurück.

Die Vielfalt der Familienformen: Lasst tausend Blumen blühen

Durch den sozialen Wertewandel haben sich die Familienstrukturen erheblich verändert. Die Bedeutung der traditionellen Pflicht- und Akzeptanzwerte nahm ab, und aus dem traditionellen Dasein für andere wurde immer mehr die Gestaltung eines selbst bestimmten Lebens.

Im Zuge der Emanzipation haben sich die hergebrachten Rollenbilder verändert, die Frauen in der Bildung mit den Männern gleichgezogen, sie in einigen Bereichen sogar überholt; entsprechend – wenn auch lange nicht in demselben Ausmaß – ist die Erwerbsbeteiligung von Frauen, ja von Müttern, gestiegen. Viele Frauen entscheiden sich heute für den Beruf und gegen die Familie, weil beides nur schwer vereinbar scheint. Dies hat dazu beigetragen, dass die Familie ihre ursprüngliche Schlüsselbedeutung als ökonomische Einheit immer weiter eingebüßt hat.

Auch die Dauer partnerschaftlicher und familiärer Bindungen hat sich verkürzt; Beziehungen in mehreren Intervallen – auch so schön als *serielle Monogamie* bezeichnet (die man dann mit wechselnden *Lebensabschnittspartnern* praktiziert) – sind nicht unüblich.

Während sich – auch bedingt durch die Änderung des Familienrechts, die die Trennung erleichterte – die Scheidungsrate erhöhte, nahm die Zahl der Eheschließungen ab. Folglich wurden auch weniger neue Familien gegründet und weniger Kinder geboren – die Haushalte wurden immer kleiner. Begünstigt wurde diese Entwicklung auch durch einfach zu handhabende Verhütungsmittel wie die Pille.

In der Politik wird viel über Familie debattiert, und vor allem konservative Politiker trauern noch dem klassischen Familienmodell der fünfziger Jahre nach. Nicht selten wird der Eindruck erweckt, man müsste nur ein paar Hebel in der Familienpolitik umlegen, dann wäre es möglich, das aus den Fugen geratene private Glück wieder in die alten Bahnen zu lenken. Aber so einfach ist es nicht, dafür hat sich zu viel verändert.

Denn inzwischen sind zahlreiche alternative Lebensformen entstanden, die gleichzeitig nebeneinander existieren und der klassischen Kernfamilie heute zunehmend Konkurrenz machen. Dazu zählen nichteheliche Lebensgemeinschaften, kinderlose Ehepaare, Ehen mit Doppelkarrieren, Alleinerziehende, gleichgeschlechtliche Lebenspartnerschaften, Einpersonenhaushalte, sogenannte *Living-apart-together-Paare* (Paare mit getrennten Wohnungen), Wohngemeinschaften und Patchworkfamilien.

Auch ist durch die Globalisierung und die damit verbundene Migration in den vergangenen zehn Jahren die Anzahl der transnationalen Ehen in Deutschland enorm gestiegen. Inzwischen ist mehr als jede sechste Eheschließung eine von oder mit Ausländern, und jedes fünfte Kind hat einen ausländischen Elternteil.

Wenn der Hippiespruch *»Lasst tausend Blumen blühen«* irgendwo zutrifft, dann in diesen Formen *»postfamilialer Familien«*.[66]

Wie wir eingangs gesehen haben, hat die Familie nach wie vor eine hohe Wertigkeit im Lebensplan junger Menschen. Aber nicht jede Form kann ihre Bedürfnisse nach Sicherheit und Vertrauen gleichermaßen befriedigen, insbesondere weil zum Beispiel die Lebensformen als Alleinerziehender oder die Patchworkfamilie oftmals das Ergebnis einer Scheidung sind und nicht von vornherein so geplant waren.

Alleinerziehenden fehlt der Partner, der sie entlastet; oft werden sie zwischen Erziehungsaufgaben und Erwerbsarbeit aufgerieben. Außerdem ist das Armutsrisiko von Alleinerziehenden fast dreimal so hoch wie das anderer Familientypen. In Patchworkfamilien – also neue Familien, in die die Eltern ihre Kinder aus vorhergehenden Beziehungen mitbringen – haben die Partner nicht selten Probleme, sich auf gemeinsame Erziehungsregeln zu einigen, die von allen aus den unterschiedlichen Herkunftsfamilien akzeptiert werden.

Die Erwartungen der Familie prägen – ob wir wollen oder nicht

Das Verhalten von familiären Bezugspersonen, insbesondere der Eltern, hat prägenden Einfluss auf die eigene Entwicklung, die Lebensgestaltung und die spätere berufliche Orientierung.

Wir sind von der Erfahrungswelt unserer Eltern geprägt und können uns, zumindest in der Kindheit, kaum davon lösen. Unsere Eltern geben nun mal zu fast jedem Thema ihre Meinung von sich und wir hinterfragen meistens gar nicht, ob es richtig oder falsch ist, was sie uns vermitteln. Wir nehmen erst mal alles als gegeben hin und gestalten unser Leben danach.

Kinder ringen oft ein Leben lang um die Aufmerksamkeit und Anerkennung ihrer Eltern und versuchen, sie in ihren Erwartungen zu bestätigen. Dabei kann es sein, dass sie diese Anerkennung nur in Maßen oder nie bekommen. Viele hören nie den Satz: *Tu, was du möchtest, Hauptsache, du bist glücklich.* Anerkennung erfährt man oft erst dann, wenn die Erwartungen der Eltern erfüllt werden. Sie haben einen großen Einfluss darauf, wie wir unser Leben führen. Und wir hören die Wünsche, wie wir zu sein haben, auch wenn sie subtil und ohne *Du-sollst-Botschaft* daherkommen. Normalerweise vergessen wir, wann und wie die Botschaften den Weg in unser Inneres gefunden haben. Aber sie sind vorhanden, und wir reagieren unbewusst darauf. Die Vorstellungen, die an uns herangetragen werden, mögen sich widersprechen und absolut ungeeignet für uns sein, aber sie prägen sich tief ein und beeinflussen uns. Häufig arbeiten sie auch gegen uns.[67] Die Ursache vieler Psychosen liegt in unerfüllten Erwartungen, die andere an uns stellen.

Auch wenn man irgendwann erkennen sollte, dass in der Familie einiges schiefgelaufen ist, gehört es mit zu den schwierigsten Dingen, die Werte der eigenen Familie abzulehnen. Es handelt sich hier um Werte, die uns mit der Muttermilch eingeflößt wurden und die durch die ewigen Bande der Liebe verankert zu sein scheinen.

Was die Familie will, verleiht allem, was man tut, eine positive oder negative Bedeutung – selbst wenn man glaubt, dass es einem völlig egal ist, was sie denkt. Sogar wenn man gegen Erwartungen rebelliert, bleiben sie in uns – wir können uns ihnen gegenüber kaum neutral verhalten. Viele Kinder, die einen starken Erwartungsdruck ihrer Eltern verspüren, diesem aber nicht entsprechen können oder wollen, zerbrechen an ihm. Gerade Sprösslinge prominenter Herkunft haben oftmals an der Erblast ihrer Clans und ihren ehrgeizigen Ansprüchen schwer zu tragen. Man denke nur an die Krupps, Agnellis oder Kennedys.

Wir übernehmen Familienmuster – und bemerken es nicht

Wenn die eigene Familie gegründet wird, übernehmen wir die Dinge, die wir als positiv in Erinnerung haben, grenzen uns aber auch durch bewusst andere Wertvorstellungen oder Verhaltensweisen im Sinne von *so wie meine Eltern will ich nicht werden* von ihnen ab.

Oftmals schleichen sich aber auch unbewusst Muster und Verhaltensweisen ein, fast so, als würden sie von Familie zu Familie generationsübergreifend weitervererbt. Meist fallen dem Einzelnen die Parallelen zwischen dem Leben der Eltern und dem eigenen nicht auf.

So gibt es Fälle, in denen sich Töchter bei Problemen, genauso wie ihre Mütter, mit Migräne zurückziehen. Oder Väter, die bei Schwierigkeiten in den Alkohol flüchten – so wie es ihre Väter auch schon getan haben.

Studien zeigen, dass Menschen, die sich scheiden lassen, überproportional häufig Eltern hatten, die ebenfalls auseinandergegangen sind. Auch neigen Menschen dazu, sich einen Partner zu suchen, mit dem sich die aus der Familie vertrauten Muster zunächst fortsetzen lassen – selbst wenn das im Extremfall dazu führt, dass ein Mann seine Frau misshandelt, wie schon sein Vater und sein Großvater. Oder dass sich eine Frau von untreuen Partnern das Herz brechen lässt, ganz ähnlich wie ihre Mutter oder Großmutter, die ebenfalls von ihren Männern betrogen wurden.[68]

Wie diese Muster entstehen, ist umstritten. Viele Forscher vermuten, dass auch genetische Vorbelastungen, die sich dann bei den entsprechenden Lebensbedingungen entfalten, eine Rolle spielen. So kann anscheinend auch die Unfähigkeit zu lieben durch Generationen weitergegeben werden. Jungen, die in ihrer Kindheit misshandelt worden waren, hatten später vor allem eine höhere Gewaltbereitschaft, wenn sie eine bestimmte genetische Veranlagung aufwiesen. Ganz ähnlich war es bei der Entstehung von Depressionen.

Familie positiv: Statiker unserer Identität

Eine gute Familie kann Wunder wirken: Im Idealfall wird selbstlos Liebe gegeben, unsere speziellen Begabungen und Neigungen werden entdeckt und gefördert, unsere Träume und Sehnsüchte verstanden und unsere Schwächen angenommen. Auf Basis dieser Erfahrungen und der vermittelten Werte versuchen wir, unseren eigenen Lebensentwurf zu entwickeln, um später auf eigenen Beinen stehen zu können. So gesehen kann eine gut funktionierende Familie zum Statiker unserer Identität werden.

Gerade im Moment steht die Familie wieder hoch im Kurs. In einer Zeit, in der die gesellschaftlichen Bindungen schwächer werden und Familien auseinanderdriften, wird ihr Wert wiederentdeckt.

In seinem Buch *Minimum* bricht auch Frank Schirrmacher eine Lanze für die Bande des Blutes. Er konstatiert, dass die Familie als privates Versorgungsnetz, als *»Urversicherung des Lebens«* immer wichtiger werde, gerade wenn sich der Wohlfahrtsstaat zurückziehe. An einem Beispiel aus der amerikanischen Historie – einem Siedlertreck, der 1846 am Donner-Pass eingeschneit wurde – versucht er zu belegen, dass es nicht die starken Einzelkämpfer seien, die Katastrophen überlebten, sondern die, die über die stärksten familiären Bindungen verfügten.[69]

Der Soziologe und Familienforscher Hans Bertram stößt ins selbe Horn: Gerade Familien teilten mehr Erfahrungen miteinander als jede andere gesellschaftliche Institution. Aus dem gemeinsam Erlebten erwüchse auch das Gefühl der Verantwortlichkeit, das – anders als im institutionellen Bereich – jederzeit ohne Vorbedingungen aktiviert werden könne.[70]

Horst W. Opaschowski weist ebenso darauf hin, wie wichtig die Familie in Zukunft für uns werden wird: *»Wie nie zuvor in der menschlichen Geschichte müssen wir in Zukunft mit einer beispiellosen Zunahme der Langlebigkeit rechnen, bei der wir auf das natürliche Hilfspotenzial der Familie angewiesen sind.«* In seinem Plädoyer für eine zukunftsfähige Gesellschaft gibt er uns – als drittes von zehn Geboten – die Empfehlung: *»Mach die Familie zur Konstante deines Lebens und ermutige Kinder zu dauerhaften Bindungen.«*[71]

Tatsächlich ist Hilfe innerhalb der Familie selbstverständlicher als bei Freunden, Bekannten oder Kollegen. Hier steht – auch oft unausgesprochen – die Erwartung einer Gegenleistung im Raum. Bei Verwandten ist diese Regel weniger wichtig. Dieser innerfamiliäre Kontakt bleibt selbst dann stabil, wenn die Regel der Gegenseitigkeit verletzt wird.

Auch unter schwierigen Konstellationen können Familien hervorragend funktionieren. Und für den, der Familie positiv erlebt, ist Blut eben doch *dicker als Wasser*.

Zeugnis davon gibt ein Leserbrief an das Magazin *Chrismon*: *»Egal, wie selten man sich sieht – Familie ist nicht ersetzbar. Niemand liebt einen so vorbehaltlos. Nur in meiner Familie kann ich alles aussprechen, unendlich viele Fehler begehen und die Nerven strapazieren, ohne ihrer Gunst verlustig zu gehen. Freunde habe ich bisher immer wieder verloren und neu gefunden. Die Familie ist aber eine immer bleibende Konstante. Das gibt Sicherheit!«*[72]

Aber nicht immer wird diese Sicherheit gegeben. Manchmal kann das Wirken der Familie negative bis zerstörende Ausmaße auf die eigene Identitätsbildung haben.

Familie negativ: Zerstörer unserer Identität

Wenn Liebe und Wärme in der Familie fehlen, dem anderen kein Interesse entgegengebracht wird, Schwächen nicht akzeptiert und Stärken nicht anerkannt werden, wird sie zu dem Ort, an dem man die meisten Einschränkungen erfährt und man ständig unter Druck gesetzt wird.

Oftmals sind Familien Brutstätten von Neurosen sowie sonstigen Persönlichkeitsstörungen. Das, was als häusliche Gewalt bezeichnet wird, ist nicht nur ein Problem von sozialen Randgruppen – und gerade sexueller Missbrauch von Kindern geschieht oft innerhalb der eigenen Familie. Was für die Betroffenen ein umso schlimmeres Dilemma ist, weil sie – falls es wegen der überaus schwierigen Beweissituation überhaupt zur Anklage oder einem Prozess kommt – Familienmitglieder belasten müssten und sich somit die eigene Existenzgrundlage entziehen würden.

Extreme Belastungen, so eine Theorie, könnten Kinder nur dann überleben, wenn sie ihre Identität aufspalten und mehrere Bewusstseinszentren ausbilden würden. Vor allem dann, wenn die engsten Bezugspersonen, häufig die Eltern, die Täter oder billigenden Mitwisser seien, könne ein Kind seine Seele nur retten, wenn es fantasiere, dass nicht ihm, sondern einer anderen Person die Gewalt angetan worden sei.[73] Was aber noch nicht bedeutet, dass es jemals damit zurechtkommt.

Auch scheinen die Fälle von absoluter Verwahrlosung zuzunehmen. Erschreckend ist nicht nur, dass sich in den Familien niemand um die Kinder kümmert, sondern dass auch im Umfeld niemand etwas zu bemerken scheint. Dass solche Zustände möglich sind, macht fassungslos und traurig. Es bleibt zu hoffen, dass die Gesellschaft hellhöriger und sensibler für ihre Mitmenschen wird und nicht erst Kinder sterben müssen, bevor Missstände entdeckt werden.

Die Familie prägt unsere Identität – im Positiven und leider auch im Negativen. Dass die familiäre Prägung aber nicht unbedingt Unentrinnbarkeit bedeutet, zeigen zahlreiche Studien, die über Jahre hinweg die Persönlichkeitsentwicklung vieler Menschen verfolgt haben. Danach formen vielschichtige Wechselwirkungen und äußere Einflüsse, gemeinsam mit über Generationen vererbten Eigenschaften, innerhalb einer Familie höchst individuelle Persönlichkeiten aus. Denn einerseits verarbeiten verschiedene Kinder die gleiche Umwelt auf andere Weise und andererseits werden sie – eben weil sie so verschieden sind – von den Eltern auch unterschiedlich behandelt.[74] Außerdem verliert sich, je älter wir werden, der Einfluss der Familie mehr und mehr, weil Freunde und Partner prägender werden.

Als Institution hat die Familie deutlich an Stabilität und damit an Sicherheit für ihre Mitglieder verloren, auf der anderen Seite aber auch durch veränderte Strukturen neue Chancen für ein selbstbestimmtes Leben eröffnet. Doch wer diese nutzen will, muss unter Umständen Erwartungen enttäuschen. Denn die Entscheidung darüber, wie wir leben wollen, sollten wir nicht anderen überlassen, sondern sie selbst treffen. Es gibt keinen anderen Weg, um das Leben zu entdecken, das für uns richtig ist.

Geschwister

Du hast mein Ich gemacht. So lautete 2005 die Schlagzeile eines Artikels über Geschwister im Magazin *Zeit Wissen.* Sie drückt prägnant aus, wie stark deren Einfluss auf die eigene Identitätsentwicklung ist. Wer Geschwister hat, kann ein Lied davon singen. Man zerstreitet sich und liebt sich wieder, wünscht den anderen auf den Mond und dann wieder ganz nah her. Sie sind ganz anders, aber trotzdem Teil von einem selbst. Immer schon wurde versucht, den Einfluss von Geschwistern zu ergründen. Viele Geschwistertheorien wurden durch Fallbeispiele hinterlegt, konnten aber nie bewiesen werden. Heute sammeln Wissenschaftler mithilfe ausgefeilter Computerprogramme weltweit Daten über Geschwisterkonstellationen, und diese Forschungsergebnisse sind weitaus valider als früher. Neuere Theorien behaupten sogar, dass Geschwister ihre Persönlichkeit wechselseitig mehr beeinflussen als ihre Eltern.[75]

Unterschiede: Kein Ei wie das andere

Oft kann man gar nicht glauben, dass zwei Menschen Geschwister sind. Nicht nur, dass sie sich überhaupt nicht ähnlich sehen – der Bruder schwarzhaarig mit braunen Augen, die Schwester blond und blauäugig – auch ihre Charakterzüge, ihr Verhalten und ihre Vorlieben sind völlig anders.

Dass diese Unterschiedlichkeit durchaus sinnvoll ist, haben Forscher herausgefunden. Sie sehen die Familie als einen Mikrokosmos der Evolution, in dem sich die Kinder den besten Platz in der Gunst ihrer Eltern suchen müssen – vergleichbar mit der Suche nach einer Futternische in der Tierwelt. Fast zwangsläufig entwickeln sich die Geschwister dabei in unterschiedliche Richtungen. Spielt zum Beispiel das erstgeborene Kind Klavier, sucht sich das zweite meist ein anderes Instrument oder ein ganz anderes Betätigungsfeld, weil es ja nie die Anerkennung des Älteren bei den Eltern erreichen kann – dieser bleibt ihm ja immer um einige Jahre voraus.

Entwicklungsgeschichtlich mache das durchaus Sinn, so die Wissenschaftler, denn für unsere Urahnen waren neue Kenntnisse und Fähigkeiten in der Familie überlebenswichtig, weil es den kleinen Gruppen wenig nutzte, wenn alle das Gleiche konnten. So streben Geschwister oft unbewusst auseinander und entwickeln sich – obwohl etwa die Hälfte der Gene und das Familienumfeld gleich sind – so unterschiedlich. Dieser Drang, sich eigene Interessennischen zu suchen und die der Geschwister zu meiden, beeinflusst dabei ihr Verhalten und damit auch ihre Persönlichkeit.

Geburtenfolge: Erstgeborene und Nesthäkchen

Nach der landläufigen Geschwistertheorie spielt auch die Geburtenfolge eine Rolle bei der Entwicklung des Charakters, was auch die gängigen Bezeichnungen wie *Erstgeborener, Nesthäkchen* oder *Sandwichkind* widerspiegeln.

Die Geschwisterfolge ist für Frank J. Sulloway, einen amerikanischen Wissenschaftshistoriker, der aus rund siebentausend historischen Lebensläufen eine halbe Million Daten gesammelt und ausgewertet hat, der Grund für die großen Umwälzungen der Geschichte. Seinen Forschungen zufolge seien die Erstgeborenen in der Regel konservativer, ehrgeiziger, verantwortungsbewusster und unflexibler; jüngere Geschwister hingegen eher aufgeschlossener, flexibler, innovativer und risikofreudiger – aber auch aufsässiger und revolutionärer. Seiner Theorie nach ist – etwas vereinfacht gesagt – der Gegensatz zwischen erstgeborenen *»Bewahrern«* und später geborenen *»Revolutionären«* der stärkste Motor für Veränderungen in Politik, Kultur und Wissenschaft.[76]

Diese Theorie mag zwar bei vielen Lebensläufen zutreffen, ist aber nur schwer beweisbar. Viele Ansichten zu Auswirkungen der Geschwisterfolge bleiben nach wie vor reine Theorie. Trotz des unbestreitbar großen Einflusses der Geschwister auf die Charakterbildung ist die Position in der Geburtenfolge aber kein Automatismus, denn die Bildung der Persönlichkeit wird auch wesentlich von unterschiedlichsten Konstellationen, Temperamenten, dem Geschlecht und dem Zufall bestimmt.

Oftmals wird in Studien auch vernachlässigt, dass Kinder von ihren Eltern (neben ihrer Position in der Geburtenreihe) auch aus zahlreichen anderen Gründen unterschiedlich behandelt werden. Dadurch kam es zu einer starken Überschätzung der Wirkung der Geschwisterkonstellation. Zwar beeinflusst die Zahl der Kinder einer Familie deren geistige Entwicklung, die Zusammenhänge sind aber sehr komplex, sodass sich kaum allgemeingültige und determinierende Wege ableiten lassen. Die statistische Auswertung von Studien beweist bislang nur, dass Geschwister sehr unterschiedlich sind und das erste Kind anders ist als die später geborenen. Mehr lässt sich dazu aber nicht sagen.[77]

Die bloße Anwesenheit von Geschwistern hat aber, unabhängig von der Geburtenfolge, zweifellos Auswirkungen – sowohl in positiver wie in negativer Hinsicht. So können Geschwister zum Beispiel vor Überbehütung schützen oder vor Misshandlungen in zerrütteten Familien bewahren. Andererseits kann durch ihr Vorhandensein aber auch die Unselbstständigkeit gefördert werden, weil ihnen vieles abgenommen wird; zudem kann aggressives

Verhalten entstehen, weil sie sich ständig gegen ihre Geschwister durchsetzen müssen oder sich benachteiligt fühlen.

Einzelkinder: Verwöhnte Egoisten?

Wer als Einzelkind aufwächst, hat sein Leben lang mit Vorurteilen zu kämpfen. Seit jeher wird ihnen nachgesagt, sie seien überbehütet, ichbezogen, verwöhnt und sie könnten sich schlechter anpassen als Geschwisterkinder. Fast jede negative Eigenart scheint durch den Mangel an sozialisierenden Geschwistern verursacht. Schon Alfred Adler fand für Einzelkinder recht drakonische Worte: *»Solche Kinder werden mit jeder selbstständigen Tätigkeit Schwierigkeiten haben und für das Leben untauglich werden. Sie können leicht Schiffbruch erleiden.«*[78]

Doch es gibt immer mehr von ihnen. Lebten noch zu Beginn des 20. Jahrhunderts durchschnittlich fünf bis sechs Kinder in einer deutschen Familie, so ist heute die Ein-Kind-Familie die am häufigsten anzutreffende Familienform mit Kindern.

Allgemein wird angenommen, dass es für die Persönlichkeitsentwicklung von Kindern besser sei, wenn sie mit Geschwistern aufwachsen. Doch die gängigen Vorstellungen über Einzelkinder sind heute aufgrund von zahlreichen Forschungsergebnissen nicht mehr haltbar. Bei den meisten Persönlichkeitsmerkmalen lassen sich keine Unterschiede zu Geschwisterkindern feststellen, die verallgemeinert werden könnten. Für die Entwicklung aller Kinder sind andere Faktoren weitaus ausschlaggebender als die Tatsache, ob sie Geschwister haben oder nicht.[79] Erstaunlich ist, wie hartnäckig sich trotz der Forschungsergebnisse Vorurteile und Einstellungen gegenüber Einzelkindern und ihren Eltern halten. Im Gegensatz zu früher, als Einzelkinder seltene Ausnahmen waren, haben heutzutage die meisten Kinder ohne Geschwister schon in Krabbelgruppen Kontakt zu anderen Kindern und werden so früh auf anderem Wege sozialisiert.

Doch zurück zu denen, die Geschwister haben: Es wäre sicherlich interessant festzustellen, welche Auswirkungen die Geschwister auf die eigene Identitätsentwicklung hatten oder noch haben. So stellt sich die Frage, welche charakterlichen Unterschiede offensichtlich sind und ob sie möglicherweise durch die Geschwisterkonstellation verursacht wurden. Vielleicht hat sie sich sogar auf den Lebensweg oder die Karriereplanung ausgewirkt. Wenn sich dies zusammen mit den Geschwistern herausfinden ließe, wäre nicht nur die eigenen Persönlichkeit klarer, sondern auch das Verhältnis untereinander.

Freunde

Freunde und eine stabile Partnerschaft sind für die Deutschen am wichtigsten für ein gutes Leben. Zu diesem Ergebnis kommt eine repräsentative Umfrage im Auftrag der Zeitschrift *My Life* aus dem Jahr 2005. Und laut einer Untersuchung des *Allensbacher Instituts für Demoskopie* halten 91 Prozent der Jugendlichen gute Freundschaften für noch erstrebenswerter als eine funktionierende Familie.

Freundschaft: Eine Seele in zwei Körpern

Diese hohe Wertschätzung ist nicht verwunderlich, denn Freunde prägen unser Leben. Wir mögen sie um ihrer selbst willen, wir vertrauen ihnen, reiben und orientieren uns an ihnen, lernen durch sie und erleben intensiv prägende Lebensabschnitte gemeinsam. Sie unterstützen uns bei der Entwicklung, egal in welchem Alter, sie teilen oder beeinflussen unsere Wertvorstellungen, interessieren sich für das, was uns bewegt, hören zu und halten uns den Spiegel vor.

Als Freunde suchen wir uns diejenigen heraus, die uns am ähnlichsten sind – Gleich und Gleich gesellt sich eben gern. Entscheidend sind dabei das Alter, die soziale Schicht und die ethnische Abstammung. Übereinstimmung besteht auch meist in Lebensstil, Weltanschauung und Einstellungen, deshalb werden Freundschaften auch am leichtesten in der Schul-, Studien- und Ausbildungszeit geknüpft.

Freunde passen zu uns, sie sind damit auch Ausdruck unserer eigenen Individualität, die sie wiederum bestätigen und verfestigen. So gesehen sind Freunde unsere Unterstützer bei der Suche nach Identität und stabilisieren sie gleichzeitig. Manchem bedeuten sie sogar mehr als die verwandtschaftlichen Blutsbande: *»Freunde sucht* *man sich aus und man wird ausgesucht – das sollte doch mehr zusammenschweißen als das Hineingeborenwerden in eine Familie.«*[80]

Der Psychologe Herb Goldberg beschreibt Freundschaft als das *»Zueinanderkommen, ohne bestimmte Zwecke, Ziele oder Nutzen zu verfolgen«*. Diesen Menschen sei es nicht mehr wichtig, ob sie selbst Gewinner oder Verlierer seien und Überlegenheit spiele keine Rolle mehr. Aristoteles findet da ein emotionaler gefärbtes Sinnbild, er meint Freundschaft sei *»eine Seele in zwei Körpern«*.[81]

Freund sein: Muss man können

Freundschaften schließen zu können, ist eine wesentliche Fähigkeit in allen sozialen Systemen. Man bekommt sie nicht einfach – man muss auch dazu fähig sein. Man braucht Einfühlungsvermögen, muss zu Vertrauen fähig sein und über kleine Schwächen hinwegsehen können. Und nur wenn man sich ständig darum bemüht, die Freundschaft nicht einseitig werden zu lassen, wird sie auch stabil und beständig bleiben.

Freundschaft stellt eine wertvolle Beziehung dar, die man nur mit ganz wenigen Menschen haben kann, weil sie auf gemeinsamen Interessen und Erfahrungen beruht und gegenseitiges Vertrauen und Verstehen beinhaltet. Dass es bei guten Freunden nicht auf Masse ankommt, belegen Studien immer wieder: Danach können wir höchstens mit 25 bis 50 Menschen näheren Kontakt pflegen, innigere Beziehungen sind nur mit 5 bis 8 Menschen möglich.[82]

Es gibt Kulturkreise, die ein anderes Verständnis von Freundschaft haben: Während ein Deutscher Freundschaft auf wenige Personen beschränkt und darunter eine tief gehende und langfristige Beziehung versteht, gewinnt zum Beispiel ein Nordamerikaner im Laufe seines Lebens immer mehr Freunde – was bei uns dann eher unter den Begriff der Bekanntschaft fallen würde. Diese lockere Art der Beziehung bei den Amerikanern ist bedingt durch die extrem hohe räumliche und soziale Mobilität. Die Fähigkeit, in einer neuen Umgebung schnell Kontakte zu knüpfen und Anschluss zu finden, wird dort als sehr viel wichtiger erachtet als die Pflege tieferer Beziehungen – diese bleibt in Amerika stärker der Familie vorbehalten. Andere Länder, andere Sitten.

In unserer modernen Gesellschaft werden Freundschaften immer wichtiger, gerade weil es weniger tragende Beziehungen in der Verwandtschaft gibt. Ohne das Netzwerk freundschaftlicher Beziehungen ist das Leben in komplexen Systemen kaum noch möglich.

Wer Freunde und Freundinnen vernachlässigt oder meint, er könnte ganz gut ohne sie auskommen, wird spätestens im Alter merken, dass diese Haltung ihren Preis hat. Freunde finden und behalten ist eine Kunst, die ein Leben lang geübt werden muss.

Freundschaften im Leben: Vom Sandkasten bis zur Bahre

Freunde prägen unser Selbst, sie unterstützen und bestätigen uns. Deshalb sind Freundschaften in den Übergangsperioden des Lebens besonders wichtig, denn in ihnen muss das Individuum neue Aufgaben bewältigen, lernt neue Fertigkeiten und erweitert und festigt durch diese wachsende Weltbewältigung seine Identität. In solchen Zeiten erweist sich der Freundeskreis oder eine einzige enge Freundschaft häufig als Familienersatz. Freunde sind da, wenn jemand in eine Krise gerät, trösten, helfen und bauen das zerstörte Selbstwertgefühl wieder auf.

Während wir als Kinder noch sehr offen in der Wahl unserer Freundschaften sind – *Hauptsache, es spielt jemand mit mir* –, wird es mit steigendem Alter immer schwieriger und die Zahl der potenziellen Freunde nimmt eher ab als zu.

Mit den ehemaligen sogenannten *Sandkastenfreunden* verbindet uns im fortgeschrittenen Alter meist nichts mehr. Trotzdem sind sie wichtig. So schnell sie entstehen, vergehen sie auch meistens. Sie helfen uns aber schon im Vorschulalter bei der Entwicklung unseres Sozialverhaltens. Durch die Kontakte in der Gleichaltrigengruppe entwickeln wir darüber hinaus auch Selbstsicherheit, die Fähigkeit zum Problemlösen und unsere Vorstellungen von Gerechtigkeit.

Die Bedeutung von Freundschaften in der Jugend ist unumstritten. In dieser großen Ablösungs- und Neuorientierungsperiode lösen wir uns vom Elternhaus, müssen Prüfungen bestehen, Entscheidungen für unsere Berufswahl treffen und in manch anderer Hinsicht die Weichen für unser Leben stellen. Eine bruchlose Orientierung am Elternhaus würde uns nur schlecht auf eine stetig sich wandelnde Welt vorbereiten. Durch die Auseinandersetzung mit Gleichaltrigen (der *Peergroup*) und Personen, die nur unwesentlich älter sind, finden wir meist rasch unsere eigene Umgangsweise mit unseren Entwicklungsaufgaben und können so unsere Identität in unserem spezifischen sozialen Umfeld anpassen und weiterentwickeln.

Im Erwachsenenalter fällt es uns nicht mehr so leicht, Freunde zu finden, denn unsere Ansprüche steigen. Viele Freundschaften gehen verloren, einige verfestigen sich aber auch. Bei diesen können wir begründet hoffen, dass sie lange Jahre oder sogar ein Leben lang stabil bleiben.

Psychologisch erforscht sind vor allem Frauenfreundschaften, da Männer häufig nicht bereit sind, an derartigen Untersuchungen teilzunehmen.

Männer- und Frauenfreundschaften: Der kleine Unterschied

Die Soziologin Juliane Härtwig hat sich intensiv mit Männer- und Frauenfreundschaften beschäftigt und versucht herauszufinden, inwieweit diese von den Geschlechterrollen beeinflusst werden.[83]

Übergreifend definiert Härtwig Freundschaft *»als eine auf Freiwilligkeit und Gegenseitigkeit beruhende persönliche Beziehung von unbegrenzter Dauer, die durch Austausch intimer Gedanken und Gefühle und ein hohes Maß an Vertrauen gekennzeichnet ist.«*

Sie kommt in ihren Untersuchungen zu folgenden Ergebnissen: Bei Männer- und Frauenfreundschaften werden sehr wohl Geschlechtsstereotype wirksam, die sowohl die Ausprägung als auch die Qualität der Freundschaft beeinflussen. So werden in der Literatur Freundschaften von Männern – die geschlechtsrollenspezifisch andere Männer eher als Konkurrenten wahrnehmen und auch deshalb nicht so gerne über ihre Gefühle reden – eher als aufgabenorientiert und instrumentell beschrieben, während Frauenfreundschaften als intimer, offener und enger gelten.

Männer unternehmen gerne etwas zusammen und empfinden diese gemeinsame Aktivität schon als intim. Die Selbstöffnung fällt ihnen schwer, und sie reden lieber über die alltäglichen Dinge wie zum Beispiel alte Zeiten, Politik oder Sport als über die eigenen Probleme und Befindlichkeiten. Manchmal werden Freunde nach den Tätigkeiten segmentiert, die man mit ihnen unternimmt – man geht mit dem einen bergsteigen, dem anderen Karten spielen und mit dem dritten redet man eher über die Karriere.

Männer vermeiden Direktheit und gehen Konflikten nach Möglichkeit aus dem Weg – vermutlich, weil sie dann wieder über Gefühle reden müssten. Sie haben weniger Freunde als Frauen und wegen der fehlenden Intimität gelten Männerfreundschaften als weniger fest. Es fällt ihnen leichter, sich vor Frauen zu öffnen, und sie empfinden diese Art der Freundschaft befriedigender als die zu Männern. Der auf Männerleiden spezialisierte Arzt Haydar Karatepe schätzt, dass nur zehn Prozent der Männer eine authentische, enge Männerfreundschaft haben (*Stern* 4/2001).

Karoline Härtling vermutet, dass sich – entsprechend dem Umdenken der Männer bezüglich ihrer Geschlechterrolle – auch die Qualität der männlichen Freundschaft verändern könnte. Wenn Männer lernen würden, offener über ihre Probleme zu reden, sich zu öffnen, dann könnten sich die Barrieren der Männerfreundschaft verringern. Wie im Kapitel *Geschlecht* schon festgestellt, scheint ja durchaus Hoffnung zu bestehen.

Für Frauen sind Freundschaften meistens ein grundlegender Bestandteil des Lebens. Es werden hohe Ansprüche und Erwartungen an Freundinnen gestellt und diese werden auch – im Gegensatz zur Segmentierungstendenz der Männer – als ganze Person beansprucht. Gespräche – oft auch über das Telefon – sind von grundlegendem Wert. Sie reden offen über individuelle und Beziehungsprobleme, noch bevor sie zu ihrem Partner gehen. Sie öffnen sich selbst und suchen seelische Unterstützung.

Aber die hohen Ansprüche und die große Intimität bergen auch ein großes Konfliktpotenzial. Wegen der engen Bindung entstehen Verlustängste und Neidgefühle. Wege, die eine Freundin alleine beschreitet, können dann zum Knackpunkt der Freundschaft werden, und die Enttäuschung ist dann genauso groß wie die vorher in sie gesetzten hohen Erwartungen.

Freundschaft in Zeiten des Web 2.0: Wer mit wem?

In Zeiten des Web 2.0 läuft alles etwas anders als früher. Denn die weltweite Vernetzung macht auch vor der Freundschaft nicht Halt.

Soziale Netzwerke wie *MySpace*, *Facebook*, *StudiVZ* oder *Lokalisten* bieten eine Plattform in der man sein Profil eingeben, Freunde finden, über Aktivitäten berichten, diskutieren und Freundschaften verwalten kann. Und die Anbieter haben enormen Zulauf: Bei Facebook – erst 2003 gegründet – tummeln sich bereits über 58 Millionen Mitglieder und bei MySpace präsentieren schon mehr als 200 Millionen Teilnehmer ihre Selbstdarstellung auf frei gestaltbaren Seiten.

Es werden Verzeichnisse von Freunden angelegt, Fotos und Filmchen hochgeladen, gechattet, geflirtet und mit Suchmaschinen nach neuen Bekanntschaften gefahndet. Die Mitglieder füllen umfangreiche Fragebögen zu ihren Interessen, ihren Lieblingsfilmen und ihrem bisherigen Leben aus, um ihr Profil zu erstellen. Wo ein Publikum ständig präsent und die Konkurrenz groß ist, wächst auch der Drang zur manchmal etwas skurrilen Selbstdarstellung.

Gegnern der damaligen Volkszählung sträuben sich die Haare bei so viel freiwillig und öffentlich ausgebreiteter Intimität. Sie und viele der älteren Generation fragen sich verwundert, was die Jugendlichen dazu treibt, sich so freizügig zu entblößen.

Der Spiegel-Autor Christian Wüst sieht die Ursache der Faszination darin, dass dem Neugierigen ein *»Reich von Beziehungen«* offenliege und die Portale viel Stoff für die älteste Frage der Welt böten: *»Wer mit wem?«* Er sieht in der Öffentlichmachung ein *»Beziehungstheater ganz neuen Typs«*.[84]

Ein weiteres Motiv mitzumachen sei, dass *»die anderen auch schon da sind«*. Und da wo die anderen sind, möchte man auch sein und wählt sich immer wieder ein, um ja nichts zu verpassen.

Während sich Menschen gesetzten Alters schwertun, auf diese Art mit Freundschaften umzugehen oder sie gar zu *verwalten*, schätzen Jüngere die Vorteile dieses Systems: Es fällt leichter, aufeinander zuzugehen und bietet ein ganz neues Gemeinschaftsgefühl. Vermutlich sind die neuen Netzwerke auch die Reaktion auf die Erosion von Familien, Kirche und Vereinen.

Wie sich diese neue Art des *Beziehungstheaters* auf die bisherige Vorstellung von Freundschaft und die mit ihr verbundenen Erwartungen und Verhaltensweisen auswirkt, kann heute noch nicht vorhergesagt werden. Aber allein die Tatsache, dass sich manche damit brüsten, Hunderte von Freunden zusammengebracht zu haben, scheint das einstmals hehre Ideal der Freundschaft, bei dem es auf Klasse und nicht auf Masse ankommt, zu untergraben. Was bleibt wohl übrig vom aristotelischen Bild der *»einen Seele in zwei Körpern«*?

Liebe und Partnerschaft

Die Liebe: Vergehen und Vergessen oder sexuelle Strategie?

Was ist nicht schon alles über die Liebe geschrieben, gesagt und gesungen worden. Kaum ein Buch oder Film kommt ohne sie aus, unzählige Lieder und Gedichte drehen sich nur um sie. Durch Jahrhunderte haben Scharen von Dichtern, Barden, Schriftstellern und Philosophen versucht, ihr Ausdruck zu verleihen, ihr Wesen zu ergründen. Es wurde das Hohelied der Liebe gesungen, sie wurde romantisiert, idealisiert, mystifiziert. Denn sie verändert unser Bewusstsein, beeinflusst unsere Identität. *»Das wahrhafte Wesen der Liebe«*, so der Philosoph Georg Wilhelm Friedrich Hegel, *»besteht darin, das Bewusstsein seiner Selbst aufzugeben, sich in einem anderen Selbst zu vergessen, doch in diesem Vergehen und Vergessen sich erst selber zu haben und zu besitzen.«*

Wesentlich profaner sehen Naturwissenschaftler das Phänomen der Liebe. Für Evolutionsbiologen ist sie lediglich Teil einer langfristigen sexuellen Strategie, die den Fortpflanzungserfolg maximieren soll. Sie gehen davon aus, dass sich die Verhaltensweisen durchsetzten, die den Individuen beziehungsweise ihren Nachkommen einen Überlebensvorteil brachten. Nach Irenäus Eibl-Eibesfeldt liegt die Wurzel der Liebe in der Mutter-Kind-Bindung, die sich im Zuge der intensiven Brutfürsorge bei den Säugetieren entwickelte. Konrad Lorenz hingegen war der Ansicht, die Liebe sei entstanden aus der Aggression, die überwunden werden musste, wenn sich zwei oder mehrere Individuen zu einem der Arterhaltung dienenden Zweck wie der Brutfürsorge zusammentaten.

Ist die Liebe also nur ein Austausch von Duftstoffen und macht uns nur die Zusammensetzung des Hormoncocktails zu Verliebten, die *»so wenig wie Betrunkene, zur Geselligkeit geschickt«* (Adolph Franz Friedrich Freiherr von Knigge) sind? Daran wollen wir nicht so gerne glauben. Doch auch wenn biochemische Reaktionen die Auslöser unseres Gefühlsüberschwangs sind, müssen wir trotzdem mit ihren Auswirkungen zurechtkommen – und diese sind vielfältig und manchmal widersprüchlich.

Denn die Liebe hat zwei Seiten: Sie kann einen die eigene Identität erst finden lassen, sie festigen, aber auch entgrenzen – im Negativen wie im Positiven. Aus der Perspektive von Kulturen wird sie ambivalent betrachtet – einerseits als Anwachsen der Lebensfreude und kulturelle Bereicherung, auf der anderen Seite auch als Gefährdung von Identität und als gesellschaftliche Gefahr.

Dass Liebesbeziehungen tiefe Spuren hinterlassen können, haben wir schon am eigenen Leib erfahren. Sie erweitern den Horizont, setzen intensive Emotionen frei und dringen tief in die Seele. Bislang gültige Werte verändern sich, ehemalige Ziele werden unwichtig, vielleicht wird sogar die ganze Lebensplanung umgekrempelt. Liebe spielt oft die Hauptrolle in unserem Leben.

Doch wie das Sprichwort schon sagt, liegen *Liebesfreud und Liebesleid* sehr eng beieinander. Durch die Romantisierung und Überfrachtung mit Bedeutungen haben viele junge Menschen große Probleme damit, Liebe zwanglos, aber auch verantwortlich zu leben. Die *richtige*, die *große* Liebe scheint oft wie eine Fata Morgana: lockend, aber jenseits der gelebten Realität. Mancher sucht ein Leben lang vergebens danach und verpasst in der Zwischenzeit womöglich das wahre Leben.

Partnerschaft : Zwischen Hoffnung und Enttäuschung

Wer seinen Partner liebt, will immer mit ihm zusammen sein. Das ist jedoch leichter gewünscht als getan. Gerade weil viele Emotionen und Hoffnungen in Beziehungen stecken und hohe, vielleicht unerfüllbare Erwartungen an den Partner gestellt werden, ist auch das Potenzial für Enttäuschungen und die Gefahr des Scheiterns groß. Wenn zwei Individuen mit unterschiedlichen Charakteren, Temperamenten, Einstellungen und Erfahrungen zusammenkommen, die – trotz dieser Verschiedenartigkeit – sich und den Alltag gemeinsam erleben und meistern wollen, sind Konflikte vorprogrammiert. Und in einer Zeit zunehmender Individualisierung fällt das dauerhafte Einlassen auf den anderen offensichtlich immer schwerer. Das zeigt nicht nur der Wandel in der Bezeichnung des Partners – er mutierte vom Ehepartner über den Lebenspartner bis zum (nur noch) Lebensabschnittspartner. Liebe währt heute in drei von zehn Fällen nicht mehr, *bis dass der Tod uns scheidet.* Sie endet, wenn die Partner unterschiedliche Entwicklungen zu bewältigen haben und nicht bereit oder fähig sind, anstehende Probleme miteinander zu lösen. Dann stellt man irgendwann einfach fest, dass man sich *auseinander*gelebt hat – obwohl es doch ursprünglich ums *Zusammen*leben ging.

Aber wo liegen die Ursachen des Scheiterns? Einer der Gründe: Es ist einfacher als noch in den fünfziger und sechziger Jahren, sich zu trennen. Die Scheidung wurde erleichtert und eine Trennung ist heute kein Anlass mehr für gesellschaftliche Ausgrenzung. Die Frau ist weniger auf den Mann als einzigen Versorger der Familie angewiesen, sie verdient jetzt ihr eigenes Geld. Zusätzlich hat sich die Auswahl an alternativen Partnerschaftsformen vergrößert.

Außerdem fällt es schwer, die vielfältigen Möglichkeiten zur Selbstverwirklichung mit der in einer Partnerschaft notwendigen Anpassung in Einklang zu bringen. Und nicht zuletzt mangelt es in vielen Fällen einfach an Beziehungskompetenz. Wir lernen zwar Rechnen, Schwimmen und Autofahren – aber nicht, wie man eine Beziehung führt. *»Die Liebe ist so unproblematisch wie ein Fahrzeug«*, meint Franz Kafka, *»problematisch sind nur die Lenker, die Fahrgäste und die Straße.«*

Auch mit der Institutionalisierung der Zweisamkeit kommt nicht jeder zurecht – Woody Allen hat einmal gesagt, dass in der Ehe zwei Menschen an Problemen scheitern, die sie allein nicht hätten. Allem Ärger zum Trotz ist Allen schon zum dritten Mal verheiratet – der Reiz der Ehe scheint also doch ziemlich groß zu sein. Aber das ändert nichts an der Schwierigkeit, sie richtig zu gestalten.

Beziehungskompetenz: Eins und eins ist zwei

Eine erfüllte Beziehung zu führen, will gelernt sein. Gerade jüngeren Paaren ist nicht bewusst, welche Voraussetzungen gegeben sein müssen, um sie dauerhaft zu machen – was nicht erstaunlich ist, weil die notwendige Erfahrung fehlt. Viele erwarten aus der anfänglichen Verliebtheit heraus, dass die Sehnsucht und das erotische Verlangen immer gleich bleiben. Doch rein biologisch betrachtet endet der Veitstanz der chemischen Botenstoffe schon nach eineinhalb Jahren. Viele Paare geben auf, sobald sie ein Nachlassen verspüren. Sie haben noch nicht realisiert, dass aus jedem lodernden Feuer irgendwann einmal eine Glut wird. Diese Glut verbrennt zwar nicht mehr, aber sie wärmt. Es geht darum, sie auf Dauer am Glimmen zu halten.

Verliebtheit sagt noch wenig über die Haltbarkeit einer Beziehung aus. Voraussetzung dafür sind Vertrauen, Respekt, Toleranz und Konfliktfähigkeit.

Vertrauen, also der Glaube an die Ehrlichkeit und Verlässlichkeit des Partners, sollte den täglichen Umgang bestimmen. Denn Misstrauen und Eifersucht binden Partner nicht enger aneinander, sondern zerstören die Beziehung. Es heißt ja nicht von ungefähr: *Eifersucht ist eine Eigenschaft, die mit Eifer sucht, was Leiden schafft.*

Respekt bedeutet, Achtung vor der Persönlichkeit des anderen zu haben und ihn mit seinen Stärken und Schwächen zu lieben oder zumindest seine Schwächen mit in Kauf zu nehmen. Hier ist Toleranz gefragt, denn jeder Mensch hat spezielle Ecken und Kanten. Und beiden Partnern sollte bewusst sein, dass nicht nur der andere welche hat. Versuche, charakterliche Grundzüge ändern zu wollen, sind von vornherein zum Scheitern verurteilt und gefährden die Beziehung.

Wenn Probleme auftreten, ist Konfliktfähigkeit gefragt. Denn nichts ist zermürbender als schwelende Krisen, die irgendwann zu lodern beginnen und dann kaum noch zu löschen sind. Die Partner müssen fähig sein, Streitpunkte zu erkennen, sie offen anzusprechen und konstruktiv auszutragen. Dabei sollten psychische Verletzungen und Schuldzuweisungen vermieden werden, weil meistens beide Partner eine Teilverantwortung tragen.

Bei der Beziehungsfähigkeit zeigen sich nach Ansicht des Erziehungspsychologen Wassilios Fthenakis Unterschiede zwischen den Geschlechtern. Fthenakis bescheinigt Frauen eine weitaus höhere Kompetenz als Männern. Bedingt durch ihre vorwiegend emotional orientierte Erziehung wären sie eher in der Lage, Situationen mit Denken und Fühlen zu erfassen, soziale Beziehungen zu regeln und Konflikte zu lösen. Das bekämen Jungen in einer typischen Erziehung nicht mit. Mit 18 Jahren hinkten Männer in der metaemotionalen Kompetenz hinter den Frauen her. *»Und deshalb haben wir heute das große Problem, dass die Verständigung in der Partnerschaft oft an der fehlenden Kompetenz der Männer scheitert.«*[85]

Letztlich zeigt sich der Grad an Beziehungsfähigkeit auch daran, wie gut es einem gelingt, sich zwischen den Polen Egoismus und Selbstaufgabe zu bewegen. Ausgeprägter Egoismus macht genauso beziehungsunfähig wie die Aufgabe der eigenen Persönlichkeit. Entscheidend ist es, die richtige Position dazwischen zu finden – nämlich die, bei der das eigene Selbst noch gewahrt wird, aber auch die notwendige Anpassung an den Partner erfolgt.

Ein Sprichwort besagt, Gegensätze zögen sich an. Ein anderes, Gleich und Gleich geselle sich gern. Doch welches gilt für die Partnerschaft? Nach Ansicht des Paartherapeuten Hantel-Quitmann sei eine sehr große Übereinstimmung beider Partner das beste Mittel, *»um sich möglichst schnell zu langweilen«*. Kompliziert sei, dass man auf der einen Seite einen Seelenverwandten suche, auf der anderen Seite aber auch die Herausforderung durch den anderen. Der Schweizer Paartherapeut Jürg Willi versucht, beide Pole zu vereinen: *»Das Gegensätzliche von Gleichen zieht sich an.«* Er meint, viele Trennungswillige müssten erst einmal nur begreifen, dass eins plus eins nicht eins, sondern immer wieder zwei ergebe, dass sich lieben nicht bedeute, ineinander aufzugehen, sondern es bestenfalls zwei Leben lang zu versuchen.[86]

Welche Konstellation die richtige ist, muss jeder selbst erfahren. Für den jedoch, der über eine ausgeprägte Identität verfügt und diese auch seinem Partner zugesteht, gibt es eine sehr schöne Liebeserklärung, die dauerhaftes Glück verspricht: *Ich liebe dich. Nicht nur, weil du bist wie du bist, sondern weil ich bin wie ich bin, wenn ich bei dir bin.*

Erziehung

Erziehung prägt. Sie formt unsere Persönlichkeit und soll uns das Leben und das Überleben sichern. Das Lexikon definiert Erziehung als *»die beabsichtigte Einflussnahme von Eltern, Erziehern und Lehrern auf die Entwicklung von Kindern und Jugendlichen mit dem Ziel, ihnen bestimmte Fähigkeiten, Kenntnisse, Einstellungen und Werte zu vermitteln«*.[87] Sie soll den Heranwachsenden einen Platz in der Familie und anderen sozialen Gruppen zuweisen und sie an die Gesellschaft anpassen. Doch immer wieder zweifelt man daran, ob Erziehung überhaupt etwas bewirken kann und wenn, wie viel.

Genetik oder Umwelt: Ist Erziehung sinnlos?

Seit dem weltweit erfolgreichen Buch der Amerikanerin Judith Rich Harris *»Ist Erziehung sinnlos?«* wird diese Frage wieder heftig diskutiert. Harris meint, dass der Einfluss der Eltern gegenüber

Genetik, Peergroups und Zufall so gering sei, dass sie nur zuschauen könnten.[88]

Auf der anderen Seite behaupten Entwicklungspsychologen wieder, dass die Bedeutung der Erziehung so groß sei, dass sie sogar genetische Vorbelastungen ausgleichen könne. Wer hat recht?

Was Erziehung tatsächlich bewirken kann, hat die amerikanische Forscherin Marion Forgatch in einer Studie nachgewiesen.[89] Beobachtet wurden zwei Gruppen von Frauen, die alle geschieden waren, ohne Partner lebten und mindestens einen Sohn zwischen sechs und zehn Jahren hatten. Viele der Frauen waren verzweifelt und lebten in erdrückender Armut – also nicht gerade die idealen Voraussetzungen für eine gelingende Erziehung.

Eine der beiden Gruppen erhielt über dreieinhalb Monate lang jede Woche eine Stunde ein Elterntraining, die andere nicht. Nach zweieinhalb Jahren lagen eindeutige Ergebnisse vor, denn den Söhnen der trainierten Mütter ging es in jeder Hinsicht besser. Sogar die Lehrer – die nicht wussten, welche Mütter ein Training bekommen hatten – bemerkten die positive Veränderung an deren Kindern. Aber auch die Mütter profitierten von ihrem neuen Erziehungsstil: Sie litten seltener unter Depressionen, ihr Jahreseinkommen lag höher als das der untrainierten Mütter, und sie hatten ihre neuen Partner seltener gewechselt. Das Prinzip der gelehrten Erziehungsmethode klingt einfach: Den Müttern wurde beigebracht, statt – wie gewohnt – das negative Verhalten ihrer Kinder zu bestrafen, positives zu belohnen und dadurch zu verstärken. Dieses Prinzip lehrt unter anderem die sogenannte *Triple-P-Methode*, die auch bei der demokratischen beziehungsweise autoritativen Erziehung berücksichtigt wird.

Erziehung scheint also doch nicht sinnlos zu sein und unsere Anlagen damit auch kein unabwendbares Schicksal. Erbanlagen üben zwar einen erheblichen Einfluss auf die Kindesentwicklung aus – so bestimmen sie beispielsweise in unterschiedlichem Ausmaß die Fähigkeiten und Fertigkeiten von Kindern, ihre Probleme und Talente – aber diese genetischen Risiken und Chancen wirken sich meist erst unter entsprechenden Erziehungsbedingungen aus. Dies bedeutet, dass viele problematische Einflüsse durch die elterliche Erziehung mediatisiert – also abgemildert oder verstärkt – werden können.

Dass Eltern einen großen Einfluss auf die Entwicklung ihrer Kinder haben, hat auch eine aktuelle Langzeitstudie der Universität Erlangen-Nürnberg bestätigt, die im Auftrag des Bundesfamilienministeriums durchgeführt wurde.[90] Sie hat außerdem herausgefunden, dass – neben anderen sozialen und genetischen Faktoren – ein deutlicher Zusammenhang zwischen kindlichen Verhaltensproblemen und elterlichem Erziehungsverhalten festzustellen ist. Wer seine Kinder häufig strafe, wer mal so, mal anders auf Fehlverhalten reagiere oder sich schwertue, Regeln zu setzen und durchzusetzen, schaffe damit ein weiteres Risiko für kindliches Problemverhalten.

In Deutschland und auch vielen anderen Ländern Europas werden unterschiedliche Erziehungsstile nebeneinander praktiziert. Sie sind von keiner generellen Weltanschauung geprägt, die bestimmte Ideale oder Zielsetzungen vorgibt. Doch gleichgültig, wie erzogen wird – autoritär, antiautoritär oder nach dem Laisser-faire-Prinzip – der jeweilige Stil prägt und hinterlässt seine eigenen Spuren.

Erziehungsstile: Zwischen befehlen und machen lassen

In der Regel wird zwischen drei bis vier grundsätzlichen Ausrichtungen in der Erziehung unterschieden: Die beiden Pole bilden die *autoritäre* und die *Laisser-faire*-Erziehung, dazwischen liegt die *demokratische*. Zwischen diesen beiden lässt sich noch die *permissive* ansiedeln. Eine klare Trennung ist nicht möglich, da kaum jemand genau nach einem bestimmten Stil erzieht.

Beim AUTORITÄREN ERZIEHUNGSSTIL setzen die Eltern klare Regeln, die oft aber nicht erklärt werden, und verlangen ihre strikte Einhaltung. Sie haben ein hohes Maß an Autorität, die Meinung der Kinder wird nicht berücksichtigt, meist fehlt auch die Fähigkeit, sich auf die Welt des Kindes einlassen zu können. Der Stil äußert sich durch Anordnen, nicht konstruktive Kritik und häufiges Zurechtweisen.

Die Folgen dieses Erziehungsstils werden von Forschern unterschiedlich eingeschätzt; sie sind auch davon abhängig, wie extrem Autorität ausgeübt wird. Die einen sind der Ansicht, die so erzogenen Kinder hätten meist keine Probleme in der Schule und würden sich auch von Drogen und Jugendgangs fernhalten, aber ihr

Selbstbewusstsein sei gering, sie würden sich weniger zutrauen und wären leichter zu erschüttern.

Andere sehen als Resultat eher eine geringe Leistungsmotivation, die im Gegensatz zu den hohen Anforderungen stehe; durch die Auflehnung der Zöglinge entstünden stärkere innerfamiliäre Konflikte; außerdem würde oft ein mangelndes Sozialverhalten festgestellt. Auch werden gegenläufige Folgen beobachtet: Entweder verhielten sich autoritär erzogene Jugendliche aggressiv und gewalttätig und würden mit Widerstand und Wut reagieren oder mit Überanpassung und Unterwürfigkeit.

Der Laisser-faire-Stil ist das andere Extrem: Hier überlassen Eltern oder Erzieher das Kind im Wesentlichen sich selbst, sie ziehen sich weitgehend aus der Erziehung zurück, schenken ihren Kindern wenig Aufmerksamkeit und geben auch kaum Anregungen oder Unterstützung. Dieser Stil korrespondiert mit dem antipädagogischen Erziehungsbegriff. Erziehung gilt hier als eine nicht legitime Maßnahme gegenüber Kindern und dementsprechend unterbleiben zielgerichtete Erziehungsmaßnahmen.

Dieser Erziehungsstil kann durch seinen Mangel an Ordnung, Kontrolle und Lenkung bei den Kindern unter anderem zu Lustlosigkeit, Unproduktivität und Orientierungslosigkeit bis hin zu Verhaltensauffälligkeiten führen. Solche Minimalpflege schadet den Kindern weit mehr als zu viel Autorität oder Toleranz.

Der demokratische Stil liegt als Mittelweg zwischen beiden Extremen. Spontane Aktivitäten der Kinder werden gebilligt, Selbstständigkeit und Eigenaktivitäten angeregt und bei Problemen Hilfen und Unterstützung angeboten. Sympathie, Beifall und Lob werden – wenn sie angebracht sind – deutlich und häufig geäußert. Das Erziehungshandeln soll bei diesem Stil für alle transparent sein, der zu Erziehende wird als ernster Gesprächspartner betrachtet und soll mit steigendem Alter selbstständiger und eigenverantwortlicher handeln.

Dieser Stil wird auch als *autoritative* Erziehung bezeichnet. Die Eltern schenken viel Liebe, sie setzen aber auch klare Regeln und bestehen konsequent auf deren Einhaltung. Autoritative Mütter und Väter sind keine Übereltern. Sie reden viel und ermuntern zum Reden, sie greifen nie die Person selbst, sondern nur ihr Verhalten an. Sie wissen Bescheid, wo das Kind ist, wenn es nicht zu

Hause ist, wie seine Freunde heißen und wer sie sind. Zugleich verlangen sie von ihren Kindern ein hohes Maß an Kooperation und angemessenen sozialen Umgangsformen.

Der demokratische beziehungsweise autoritative Erziehungsstil scheint zu größerer Flexibilität und Spontaneität, zu geringeren Spannungen in der Familie oder Gruppe und zu weniger Unzufriedenheit insgesamt zu führen. Die Kinder sind schulisch erfolgreich und sozial akzeptiert. Es ist offenbar die Mischung aus Anspruch und Anteilnahme, die autoritativ erzogene Kinder lebenstüchtiger macht.

Er ist aber zweifellos der am schwierigsten zu praktizierende Stil und setzt nicht nur eine intensive Auseinandersetzung mit seinen Kindern und deren Welt voraus, sondern auch mit Erziehung an sich und fordert zudem hohen zeitlichen und persönlichen Einsatz.

Diese Grundvoraussetzungen scheinen heute nicht mehr leicht erfüllbar. So herrscht heute in Deutschland in etwa der Hälfte der Familien der sogenannte *permissive* Erziehungsstil vor.

Beim PERMISSIVEN ERZIEHUNGSSTIL wird Freiheit großgeschrieben. Eltern scheuen sich, ihren Kindern klare Grenzen zu setzen, fördern aber immer begeistert ihre Unabhängigkeit. Konflikte werden meist vermieden, Mitarbeit im Haushalt wird kaum verlangt.

Die Kinder wirken wie das Spiegelbild zu den autoritär erzogenen: Sie haben Probleme, Schuldisziplin zu üben oder sich von Drogen fernzuhalten, sie neigen zu emotionalen Ausbrüchen, weil ihre Selbstregulation gering ist, aber sie gehen mit kräftigerem Ego in die Welt.

Dieser fast alles erlaubende Stil führt aber auch zu Irritationen. Kinder interpretieren die große Regellosigkeit nicht unbedingt als Freiheit, sondern eher als Mangel an echter Zuwendung. Sie fühlen sich allein gelassen und entwickeln statt Selbstvertrauen und sozialem Verantwortungsbewusstsein ein übergroßes Ego.

Ähnlich ineffektiv wirken Eltern, die ihre Kinder überbehüten oder vernachlässigen. Und jedes Extrem schadet, keiner dieser Erziehungsstile führt zu den von den Eltern eigentlich gewünschten Zielen: Ehrlichkeit, Selbstständigkeit, soziale Verantwortung und Leistungsfähigkeit.

Die aktuelle Situation: Erziehungsnotstand und kleine Tyrannen

Jede Epoche hat ihre eigene Erziehungslehre. Immer wieder werden neue Prinzipien entworfen, mit denen sich dann auch die Erziehungsziele und Methoden ändern. Sollte zu Kaiser Wilhelms Zeiten der kindliche Wille gebrochen werden und standen auch danach noch lange Gehorsam und Pflichterfüllung ganz oben, hatte man in den sechziger Jahren, im Zuge des Wertewandels, seine Probleme mit althergebrachten Grundsätzen. Man meinte, Kinder vor Frustrationen bewahren zu müssen, damit sie nicht unglücklich würden. Dann hieß es, Erziehung sei überhaupt schädlich, Eltern sollten sich ganz heraushalten und ihren Kindern alles durchgehen lassen.

Heute werden Kinder nicht mehr als elterliches Eigentum, Gottesgeschenk oder nationale Aufgabe beziehungsweise Objekt von Erziehung und Sozialisation betrachtet, sondern als Individuen, die auf dem Weg zum eigenen Leben wahrgenommen und behandelt werden sollen. Man bemüht sich, sie zu Selbstbewusstsein, Mündigsein, Autonomie und Kreativität zu erziehen.

Das klingt jedoch einfacher als es ist, denn das Überangebot an Erziehungsbüchern mit unterschiedlichsten Ratschlägen lässt Zweifel am eigenen Bauchgefühl aufkommen und übrig bleibt letztlich nur Ratlosigkeit. Wir scheinen verlernt zu haben, wie man richtig erzieht. So machen neuere Buchtitel auch einen *Erziehungsnotstand*[91] oder gar eine *Erziehungskatastrophe*[92] aus. Resultat dieses Notstands sind immer mehr respektlose, aggressive und rücksichtslose Kinder, die in der Schule weder stillsitzen noch konzentriert zuhören oder mitarbeiten können. Inzwischen leiden selbst im ländlichen Raum rund zwei Drittel einer Klasse unter motorischen und psychischen Störungen.[93]

Die Autorin Susanne Gaschke führt die zunehmenden Verhaltensstörungen, Konzentrationsschwächen, Einsamkeit und Aggressivität bei Jugendlichen vor allem auf den zum Teil fehlenden Willen und die abhandengekommene Fähigkeit vieler Eltern zurück, ihre Kinder richtig zu erziehen. Denn Erziehung bedeute mehr als Ganztagsversorgung im Kindergarten, Dauerfernsehen zu Hause und Chips mit Cola zum Mittagessen.[94] Doch woher kommt dieses Versagen?

Als Ursache vermutet der Kinderpsychologe Michael Winterhoff die immer unsicherer werdende Erwachsenenwelt, in der die selbst orientierungslos gewordenen Eltern ihre Kinder nicht mehr richtig führen könnten. Zudem sei ein zentrales Problem der Erziehung, dass wir unsere Kinder zu oft als kleine Erwachsene sähen, ihnen keine Grenzen aufzeigten und so ihre gesunde Entwicklung verhinderten. Diesen partnerschaftlichen Kuschelkurs, bei dem Eltern alles entschuldigen, nennt Winterhoff *Symbiose*. Die Folge davon sei, dass Kinder im Stadium des *frühkindlichen Narzissten* stehen blieben und nicht lernen würden, auf andere Menschen Rücksicht zu nehmen.[95] Durch diese viel zu frühe Teilnahme am Erwachsenenleben nähmen wir Kindern den Schutz, den eine sorgfältige Abgrenzung zwischen Kinder- und Erwachsenenwelt früher ganz natürlich bot. Im Untertitel seines Bestsellers *Warum unsere Kinder Tyrannen werden* beklagt Winterhoff dies deshalb auch als *Abschaffung der Kindheit*.[96] Auf der anderen Seite muss man Eltern aber auch in Schutz nehmen, denn die familiäre Situation ist nicht einfacher geworden: Während die Schul- und Ausbildungszeiten in den vergangenen Jahrzehnten länger geworden sind und die Anforderungen an die Kleinen steigen, sind immer häufiger beide Eltern berufstätig. Nicht nur, weil sie unbedingt wollen, sondern weil viele müssen. Die Kontrolldichte hat dadurch zweifellos abgenommen. Zudem macht die Zahl konkurrierender Erzieher wie Fernsehen, Internet, Schule und Gleichaltrigen-Cliquen den Eltern deren Rolle streitig – was diese wiederum an ihrem Einfluss zweifeln lässt.

Die große Unsicherheit: Was sollen wir denn wollen?

Mittlerweile haben wohl die meisten Eltern eingesehen, dass es in der Erziehung Grenzen und Regeln geben muss. Heute scheint das Problem nicht mehr die fehlende Einsicht zu sein, sondern die Ratlosigkeit, die auf diese Einsicht folgt. Eltern fragen sich, wo sie diese Grenzen ziehen sollen und auf welchen Regeln sie bestehen sollen. Erschreckend viele wissen gar nicht, was sie denn wollen sollen und was sie wollen dürfen. Diese Hilflosigkeit und Unsicherheit zeigt Auswirkungen. Eine ehemalige Hamburger Lehrerin fragte sich: »*Wie soll sich was bessern, wenn die Eltern weitermachen wie bisher? Ihren Kindern nicht zuhören? Es an Zeit und Unterstützung fehlen lassen? Oder, im Gegenteil, ihnen jede Hürde aus dem Weg räumen? Ihnen zu wenig zutrauen?«*[97]

Probleme treten auch innerhalb der Familie auf: etwa ein dauernd gereizter Umgangston oder lähmende Nichtkommunikation. Auch streiten sich Eltern oft in Erziehungsfragen – sie können sich in der Flut von Erziehungsratgebern, die inzwischen ganze Bücherregale füllen, nicht mehr orientieren.

Die Journalistin Iris Mainka meint, dass deutschen Eltern irgendwo auf dem Weg von autoritären Traditionen hin zu demokratischen Erziehungsidealen der selbstverständliche Umgang mit ihren Kindern abhandengekommen und durch Schuldgefühle und ein dauernd schlechtes Gewissen ersetzt worden sei. *»Es fehlen die Vorbilder, die allgemein anerkannten Institutionen, die noch für verbindliche Leitlinien sorgen könnten. Überforderung, wohin man sieht: eine pluralistische Gesellschaft, in der jeder an seiner individuellen Lebensführung basteln darf, aber auch muss, in der schon der nächste Nachbar nach anderen Regeln lebt als den eigenen, erzeugt Unsicherheit und Zweifel.«*[98]

Die Frage steht im Raum – wie soll man erziehen und wie macht man es richtig?

Neue Methoden: Erziehungswissenschaftlich geprüft

Eine weitverbreitete Ansicht – und auch Entschuldigung dafür, untätig zu bleiben – ist, man könne in der Erziehung nicht alles richtig machen. Das mag zwar stimmen, es gibt aber auch Prinzipien und Methoden, die wissenschaftlich erprobt sind und sich bewährt haben.

Nach Ansicht des Geo-Redakteurs Christoph Kucklik scheitert schon manche Erziehung an Verhaltensmustern beziehungsweise Typen des Erziehers, die das Aggressionsverhalten der Kinder fördern.[99] Einmal seien das die *»überschwänglichen Lober«*, die aus Angst, zu autoritär zu wirken, ihr Kind auch für nicht tolerierbares Verhalten lobten. Genauso aber auch die *»gleichgültig Liebenden«*, also Eltern *»die ihr Kind einfach nur lieben, auch wenn es sich völlig danebenbenimmt«* und dadurch ihr unrichtiges Verhalten verstärkten. Genauso gehören die *»Sphinx-Eltern«* dazu, die *»aus Angst, ihr Kind zu verzärteln, es so wenig wie möglich loben oder belohnen«*, sowie die *»Förderer der Hilflosigkeit«, die »alles für ihr Kind machen und es so zur*

Hilflosigkeit trainieren«. Und last but not least der *»eiserne Bestrafer«*, der meine, dass Kinder nur durch Strafe lernen würden.

Kucklick stellt fest, dass viele dieser Erziehungsmethoden genau das bewirken würden, was sie selbst tun: *»Wer straft, wird selbst bestraft, denn auf die, die häufig bestrafen, wird meist mit Aggression oder Wutanfällen reagiert.«* Auch hätten Mütter, die viel brüllen, Kinder, die das Gleiche tun. Väter, die demütigen, würden auch gedemütigt. Und Eltern, die häufiger belohnten, würden auch häufiger durch gutes Verhalten bestärkt. Dabei, sagen sie, wirke eines der wesentlichen Prinzipien der Erziehung, vielleicht jedes menschlichen Zusammenlebens: *»Was man bekommen will, das muss man geben.«*

In Amerika gibt es schon seit vielen Jahren Erziehungskurse für Eltern, die inzwischen auch Deutschland erreicht haben. Das Angebot wächst schnell und fast alle sind sich darin einig, Gewalt in der Erziehung vorzubeugen, ein positives Miteinander in der Familie zu fördern und den Eltern beizubringen, Grenzen zu setzen.

Die bekanntesten Methoden sind *Step* (*Systematic Training for Effective Parenting*) und *Triple P*, das *Positive Parenting Program*. Step wurde von Psychologen entwickelt, publiziert[100] und durch ein ausführliches Konzept zur Schulung und Verbreitung ergänzt. *Triple P* wurde besonders durch einen 2002 in »Geo« erschienenen Artikel populär.

Gerald Patterson, der Erfinder des *Triple P*, hatte nach jahrzehntelanger Forschung herausgefunden, dass das Grundproblem der Erziehung darin liege, dass Eltern von Problemkindern versuchen würden, unerwünschtes Verhalten durch Drohungen, Schimpfen, Schreien und Schlagen auszutreiben, statt erwünschtes Kinderverhalten zu fördern. Und das könne so nicht funktionieren, weil Kinder, weil Menschen so nicht lernten. Kinder würden damit regelrecht auf Aggression trainiert, denn Zwangsprozesse würden nur kurzfristig wirken, auf lange Sicht aber zur Eskalation und dauerndem Streit führen, weil stetig mehr Aggression nötig sei, um sich durchzusetzen.[101]

Auf weitere Faktoren einer gelungenen Erziehung weist auch der bereits zitierte Soziologe Helmut Klages hin. Er hatte bei seiner Wertewandelsforschung den Typus des *aktiven Realisten* ausgemacht, der *»von seiner mentalen Grundausstattung her am ehesten als* *hochgradig modernisierungstüchtiger Mensch«* charakterisiert werden könne.[102] Aktive Realisten hätten *»wenig Schwierigkeiten, sich in einer vom schnellen Wandel geprägten Gesellschaft zielbewusst und mit hoher Selbstsicherheit zu bewegen«*. Mit allen diesen Eigenschaften würden sie sich am ehesten dem Sollprofil menschlicher Handlungsfähigkeiten unter den Bedingungen moderner Gesellschaften anpassen. Nicht selten seien aktive Realisten auch im Beruf erfolgreich.

Klages hält die Erziehung als maßgeblich für deren Prägung: Wichtig seien *»die Erfahrung stabiler familiärer Ordnungsstrukturen und intensive emotionale Zuwendung«*. Außerdem spiele die Erfahrung geistiger und kultureller Anregung eine wichtige Rolle.

Aktive Realisten verfügten über eine emotionale und soziale Vertrauensfähigkeit, zu der noch ein *»in der Grundstruktur der Persönlichkeit verankertes Bedürfnis nach produktiver Aktivität«* komme. Sie seien leistungsbejahend. Voraussetzung dafür sei die Leistungserziehung im Elternhaus, die durch die angemessene und anspornende Übertragung von Aufgaben und Verantwortung immer wieder Erfolgserlebnisse ermögliche und so produktive Leistung zum verinnerlichten Bedürfnis der Person mache. Infolgedessen seien die aktiven Realisten wegen ihrer hohen fachlichen und sozialen Kompetenz auch oft in Führungsrollen zu finden, weil ihnen die Qualität von Verantwortungsträgern zugeschrieben werde.

Das von Klages beschriebene elterliche Erziehungsklima entspricht am ehesten dem demokratischen beziehungsweise autoritativen Stil. Bezogen auf den Typus des aktiven Realisten ist Erziehung also ein entscheidender Faktor für seine persönliche Entwicklung insgesamt wie auch für die Entstehung der für ihn so wichtigen Wertesynthese.

Die Erziehung nach den oben genannten Prinzipien legt auch die Grundlage, sich vom gängigen Mainstream zu lösen und unabhängig von Rollenbildern selbst denken und handeln zu lernen – also eine starke Identität mit einem entsprechenden Widerstandspotenzial zu entwickeln. Die elterliche Zuwendung lässt ein positives Selbstwertgefühl entstehen und das richtige Maß zwischen Lob und Anerkennung – aber auch berechtigter Kritik – bestätigt das Kind. Und mit der Zeit erfährt es seine Identität nicht mehr als ein zufälliges Zusammenwirken von Anlagen und Erfahrungen, sondern als einen Wert an sich.

Aber bei allem Bemühen um die *»richtige«* Erziehung muss man sich – wenn einem das eigene Versagen mal wieder vor Augen geführt wird – auch vergegenwärtigen, dass das Lamento über unerzogene Kinder genauso alt ist wie die Menschheit selbst. Die Klage *»Die Kinder von heute sind Tyrannen. Sie widersprechen ihren Eltern, kleckern mit dem Essen und ärgern ihre Lehrer«* stammt angeblich von Sokrates – und ist inzwischen über 2400 Jahre alt. Ist es tröstlich, dass es die Alten auch nicht besser konnten als alle folgenden Generationen, oder eher deprimierend, dass wir in der Erziehung seitdem wohl nichts dazugelernt haben?

Mark Twain hat Erziehung als die *organisierte Verteidigung der Erwachsenen gegen die Jugend* bezeichnet. Anscheinend gelingt dies den Erwachsenen nur bedingt, denn sie müssen ihre Vorstellungen offensichtlich immer wieder aufs Neue verteidigen. Aber warum diese ständige Klage? Vielleicht hat Georg Christoph Lichtenberg recht, wenn er behauptet, dass der Fortschritt der Welt darin bestehe, *»dass jede ältere Generation von der Jugend behauptet, sie tauge nichts mehr«*. Aus der anderen Perspektive gesehen könnte man das immer wiederkehrende Aufbegehren gegen das Althergebrachte auch als eine Anpassungsleistung der Jugend an die sich von Generation zu Generation verändernde Umwelt sehen. Denn wenn nichts infrage gestellt wird, geht nichts voran und alles bleibt so, wie es war. Und welcher Jugendliche will schon gerne von gestern sein?

Arbeit und Beruf

Wenn man eingeladen ist und mit anderen ins Gespräch kommt, die man noch nicht kennt, dauert es nicht lange bis zur unvermeidlichen Frage: *Was machen Sie eigentlich beruflich?* In unserer Gesellschaft präsentieren wir uns über unseren Beruf und werden auch nach ihm taxiert. Er gibt Auskunft über unsere gesellschaftliche Stellung, unser Einkommen, unsere Sozialkontakte und unseren Lebensstil.

Erwerbsarbeit ist für den Menschen in der Industriegesellschaft zum Rückgrat seiner gesamten Lebensführung geworden und bildet neben der Familie den zweiten großen Sinn- und Identitätsanker, der den Menschen in der Moderne geblieben ist. Unser Alltag, unsere Lebensweise und unsere Biografie sind um die Erwerbsarbeit zentriert. Sie ermöglicht soziale Teilhabe, sie weist uns einen sozialen Status zu, verleiht Prestige, soziale Anerkennung und Selbstachtung.[103]

Wir verbringen die meiste Zeit unseres Tages mit Arbeit. Sie strukturiert nicht nur unseren Tag zwischen Frühstücks-, Mittagspause und Feierabend, sie teilt auch unser Jahr nach Arbeits-, Urlaubs- und Krankheitstagen und unser Leben nach Berufstätigkeit und Ruhestand. Und unsere Biografie erzählen wir meist entlang dem roten Faden unserer Berufswechsel.

Für junge Erwachsene ist die Berufswahl *»die zentrale identitätsstiftende Entscheidung, die sie zu treffen haben«* (Erik Erikson). Erwerbsarbeit ist für sie als Sinnstifter von entscheidender Bedeutung: Nach wie vor gilt ein Arbeitsplatz als Eintritt in die Gesellschaft.

Arbeit haben: Gibt Sinn und verändert unser Ich

Während in der Antike wie im Mittelalter körperliche Arbeit noch etwas Erniedrigendes, die Sache von Sklaven und Knechten, von Unfreien war, hat sich ihre Wertschätzung danach rapide verändert: In der Frühzeit der Aufklärung erklärte Jean-Jacques Rousseau Arbeit zum Naturrecht des Menschen und die DDR, als sozialistische Gesellschaft, hatte das Recht auf Arbeit sogar in ihrer Verfassung im Artikel 24 festgeschrieben.

Arbeit ist für unsere Identitätsbildung von immenser Bedeutung – sie hat aber auch einen ambivalenten Charakter: Einerseits vermittelt sie Lebenssinn, stattet uns mit Beziehungsnetzen, Wissen und Bildung aus, ist aber andererseits auch als Mittel, sich seinen Lebensunterhalt zu verdienen, mit Mühe und Zwang verbunden.

Arbeit wird in der Entwicklungspsychologie als Tätigkeit verstanden, die sowohl die Umwelt als auch den Menschen verändert. Schon in der Ausbildung sind zum Beispiel bei Altenpflegern oder Managern andere Eigenschaften gefragt, die sich meist im Beruf noch deutlicher zeigen.

Katharina Münk, eine Chefsekretärin, die unter diesem Pseudonym den Bestseller *Und morgen bringe ich ihn um* geschrieben hat, erwähnt in ihrem Buch[104] eine Studie, nach der zwei Drittel aller Topmanager unter Neurosen leiden. Ihre eigenen Erfahrungen schildert sie so: »*Der Druck dort oben ist sehr hoch: Sie haben den Aufsichtsrat im Nacken, stehen im Rampenlicht, sind verantwortlich für Hunderttausende von Arbeitsplätzen. Hinter zweifach gepolsterten Megatüren wächst die Einsamkeit, es gibt niemanden, der sie kritisiert, und da verändert man sich zwangsläufig. Wenn sie vorher selbstsicher waren, werden sie irgendwann selbstverliebt. Wenn sie launenhaft waren, werden sie cholerisch. Viele entwickeln einen regelrechten Kontrollwahn.*«[105]

Markus Breitscheidel, ein ehemaliger Manager, kennt auch die andere Seite. Weit weg von den Privilegien eines Topmanagers hat er in einem Pflegeheim gearbeitet und beschreibt in seinem schon erwähnten Buch *Abgezockt und totgepflegt*[106] sehr anschaulich seine Erfahrungen. Altenpfleger müssen, meist bei schlechter Bezahlung und unter miserablen Bedingungen, hilflose Alte im Akkord abarbeiten. Man kann sich allein vom Titel des Buches her schon vorstellen, welch immensen psychischen Belastungen ambitionierte Pfleger ausgesetzt sind – kein Wunder, dass jeder zweite schon nach wenigen Jahren aufgibt.

Egal, ob wir uns in der Nähe dieser beiden Extreme befinden oder irgendwo dazwischen – die Arbeit prägt uns und unser Leben nachhaltig. Und nicht nur unseres – sie beeinflusst zusätzlich auch das der anderen Familienmitglieder, oft sogar auch unsere Freizeitaktivitäten oder die Auswahl von Bekannten und Freunden.

Im Idealfall dient die Arbeit nicht nur dem Broterwerb, sondern ermöglicht auch einen gewissen Grad an Selbstverwirklichung. So wird sie im Wortsinne zum Beruf – also zu einer Tätigkeit, zu der man sich berufen fühlt und die auch Sinn verleiht – *ich arbeite, also bin ich.*

Im anderen Extrem kann sie stupide sein, demotivieren, körperlich und seelisch auslaugen und im Hegel'schen Sinne zur Entfremdung führen. Die meisten Jobs dürften zwischen den beiden Polen liegen: Man erledigt sie nicht unbedingt besonders gern, zeitweilig machen sie aber vielleicht sogar Spaß – man hat sich halt arrangiert und von irgendwas muss man ja schließlich leben.

Zu viel Arbeit: Macht süchtig und krank

Bei manchen ist die Arbeit der bestimmende Faktor, dem alles andere untergeordnet werden muss: Die Wahl des Partners, der Freunde, des Wohnorts, des sozialen Umfelds und sogar der Weltanschauung. Viele haben ihre Arbeit so zum Lebensmittelpunkt gemacht, dass ihre Gedanken fast ununterbrochen nur um sie kreisen und andere Interessen zunehmend verdrängt werden. Der Urlaub wird immer wieder verschoben, Partner und Familie stehen immer erst an zweiter Stelle und irgendwann wird das Leben außerhalb des Jobs nur noch als belastend empfunden. Diese Menschen sind krank – sie bemerken es aber nicht. Sie selbst bezeichnen die geschilderten Symptome oft als völlig normal und akzeptieren sie als konsequente Folge ihres hohen Arbeitseinsatzes. Dabei hängt ihr Selbstwertgefühl am Tropf des beruflichen Erfolgs, am Lob der Kollegen, an Gehaltssteigerungen. Jeder Karriereknick wird als persönliches Versagen interpretiert und der Verlust des Arbeitsplatzes hätte unweigerlich eine Identitätskrise zur Folge.

Arbeitspsychologen stufen diese Arbeitssucht schon als neue Volkskrankheit ein. Doch das allgemeine Bewusstsein für die Gefahren dieser Sucht ist noch sehr gering. Anstatt das zu viele Arbeiten als Störung zu betrachten, adelt unsere Gesellschaft diejenigen, die unter ihr angeblich leiden. Längst aber haben arbeitspsychologische Studien bewiesen: Wer die Arbeit zu seinem Lebensmittelpunkt macht, verliert auf Dauer die Freude am Leben und setzt seine Gesundheit aufs Spiel.[107] *Workoholism* in seiner ausgeprägten Form ist nicht bewundernswürdig, sondern eine Form des *Burn-out-Syndroms*, das wie Alkoholismus behandelt werden muss. Dabei ist es selbst eigentlich keine Krankheit, sondern das Endstadium eines krank machenden Prozesses.

Die Manager, durch ihr Blackberry zur immerwährenden Erreichbarkeit verdonnert, eingekeilt zwischen hohen Renditeerwartungen und dem Wunsch nach Ansehen und Macht, leiden unterbewusst an Zwängen, Mobbing, mangelnder Ehrlichkeit und der ständigen Bewertung durch andere. Der Kollaps nach langer Dauerbelastung ist dann die Rechnung für ein Leben auf der Überholspur. Erst danach wird vielen deutlich, um welchen Preis sie sich hochgeschuftet haben und dass es vermutlich gesünder gewesen wäre, ab und zu auch mal Nein zu sagen.

Zu wenig Arbeit: Es trifft vor allem die Älteren

Arbeitslosigkeit ist heute nicht nur ein Problem für Ausländer oder Minderqualifizierte, auch gut ausgebildete Arbeitskräfte ab 40 –

und manchmal schon früher – haben es schwer, einen neuen Job zu finden. Obwohl sie erst in der Mitte des Lebens stehen, zählen sie auf dem Arbeitsmarkt schon zu den Älteren. Die Angst, den Arbeitsplatz zu verlieren, ist die Hauptsorge der Deutschen, denn der soziale Abstieg geht inzwischen schnell: Nach einem Jahr Arbeitslosengeld, das als Versicherungsleistung gewährt wird (egal, ob man 30 Jahre oder nur eins eingezahlt hat), und 15 Monaten Hartz IV kommt schon die Sozialhilfe. Und die reicht kaum zum Überleben.

Doch auch für die Älteren, die noch Arbeit haben, ist es nicht immer leicht, weil in vielen Betrieben eine Tendenz zur Altersdiskriminierung besteht. Vor allem die jüngeren Arbeitnehmer schätzen die Leistungen ihrer älteren Kollegen oft schlechter ein als umgekehrt.[108]

Bei der Altersdiskriminierung hat Deutschland eine Sonderstellung: *»Fast nirgendwo in Europa verzichten die Unternehmen so rigoros auf das Potenzial älterer Arbeitnehmer wie in Deutschland«*, stellt der Autor Janko Tietz fest. Und in kaum einem anderen Land würden die Leute so früh aus dem Arbeitsleben katapultiert wie bei uns. Nur 45 Prozent der 55- bis 64-Jährigen seien noch berufstätig. *»Länder wie die Schweiz, Norwegen oder Schweden übertrumpfen Deutschland mit Quoten zwischen 65 und 70 Prozent, Island gar mit über 80 Prozent.«*[109]

Viele Personalchefs verdrängen die Ergebnisse der Studien, nach denen höheres Alter nicht an niedrigere Arbeitsleistungen gekoppelt ist. Sie bringen mit Älteren immer noch all das in Verbindung, worauf Arbeitgeber keinen Wert legen: höheres Krankheitsrisiko, zu hohe Tariflöhne und Gehälter, zu strenge Kündigungsschutzregeln, vermeintliche Unflexibilität oder geringe Motivation.

Der Jugendwahn der Unternehmen wurde auch von der Politik nach Kräften gefördert: Mit großzügigen Regelungen zur Frühverrentung wurde es den Unternehmen leicht gemacht, ihre Belegschaften stetig zu verjüngen. Da auch die Börse Personalentlassungen häufig mit steigenden Kursen belohnt, sind die Kosten, die bei Personalabbauprogrammen entstehen, schnell wieder drin. Zwar beginnt langsam ein Umdenken – leider aber nicht aus Wertschätzung gegenüber dem Alter, sondern eher wegen des Mangels an jüngeren Fachkräften.

Keine Arbeit: Vom Zweckoptimismus zur Resignation

Nur wenige können – auch wenn vorher ihre Arbeitsmotivation eher gering war – die psychischen Folgen eines längerfristigen Arbeitsplatzverlustes verkraften. Dann macht sich unangenehm bemerkbar, dass die Arbeit doch mehr als nur Broterwerb war. Sie hat dem Leben Struktur gegeben, ein soziales Umfeld geschaffen, die Psyche stabilisiert, den Menschen als solchen maßgeblich definiert und ein würdiges Dasein überhaupt erst ermöglicht. Fehlt der Arbeitsplatz, fehlt auch der natürliche Spannungsbogen von Anstrengung und Ruhe und man gerät in den Teufelskreis, dass die Persönlichkeitsmerkmale, die die Gefahr der Arbeitslosigkeit erhöhen, durch sie noch verstärkt werden.

Studien beschreiben die individuellen Folgen von Arbeitslosigkeit so: Auf den anfänglichen Schock folgt eine Zeit des oberflächlichen Zweckoptimismus, danach beginnt die Aktivitätsphase, in der Bewerbungen geschrieben und Fortbildungen besucht werden. Bleiben diese ohne Erfolg, lassen die Bemühungen nach, Hoffnungslosigkeit und Selbstzweifel stellen sich ein, und bei vielen folgt die Resignation. Und weil persönlicher Erfolg in kapitalistischen Gesellschaften eng an den beruflichen Erfolg geknüpft ist, wird die Entstehung von Schamgefühlen und Minderwertigkeitskomplexen begünstigt, die bei Langzeitarbeitslosen zu Suchtkrankheiten und Depressionen führen können. Bedingt durch die gesellschaftlich-kulturelle Isolation und Verarmung gelingt es in vielen Fällen auch der folgenden Generation nicht, diesen Teufelskreis zu durchbrechen, weil im deutschen Bildungssystem schon vom Kinderhort an die Ärmeren deutlich benachteiligt sind.

Die hohe Arbeitslosigkeit wirkt aber auch auf die zurück, die Arbeit haben. Der psychische Druck, verursacht durch den permanent drohenden Verlust des Arbeitsplatzes, steigt. So beschreiben, nach einer im Auftrag der Friedrich-Ebert-Stiftung erstellten Studie,[110] auch diejenigen ihre Lage als prekär, die noch *dazugehören*. Die Folgen sind weniger Jobwechsel, weil in vermeintlich sicheren Positionen verharrt wird, zunehmendes Mobbing, steigende Ausländerfeindlichkeit auch in der Mittelschicht, sinkendes Vertrauen in die Politik und der Verzicht auf Kinder.

Für manchen sind auch die Folgen der Pensionierung beziehungsweise des Eintritts in den Ruhestand mit denen eines Arbeitsplatzverlustes durchaus vergleichbar. Mit dem Ausscheiden aus dem Berufsleben wird auch der für die eigene Existenz so wichtige gesellschaftlich anerkannte und persönlich akzeptierte Wertmaßstab genommen. Die Pensionierung kann zum radikalen Umbruch des Lebens für das Selbstwertgefühl, den gesellschaftlichen Status und die Sozialbeziehungen werden.

Die Zukunft der Arbeit: Brasilianisierung, Familien- und Sozialarbeit

Die Vorhersagen für die zukünftige Entwicklung der Arbeit sind unterschiedlich. Vor allem deshalb, weil langfristige Entwicklungen kaum seriös vorhersagbar sind, denn die Lage der Weltwirtschaft ändert sich schneller als jemals zuvor. Hielt noch im Jahr 2005 niemand einen Rückweg zur Vollbeschäftigung für möglich, war sie kaum zwei Jahre später in einigen Regionen Deutschlands erreicht und ein erheblicher Fachkräftemangel wurde beklagt. Seit Mitte 2008 geht die Entwicklung, bedingt durch die internationale Finanzkrise, wieder in die andere Richtung.

Ungeachtet dieser sprunghaften Richtungswechsel gehen Zukunftsvisionen davon aus, dass nur 20 Prozent der Bevölkerung für die Produktion benötigt werden – der Rest bleibt ohne Job. Nicht nur weil die steigende Produktivität Arbeitsplätze vernichtet, sondern auch weil die Ansprüche an qualifizierte Tätigkeiten steigen, die nicht durch Geringqualifizierte verrichtet werden können.

Folgt man den Prognosen des Soziologen Ulrich Beck, dann droht den westlichen Industrieländern eine *»Brasilianisierung«* der Arbeitswelt – das bedeutet eine rasante Zunahme informeller, prekärer, geringwertiger *»McJobs«*.[111] Nach Schätzungen des Instituts für Arbeitsmarkt- und Berufsforschung wird in Deutschland schon in wenigen Jahren nur noch die Hälfte der abhängig Beschäftigten arbeits- und sozialrechtlich abgesicherte Vollarbeitsplätze haben.

Der globalisierte, digitalisierte und deregulierte Markt wird vermutlich die Gesellschaft in eine Minderheit von Gewinnern und eine Mehrheit von Verlierern spalten. Beide Gruppen sehen sich dann der gleichen unerbittlichen Forderung des Marktes gegenüber: Verhalte dich flexibel, sei offen für kurzfristige Veränderungen und bereit, ständig Risiken einzugehen![112]

Verschiedene Modelle, die zur Zukunft ohne Arbeit entwickelt werden, wollen den Rückgang der Erwerbsarbeit durch die Ausweitung eines gemeinwirtschaftlichen Beschäftigungssektors kompensieren, in dem gesellschaftlich nützliche Tätigkeiten verrichtet werden. Die Prognosen sind geteilt. Während die einen für diese neuen Beschäftigungsmöglichkeiten wie Familienarbeit, Lernarbeit und Sozialarbeit durchaus eine Perspektive sehen, weil solche Eigenarbeiten wie ein Lebenselixier wirkten und Leere, Langeweile und Depressionen verhinderten, glauben die anderen, dass – wenn die Werte in der Gesellschaft so blieben wie sie heute sind – diese Jobs wegen mangelnder Anerkennung nur schlechter bezahlte und letztlich eher private Hobbys bleiben.

Arbeit und Identität: Die Perspektive verändern

Für den amerikanischen Soziologen Richard Sennett wird die mit der *»Kultur des neuen Kapitalismus«* verbundene Kurzfristigkeit zum Problem für das Gefühlsleben und die Identitätsbildung der Menschen. Er fragt: *»Wie lassen sich langfristige Ziele in einer auf Kurzfristigkeit angelegten Gesellschaft anstreben? Wie sind dauerhafte soziale Bindungen aufrechtzuerhalten, wie kann ein Mensch in einer Gesellschaft, die aus Episoden und Fragmenten besteht, seine Identität und Lebensgeschichte zu einer Erzählung bündeln?«*[113] Seiner Meinung nach ist das Ergebnis eine *»Psyche in einem Zustand endlosen Werdens – ein Selbst, das sich nie vollendet.«*[114]

Die Frage ist, ob wir das so haben wollen und akzeptieren, was der neue Kapitalismus mit uns macht. Oder ob wir diese Fehlentwicklungen korrigieren können – sofern es überhaupt in unserer Macht steht, dies zu tun.

Wahrscheinlich müssen wir unsere Einstellung zur Arbeit ändern. Und hier sind auch Tendenzen sichtbar, die zeigen, dass dies geschieht. Vielleicht wurde diese Entwicklung sogar durch die Erkenntnis verursacht, dass Arbeit als einziges Lebenselixier nicht mehr taugt. Womöglich setzt hier ein Selbstschutzmechanismus ein, eine Art natürlicher Reaktion auf die Unsicherheit am Arbeitsmarkt: Denn wenn man sich mit seiner Arbeit zu stark identifiziert, könnte ein möglicher Arbeitsplatzverlust kaum verkraftet werden. Das seelische Gleichgewicht wäre gestört und neben der ökonomischen auch noch die psychische Grundlage der eigenen Existenz infrage gestellt.

Dass die Erwerbsarbeit ihren Mythos verliert, liegt aber auch am Wertewandel. Besonders bei jüngeren Erwerbstätigen sinkt in den letzten Jahrzehnten der Stellenwert der Arbeit. Sie bildet nicht mehr den Hauptinhalt ihres Lebens. Die jüngere Generation befindet sich derzeit auf dem Weg zu einer neuen Lebensbalance.

Gerade besonders qualifizierte Arbeitskräfte verlangen mehr Selbstständigkeit: Sie wollen eigenverantwortlicher handeln können, mehr Sinn in ihrer Arbeit sehen und zusätzlich als Unternehmer in eigener Sache ihre individuellen Ziele verfolgen. Anpassung wird durch Anspruch ersetzt.

Die extreme Ausprägung dieses neuen Typus nennt sich die *Digitale Bohème*. Trotz lukrativer Angebote aus der Wirtschaft verzichten sie sogar auf eine Festanstellung. Sie verabscheuen feste Arbeitszeiten, wollen kreativ sein und *»ihr Glück unabhängig von der Gnade eines Arbeitgebers und frei von festen Arbeitszeiten finden«*.[115] Über diese neue Einstellung zur Arbeit ist bereits ein Buch mit dem bezeichnenden Titel *Wir nennen es Arbeit* erschienen.[116]

Auch in den skandinavischen Ländern hat sich die Sicht auf Arbeit bereits verändert – zumindest auf zu viel Arbeit: Hier gehen vermehrt auch Führungspersonen zu normalen Zeiten nach Hause. Die Gesellschaft scheint zu erkennen, dass *viel* Arbeit nicht unbedingt mit *guter* Arbeit gleichzusetzen ist, vor allen Dingen nicht auf längere Sicht. Und dass es noch ein Leben neben dem Job gibt.

Obwohl die Zahl an sozialpflichtigen Arbeitsplätzen langfristig zurückgeht, müssen sich die Arbeitgeber – besonders wenn in gegenläufiger Tendenz qualifizierte Arbeitskräfte knapp werden – darauf einstellen, dass sich die Lebensplanung und das Familienleben ihrer Mitarbeiter nicht mehr grundsätzlich den betrieblichen Erfordernissen unterordnen. Sie sollten rechtzeitig daran denken, Hierarchien, die besonders qualifizierte Mitarbeiter in ihrer Entfaltung behindern, abzubauen und fließende Übergänge zwischen Berufs- und Privatleben schaffen.

In Bezug auf unsere Identität sollten wir versuchen, uns klar darüber zu werden, in welchem Maß die Arbeit unser Selbst bestimmt – und inwieweit dieses dadurch bei einem möglichen Arbeitsplatzverlust auch verletzlich wird. Welche vom Arbeitsumfeld ausgehenden Wertvorstellungen übernehmen wir – mehr oder weniger unreflektiert – in unser Leben? Wie wirken sie sich auf unseren Charakter aus? Inwieweit beeinflussen sie unsere Lebensplanung und unser Selbstwertgefühl? Oder anders gefragt: Was hat die Arbeit aus uns gemacht?

Nach wie vor ist Arbeit für die eigene Identitätsentwicklung enorm wichtig. Aber vielleicht sollten wir unsere Perspektive ändern. Die amerikanische Karriereberaterin Barbara Sher empfiehlt, von der Einstellung her autonomer zu werden – aus ihrer Sicht sollte unsere persönliche Entwicklung der Hauptgrund sein, warum wir arbeiten.[117] Sie sagt, dass *»die Arbeit unseres Lebens«* es wert sei, getan zu werden. Und, für eine Karriereberaterin ungewöhnlich, fügt sie hinzu: *»egal ob Sie damit Geld verdienen oder nicht.«*[118]

Soziale Herkunft

Die Herkunft eines Menschen wirkt sich erheblich auf den Grad seiner Selbstbestimmung und Selbstentfaltung aus. Wer am unteren Rand der Gesellschaft steht, hat nur eingeschränkte Möglichkeiten, sein Potenzial zu entfalten und seine Anlagen ihm entsprechend zu entwickeln.

Um den Aufbau einer Gesellschaft zu ergründen, wird die Bevölkerung in unterschiedliche Gruppen eingeteilt, um deren Besonderheiten beziehungsweise deren Wechselwirkungen untereinander erklären und verstehen zu können. Dazu gibt es unterschiedliche Theorieansätze und dementsprechend viele Einteilungsmöglichkeiten. Eine davon ist die des *sozialen Milieus*, das die soziale Umgebung beschreibt, in der ein Individuum aufwächst und lebt, eine andere ist die vertikale Gruppierung nach oben und unten, woraus sich dann die *Schichten* ergeben.

Diese Schichten unterscheiden sich durch ihre unterschiedliche soziale Lage, die in erster Linie die materiellen Möglichkeiten, die Lebensqualität und die Lebenschancen berücksichtigt. Um sie zu beschreiben, werden Faktoren wie Beruf, Einkommen, Bildung, Wohngegend und gesellschaftliche Integration einbezogen.

Die dreifache Einteilung in Ober-, Mittel- und Unterschicht wird zwar in der Soziologie nur noch selten verwendet, weil sie die Komplexität der Realität nicht erfasst. Aber unter dem Eindruck des *Armutsberichts 2005* und der vielen Todesfälle vernachlässigter Kinder – es sind durchschnittlich jede Woche zwei – war der Wochenzeitung *Die Zeit* im Oktober 2006 *»Die Entdeckung der Unterschicht«* doch eine Titelgeschichte wert.

Die Unterschicht:
Schlecht qualifiziert, ausgegrenzt, orientierungslos

Dass es in Deutschland zu viele Arme gibt, die im Zuge des Strukturwandels der Wirtschaft und der sozialen Sicherungssysteme auf der Strecke geblieben sind, ist keine neue Erkenntnis mehr. Doch die Politik will sie (noch) nicht wahrnehmen, weil nicht sein kann, was nicht sein darf. Der Begriff *Unterschicht* ist bei Politikern umstritten und wird weitgehend vermieden, weil er diskriminiere. Von manchen wird er – mit einigem rhetorischen Geschick – mit dem Begriff *Menschen mit sozialen und Integrationsproblemen* umschrieben. Der ehemalige Wirtschaftsminister Michael Glos meinte gar, die ganze Armutsdebatte sei nur eine Erfindung von Soziologen. Diese Weigerung, einen bestehenden Misstand auch zu benennen, bedeutet gleichzeitig, dass sein Bestehen nicht anerkannt wird – und das ist der Gipfel der Diskriminierung.

Denn es ist nicht wegzuleugnen, *»dass etwa 5 bis 6 Millionen Deutsche im Stand sozialer Hilflosigkeit«* verharren und ratlos von der Politik verwaltet werden. Sie stehen am Rand der Gesellschaft, wo Arbeitslosigkeit und Depression, Armut und Hoffnungslosigkeit grassieren, wo das Leben immer öfter als ein Kampf erscheint, der verloren ist. Die Belastungen, denen diese Menschen ausgesetzt sind, werden in den Statistiken als doppelt so hoch eingestuft wie die von in gesicherten Verhältnissen Lebenden.[119]

Hinzu kommt, dass in Deutschland das Bildungssystem hochgradig unsozial ist. So besuchen 84 Prozent der Kinder von Akademikern eine Hochschule, aus den Familien ungelernter Arbeiter schaffen dies nur elf Prozent. Die zweite Pisa-Studie von 2003[120] hat bei der Chancengleichheit auch erhebliche Unterschiede zwischen den Bundesländern festgestellt. In Bayern haben Akademikerkinder gegenüber Facharbeiterkindern – bei gleicher Lese- und Mathematikkompetenz – eine knapp siebenfach höhere Chance eines Gymnasialbesuchs (im Bundesdurchschnitt eine vierfach höhere Chance). Die Studie weist auch darauf hin, dass unter den Jugendlichen mit Migrationshintergrund relativ viele *»in ihren Leistungen auf der untersten Kompetenzstufe einzuordnen sind«*.

Kinder der Unterschicht werden seltener von ihren Eltern gefördert, sie können sich weniger Nachhilfe oder gar ein Studium leisten und müssen oft früher Geld verdienen. Auch bekommen sie – trotz gleicher Leistungen – seltener eine Empfehlung für qualitativ hochwertige Bildungsinstitutionen. Außerdem haben Migrantenkinder zusätzlich mit sprachlichen Problemen zu kämpfen. In der Unterschicht gibt es überdurchschnittlich viele Hauptschüler, Schulabbrecher und Geringqualifizierte, denen später meist nichts anders übrig bleibt, als sich in das Heer der Dauerarbeitslosen einzureihen oder aber zu versuchen, ihr Geld auf illegalem Wege zu beschaffen. Hier entsteht ein soziales Milieu, dessen Art, sich den Lebensunterhalt zu verdienen, in einer Prognose des Instituts *Sinus Sociovision* auch gleich deren zukünftigen Namen liefert – sie werden als *»Dealer«*[121] bezeichnet.

Gerade für sozial Benachteiligte ist es schwer, sich in der komplexen Welt zurechtzufinden, denn sie sind meist nicht in der Lage, sich die dafür notwendigen Kompetenzen zu erwerben. Richard Sennett konstatiert, dass die gestiegenen Unsicherheiten und die Anforderungen, die heute an die individuelle Flexibilität gestellt werden, die herkunftsbezogene soziale Ungleichheit noch dramatisch verschärfen.[122]

Dass genau hier das zentrale sozial- und gesellschaftspolitische Problem liege, meint der Ungleichheitsforscher Peter A. Berger: *»Mangelt es an solchen Kompetenzen für eine nachtraditionelle Lebensführung (...), sind nicht nur relative Nachteile zu erwarten. Vielmehr wird sich auch häufig eine Weltsicht einstellen, aus der Umstände als unabwendbares Schicksal, dessen hilfloser Spielball mann oder frau ist, erscheinen.«*[123]

Wie destruktiv eine solche Grundhaltung für die Entwicklung der Identität und das Selbstwertgefühl ist, wissen wir inzwischen. Sie fördert außerdem die Politikverdrossenheit und führt damit auch zu einer kritischen Einstellung gegenüber der Demokratie. Wieder einmal hat ein skandinavisches Land diesen Zusammenhang frühzeitig erkannt: Schon in den sechziger Jahren hat Finnland ein Konzept für die Reformierung seines Bildungssystems entwickelt – und zwar nicht nur unter der Zielvorgabe, welchen

Wissenshorizont eine fortschrittliche Gesellschaft im Jahre 2000 haben sollte, sondern auch unter dem Gesichtspunkt der Stabilisierung des demokratischen Bewusstseins.

Das Demokratiebewusstsein der Deutschen steht (nach einer Studie, die *TNS Infratest* 2006 im Auftrag der Friedrich-Ebert-Stiftung erstellt hat) bei zwei *»politischen Typen«* unserer Gesellschaft auf eher tönernen Füßen: Den sogenannten *»selbstgenügsamen Traditionalisten«* und dem *»abgehängten Prekariat«*. Die Traditionalisten bringen der Politik wenig Vertrauen entgegen, unter anderem auch, weil sie viele Prozesse nicht mehr verstehen. Und beim Prekariat sind Nichtwähler ebenso überproportional vertreten wie Wähler der Linkspartei und rechtsextremer Parteien.[124]

Immerhin zählen knapp 20 Prozent der Deutschen zu diesen beiden Gruppen. Und wer sie sich einfach selbst überlässt, tut unserer Demokratie keinen Gefallen.

Doch genug von den *»Verlierermilieus«*,[125] wenden wir uns den Gewinnern zu.

Die Oberschicht: Leistungsorientiert, gebildet, wohlhabend

Die *TNS-Infratest-Studie* bezeichnet sie allgemein als *»Menschen im oberen Drittel«* der Gesellschaft, die *»recht gesicherte Chancen und Lebensperspektiven«* haben. Klassifiziert werden sie als die *»kritischen Bildungseliten«*, das *»engagierte Bürgertum«*, die *»Leistungsindividualisten«* und die *»etablierten Leistungsträger«*.

Diese Gruppen orientieren sich am Leistungsprinzip, sind teilweise elitebewusst und hoch qualifiziert. Zusammengenommen repräsentieren sie etwa 45 Prozent der Gesellschaft, also knapp die Hälfte.[126]

Die, die in der Pyramide ganz oben stehen, bleiben – genauso wie die unteren Schichten – weitgehend unter sich. Meist sind sie schon von Geburt an privilegiert und bauen im Laufe ihrer Karriere Netzwerke auf, durch deren Maschen sie kaum mehr fallen können. Ein Beispiel unter vielen ist der 2007 berufene Vorstandsvorsitzende der Commerzbank, Martin Blessing. Selbst in einer Bankiersfamilie aufgewachsen, hat er in eine andere eingeheiratet: Sein Schwiegervater, Paul Wieandt war Vorstandschef bei der Bank für Gemeinwirtschaft, seine Frau Dorothee ist Partnerin bei der Investmentbank Goldman Sachs, ihr Bruder Carl Wieandt Partner bei der Unternehmensberatung McKinsey und ihr zweiter Bruder Axel Chefstratege der Deutschen Bank.

Die andere Hälfte der Bevölkerung steht nicht auf der Gewinnerseite, sondern eher in der Mitte oder auf der Verliererseite. Für Thomas E. Schmidt ist das Beunruhigendste an der *TNS-Infratest-Studie*, dass sich *»Abstiegsfurcht und Vertrauensverlust bis in die gesellschaftliche Mitte hochgefressen«* haben, und dass auch die, *»die noch dazugehören«*, ihre Lage als *»prekär«* beschreiben.[127]

So geht es der Ober- und Mittelschicht (die Studie vermeidet diese Begriffe, sie redet von einer *»Drei-Drittel-Gesellschaft«*), zu der etwa zwei Drittel der Deutschen gehören, zwar objektiv gut, die gefühlte Lage ist aber gerade in der Mittelschicht deutlich schlechter.

Betrachtet man die Verteilung des Gesamtnettovermögens aller deutschen Haushalte, wird das *oben* und *unten* noch deutlicher: Demnach verfügten 2003 40 Prozent der Deutschen (das reichste und zweitreichste Fünftel der Bevölkerung) über 91 Prozent des Vermögens. Die verbleibenden 60 Prozent der Haushalte müssen sich den Rest von 9 Prozent teilen, wovon das ärmste Fünftel jedoch nichts hat – es ist verschuldet. Und diese Tendenz verstärkt sich eher – die Reichen werden immer reicher.

Die Evangelische Kirche wies in ihrer Studie *Reichtum und Armut als Herausforderung für kirchliches Handeln* darauf hin, dass die ungleiche Verteilung des Vermögens auch durch die Steuerpolitik begünstigt worden sei, die die Arbeitseinkommen zunehmend stärker *be*lastet und die Kapitaleinkommen immer mehr *ent*lastet habe. Die von der Politik erhofften Reinvestitionen privaten Reichtums in neue Arbeitsplätze seien aber nicht erfolgt, stattdessen hätten durch die sinkenden Staatseinnahmen zusätzlich öffentliche Arbeitsplätze abgebaut und Leistungen eingeschränkt werden müssen. Die Förderung privaten Kapitals habe so zu mehr öffentlicher Armut geführt.

Die Evangelische Kirche fordert, dass dieser Zusammenhang zukünftig in der Steuergestaltung mehr berücksichtigt werden solle, dass mehr darauf geachtet werden solle, dass die wirtschaftliche Besserstellung nicht auch zu Privilegien in anderen gesellschaftlichen Sphären führen dürfe und dass die von sozialer Ausgrenzung Betroffenen mehr an gesellschaftlichen Aushandlungsprozessen beteiligt werden müssten.[128]

Das Hineingeborenwerden in ein bestimmtes soziales Milieu oder eine Schicht wirkt sich sehr stark auf die Gestaltung des späteren Lebens aus. Die Zugehörigkeit zu einem *»Verlierermilieu«* führt zu einer geringen Selbstbestimmung bei Berufswunsch, Partnerwahl und Lebensmodell.[129]

Die Chancen, sich aus den unteren Milieus herausentwickeln zu können, sind in Deutschland im Vergleich zu anderen Industrienationen nicht sehr groß. Für einige wenige können zwar gerade die Unterschiede in den Schichten beziehungsweise Milieus Triebfeder sein, um sich von diesen einschränkenden Verhältnissen zu befreien – wir alle kennen ja den Anspruch *Meine Kinder sollen es mal besser haben als ich* –, und dieser Aufstieg mag auch dem ein oder anderen gelingen, allerdings meist unter sehr viel schwierigeren Rahmenbedingungen als den sozial Bessergestellten.

Bessern wird sich die Lage nur, wenn wir einen scheinbaren Widerspruch auflösen können: Auf der einen Seite Leistungswillen als Prinzip anzuerkennen, Leistung zu fordern, sie aber auch zu fördern; und auf der anderen Seite anzuerkennen, dass Umverteilung notwendig ist, um denen zu helfen, die nicht so können.

Dafür müssen wir die Grenzen, die Ungleichheit setzt, in wechselseitigem Respekt überschreiten – auch wenn es schwerfällt. Damit möglichst viele ihre Persönlichkeit so entwickeln können, wie es ihren individuellen Anlagen entspricht.

Weltanschauung und Ideologie

Wie wir die Welt sehen, so deuten wir sie auch. Und wir sehen sie aus unterschiedlichsten Perspektiven. Wenn ein Kind in der Familie eines evangelischen Pfarrers groß wird, wird sein Blick auf die Welt vermutlich ein anderer sein als der eines Arbeiterkindes oder eines Bankersprösslings. So wird uns – zumindest in den ersten Lebensjahren – schon eine bestimmte Weltsicht in die Wiege gelegt. Es kann sein, dass wir diese Brille, durch die wir unsere Welt betrachten, nie absetzen. Es ist aber auch möglich, dass wir sie im Laufe des Lebens wechseln und dann vielleicht besser – oder nur noch auf einem Auge – sehen.

Eine Weltanschauung entsteht durch Wissen, Erfahrung und Gefühl. Sie kann nur einzelne Lebensbereiche betreffen und beeinflussen, aber auch die Gesamtheit der persönlichen Wertungen, Vorstellungen und Sichtweisen bezüglich der Deutung der Welt, der Sicht auf die Gesellschaft und die Rolle des Einzelnen in ihr.

Eine Weltanschauung liefert Werte, Normen und Handlungsanweisungen. Deren Befolgung kann die persönliche Freiheit und die Entfaltung des Individuums einschränken, aber auch dessen Identitätsentwicklung erst ermöglichen. Sie erzeugt Bewusstsein, liefert Ziele und ermöglicht auch die Identifikation mit Gruppen Gleichgesinnter. So grenzt sie die eigene Person und die eigene Gruppe von anderen mit abweichenden Anschauungen ab.

Wenn diese Überzeugungen reflektiert und zu einem System zusammengefügt werden, spricht man von einer geschlossenen Weltanschauung. Diese kann von einer Gruppe, einer Gesellschaft oder einem ganzen Kulturkreis geteilt werden. Es gibt Systeme, die offen für Veränderungen sind, aber auch solche mit Absolutheitsanspruch, die keine abweichenden Ansichten zulassen.

Die Wurzeln von Weltanschauungen können in vielen Bereichen der Gesellschaft liegen, zum Beispiel in der Religion, Philosophie, Naturwissenschaft, Politik, Wirtschaft oder Kultur. Auch wenn eine Weltanschauung nur aus einem speziellen Bereich kommt, beeinflusst sie oft andere und unter Umständen auch Wertvorstellungen, Lebensziele, Denken und Handeln, die Mentalität und die Moral.

Die kirchliche Deutungshoheit: Weil nicht sein kann, was nicht sein darf

Über viele Jahrhunderte wurde in Europa die Sicht auf die Welt durch die Kirche bestimmt. Sie war der alleinige Vermittler von Wissen und Bildung. Auch wer kein Priester werden wollte, lernte in Kloster-, Dom- oder Pfarrschulen. Auch in den Universitäten, in denen vom 11. Jahrhundert an die höhere Bildung stattfand, hatte die Kirche das Monopol. So war über Jahrhunderte in den Naturwissenschaften nur das wahr, was auch in der Bibel stand oder ihr zumindest nicht widersprach. Neue naturwissenschaftliche Erkenntnisse konnten sich gegen ein zementiertes Weltbild gar nicht oder erst sehr viel später durchsetzen.

Insbesondere die Entdeckungen der Astronomie forderten oft den Widerstand der Kirche heraus. So durfte Nikolaus Kopernikus (1473-1543) seine Erkenntnis, dass sich die Erde um die Sonne dreht, nur als mathematisches Modell vertreten; Giordano Bruno (1548-1600) wurde, weil die von ihm postulierte Anfangslosigkeit und Unendlichkeit des Weltraums sowohl die Schöpfung als auch das Jenseits ausschloss, als Ketzer auf dem Scheiterhaufen verbrannt. Galileo Galilei (1564-1642) schließlich wurde, nachdem er durch Beobachtungen mit dem neu erfundenen Teleskop das heliozentrische Weltbild von Kopernikus bestätigt sah, zu lebenslangem Hausarrest verurteilt und erst 1992 von Papst Johannes Paul II. rehabilitiert.

Aber nicht nur astronomische oder philosophische Erkenntnisse hatten es schwer, sich gegen die kirchliche Deutungshoheit durchzusetzen. Auch die Evolutionstheorie von Charles Darwin – und hier insbesondere dessen Abstammungslehre, die dem biblischen Bild des Menschen als *Krone der Schöpfung* widersprach – wurde über 140 Jahre bekämpft.

Doch irgendwann ließen sich die wissenschaftlichen Erkenntnisse nicht länger verleugnen. Heute bekennt sich die katholische Kirche zu einem *Dualismus*, den Papst Johannes Paul II. 1996 so erklärte, dass zum Beispiel Darwins Lehre durchaus mit dem christlichen Glauben vereinbar sei: Auch wenn der menschliche Körper seine Existenz der biologischen Evolution verdanke, werde er unmittelbar von Gott beseelt. Bei Konflikten zwischen dem wissenschaftlichen und dem religiösen Weltbild verweist die Kurie auf zwei Wissensquellen: zum einen die menschliche Vernunft, zum anderen die Offenbarung. Und da die Wissenschaft stets nur begrenzte Einsichten liefere, habe die Offenbarung das Primat.[130]

Abkehr von der Kirche: Die Vernunft interpretiert

Aber nicht nur religiöse Vorstellungen prägen unsere Weltanschauungen. Auch umgekehrt können neue Erkenntnisse unser religiöses Verständnis verändern. In der Aufklärung, Ende des 17. und im 18. Jahrhundert, wurde der Absolutheitsanspruch der Kirche hinterfragt und mit ihm der Aberglaube, die Irrtümer und Vorurteile, die den mittelalterlichen Machthabern zur Legitimation ihrer Herrschaft dienten. Durch Erkenntnisse der Vernunft sollte dem

Menschen zum *»Ausgang aus seiner selbst verschuldeten Unmündigkeit«* (Immanuel Kant) verholfen werden.

Die neue Denkweise des verstandesmäßigen Erfassens der Welt wirkte sich auf verschiedenste Bereiche wie Theologie, Philosophie, Politik und Kultur aus. Für die Achtung der Menschenwürde, die Anerkennung der Gleichheit aller Menschen, die Ausdehnung der Erziehungsbestrebungen auf alle Volksschichten und auf Frauen und die Humanisierung des sozialen und kulturellen Lebens hat die Aufklärung Entscheidendes geleistet. Diese Abkehr von religiösen Erklärungen und die Erkenntnisse der aufkommenden Naturwissenschaften führten auch zur Entwicklung von materialistisch-atheistischen Weltbildern wie das des Marxismus. In jedem Fall war nach der Aufklärung die Vorstellung von dem, was die Welt im Innersten zusammenhält, und somit auch der Blick auf die Welt ein völlig anderer.

Was Weltanschauung bedeuten kann, wie der Erkenntnisprozess verläuft, welche Auswirkungen er hat und wie real unsere Erkenntnisse tatsächlich sind – damit haben sich bis heute viele Philosophen, Psychologen und Soziologen wie zum Beispiel Arthur Schopenhauer, Friedrich Nietzsche, Georg Simmel, Wilhelm Dilthey, Karl Jaspers, Oswald Spengler oder Martin Heidegger beschäftigt.

Bedingt durch diese Vielfalt an Definitionen und Ansichten und durch den Missbrauch des Begriffs von den Nationalsozialisten – die ihre Bewegung nicht als Ideologie, sondern als Weltanschauung bezeichneten – ist dieser Begriff assoziativ so beliebig geworden, dass er in der Wissenschaft kaum noch verwendet und in der Politik eher unter *Ideologie* abgehandelt wird.

Ideologie: Verordnete Weltsicht als einzige Wahrheit

Wie eingangs schon erwähnt, wird man in der Regel in eine Familie mit einer mehr oder weniger ausgeprägten Weltanschauung hineingeboren, die einen dann auch dementsprechend in der Persönlichkeitsentwicklung beeinflusst. Bis auf Ausnahmen ist die Wahl der eigenen Weltanschauung – zumindest im westlichen Kulturkreis – relativ frei.

Anders ist es, wenn man in einer Gesellschaft aufwächst, in der eine bestimmte Weltanschauung vorgegeben wird. Dies wäre dann entsprechend dem politischen Verständnis und in Abgrenzung zur eingangs relativ offen definierten Weltanschauung als *Ideologie* zu verstehen.

Die Ideologie ist im ursprünglichen Sinne eine Ideenlehre und eigentlich wertneutral. Ich möchte sie aber hier – im Unterschied zur Weltanschauung – als ein fixiertes Weltbild, das auf festen Grundannahmen einen Wahrheitsanspruch postuliert, verstanden wissen. Aufgrund dieses Wahrheitsanspruchs geben sich Ideologien auch nicht als solche zu erkennen – denn sie vertreten ja nicht irgendeine mögliche, sondern die *einzig* bestehende Wahrheit.

Ideologien mit ihrem Appell an gemeinsame Ansichten und geteilte Identitäten sind eines der ältesten und wirksamsten Machtmittel. Sie wirken orientierend, lenken die Wahrnehmung und steuern Handlungsprogramme. Nach Luis Althusser vermitteln Ideologien dem Individuum Bewusstsein und ermöglichen ihm, sich in der Gesellschaft als Subjekt wiederzufinden[131] – sie wirken also in hohem Maß identitätsbildend.

Die innere Widerspruchsfreiheit des ideologischen Gedankengebäudes wird durch Ausblendung entgegenstehender Auffassungen erreicht. Ihre Anschauungen werden vom Einzelnen – der sich ja mit ihren Inhalten identifiziert – verinnerlicht zur eigenen Kontrollinstanz.

Da die ideologischen Interpretationen als vernünftig, normal und allgemeingültig dargestellt werden, verhindern sie die Spaltung der Persönlichkeit im Konflikt zwischen gesellschaftlichen Ansprüchen und den eigenen Freiheitsbedürfnissen. Der soziale Zwang wird so zur freiwilligen eigenen Wahl.[132]

Der Absolutheitsanspruch rigider Ideologien erleichtert die Abwertung von Andersdenkenden, die nicht der geltenden Norm entsprechen – also quasi unnormal sind. Von dort aus ist dann der Weg zu deren Unterdrückung und Vernichtung nicht mehr weit.

Die bereits im 19. Jahrhundert beobachtete allgemeine Vermassung, Entindividualisierung und die Wurzellosigkeit breiter Schichten waren ein geeigneter Nährboden für die Entstehung radikaler Ideologien wie zum Beispiel den Marxismus. Sie lösten das Prinzip der von Gott gegebenen und auf bloßen Gehorsam beziehungsweise Abhängigkeit gegründeten Sozialordnungen ab und lieferten ein Gedankengebäude mit Wertvorstellungen, denen man – vermeintlich freiwillig – loyal folgte.

Die Entwicklung der Massenkommunikation im 20. Jahrhundert ermöglichte die Manipulation ganzer Völker durch Ideologien wie den Faschismus, Nationalsozialismus, Kommunismus, Stalinismus oder Maoismus. Auf Grundlage ihrer Ideen wurde eine beispiellose Unterdrückungsmaschinerie installiert, Andersgläubige, Andersartige, ganze Volksgruppen oder einfach nur Oppositionelle umgebracht und – neben anderen Gründen – auch der Zweite Weltkrieg verursacht. Ergebnis war der *Eiserne Vorhang*, der bis 1989 nicht nur Europa in zwei ideologisch getrennte Teile gespalten – den Kapitalismus im Westen und den Kommunismus beziehungsweise Sozialismus im Osten –, sondern auch den Rest der Welt weitgehend in zwei Interessenssphären aufgeteilt hat.

Was Ideologien für die Selbstbestimmung und Persönlichkeitsentwicklung bedeuten, darüber kann unsere Eltern- beziehungsweise Großelterngeneration noch aus eigener Erfahrung berichten. Und welche Folgen das für die Wertvorstellungen, das Denken, Fühlen und Handeln haben kann, wird uns seit Jahrzehnten durch Kriegsverbrecherprozesse, Mahnmale, Museen, Fernsehdokumentationen und Filme immer wieder vergegenwärtigt.

Gerade wir Deutschen haben ja, was Ideologien betrifft, in der jüngeren Geschichte einiges mitgemacht: vom Kaiserreich über die kurze und mehr oder weniger aufgezwungene demokratische Phase der Weimarer Republik, den Nationalsozialismus bis hin zum Kapitalismus in Westdeutschland und dem sogenannten *realen Sozialismus* in der DDR.

Am einschneidendsten waren sicherlich die Auswirkungen der nationalsozialistischen Ideologie. Immer wieder wurde und wird von den nachfolgenden Generationen gefragt, wie es möglich war, dass scheinbar normale Bürger zu Teufeln in Menschengestalt mutierten beziehungsweise beides in einer Person vereinen konnten.

Eine mögliche Antwort liefert der Hirnforscher Gerhard Roth. Er sieht die frühkindliche Prägung und die Erziehung zusammenwirken. Wie schon im Kapitel *Persönlichkeit* geschildert, erfolgt die Prägung unserer Persönlichkeit seiner Ansicht nach schon sehr früh: Bis zum vierten Lebensjahr seien die primären Charakterzüge schon weitgehend festgelegt. Durch das damalige Abhärtungsideal sei die Bindungsfähigkeit vieler Kleinkinder an ihre Mütter untergraben worden, und das hätte später die Unfähigkeit zur Folge gehabt, die Gefühle anderer verstehen zu können.

Außerdem hält es Roth durchaus für möglich, dass eine ganze Generation zu psychisch instabilen Menschen erzogen worden sei. Durch die überharte Erziehung wäre die Persönlichkeit gebrochen worden. Dies könne bei Männern dazu führen, dass – wenn sich die Gelegenheit dazu bietet – *»ihr kleingemachtes Ego sekundär groß wird. Und dann muss man – oder darf endlich – Dinge tun, die in der bürgerlichen Welt absolut tabu sind: völlig atavistisch ein Blutbad anrichten. Da kommt man in einen Rausch; der Mensch ist ja auch ein Raubtier. Da kommt die unterste Sohle zum Vorschein, wie Freud das so treffend ausgedrückt hat«*.

Seiner Meinung nach konnte also das totalitäre System nur von Menschen errichtet und getragen werden, deren Persönlichkeit vom ersten Lebenstag an geschwächt wurde – *»ausgeglichene, bindungssichere Menschen hätten das eventuell gar nicht oder nicht in dem Ausmaß mitgemacht«*.[133]

Auch der Sozialpsychologe Harald Welzer stellt die Frage, wie aus ganz normalen Menschen Massenmörder werden können.[134] Seine beklemmende Studie rückt Menschen ins Bild, die Gräueltaten unvorstellbaren Ausmaßes durchführten, nach den eigenen Maßstäben aber absolut rational handelten. Triebfeder ihres Verhaltens sei ein starkes Bedürfnis nach Übereinstimmung mit ihrer sozialen Umwelt, das alle moralischen Bedenken über Bord werfe. Welzer glaubt, dass die Bedingung für diese katastrophale Anpassungsfähigkeit, die ja eigentlich die *»evolutionär hervorragendste Eigenschaft der menschlichen Spezies«* sei, offenbar nur eine gehorsamgestützte Herrschaft ist, die bestimmte Gruppen als bedrohliche *»Artfremde«* vollständig aus der menschlichen Gemeinschaft ausschließe.

In dieser Verbindung können anscheinend zwei Erblasten der Evolution – die Loyalität zur Gruppe und die Angst vor den Gefahren des Fremden – beim Menschen zur kollektiven Tötung der eigenen Art führen, die im Tierreich ohne Beispiel ist.

Ideologien haben aber nicht nur direkte Auswirkungen, sie zeitigen auch Spätfolgen. Dies waren nicht nur die längst vergangenen unverarbeiteten Kriegserlebnisse unserer Väter und Großväter, es sind auch Nachwirkungen der Erziehung zu einer *sozialistischen Persönlichkeit*, die bis in die Gegenwart wirken können.

Joachim Gauck, der ehemalige Leiter der Behörde zur Bearbeitung der Stasi-Unterlagen, weiß aus eigener Erfahrung, dass man bei Menschen nach einem Systemwechsel nicht einfach einen Schalter umlegen kann: *»Ich spreche übrigens in meinen Vorträgen nur noch selten über die Formung von DDR-Bürgern durch die Stasi, sondern über das alltägliche Training der Untertanen. Es hat ein Angst- und Anpassungssyndrom ausgelöst, das heute noch spürbar ist.«*[135]

Auch Begriffe wie *Ossi* und *Wessi* oder die öfters in Zeitungsartikeln erwähnte *Ost-* oder *Westidentität* – was immer das bedeuten mag – bezeichnen nicht nur eine regionale Herkunft, sondern sind Synonyme für unterschiedlich entwickelte Mentalitäten als Langzeitfolgen andersartiger Systeme.

Neben den bislang erwähnten Weltanschauungen und Ideologien gibt es aber auch weniger rigide Varianten. Genannt sei hier nur der Kapitalismus, der uns schon so selbstverständlich geworden war, dass wir ihn gar nicht mehr als spezifische Weltanschauung wahrgenommen haben. Günter Grass hat im Januar 2008 den Kapitalismus als allmächtige Ideologie kritisiert, die sich als unfehlbar feiere, in Wahrheit aber *»Marktwirtschaft vorgibt, doch Märkte vernichtet und Kapital verbrennt«*. Durch ungehemmtes Profitstreben würden Arbeitsplätze gestrichen, Mindestlöhne unterboten und die Distanz zwischen Arm und Reich wachse ins *»Unermessliche«*.[136] Manch einer, der seine Kritik als typisch linke Ideologie abgetan hatte, wurde einige Monate später durch die internationale Finanzkrise eines Besseren belehrt. Erst seitdem die Wirtschaft implodiert, wird der Kapitalismus nicht mehr als Naturgesetz wahrgenommen, sondern auf breiterer Front infrage gestellt. Die Befürworter des Sozialismus vergleichen beide Systeme mit zwei Schwimmern, die den Ärmelkanal überqueren. Nur weil einer bereits in der Mitte ertrunken sei, bedeute das noch lange nicht, dass der zweite das andere Ufer erreiche. Ob sie recht behalten, bleibt abzuwarten. Hoffen wir, dass der Schock heilsam ist und am Ende ein gerechteres Finanzsystem steht, das die entstandene Asymmetrie der Marktwirtschaft, bei der die Reichen immer reicher und die Armen immer ärmer werden, wieder ins Gleichgewicht bringt.

Zu den mehr oder weniger schon internalisierten Auswirkungen des Kapitalismus auf unsere Gesellschaft und uns selbst gehört der fast alles bestimmende Wert des Geldes. Geld war am Anfang nur ein Mittel, um den Tauschhandel zu erleichtern. Im Kapitalismus ist es mehr: Es greift die Vorstellung um sich, dass die Dinge auch das wert seien, was sie kosten. So wird Geld zum alles beherrschenden Faktor. Im marktwirtschaftlichen Alltag sind Menschen und Dinge ständig genötigt, sich in Geld darzustellen. Es zeigt den Grad ihrer Verkäuflichkeit an – wir alle kennen die bezeichnende Aussage, dass sich jemand *besser verkaufen* müsse.

Wie schon im zweiten Teil des Buches im Kapitel *Ökonomisierung* geschildert, wird unsere ganze Gesellschaft zunehmend ökonomisiert, wobei auch Bereiche wie Gesundheit, Alterspflege oder Bildung nicht ausgespart werden, die sich kaum nach gewinnorientierten Zielsetzungen organisieren lassen. Diese Entwicklung gipfelt in der Frage, ob wir uns Gesundheit, Bildung, Umweltschutz, Menschlichkeit oder Kinder überhaupt leisten können.

Eine andere durch die Marktwirtschaft hervorgerufene Prägung ist die des *Wachstums* in fast allen Lebensbereichen. In unserer Welt wächst alles: die Zahl der Menschen, der Autos, der gebauten Straßen, die Mobilität, die Wohnungen, die Wirtschaft. Viele können sich eine Welt ohne Wachstum gar nicht mehr vorstellen. Ohne Wachstum, so befürchten manche Politiker, seien westliche Gesellschaften unregierbar.

Meinhard Miegel beleuchtet in seinem Buch *Epochenwende* die Auswirkungen dieser Denkweise und hält uns vor, dass uns diese Wachstumsorientierung so selbstverständlich geworden ist, dass wir sie gar nicht mehr hinterfragen. *»Menschen früherer Zeiten hätten für eine solche Sichtweise kein Verständnis gehabt. Sie durchlebten die Jahrhunderte, ohne dass sich viel veränderte, und folglich waren sie auch nicht von Veränderungs-, von Wachstumsvorstellungen geprägt. Die Masse wollte leben nach alter Väter Sitte, und sie war stolz darauf, wenn ihr das halbwegs gelang. Veränderungen, wie sie unvermeidlich mit Wachstumsprozessen einhergehen, waren ihnen verdächtig. Sie fürchteten sie.«*[137]

Laut Miegel zeigen sich die Folgen dieser Wachstumsorientierung in der extremen Überbewertung des Materiellen, des Massenwohlstands und im Genuss des Überflusses. Im Zuge dieses *Schneller, höher, weiter* sehen wir Stagnation als Wachstumsschwäche, Kontraktion als negatives Wachstum. Aber es kann nicht alles immerfort wachsen, in der Natur ist nichts unendlich. Und der Sinn dieses Strebens bleibt im Dunkel – einfach mehr zu haben, scheint als Wert an sich schon auszureichen. Dieses unreflektierte Festhalten am tief eingeprägten Wachstumsdenken sieht Miegel als eine Ursache dafür, dass es den frühindustrialisierten, westlichen Völkern so schwerfällt umzudenken – was für eine lebenswerte und nachhaltige Zukunft bitter vonnöten wäre.

Doch gleichgültig, ob Ideologien nun rücksichtslos verbreitet werden oder eher unterschwellig wirken: Jede Ideologie setzt eigene Schwerpunkte, sieht andere Gesetzmäßigkeiten wirken, hat ein eigenes Menschenbild und propagiert andere Problemlösungen. Gerade bei nicht zwangsverordneten Weltbildern sollten wir uns bewusst sein, dass auch sie großen Einfluss auf unsere Sicht der Welt, unser Denken und Handeln ausüben. Vielleicht gerade weil sie wegen ihrer Selbstverständlichkeit zur nicht mehr hinterfragten *gefühlten* Wahrheit werden.

Unsere Sicht auf die Welt: Pluralismus und Patentrezepte

Der Blick auf die Welt ändert sich auch heute durch neue wissenschaftliche Erkenntnisse fast ständig. Es bestehen unterschiedliche Interpretationen der Welt nebeneinander, die sich teilweise widersprechen – wir leben in einem Pluralismus der Weltanschauungen.

Kenneth J. Gergen schreibt: *»In der postmodernen Welt werden wir uns mehr und mehr darüber bewusst, dass die Dinge, von denen wir sprechen, nicht so sehr in der Welt sind, wie sie Produkte von Perspektiven sind.«*[138] Das ist einerseits die etwas intellektuellere Formulierung der bekannten Weisheit, dass jedes Ding zwei Seiten hat, auf der anderen Seite zeigt es aber auch, dass man die Dinge in der Welt oder die Welt als Ganzes von mehreren Standpunkten aus betrachten kann und es dadurch bedingt auch unterschiedliche Blickwinkel auf sie gibt, was gleichzeitig impliziert, dass es keinen Alleinvertretungsanspruch einer bestimmten Weltanschauung geben kann.

Diese Erkenntnis ist aber nicht jedem zugänglich. Außerdem führt die zunehmende Komplexität unserer Welt auch zu einer steigenden Sehnsucht nach Einfachheit und entsprechend simplen Lösungen. Immer wieder wird der Ruf nach Patentrezepten laut, die es in einer komplexen Gesellschaft aber nicht mehr geben kann. Sie werden aber in erschreckender Regelmäßigkeit – vor allem von extremeren Bewegungen – angeboten. Nehmen wir uns deshalb die Aufforderung von Christian Graf von Krockow zu Herzen, der uns empfiehlt, misstrauisch zu bleiben: *»Bleibe skeptisch, wenn jemand dir zu deiner Errettung oder zum Menschheitsheil seine Rezepte des Guten aufdrängen will, besonders wenn er zugleich die Teufelsbilder des Bösen ausmalt, gegen das du kämpfen sollst.«*[139]

Religion und Glaube

Der Glaube spielt in Deutschland anscheinend nur noch eine untergeordnete Rolle. Nach einer Studie der Unicef landet er bei Kindern und Teens fast ganz am Ende ihrer Werteskala. Nur 18 Prozent halten ihn für *»total wichtig«* und 26 Prozent für *»wichtig«*.[140] Auch bei den älteren Deutschen sieht es nicht besser aus: Bei der Frage, was das Wichtigste in ihrem Leben sei, steht die Religion mit 22 Prozent auf dem vorletzten Platz.[141]

Diese Einstellung verifiziert sich auch in Zahlen und Entwicklungen: In Deutschland wird jeder dritte Bundesdeutsche amtlich nicht mehr als Christ geführt, die beiden großen Kirchen haben allein seit 1990 mehr als 5,5 Millionen Mitglieder verloren, und der katholischen Kirche geht der Priesternachwuchs aus.

Die Entkirchlichung: Flucht in die Patchworkreligiosität

Vielleicht wird diese Flucht aus der Kirche dadurch verursacht, dass – wie es in einer Jugendstudie heißt – das *»Deutungsschema«* der christlichen Kirchen *»dem Einzelnen nicht mehr ausreicht, weil seine Begriffe unklar sind, die Anpassung an die Lebenssituation der Menschen in der fortgeschrittenen modernen Gesellschaft nicht gelungen ist, und der Einzelne daher den Bedarf nach einer Sättigung und Ergänzung durch andere Formen der Weltanschauung hat.«*[142]

Aber nicht nur die Deutschen stehen dem religiösen Leben gleichgültig gegenüber. Die britische Religionsforscherin Grace Davie hat solche Indifferenz als charakteristisch für ganz Westeuropa beschrieben.

Zwar ist in Europa die Bindung an die traditionellen christlichen Konfessionen dramatisch zurückgegangen, die religiöse Sinnsuche aber anscheinend nicht – sie wird nur individueller. Der französische Historiker Paul Veyne beschreibt dies als einen Übergang *»von einer Religion, welche ein ganzes Volk als Menü erhält, zu einer Religion à la carte, bei der sich jeder den Gott oder die Sekte aussucht, die er will«.*[143] Seit den achtziger Jahren entstehen postmoderne Ansätze, nach denen Gruppen oder Individuen Ideen, Rituale und Sinnangebote aus verschiedenen Religionen und anderen Weltanschauungen neu zusammenstellen und auf ihre Bedürfnisse zuschneiden. Fachleute wie Heiner Barz beschreiben dies als *»großen Flohmarkt individueller Patchwork-Religiosität«.*

Der Kulturwissenschaftler Christoph Bochinger moniert, dass die Strukturierung dieses Angebots aber nicht von Fachleuten für Religion, sondern von Spezialisten für Massenkommunikation vorgenommen würde: *»Der Konsument geht in den Laden, vielleicht in eine der großflächigen Selbstbedienungsbuchhandlungen, orientiert sich in der Abteilung Esoterik, Religion, Theologie , setzt sich in die Leseecke und sucht das Passende selbst aus. Die Bücher stehen gebrauchsgerecht nebeneinander, auch wenn ihre Inhalte durch Welten getrennt sein mögen.«*[144]

Was aber trotz dieser Entwicklung hin zu individuellen Patchworkreligionen nicht vergessen werden darf: Religion ist einer der wichtigsten bewusstseinsbildenden Faktoren der Menschheit und hat deren politische, kulturelle und geistige Geschichte nachhaltig beeinflusst. Die christliche Religion hat uns in unserem Weltverständnis über Jahrhunderte geprägt, wir haben ihre Vorschriften und Gebote quasi internalisiert. Das Christentum hat nicht nur Europa kultiviert, große Universitäten und Schulen gegründet, Hospitäler und Waisenhäuser aufgebaut – es lieferte auch die Grundlage für unser heutiges Menschenbild, unser Staatsverständnis, unsere Ethik und unsere Moralvorstellungen.

Laut dem Philosophen Ferdinand Tönnies haben aber die religiösen Gemeinschaften an Bedeutung für den Einzelnen verloren; wir würden heute stärker durch die Gesellschaft geprägt. Als Kirche, das heißt als Institution, behielten sie jedoch hohen gesellschaftlichen Einfluss, die Funktion der Religion würde aber nunmehr von der öffentlichen Meinung mehr und mehr übernommen.[145]

Christliche Anschauungen sind also in unserem Alltag nach wie vor vertreten – wenn auch eher unterschwellig. Kein Wunder also, dass wir den Einfluss der Religion auf unser Leben eher als gering wahrnehmen.

Religion gewinnt an Bedeutung: Die Welt glaubt wieder

Allerdings verlieren nur in Europa die Religionen an Bedeutung. Im Rest der Welt gewinnen sie einen immer größeren Einfluss auf Kultur, Politik und Gesellschaft.

Die augenfälligsten Beispiele für das globale Erstarken der Religionen sind die weltweiten islamistischen Bewegungen und die *Neue christliche Rechte* in den USA. Während sich in Westeuropa immer weniger Menschen zum Christentum bekennen, steigt in Afrika die Zahl der Christen nahezu explosionsartig an, in China erlebt christlicher Glaube derzeit ein beachtliches Wachstum, in Russland und anderen Teilen der ehemaligen Sowjetunion verzeichnet die orthodoxe Kirche einen enormen Zulauf und in Südkorea und Lateinamerika breiten sich zunehmend die Pfingstler aus.

Diese weltweite Renaissance der Religionen wird unter anderem auch damit erklärt, dass die Globalisierung alte, vertraute Sicherheiten untergrabe und erschüttere – damit könnten die wenigsten Menschen auf Dauer leben. Daraus ziehen Bewegungen ihre Energie, die den Verunsicherten die Wiederherstellung vertrauter und verlässlicher Werte verheißen.

Aber auch das säkularisierte Europa sieht sich im Zuge der Globalisierung, verstärkter Migration und des weltweit erstarkenden Islam zunehmend mit religiösen Fragen konfrontiert. In den überwiegend christlich geprägten Ländern wollen die Muslime ihre religiöse Identität in einer fremden Umgebung bewahren und so fordern die wachsenden islamischen Gemeinden Gleichberechtigung, die ihnen auch in den meisten Verfassungen garantiert wird.

Der Abtprimas des Benediktinerordens, Notker Wolf, kann dieses Bestreben verstehen, empfiehlt uns dennoch, wachsam zu sein, sonst gäbe es womöglich ein böses Erwachen: *»Denn diese Identität beschränkt sich nicht auf einen Glauben, nicht auf eine bestimmte Form der Religionsausübung, sie schließt gesellschaftliche und politische Wertvorstellungen ein, die mit unseren kaum in Einklang zu bringen sind.«* Dazu gehöre beispielsweise auch eine Unduldsamkeit gegenüber nicht islamischen Auffassungen und Lebensstilen.[146]

Einen Vorgeschmack auf diese Intoleranz haben wir bereits bekommen. In den Niederlanden wurde 2004 der Regisseur van Gogh von einem islamischen Fanatiker ermordet, weil er in seinem Film *Submission* die Unterdrückung der Frau durch den Islam dargestellt hat.

Mohammed-Karikaturen, erschienen in einer dänischen Zeitung Anfang 2006, lösten in vielen islamischen Ländern gewaltige Demonstrationen aus, ebenso ein historisches Zitat in der Rede von Papst Benedikt XVI. an der Regensburger Universität über aggressive Züge des Propheten Mohammed.

Und aus vorauseilender Angst, dass islamische Befindlichkeiten verletzt werden könnten und eventuell religiös begründete Gewalttaten drohten, wurde 2006 in Berlin die Mozartoper *Idomeneo* abgesetzt – obwohl gar keine Drohungen vorlagen und die Aufführung einige Zeit davor schon einmal auf dem Spielplan stand, ohne ein besonderes Echo hervorgerufen zu haben.

Wir dürften nicht den Fehler machen, so Wolf, *»unser aufgeklärtes Religionsverständnis auf den Islam zu übertragen«*. Wir könnten den Islam nur dann richtig einschätzen, wenn wir verstehen würden, dass hier Politik, Kultur und Religion untrennbar miteinander verwoben seien. Im Islam durchdringe die Religion alle Lebensbereiche: *»In viel höherem Maße als bei uns prägt sie die individuelle Lebensgestaltung wie die gesellschaftliche Praxis und verpflichtet die Gläubigen auch da auf ein bestimmtes Verhalten, wo der Koran sich nicht eindeutig festlegt.«*

Es scheint also längerfristig nicht nur darum zu gehen, ob muslimischen Lehrerinnen das Tragen von Kopftüchern im Unterricht erlaubt sein soll oder in Klassenräumen Kreuze aufgehängt werden dürfen.

Aber auch andere Strömungen bereiten uns Kopfzerbrechen. Wir Europäer sind auch irritiert vom zunehmenden Einfluss des christlichen Glaubens in Amerika. In ihrem Buch *Beten im Oval Office* zitiert Barbara Victor demoskopische Ergebnisse, nach denen etwa 60 Prozent aller US-Bürger sagen, Religion spiele *»eine sehr wichtige Rolle«* in ihrem Leben.[147] Insgesamt 86 Prozent der Bevölkerung bekennen sich zum Christentum – mehr als in jedem anderen Industrieland.

Evangelikale und fundamentalistische Bewegungen kämpfen dafür, dass die wortgemäße biblische Schöpfungslehre gleichberechtigt zur darwinistischen Evolutionstheorie im Schulunterricht behandelt wird. Im August 2005 hatte sich auch US-Präsident

George W. Bush dafür ausgesprochen, weil es in öffentlichen Schulen der USA keinen Religionsunterricht gibt. Diese eher fundamentalistisch geprägte amerikanische Version des Christentums mit ihrem Buchstabenglauben und der Aufteilung der Welt in Gut und Böse beeinflusst seit Jahren die Innen- und Außenpolitik der stärksten Weltmacht. Sie verschwindet auch mit der Präsidentschaft von Barack Obama nicht einfach sang- und klanglos.

Wissenschaft und Glaube: Ist Gott zu beweisen?

Gegen die unverbindliche Form der europäischen Patchworkreligosität stemmen sich die fundamentalistischeren christlichen Strömungen – allerdings auf bisher ungewohnte Weise: Sie wollen Gott wissenschaftlich beweisen.

Diese Kehrtwende ist umso erstaunlicher, weil die Wissenschaft bislang eher versucht hat, das Gegenteil nachzuweisen – nämlich dass Gott nicht existiert. Einige Studien zielten in diese Richtung und versuchten zu belegen, dass spirituelle oder religiöse Gefühle nicht von einem Gott, sondern durch das Gehirn selbst – also nur durch biochemische Vorgänge beziehungsweise Hirnströme – produziert würden.

Das sei aber auch kein Beweis dafür, dass es Gott nicht gebe, betont der Ratsvorsitzende der evangelischen Kirche, Bischof Wolfgang Huber: *»Ich habe überhaupt kein Problem damit, dass Glauben eine körperliche Entsprechung hat (...) Glauben ist ein Lebensakt, der den Menschen in bestimmten Situationen so sehr bestimmt, dass ich mir vorstellen kann, dass man das auch an Hirnströmen nachweisen kann. Insofern sehe ich einen Fehler nur in der Vorstellung zu meinen, mit solchen Versuchen den Glauben in Gänze erklärt zu haben. Das ist genau derselbe Fehler, mit dem wir es in der ganzen Debatte um die Hirnforschung zu tun haben: Man meint, mit dem Nachweis entsprechender neuronaler Vorgänge sei schon die Freiheit abgeschafft oder der Glaube hinwegdefiniert.«*[148]

Jetzt soll es also umgekehrt gehen – die Wissenschaft versucht nicht, die Existenz Gottes zu widerlegen, sondern sie nachzuweisen. Dabei geht es auch um die Erforschung der Wirkung von Religion. Neuerdings schieben Neurobiologen betende Nonnen in den Kernspintomografen, Ärzte studieren die gesundheitsfördernde Wirkung von Gebeten und Molekularbiologen suchen nach genetischen Dispositionen für spirituelle Erfahrungen.

Besonders in den USA sind die Forscher mal wieder weiter als wir. Dort gibt es inzwischen eine Lawine von etwa 1200 Studien, die der These nachgehen, Gottesglaube und Spiritualität seien gesundheitsfördernd. Amerikanische Hochschulen bieten Hunderte von Seminaren zum Thema Naturwissenschaft und Religion an, und seither bekennen sich immer mehr Physiker, Chemiker und Biologen zu den Grenzen ihres Wissens. Problematisch dabei ist, dass es zum Thema Religion und Wirkung kaum vorurteilsfreie Studien gibt. Und Voreingenommenheit hat nicht nur bei religiösen Themen schon viele Ergebnisse im Sinne des Machers beeinflusst – so gesehen hat der Apostel Paulus recht, der im Korintherbrief sagt, dass der Glaube *Berge versetzen* könne.

Ein Beispiel dafür ist der amerikanische Molekularbiologe Dean Hammer, der Chef einer Genforschungsabteilung. Er hat 2005 ein vermeintliches *Gottes-Gen* entdeckt und behauptet, die Fähigkeit zum religiösen Glauben sei in den Genen verortet und damit erblich. Seine Forschungsergebnisse haben zwar Aufsehen erregt, sind aber aus wissenschaftlicher Sicht wenig aussagekräftig. Ganz davon abgesehen, dass spirituelle Vorgänge auch stark von Umwelteinflüssen abhängig sind, wirken vermutlich Hunderte oder gar Tausende von Genen dabei zusammen – was auch Hammer offen zugibt.

Religion und Glaube: Gott ist nicht zu beweisen

Bemerkenswert an diesem Trend ist aber, dass der Versuch, Gott wissenschaftlich zu beweisen, dem Glaubensverständnis der christlichen Religion und der Auffassung der katholischen Kirche zuwiderläuft.

Glauben umschreibt zwar aus christlicher Sicht mehr als ein bloßes Fürwahrhalten, denn es umfasst auch die innere Haltung und die Beziehung zu Gott, was aber noch längst nicht *wissen* bedeutet. Außerdem verweist der religiöse Glaube auf ein Reich jenseits dieser Welt, dem mit rationaler Forschung nicht beizukommen ist. Eine höhere Ordnung, die per definitionem die menschliche Vernunft übersteigt, lässt sich also mit vernünftigen Mitteln nun einmal nicht zwingend beweisen.

Papst Benedikt der XVI. erklärt – damals noch als Kardinal Ratzinger – in seinem Buch *Einführung in das Christentum*, dass sich religiöser Glaube und naturwissenschaftliches Denken auf zwei unterschiedlichen Ebenen befänden. Glaube gehöre zum Bereich der Grundentscheidungen, zu denen jeder in irgendeiner Form Stellung beziehen müsse, ohne darüber letzte Gewissheit zu haben.[149]

Umgekehrt, so meint Hans Dieter Mutschler, Theologe und Physiker an der Uni Krakau, sei es zwar gut, wenn uns der Glaube helfe, ein gutes Leben zu führen, *»er füllt aber keine Lücke, die die Wissenschaft offenlässt. Glaube und Wissen sind keine Konkurrenzveranstaltungen.«*[150]

Religion als Evolutionsvorteil: Sie füllt die Leerstelle nach Sinn

Aber unabhängig davon, welcher Religion wir angehören und wie wir unseren Glauben praktizieren, scheint es doch etwas zu geben, was uns zum Glauben zieht.

Evolutionspsychologen und Anthropologen verweisen darauf, dass die Menschheit während ihrer Entwicklungsgeschichte stets zur Bildung religiöser Strukturen neigte. Offenbar muss der Glaube an eine höhere Macht einen Evolutionsvorteil und einen wirksamen Faktor im Überlebenskampf geboten haben, sonst hätte die Spiritualität längst aussterben müssen. Und in der Tat bietet der Glaube Vorteile für den Einzelnen und für Gruppen: Er tröstet uns und Angehörige bei Todesfällen mit der Aussicht auf ein Jenseits; er erlaubt die Durchsetzung verbindlicher ethischer Standards und sichert so die Stabilität von Gesellschaften.

Wolf Singer ergänzt dies aus seiner Sicht als Hirnforscher: *»Wir sind aufgrund des Soseins unseres Gehirns darauf festgelegt, Ursachen für Phänomene zu suchen. Nun gibt es viele Wirkungen in der Welt, deren Ursachen wir nicht ergründen können. Da liegt es nahe, sie einem höheren Wesen zuzuschreiben. Das erlaubt eine weitere hochwirksame Projektion: Verhaltensweisen, die sich in der Erfahrung als sinnvoll herausgestellt haben (Nicht töten, lügen, stehlen!), kann man als Verordnung einer höheren Instanz deklarieren. Dadurch entzieht man sie sozusagen der menschlichen Verfügbarkeit.«*[151]

Aber neben den erwähnten evolutionären Vorteilen kann der Glaube auch im Alltag eine wertvolle Stütze sein. Er hilft, das ständige Kreisen um das eigene Ich aufzugeben. Die Vorstellung, wir müssten alles aus eigener Kraft schaffen, erzeugt einen unheimlichen Leistungs- und Erwartungsdruck. Wer aber auf höhere Mächte vertraut, fühlt sich nicht für jeden Fehlschlag selbst verantwortlich. Zwar erlebt auch der, der sich als Puzzlestein in einem höheren Plan versteht, das Auf und Ab des Lebens wie jeder andere auch – aber er interpretiert es völlig anders, kann auch Misserfolgen einen Sinn geben und so leichter schwere Situationen bewältigen.

Sebastian Murken, der Leiter der AG Religionspsychologie Onkologische Rehabilitationsklinik in Bad Kreuznach, meint dazu: *»Die Hirnforschung lehrt uns zwar heute, dass jeder von uns seine Wirklichkeit in gewisser Weise selbst konstruieren muss, aber sie erklärt nicht, wie wir dies tun sollen, wie wir auf die Grundfragen des Lebens – Woher komme ich, wohin gehe ich, wofür ist das alles gut? – antworten sollen.«* Zur Füllung dieser Leerstelle, prognostiziert er, werden auch weiterhin religiöse Glaubensgebäude unabdingbar sein.[152]

Die Gretchenfrage: »Nun sag, wie hast du's mit der Religion?«

Religion scheint ein Grundbedürfnis des Menschen zu sein. Sie konstituiert Gesellschaften, entwickelt ethische Prinzipien und Moralvorstellungen und ermöglicht dadurch das Zusammenleben. Und sie prägt die Identität des Gläubigen: Sie stiftet Halt, gibt Orientierung und beantwortet letzte Sinnfragen.

»Vor diesem Hintergrund ist leicht zu erkennen«, so der Medienwissenschaftler Norbert Bolz, *»welch außerordentliche Entlastung der Mensch durch die Dogmen seiner Religion erfährt. Dogmen schützen vor dem endlosen Kreisen in unbeantwortbaren Fragen.«* Religion könne nur durch Religion ersetzt werden, und wenn auch der Einzelne ohne ihren Trost auskommen mag, so könne die Gesellschaft nicht auf die Funktion der Religion verzichten. Voltaire meinte dazu: *»Wenn es Gott nicht gäbe, müsste man ihn erfinden.«*[153]

Doch die bange Frage, *»Nun sag, wie hast du's mit der Religion?«*, die Gretchen Faust stellt, muss jeder für sich beantworten, gleichgültig, ob er seinen Glauben wie ein leicht skurriles Hobby als Privatsache praktiziert, als Strenggläubiger ein Bekenntnis abgibt, das seinen Tag und sein ganzes Leben strukturiert, oder ob er als Atheist glaubt, dass er an nichts glaubt.

Vielleicht sollte jeder nach seiner Fasson glücklich werden können. Diejenigen, die meinen, ihr Glaube wäre der einzig richtige, möchte ich an Mahatma Gandhi verweisen, der die Ansicht vertrat: *»Gott hat keine Religion.«*

Nationale Zugehörigkeit

»Das Paradies, das wären ein französischer Koch, ein britischer Polizist, ein deutscher Manager und ein italienischer Liebhaber. Die Hölle, das sind ein britischer Koch, ein deutscher Polizist, ein italienischer Manager und ein französischer Liebhaber.«[154] Es scheint also trotz des vereinten Europas noch eine Rolle zu spielen, welche Nationalität man hat – zumindest in den Augen von Carla Bruni. Zur Ehrenrettung ihres *french lovers*, des *»unablässig knatternden Duracell-Häschen-Präsidenten«* (*Stern*) sei gesagt, dass die Auslassung noch aus ihrer Vor-Sarkozy-Ära stammt.

Das deutsche Selbstwertgefühl: Dürfen wir stolz auf unser Land sein?

Wenn unsere Polizisten so unbeliebt sind, können wir uns zumindest auf unsere deutschen Manager was einbilden. Aber sind wir auch stolz darauf, Deutsche zu sein? Im Gegensatz zu Amerikanern, Franzosen oder Schweizern wurde uns ein ungestörter Bezug zu unserer nationalen Identität nicht gerade in die Wiege gelegt. Allein die Frage danach schien uns schon anrüchig, wenn nicht gar peinlich.

Seit der Fußballweltmeisterschaft scheint das Verhältnis zu unserer Nation anders geworden zu sein: Wurden vor 1945 Flaggenparaden meist von folgenreichen Militäraktionen begleitet, schwenkten die Deutschen 2006 zum ersten Mal recht unbekümmert ihre schwarz-rot-goldenen Banner – diesmal ohne kriegerische Folgen für die Nachbarländer. Nicht nur unser nationales Selbstverständnis hat sich gewandelt, auch der Blick der anderen Nationen auf uns Deutsche. Selbst die englische Boulevardpresse – sonst nie verlegen darum, uns zu allen unpassenden Gelegenheiten unsere nationalsozialistische Vergangenheit vorzuhalten – musste erstaunt zugeben, dass es auch unverkrampfte, freundliche und lockere Deutsche gibt – die weder Stahlhelme noch Armbinden mit Hakenkreuz tragen.

Schlagzeilen der Bildzeitung wie *»In Deutschland ist es obergeil«* oder *»Die schwarz-rot-geilste Party der Welt«*,[155] die noch vor wenigen Jahren ein sehr geteiltes Echo hervorgerufen hätten, waren plötzlich salonfähig. So hat eine dreiwöchige Sportveranstaltung für die nationale Identität und unser Image im Ausland – zumindest in der Breitenwirkung – mehr bewirkt als alle politischen und diplomatischen Bemühungen in den Jahren davor.

Doch worauf können wir Deutschen stolz sein, was macht uns aus, was ist typisch? Sepplhut und Lederhose, Sauerkraut und Bier, Dackel und Schäferhund, Made in Germany und Wirtschaftswunder, Goethe und Schiller, Kant und Hegel, Karl May und Günter Grass, Hitler und Adenauer, Volkswagen und Mercedes? Momentan versuchen rund zehn Bücher dies zu ergründen – alle führen ein *typisch deutsch* im Titel.

Ziemlich einzigartig – zumindest aus dem Blick von außen – scheinen unser Ordnungssinn und der Reglementierungswahn zu sein: Die Regel des Deutschen sei, der Regel zu folgen – unabhängig davon, ob sie sinnvoll ist oder nicht. Außerdem sei bei uns alles verboten, was nicht ausdrücklich erlaubt ist – in anderen Ländern ist es genau umgekehrt.

Als nationale Eigenart gelten auch Perfektionismus – nicht nur im Guten, leider auch im Schlechten – und Obrigkeitshörigkeit. Heinrich Mann beschrieb schon 1916 in seinem Roman *Der Untertan* die typisch deutsche Katzbuckelei und Tyrannenmentalität, die sich Macht- und Gewaltstrukturen unterwirft, nur um letztlich an ihnen teilhaben zu dürfen. So waren die Deutschen die folgsamsten Untertanen im Kaiserreich und führten dieses Prinzip als die perfektesten Faschisten in den Wirren danach noch weiter. Anschließend bewiesen sie sich im Westen als die besten Demokraten und im Osten als die realsten Sozialisten. Es scheint eine Kraft in der Nation zu stecken, die negativ wie positiv viel bewirken kann.

Die nationale Identität: Konstrukt der Zusammengehörigkeit

Doch warum gibt es überhaupt Nationen? Wie meistens geht es mal wieder um die Machtfrage. Wer Macht will, muss Untertanen haben, über die er herrschen kann. Und da es nicht gelang, ein Volk über eine Rasse oder Ethnie zu definieren und zu einen, wurde die Nation erfunden. Der Politologe Benedict Anderson bezeichnet Nationen als *»vorgestellte Gemeinschaften«*. Vorgestellt deswegen, weil sie sich aus Individuen zusammensetzt, die sich mit einem Kollektiv *»identifizieren«*, von dessen Angehörigen sich die wenigsten jemals zu Gesicht bekämen. Die Nation ist, nach Anderson, also ein soziales Konstrukt, das nur in den Köpfen ihrer Angehörigen besteht.[156]

Bei dieser Konstruktion findet wieder eine Kategorisierung statt. Wir versuchen einzuteilen, zu einen und zu trennen – nach ethnischer Zugehörigkeit, Sprache, Territorium, Religion. Diese Einteilung ist aber rein willkürlich: Keine Nation hat ein ursprünglich ihr gehörendes Land, die Riten und Gebräuche werden ebenso woanders zelebriert, die Sprache vielleicht auch in anderen Ländern gesprochen, die Religion genauso in anderen Teilen der Welt geglaubt. Die Trennung in *die Einheimischen* auf der einen und *die Fremden* auf der anderen Seite soll kollektive Identifikation ermöglichen, aus nicht immer Zusammengehörendem eine Einheit schaffen und die Führung der Nation legitimieren – die dann durch ihr Monopol Macht ausüben und Gewalt anwenden kann.

Diese vermeintliche Zusammengehörigkeit wird sogar in die Vergangenheit hinein verlängert – die Nation konstruiert als *»Säulen nationaler Identität«* eigene Geschichte(n), die über sie erzählt und immer wieder *»herbeizitiert«* werden kann. *»In der Geschichte wird das Individuum in die Zeit eingebettet, Tradition und Herkunft schweißen die Individuen zu einer Schicksalsgemeinschaft zusammen, die Loyalität und Ergebenheit verlangt.«*[157]

Aber die Idee der Nation ist noch etwas sehr Junges, sie entstand erst während des 18. Jahrhunderts. Um historische Kontinuität zu suggerieren, wurden nicht nur Traditionen erfunden,[158] sondern auch häufig ein tief in der Vergangenheit liegender Gründungsmythos.

Die deutsche Identität: Einheit mit schweren Geburtswehen

Auch wenn es uns schwerfällt zu sagen, was typisch deutsch ist, so gibt es doch einige historische Besonderheiten, die uns von allen anderen Völkern der Welt unterscheiden und unsere deutsche Identität bestimmen. Dies sind in der neueren Geschichte unsere braune Vergangenheit, das Wirtschaftswunder, die Teilung in Ost- und Westdeutschland und die Wiedervereinigung 1989 zu einer Nation.

Die Erfahrungen mit dem Nationalsozialismus hängen uns (nicht nur in der englischen Boulevardpresse) bis heute nach. Und wenn es vor der Wiedervereinigung jemals eine bundesrepublikanische Identität gegeben haben sollte, so definierte sie sich hauptsächlich durch die Negation des Nationalsozialismus. In jährlichen Ritualen wurde und wird der grausamen Verbrechen gedacht – mit Veranstaltungen, Opfertreffen und Kranzniederlegungen. Immer wieder versuchen wir, den Begriff *deutsch* positiv zu besetzen, wobei oft gefordert wird, doch endlich einen Schlussstrich unter die NS-Debatten zu ziehen.

Doch nach wie vor begleiten uns die Nachwirkungen unseres unseligen Erbes: Ob es um die Antisemitismusvorwürfe gegen Martin Walser wegen seiner sogenannten *Auschwitz-Rede* von 1998 geht, in der er eine Instrumentalisierung des Holocaust beklagt hatte; oder um das späte Geständnis von Günter Grass, dass er sich als Siebzehnjähriger freiwillig zur SS gemeldet hatte; oder den Versuch des Ministerpräsidenten von Baden-Württemberg, Günther Oettinger, seinen Vorgänger Filbinger posthum als Gegner des Nationalsozialismus zu rehabilitieren; oder um die Mitgliedschaft von Dieter Hildebrand und anderen in der NSDAP. Obwohl kaum noch jemand lebt, der damals *mitgemacht* hat – die Verbrechen des Nationalsozialismus werden wohl auch weiterhin eine elementare Rolle bei unserer nationalen Identitätsfindung spielen.

Nach dem Krieg half die Konzentration auf den Wiederaufbau Deutschlands die braune Vergangenheit zeitweilig zu verdrängen. Während im Westen die Milliarden des Marshallplans das Wirtschaftswunder ermöglichten, wurde in der Sowjetischen Besatzungszone noch bis in die fünfziger Jahre das, was von der Industrie noch übrig geblieben war, demontiert und als Reparationsleistung in den Osten abtransportiert.

In der Bundesrepublik wurde, nach dem ersten gescheiterten Versuch in der Weimarer Republik, zum zweiten Mal versucht, eine Demokratie zu installieren; die DDR hingegen entwickelte sich zum Vasallenstaat der Sowjetunion und entwarf mit dem *realen Sozialismus* ein Gegenmodell zur *sozialen Marktwirtschaft*.

In der BRD seien in den ersten Jahren des Wirtschaftswunders *»emotionale politische Bindungen«* Mangelware gewesen, das System sei ausschließlich über seine konkreten Leistungen gehalten worden, und bei *»zurückgehendem Leistungsniveau wurden ihm keine Überlebenschancen zugeschrieben«*,[159] meint Jan W. van Deth, der Direktor des Mannheimer Zentrums für Europäische Sozialforschung.

Doch weniger als zwei Jahrzehnte später hatte sich eine gravierende Änderung vollzogen, und Deutschland präsentierte sich als eine sehr stabile Demokratie, die von der Bevölkerung eine breite Unterstützung empfing. Auch hier waren wir mal wieder ziemlich perfektionistisch.

Der Osten hingegen, so der Journalist Wolfgang Büscher, glich *»einer Quiche, zeitweilig zusammengebacken durch politischen und militärischen Zwang«*. Die Deutschen nach dem Kriege hätten sich daran gewöhnt gehabt, ein ostwestlich gespaltenes Land zu sein. *»So sahen uns die anderen, so sahen wir uns selbst, ganz gleich, auf welcher Seite jenes schwer befestigten Drahtverhaus wir lebten, der vierzig Jahre lang mitten durch unser Land lief.«*[160]

Mit dem Ruf *Wir sind das Volk* meldete sich der Anspruch auf eine neue deutsche Identität an. Das Scheitern des Jahrhundertexperiments Sozialismus war der Geburtshelfer des geeinten Deutschland.

Rund 20 Jahre nach dem Bankrott des Sozialismus sind die Deutschen nicht nur national, sondern auch mental – bis auf wenige Unterschiede – wiedervereint. Durch das allmähliche Verschwinden der älteren deutschen Wiederaufbaugeneration mit ihrer relativ starken Betonung materialistischer und traditioneller Wertorientierung (Deth) hat sich Deutschland wieder normalisiert und ist in seinen Werthaltungen eine Nation wie jede andere europäische auch.

Nationale Ikonen: Für die Identifikation vereinnahmt

Nationen brauchen Identifikationssymbole – und die holen sie sich aus der Welt des Films, der Musik, der Wissenschaft und des Sports.

Von diesen wird der Sport am massivsten vereinnahmt. Obwohl die Leistungen von Spitzensportlern mit ihrer Nationalität ursächlich nichts zu tun haben, ziehen sie mit ihrer Nationalflagge bei den Olympischen Spielen ein und stimmen zu Spielbeginn oder bei der Medaillenverleihung – meist mehr schlecht als recht – die Nationalhymne an.

Genauso wie Marken in der Werbung machen sich auch Nationen die Leistungen ihrer Sportler zu eigen, um ihre Überlegenheit zu demonstrieren. Zur Zeit des Kalten Krieges traten nicht nur

Länder, sondern ganze Systeme gegeneinander an – auf dass das bessere gewinne. Im typisch deutschen Perfektionismus trainierten die ostdeutschen Sportler besonders hart und heimsten, obwohl die DDR eines der kleinsten Länder des Ostblocks war, eine unproportional hohe Zahl an Medaillen ein. Allerdings wurden die Siege meist nur durch menschenverachtende Trainingsmethoden und die Unterstützung von Hormonen und Doping ermöglicht.

Für die Westdeutschen war es in der Vergangenheit eher schwer, eine nationale Identifikation über den Sport aufzubauen. Abgesehen vom Gewinn der Fußballweltmeisterschaften von 1954 (*das Wunder von Bern*) und 1974, gab es kaum identitätsstiftende Sportereignisse oder Sportidole von internationalem Rang. Erst ab den achtziger Jahren wurde es besser: Boris Becker – *unser Bobbele* – gewann als erster Deutscher und jüngster Spieler Wimbledon; Steffi Graf führte über sieben Jahre die Damenrangliste im Tennis an; Michael Schumacher wurde zum erfolgreichsten Formel-1-Piloten aller Zeiten und Jan Ullrich gewann als erster und bislang einziger Deutscher die Tour de France.

Auch bei den Models mussten wir lange Jahre auf Ikonen warten: Erst in den neunziger Jahren betraten mit Claudia Schiffer, Nadja Auermann und Heidi Klum die ersten Deutschen den internationalen Laufsteg. Ob ihre, *by Heidi Klum* gekürten Nachfolger, den gleichen Erfolg haben wie ihre Vorbilder, ist sehr zweifelhaft.

Im Bereich Film und Kino ist Deutschland nach wie vor keine Traumfabrik: In der Vergangenheit hatten wir, abgesehen von Volker Schlöndorffs *Blechtrommel* oder Wolfgang Petersens *Das Boot*, keine internationalen Kassenschlager zu verzeichnen. Erst in den letzten Jahren scheint sich auch hier etwas zu tun: Mit Fatih Akins *Gegen die Wand*, dem Gewinner der Berlinale 2004, und dem Oscar für *Das Leben der Anderen* des Regisseurs Donnersmarck findet der deutsche Film etwas mehr internationale Anerkennung.

Und mit deutschsprachiger Musik war jahrzehntelang erst recht kein Blumentopf zu gewinnen. Erst Mitte der siebziger Jahre befreite die *Neue Deutsche Welle* unsere Sprache aus der Peinlichkeit der Schlagerschnulzen und wurde dadurch auch in der Jugendsubkultur populär. Danach wurde es wieder still, erst in den letzten Jahren ist Deutsch wieder angesagt. Neue Gruppen wie *Die Ärzte*, *Rosenstolz* oder *Silbermond* eroberten die nationalen Charts. Internationale Erfolge wie die von *Rammstein* oder *Tokio Hotel* sind aber nach wie vor eher die Ausnahme.

Als Volk der Dichter und Denker sind wir natürlich auch stolz auf die Leistungen der Wissenschaftler. Ihre Instrumentalisierung zu nationalen Ikonen ist aber nicht ganz einfach. Zum einen mag es daran liegen, dass die Wissenschaft – im Gegensatz zur Wirtschaft – nicht das öffentliche Interesse wie zum Beispiel in Amerika findet, zum anderen daran, dass Deutschland nicht gerade als *El Dorado* für Forscher gilt. Überbordende Bürokratie, zu wenig Aufstiegschancen, schlechte Bezahlung, eingeschränkte Forschungsfreiheit und eine rigorose Pensionsgrenze treiben die Forscher ins Ausland, meist nach Amerika, wo höhere intellektuelle und materielle Anerkennung winken. Gewinnen wir mal einen Nobelpreis, wird zwar versucht, dies zum nationalen Ereignis zu stilisieren und als Beweis gewertet, dass wir so schlecht doch gar nicht sind. 38 Nobelpreisträger seit 1950 sind eigentlich beachtlich, aber im Vergleich zu den USA, die in diesem Zeitraum etwa die Hälfte aller Nobelpreise in den Naturwissenschaften gewonnen haben, auch nicht viel. Und schnell sind die Ehrungen wieder verblasst, nach kurzer Zeit kennt kaum noch jemand die Namen der deutschen Preisträger.

Wenn ein Sportler international erfolgreich ist, eine Weltmeisterschaft (fast) gewonnen wird, ein Musiker einen Song-Contest bestreitet, ein deutscher Film zum Kassenschlager wird oder wir einen Nobelpreis ergattern, flackert für kurze Zeit – auch bei weniger national gesinnten Menschen – Nationalstolz auf. Warum nur – wo doch das eine mit dem anderen herzlich wenig zu tun hat? Bietet die Nation selbst so wenig Identifikationspotenzial, dass wir sie uns aus Sport und Showbusiness holen müssen? Und was wird, wenn zukünftig im Zuge der Globalisierung die Nationen noch weiter an Bedeutung verlieren? Womit identifizieren wir uns, worüber definieren wir uns dann?

Die transnationale Identität: Auf der Suche nach dem Einenden

Gerade durch die heutigen Migrationsbewegungen und die stattfindende Durchmischung unterschiedlicher Nationalitäten wird die Willkürlichkeit dieser sozialen Konstruktion augenfällig. Im Rahmen der entstehenden Weltgesellschaft müssen wir uns über größere Gemeinschaften definieren.

Wir haben dies in der Vergangenheit – wenn auch nur auf wirtschaftlicher Ebene – schon einmal getan: mit dem Kommunismus im Osten und dem Kapitalismus im Westen. Nach dem Zusammenbruch des Kommunismus und der Tatsache, dass sogar ein kommunistischer Staat wie China einen Turbokapitalismus praktiziert, ist diese negative Abgrenzungskonstruktion der Identität auf Systemebene weggefallen – es gibt keine Guten im Westen und Bösen im Osten mehr. Dadurch fehlen der Gesellschaft zunehmend die solidarisierenden und identitätsstiftenden Effekte, die der Kommunismus in seiner Funktion als Feindbild und Vorbild beziehungsweise Konkurrent ausübte. Auch wenn dieser Zusammenbruch mehr Freiheit gebracht hat – das *»Joch der Freiheit«* (Heiner Müller) ist nicht immer leicht zu tragen.

Die westlichen Gesellschaften scheinen zu einer neuen Selbstdefinition gezwungen. Hoffen wir, dass wir dafür nicht wieder ein Feindbild im Sinne des Buches *Kampf der Kulturen* benötigen, bei dem wir fremde Kulturen wie die aufstrebenden asiatischen Tigerstaaten bekämpfen müssten, die vermeintlich unseren Wirtschaftsstandort, unsere Arbeitsplätze und unseren Wohlstand bedrohen.

Ein positiver Identitätsstifter könnte die Europäische Gemeinschaft sein. Und sie hätte, im Vergleich zu den wirtschaftsorientierten und egozentrischen USA, eine attraktive Wertebasis. Sie könnte weit über die Normierung von Gurken oder eine gemeinsame Währung hinausreichen.

Aber es scheint schwer zu sein, sich darüber zu einigen, wer oder was Europa eigentlich ist. Erst die in Aussicht gestellte Integration der Türkei – also die vermeintliche *Bedrohung* durch die *anderen* – hat zentrale Fragen nach der Identität der *Gleichen* aufgeworfen: Definiert sich Europa territorial und hört es damit am Bosporus auf? Beruht die gemeinsame Wertebasis auf dem Christentum und hat damit der Islam keinen Platz? Hat Europa überhaupt einen gemeinsamen Wertekanon oder stehen wirtschaftliche Interessen im Vordergrund?

Es scheint nicht ganz klar, worauf die europäische Identität beruht. Nationale Befindlichkeiten und Eitelkeiten stoßen in dieses Vakuum und ermöglichen ständig Sonderrollen und Übergangszeiten, und vieles wird nur halbherzig auf dem kleinsten gemeinsamen Nenner umgesetzt. Die neue europäische Verfassung, die mehr

Transparenz und Bürgernähe bringen soll, darf nicht einmal als solche bezeichnet werden, sondern wird unverbindlich *Vertrag von Lissabon* genannt und scheitert dann auch noch im ersten Anlauf am Nein der Iren, einem der kleinsten Völker der EU. Doch Unverbindlichkeit und Uneinigkeit haben noch nie Identität gestiftet.

Was wäre denn so schlimm daran, wenn wir weniger Deutsche oder Polen und mehr Europäer wären? Gerade bei uns Deutschen müsste der Europagedanke als Ersatz für das tabuisierte Nationalgefühl auf fruchtbaren Boden fallen. Peter Glotz hat einmal gesagt: *»Wir haben das nationale Prinzip stellvertretend für andere zu Ende gelebt.«* Insofern wären wir als Wegbereiter geradezu prädestiniert.

Trotz einer halbwegs erfolgreichen deutschen EU-Ratspräsidentschaft 2007 benötigt die EU nichts dringender als einen Konsens darüber, was sie ist, was sie will und wie sie sich in der Welt verhalten soll. Hoffen wir, dass uns nicht nur die Orientierungslosigkeit eint.

Generation

Die Zeiten ändern sich und mit ihnen die Menschen, die darin aufwachsen. Diese auf den ersten Blick banale Erkenntnis ist auf den zweiten eine der Ursachen, warum wir so sind, wie wir sind.

Jeder wird in eine bestimmte Zeit hineingeboren, die durch spezielle historische, politische und gesellschaftliche Ereignisse ihre Bedeutung erhält. In ihr entstehen eigene moralische Vorstellungen und politische Ziele; eigene Spielzeuge, Bücher, Filme, Musikrichtungen und Tänze; eigene Idole, Jugendkulturen, Szenen und Moden – ja sogar eigene Sprachstile. Und es ist selbstverständlich, dass jemand, der einen Krieg erlebt hat, manche Dinge anders bewertet als ein im stetig steigenden Wohlstand Aufgewachsener. So ist jeder das Kind seiner Zeit.

Gerade in einem Alter zwischen 15 und 25 Jahren sind Menschen wie Wachsplatten – jedes gravierende Ereignis hinterlässt Spuren und prägt Jugendliche und junge Erwachsene besonders tief. Diese Erfahrungen und Erlebnisse teilen wir mit unseren Altersgenossen: Wir gehen in die gleichen Schulen und durchlaufen das gleiche Bildungssystem; uns wird beigebracht, was gut und was schlecht, was erlaubt und verboten, was modern und unmodern ist; wir verehren die gleichen Helden und Ikonen und leben den gleichen Lifestyle. Damit gehören wir zu einer Gruppe der *Gleichzeitiggeprägten* – anders ausgedrückt: zu einer Generation. Sie hält uns durch ein ganz bestimmtes Lebensgefühl und ähnliche Denk- und Verhaltensweisen zusammen.

Generation und Geschichte: Prägung und Abgrenzung

Aus der historisch-gesellschaftlichen Perspektive entstehen Generationen nur in einmaligen historischen Konstellationen. Das bedeutet, dass wir nur dann von einer Generation sprechen können, wenn Ereignisse so prägend sind, dass das Leben einer bestimmten Altersgruppe einen speziellen Verlauf nimmt.

Seit knapp 100 Jahren ist es möglich, verschiedene Jahrgänge zu Generationen zusammenzufassen. Ausgangspunkt des Generationendenkens ist der Erste Weltkrieg. So unterscheiden Historiker zum Beispiel *»die Generation des Unbedingten«*, die vom Ersten Weltkrieg vorgeschädigt war und durch ihre hochgradige Ideologisierung und Militarisierung die Gräuel des Zweiten Weltkriegs verursachte, von der Generation der *45er*. Dies sind die Anfang der zwanziger Jahre Geborenen. Sie wurden als junge Männer in den Zweiten Weltkrieg geschickt und erlitten die höchsten Verluste. Sie fühlten sich um ihre Jugend betrogen und von der NS-Ideologie irregeleitet. Nach Kriegsende politisch verunsichert, wollten sie keine Experimente und strebten nach materieller Sicherheit. Gegen diese Angepasstheit und fragwürdigen Tabus revoltierte die Generation der *68er*, die zu ihren Vätern und Großvätern auf Distanz ging und ihr eigenes politisches Bewusstsein nach dem Slogan *make love not war* entwickelte.[161]

Bis in die zweite Hälfte des 20. Jahrhunderts ließen sich die Generationen noch recht klar voneinander abgrenzen. Doch für die nachfolgenden wurde es problematisch: Die *78er* oder die *89er* gerieten aus historischer Sicht konturlos, weil sie keine Schicksalsgemeinschaften aufgrund ähnlicher Erlebnisse bilden konnten. Der Philosoph Andreas Belwe spricht den heute Jugendlichen gar die Zugehörigkeit zu einer Generation ab, sie könnten allenfalls als *»Generation der Erlebnislosen«* eingeordnet werden.[162]

Dies würde aber bedeuten, dass wir ihre Zeit, ihre Wünsche, Hoffnungen und Erlebnisse als nicht wichtig und unbedeutsam abstempeln. Doch jeder Mensch verdient eine Generation, sonst könnte er nicht über sein Leben in der Zeit erzählen.

Zudem werden Generationen nicht nur von geschichtlichen Ereignissen geprägt. Zeitströmungen wie zum Beispiel die Emanzipationsbewegung, die Globalisierung, die Klimadebatte oder die Einführung neuer Medien wirken ebenfalls auf sie ein.

Generation und Gesellschaft: Ordnung und Ausgleich

Das Bestreben, Jahrgänge zu Generationen zusammenzufassen, ist ein Versuch, Ordnung zu schaffen und Menschen in der Zeit zu verorten. So gesehen ist die Generation nichts Naturgegebenes, sondern ein gesellschaftliches Konstrukt mit Stärken und Schwächen.

Die Grenzen werden manchmal recht willkürlich gezogen, und problematisch wird es vor allem am Generationsübergang. Denn warum sollten die Gemeinsamkeiten mit einem 15 Jahre Älteren, dessen Jahrgang in die gleiche Generation fällt wie der eigene, größer sein als die mit einem nur zwei Jahre Jüngeren?

Auch beeinflusst eine Generation natürlich nicht alle ihre Mitglieder in gleicher Weise. So haben Edmund Stoiber (geb. 1941) und der fast gleichaltrige Kommunarde Rainer Langhans (geb. 1940) gar nichts gemeinsam – Stoiber ist eher als Gegenentwurf zu den 68ern zu verstehen.

Doch trotz dieser Unschärfen ist es lohnenswert, sich mit der Funktion von Generationen zu beschäftigen, denn sie formen nicht nur das Individuum, sondern auch die Gesellschaft.

Jede Generation hat einen Anfang, nämlich die Zeit, die ihre Mitglieder prägt, und die Zeit, in der sie auf die Gesellschaft zurückwirkt. So wurden die *68er* in der Nachkriegszeit geprägt und entfalteten ihre Wirkung erstmals in den Studentenunruhen und einige Zeit später durch gesellschaftspolitische Reformen wie den Atomausstieg und die Homosexuellenehe. Doch irgendwann hat jede Generation ihr Ende – nämlich dann, wenn die nächste sie ablöst.

Immer leben unterschiedliche Generationen zur gleichen Zeit, die sich aneinander reiben und einen Ausgleich finden müssen.

Ihr Verhältnis zueinander bestimmt das gesellschaftliche Klima. Gerade für Deutschland waren die Gegensätze zwischen der *Kriegsgeneration*, den *68ern* und der *dritten Generation* besonders wichtig. Jede entwarf sich selbst in Abgrenzung zur vorhergehenden und nachfolgenden Generation. Dieses Generationenschema erlaubte es den Bürgern, sich zugehörig zu fühlen.[163]

Generation und Identität: Angebot und Nachfrage

In jeder Generation entwickelt sich ein eigener Kosmos. Er wird durch den Einfluss der Vorgängergeneration – also der Eltern – im Negativen wie Positiven initiiert, entsteht aber in der Generation selbst. Dieses Bündel aus Vorstellungen, Werten, Riten und Codes ist aber gleichzeitig auch ein Angebot für neue Mitglieder, sich ihm anzuschließen um dazuzugehören. Es werden kollektive Identitäten angeboten und nachgefragt. Das verspricht eindeutige Vorteile: Man muss sich nicht täglich Gedanken darüber machen, was man anzieht, welche Musik man hört, was als *cool* gilt und wo man hingeht. Menschen, die auf die gleichen Fragen die gleichen Antworten haben, verstehen sich gut. Sie finden ihren Platz in der Gesellschaft und ihrer Zeit.

Und das Identitätsangebot der Generation hat seinen Reiz. Es ist nicht so fest gefügt wie das der Rasse, der Klasse oder des Geschlechts. Zudem ist der Zeitpunkt der Geburt als Eintrittskarte unbelastet.

Jede Generation wird in einer bestimmten Zeit geprägt und vergewissert sich somit ihrer Herkunft. Sie schafft sich ihre eigene Welt, in der die verschiedensten Dinge generationenstiftend wirken können – und seien es auch mangels größerer Ereignisse nur bestimmte *In*-Sportarten, *In*-Getränke, *In*-Labels und Werbesprüche oder die Medien, die man nutzt. Durch sie wird man erkannt und anerkannt, durch sie gehört man dazu, sie schaffen Identität.

Die Zukunft der Generationen: Vielfalt und Unberechenbarkeit

Die Einteilung in Generationen fiel nach den *68ern* schwerer. Durch das Ausbleiben historischer Ereignisse wurde neben der Zuordnung auch die Benennung von Generationen problematisch. Dazu kam das Bemühen von Medien und Marketingspezialisten, immer neue Zielgruppen zu erschließen, deren vermeintliche Zusammengehörigkeit sofort mit dem Generationenbegriff belegt wurde. So jagt inzwischen in immer kürzeren Abständen ein Unwort das andere: Generation Golf, Generation Berlin, Generation Praktikum, Ally, Generation Twitter et cetera. Und über die meisten wird sogleich ein Buch geschrieben, in dem die vermuteten gemeinsamen Befindlichkeiten ausgebreitet werden. Mal sind die entdeckten Generationen Massenphänomene, mal elitäre Erscheinungen, mal nur Trends der Jugendszene; mal spannen sie einen Bogen über zwei Jahrzehnte, mal über zehn, mal nur über fünf Jahre. Doch kaum eines der Konzepte scheint noch längerfristig Bestand zu haben.

Auf der einen Seite kann dieses Bemühen als der Versuch verstanden werden zu erklären, warum Menschen sich ändern, wie sie sich ändern. Auf der anderen Seite weist der schnelle Rhythmus in der Folge der vermeintlichen Generationen aber auf ein tatsächliches Problem hin: Es entsteht ein nie gekanntes Spektrum unterschiedlicher Mentalitäten, und die Zahl von Gleichgesinnten in der Gesellschaft scheint immer mehr abzunehmen.

Der Soziologe und Erforscher von Jugendszenen, Ronald Hitzler, meint, dass wir mit immer weniger anderen genug gemein hätten, um einigermaßen dauerhaft mit ihnen zu tun haben zu wollen: *»Die Gewohnheiten des Umgangs der Menschen miteinander werden dadurch immer weiter untergraben, sodass die sozialen Verkehrsformen vermutlich einmal ziemlich radikal neu ausgehandelt werden müssen.«*[164]

Das dürfte jedoch nicht ganz einfach sein, denn den Älteren fällt es schwer, sich in die Jugendlichen hineinzuversetzen. Sie differenzieren sich nicht mehr durch rebellisches Verhalten, sondern vorwiegend durch Spezialwissen und bilden immer kleinere Nischenszenen mit visuellen und verbalen Erkennungszeichen, die die Erwachsenen nicht verstehen. Sie sind mit Internet und Mobilkommunikation aufgewachsen und diese Medien prägen auch ihre Kommunikations- und Ausdrucksform, ihre Vorstellungen von Gemeinschaft und Gesellschaft. Die Jugendlichen gehen heute nicht mehr auf die Straße. Ihre Vorstellungen, Wünsche und Erwartungen sind deshalb nicht mehr so leicht wahrzunehmen.

Medien

Wir wissen inzwischen, dass unsere Identität maßgeblich durch unsere Erfahrungen geprägt wird. Die Art und Weise, wie wir unsere Erfahrungen gemacht haben, war über Tausende von Jahren in etwa gleich. Wir haben das, was wir erfahren haben, entweder selbst erlebt oder in Urzeiten abends am Lagerfeuer erzählt bekommen. Dort wurde ausgetauscht, was tagsüber geschehen war, über wichtige und unwichtige Dinge geredet, Legenden und Mythen wurden weitergegeben. Wir haben kommuniziert über das, was wir in der Welt und über die Welt erfahren hatten.

Dieses über Jahrtausende währende Prinzip besteht auch heute noch. Nur sitzen wir inzwischen an elektronischen Lagerfeuern – und meistens reden wir nicht mehr selbst, wir werden *be*redet. Wir erfahren auch die Welt nur zum geringen Teil selbst – die Erfahrungen machen andere für uns. Uns wird nicht nur das mitgeteilt, was wir für unser Leben brauchen, was Relevanz für uns und unsere Familie hat, sondern alles – auch das, was wir gar nicht wissen wollen. Und das noch aus den entferntesten Winkeln der Erde.

Unsere Welt: Wir erleben sie über die Medien

Wir müssen uns nicht mehr nach draußen begeben, um die Welt zu erleben, wir holen sie nach Hause. Wir benötigen auch keine echte mehr, es gibt inzwischen genügend virtuelle, die manchem interessanter erscheinen. Das Paradoxe dabei ist – je mehr wir uns aus dem Draußen der Welt zurückziehen, ins Innere unserer Häuser, vor unsere Bildschirme, desto mehr sehen und hören wir von unserer Welt.

Wir machen viele unserer Erfahrungen nicht mehr in *Echtzeit*. Wir sehen nicht Realität, wir interpretieren konservierte und voneinander entkoppelte Bilder und Töne: Bilder, denen die dritte Dimension fehlt; Töne, die nicht von Objekten ausgesendet werden, sondern immer aus der gleichen Richtung aus Lautsprechern kommen; wir riechen nichts und können auch nichts fühlen und begreifen. Diese Bruchstücke nehmen wir als reale Welt wahr. Das zweidimensionale Bild von Bäumen mit Vogelgezwitscher aus den Boxen ersetzt den Waldspaziergang.

Diese Entkoppelung von Bild und Ton, diese visuelle Dimensionslosigkeit können wir Erwachsene problemlos verarbeiten – wir haben unsere Erfahrungen davor ja auch in der realen Welt gesammelt. Aber Kindern fällt das nicht so leicht. Und gerade sie verbringen heute sehr viel Zeit vor Bildschirmen – ob vorm Fernseher, Videospiel oder Computer. Bei unter Sechsjährigen sind das durchschnittlich immerhin zwei Stunden pro Tag, etwa genauso viel Zeit, wie sie mit Spielen im Freien verbringen. Der Hirnforscher Manfred Spitzer warnt davor, dass durch die Entkoppelung von Sehen und Hören *»Störungen der Wahrnehmung und des Lernens«* entstehen könnten.[165]

Doch auch wir Erwachsenen beziehen unsere Ansichten über die Welt nicht nur durch eigenes Erleben, sondern hauptsächlich über das Fernsehen. Der durchschnittliche Deutsche verbringt zwei bis drei Jahre seines Lebens im Traum, aber 13 Jahre seines Wachbewusstseins vor dem Fernseher.[166] Bei den jüngeren Menschen wird dieser zwar mehr und mehr vom Internet verdrängt. Dieses Medium ist aber per se unstrukturiert und vermittelt noch weniger von dem Wesen der echten Welt außerhalb der Virtualität.

Weil Fernsehen aber nicht die reale Welt darstellt, wird auch unsere Vorstellung von ihr zunehmend verzerrt – wir denken, sie sei so, wie sie abgebildet wird.

Das ist aber beileibe nicht so. Ich möchte das an einigen Beispielen illustrieren. Einer amerikanischen Untersuchung zufolge sind dicke Jungen und Mädchen in den Medien im Vergleich zur wirklichen Welt deutlich unterrepräsentiert. Wenn sie jedoch auftreten, werden sie überwiegend negativ charakterisiert. Meist sieht man sie essend und sie kämpfen nicht nur mit ihrem Gewicht, sondern auch mit Beziehungsproblemen.

Das Fernsehen zeigt aber auch mehr Gewalt als in der realen Welt – ganz einfach, weil bei Gewaltdarstellungen eher hingeschaut wird. Und auch die Verteilung der Gewaltdelikte entspricht nicht der Realität, denn die Gewaltkriminalität hat gegenüber anderen Formen der Kriminalität rein mengenmäßig einen wesentlich geringeren Anteil.[167] Insofern nehmen wir sie als gewalttätiger und gefährlicher wahr als sie tatsächlich ist.

Neben der Gewalt gehört Werbung heute zu den wesentlichen Inhalten, die über Bildschirme transportiert werden. Im Jahr 1915 war es durchaus möglich, dass man über Wochen keine Anzeige sah, heute sieht der durchschnittliche Erwachsene jeden Tag dreitausend.[168] Diese Entwicklung verdeutlicht, wie sehr sich unsere Wahrnehmungswelt durch Werbung verändert hat. Dies lässt sich auch in Zahlen ausdrücken: In den USA wurde 1915 eine Milliarde Dollar für Werbung ausgegeben, im Jahr 1993 waren es dagegen 140 Milliarden.

Die Werbeausgaben sind aber auch in Deutschland enorm gestiegen. Wurden 1992 noch etwa drei Milliarden Euro für Fernsehwerbung aufgewendet, waren es 2000 schon knapp acht Milliarden – eine Steigerung um 260 Prozent in nur acht Jahren![169]

Aber wie stellt die Werbung die Welt dar? Meist ist sie heil und idealisiert. Wenn Probleme angesprochen werden, dann meist nur die, die durch eine Versicherungspolice, das richtige Waschmittel oder Süßigkeiten gelöst werden können. Es gibt weder Armut noch soziale Schieflagen oder Gewalt. Die Werbewelt wird von schlanken und durchtrainierten Models bevölkert, die nicht nur schön, sondern auch noch erfolgreich sind – und natürlich erst durch Konsum dazugehören. Dadurch werden materialistische Einstellungen verstärkt, denn in der Konsumwelt definieren sich Menschen nicht über das, was sie sind, sondern in erster Linie über das, was sie haben. 3000 Botschaften am Tag werden auf Dauer ihre Wirkung auf die Werthaltungen kaum verfehlen.

Die genannten Beispiele bilden nicht nur Realität falsch ab, sie haben oft auch Rückwirkungen auf Einstellungen zum wirklichen Leben. So werden Dicke diskriminiert und ausgestoßen – weil sie scheinbar hauptsächlich negative Eigenschaften besitzen – und in der Folge ziehen sich viele immer mehr in die soziale Isolation zurück.

Die übermäßige Gewaltdarstellung im Fernsehen – heute sehen Kinder im Fernsehen etwa 200 000 Gewalttaten, bis sie erwachsen werden – führt nicht nur zur Abstumpfung gegenüber ihren Auswirkungen und erhöht die Gewaltbereitschaft, sie kann auch Erwartungshaltungen verändern: Nach einer im Jahr 1993 in den USA durchgeführten Umfrage sagten 35 Prozent aller amerikanischen Schüler im 12. Schuljahr, sie würden nicht alt, weil sie glaubten, vorher erschossen zu werden.[170]

Es klingt kurios: Fernsehbilder beeinflussen sogar unsere Hilfsbereitschaft bei Verkehrsunfällen. So sind etwa acht von zehn Personen davon überzeugt, dass brennende Unfallautos in die Luft fliegen können[171] – es wird ja schließlich oft genug in Filmen gezeigt. Aus Angst trauen sich deshalb viele nicht, den Opfern zu helfen. In Tests haben Experten aber bewiesen, dass Autos in der Realität gar nicht explodieren können.[172] Warum tun sie das dann aber im Fernsehen? Ganz einfach – weil es spektakulärer wirkt. Was die meisten nicht wissen: Die Autos werden mithilfe von Sprengstoff zur Explosion gebracht und regelrecht zerbombt.

Manipulation: Manchmal geht's nicht ohne

Früher war die Welt in die Realität und die Erzählung über sie getrennt – heute sind beide untrennbar miteinander verwoben und beeinflussen sich gegenseitig. Wir beziehen unsere Informationen fast ausschließlich über Medien, machen unsere Erfahrungen über sie und sind ihnen mehr oder weniger ausgeliefert.

Und diese Medien manipulieren uns. Dass dies geschieht, ist keine neue Einsicht. Deshalb möchte ich mich hier auch nicht mit den augenfälligen Manipulationen, sondern in erster Linie mit den zugrunde liegenden Sachzwängen und Mechanismen beschäftigen. Meist ist uns nicht bewusst, wie wir manipuliert werden, wie Manipulation überhaupt entsteht und in welche Richtung wir beeinflusst werden.

Wann beginnt Manipulation? Eigentlich bereits beim vorgelesenen Wort – denn wir interpretieren schon allein durch unsere Betonung. Inhalte können so und durch die in sie hineingelegte Dramatik – durch Lautstärke, An- und Abschwellen, das Setzen von Pausen – ganz andere Schwerpunkte und Bedeutungen bekommen als der geschriebene Text.

Manipulation wird auch durch Sachzwänge verursacht. So muss bei der Fülle der Dinge, die täglich geschehen, eine Auswahl getroffen werden, die in einen Artikel oder ins schmale Zeitfenster der Sendezeiten passt – denn man kann nicht alles von allem berichten. Aber nicht nur die Menge, auch andere Faktoren bestimmen die Auswahl: Über 99 Prozent aller Nachrichten gelangen nie vor das Auge des Lesers, weil sie als unbedeutend, zu fragmentarisch, zu polemisch oder – nach den jeweils herrschenden Vorstellungen – als zu unsittlich aussortiert werden.[173]

Dazu kommt, dass die Darstellung von hochkomplexen Themen in Medien sehr schwierig ist, denn die meisten Menschen konsumieren Medien so, dass nach drei Sätzen das Zuhören endet. Dementsprechend werden Zusammenhänge vereinfacht, Themen banalisiert oder – wenn das nicht gelingt – gar nicht erst veröffentlicht. Die Gesundheitsreform lässt sich einfach nicht in ein paar verständliche Sätze fassen – zumindest ist dies bis jetzt noch niemandem gelungen. Was bleibt, ist der Eindruck, sie tauge von vornherein nichts, was aber gar nicht so sein muss; sie ist vielleicht nur nicht zur medialen Darstellung geeignet, gewissermaßen *untelegen*.

Auch da, wo wir uns weitgehend neutral informiert fühlen – zum Beispiel in den Nachrichten –, geht's kaum manipulationsfrei, auch wenn es gar nicht beabsichtigt ist. Hier ist nicht nur die Themenauswahl manipulationsanfällig, sondern auch die Wortwahl. Die Nachrichtensprache wirkt meist etwas verarmt und emotionslos, sie strapaziert gebetsmühlenartig immer wieder die gleichen Phrasen. Aber da es gar nicht so viele objektiv-neutrale Wortschöpfungen zur ausgewogenen Berichterstattung gibt, wird der trockenen Materie durch emotionalere Wortwahl etwas mehr Leben eingehaucht. Dabei ist es aber fast unvermeidlich, dass sich auch wertende Begriffe einschleichen.

Und Sprache kann sehr tendenziös sein. Das zeigt sich auch darin, wie unterschiedlich ein- und derselbe Sachverhalt ausgedrückt werden kann: Wir können es *akustische Wohnraumüberwachung* oder *großer Lauschangriff* nennen; *Altersheim* oder *Seniorenresidenz*; *Agenda 2010* oder *Sozialabbau*; *Umsiedlung* oder *Flucht* und *Vertreibung* – je nachdem, auf welcher Seite wir stehen.

Auch die Informationsflut ist ein Faktor, der Manipulation entstehen lässt. Nicht nur unter dem Gesichtspunkt, dass aus der Flut von Ereignissen ausgewählt werden muss; Journalisten sehen sich selbst mit einer Vielzahl von Informationen konfrontiert: Mit Mitteilungen von Nachrichtenagenturen, Lobbyistengruppen, Verbänden, Parteien und Organisationen – und alle wollen ihre Botschaften an die Öffentlichkeit bringen. Aus diesen muss ausgewählt werden, und oft entfällt aus Zeitmangel die notwendige Recherche. So gelangen teils manipulierte Meinungen statt sachlicher Informationen an die Öffentlichkeit.

Die genannten Einflussnahmen geschehen meist aus Sachzwängen heraus und sind eher unbeabsichtigt beziehungsweise kaum vermeidbar. Natürlich wird aber auch gezielt manipuliert: durch bewusste Themenauswahl, gewollte Sprachmanipulation und fehlerhafte oder parteiergreifende Berichterstattung.

Manipuliert werden kann durch Journalisten selbst, die publizistische Ausrichtung der Eigentümer der Medien (bestes Beispiel dafür ist Silvio Berlusconi), den Druck der Werbeindustrie oder Parteien, Lobbygruppen und Verbände.

Manipulation erfolgt aber auch, um Einstellungen, Sichtweisen, Gewohnheiten und Wertvorstellungen der Medienkonsumenten zu befriedigen – wir bekommen das, was wir haben wollen. So gesehen manipulieren wir uns selbst.

Unsere Einstellung: Nur schlechte Neuigkeiten sind gute Neuigkeiten

Über nichts liest der Mensch lieber als über Menschen. Das lernt jeder angehende Journalist schon während seiner Ausbildung. Aber über was möchte er lesen? Die Antwort: über Sex und Gewalt. Die tägliche Nackte in der *Bild* steigert nicht nur die Auflage, sondern bestätigt auch die Erkenntnis: *Sex sells.* Und da eben auch Gewalt und Verbrechen viele interessieren, kommen sie häufig in der Berichterstattung vor. Menschen lesen lieber darüber, wo's knallt, als sich mit den Ursachen von Gewalt oder ihrer Prävention auseinanderzusetzen. Folglich wird diesen Themen auch wenig Raum gegeben.

Und wenn wir etwas lesen, dann sollte es bitte auch eher Schlechtes sein. In *Die fromme Helene* schrieb Wilhelm Busch schon vor mehr als hundert Jahren: *»Ach, die sittenlose Presse! Tut sie nicht in früher Stund / all die sündlichen Exzesse / schon den Bürgersleuten kund?«* Schuld daran, dass über so viel Schlechtes berichtet wird, sind aber eigentlich nicht die Journalisten – sie kommen nur einem im Menschen scheinbar tief verwurzelten Bedürfnis entgegen, das sie mit *Only bad news is good news* umschreiben.

Dass Katastrophen, Verbrechen und anderes Unglück unsere Aufmerksamkeit mehr fesseln als gute Nachrichten, erklären Psychologen damit, dass unser Gehirn Gefahren sehr viel schneller erkennt als Chancen und intensiver auf Unangenehmes reagiert als auf Schönes. Schließlich sind Angst und Vorsicht unsere Lebensversicherung.[174]

Doch es gibt auch andere Begründungen. Schon Nietzsche sagte: *»Leidensehen tut wohl.«* Der Medienwissenschaftler Norbert Bolz ist zwar ähnlicher Ansicht, seine Begründung ist aber eine andere:

Zwar würden wir uns *»am Unglück der anderen laben«*, man könne dabei aber nicht von Schadenfreude reden, die schlechten Nachrichten würden uns aber eine Art Akkumulation des Kapitals *»Unglück der anderen«* ermöglichen. Bei Katastrophennachrichten gehe es nicht um Information, sondern um *»den Genuss des Distanzgewinns gegenüber dem Schrecklichen«* – der Zuschauer genieße nicht das Leid des anderen, sondern seine Distanz dazu.[175]

Dass dies so ist und die Medien dieses Gefühl bedienen, sieht man täglich in den Nachrichten. Die Massenmedien *»suchen den Welthorizont nach Schlechtigkeiten ab«*, so Bolz, und so beginnt und endet jeder Tag mit Katastrophen. Dies stützt nicht nur den Negativismus, es führt auch zu der Ansicht, die Welt sei schlecht oder werde immer schlechter. Nur – das wird sie schon seit Tausenden von Jahren.

Wettbewerb und Geschäft: Die Skandalisierung des Gewöhnlichen

Eine weitere Ursache für die verzerrte Darstellung der Realität und der zunehmenden Gewaltdarstellung liegt auch in der verschärften Konkurrenzsituation der Medien.

Früher gab es in Deutschland drei Fernsehprogramme, die ihre Kosten nur zum Teil selbst tragen mussten. Sie hatten einen öffentlich-rechtlichen Bildungsauftrag und sendeten in der Woche höchstens bis Mitternacht. Erst seit 1984, nach Einführung des Privatfernsehens, entstanden unzählige Privatsender, die sich durch Werbung finanzieren müssen.

Auch der Zeitschriftenmarkt war überschaubar. Bis Anfang der neunziger Jahre gab es *Spiegel*, *Stern* und *Zeit* als wichtigste Wochenblätter. Dann kam *Focus* und änderte die Magazinlandschaft radikal. Es entbrannte nicht nur ein Wettbewerb um die Leser, sondern auch ein Kampf um Anzeigenkunden.

Allerdings sind die Leser nur noch mittelbar wichtig für die Verlage – entscheidend ist, wie viel durch Anzeigen erwirtschaftet werden kann. Der Anzeigenpreis jedoch wird durch die Auflagenhöhe bestimmt. Das heißt, wer für die Masse produziert, verdient auch gut. Umgekehrt: Wer Randthemen aufgreift, seine Leser über-fordert oder langweilt, verliert sehr schnell Anzeigen, weil die werbenden Unternehmen ihre Zielgruppen nicht mehr erreichen.

Dieser neuen Ausrichtung sind ehrgeizige und anspruchsvolle Projekte wie das Magazin der *Süddeutschen Zeitung* genauso zum Opfer gefallen wie längere Reportagen in Tageszeitungen.

Auch für das Fernsehen sind nicht in erster Linie seine Konsumenten wichtig, denn es verkauft nicht Programme an Zuschauer, es verkauft vielmehr Zuschauer an Werbeagenturen. Aus diesem Grund spielen die Einschaltquoten des Fernsehens die gleiche Rolle, die bei anderen Firmen der Umsatz spielt. Je mehr Menschen zuschauen, desto mehr kann eine Sendeanstalt von einer Werbeagentur für die Werbeminute verlangen. Genauso im Internet – hier wird die Attraktivität von Seiten in sogenannten *Klickzahlen* gemessen. Es zählt also Masse statt Klasse. Kein Wunder also, dass sich viele über das sinkende Niveau beklagen, in der die Welt banal, platt und anspruchslos daherkommt.

Die Konzentration der Verlage und Fernsehsender führte zu einem immer größeren Informationsmonopol – nur noch wenige Unternehmen steuern heute die Medienlandschaft, und deren Ziel ist die Gewinnmaximierung. Der journalistische Auftrag gerät ins Hintertreffen, die Information wird zur Ware. Und die Redaktionen produzieren, was am Markt nachgefragt wird: *Infotainment.* Leicht verdauliche Informationshäppchen, mit Unterhaltung garniert. Die Artikel – auch die seriöserer Medien – wurden kürzer, oberflächlicher, reißerischer, grammatikalisch falscher und haben mehr Rechtschreibfehler. Denn Zeit ist Geld. So befinden sich die modernen Medien im Spannungsfeld zwischen Informationspflicht, Wettbewerb und Geschäft.

Frei nach Shakespeare: Gegeben wird »Was Ihr wollt«

Auch wenn Leser und Zuschauer nur noch die zweite Geige spielen, es muss doch auch heftig um sie geworben werden. Und da Medien die Gunst ihres spezifischen Publikums erwerben wollen, stellen sie das dar, was es sehen will. Nach diesem Prinzip funktionieren Medien. Der Verleger der TZ München beschreibt das Erfolgsrezept seiner Boulevardzeitung so: *»Das Geheimnis ist, dass sie den Leser erreicht, und zwar nicht nur intellektuell, sondern auch in seinem Gemüt. Man muss dem Leser das Gefühl geben, dass die Zeitung seine Welt umschreibt und in seine Welt passt. Er muss sich solidarisch fühlen, nur dann wird er sagen: Das ist meine Zeitung!«*[176]

Aus dieser Sicht kann Manipulation auch im Sinne des Strebens nach medialem Publikumserfolg geschehen, denn Produzenten und Verleger bieten das an, wovon sie annehmen, die Masse hätte ein Interesse daran. Also läuft im Fernsehen bei zunehmendem Konkurrenzdruck und einem alles beherrschenden Marktmechanismus überwiegend Sex and Crime – und da wir Sex für schädlicher halten als Crime, eben in erster Linie Gewalt, die auch nachweislich zu höheren Einschaltquoten führt.[177] Das Geschäft lässt grüßen.

Und weil ja nur schlechte Nachrichten gute Nachrichten sind, wird auch kräftig *skandalisiert*, um Auflage zu erzielen und die Konkurrenten auszustechen. Es wird Außergewöhnliches gegenüber dem Normalen aufgebauscht und besondere Nachrichten werden überbetont, verzerrt oder gar erst *fabriziert*. Die journalistische Lüge wird vielleicht allein schon deshalb geglaubt, weil sie oft als Schlagzeile gedruckt ist. Und eventuelle Widerrufe werden so platziert, dass sie kaum Beachtung finden. Dass dieses eigentlich leicht durchschaubare Prinzip funktioniert, zeigen uns Tag für Tag die hohen Auflagen der Boulevardpresse.

Dabei sollten sich die Leser aber auch klar darüber sein, dass sie für diese Art der Darstellung eine – ich will es nicht als Mit*schuld* bezeichnen – aber doch Mitverantwortung tragen, denn sie wollen es offensichtlich nicht anders.

Wie Dinge aufgebauscht, verzerrt und den speziellen Leserinteressen angepasst werden, lässt sich bei nahezu jedem größeren Ereignis feststellen. Man muss sich nur an einem Tag mehrere Zeitungen kaufen und die verschiedenen Artikel zum gleichen Thema miteinander vergleichen. Dieses Vergnügen habe ich mir schon mehrmals gemacht und will hier stellvertretend zwei Geschehnisse vom 12. Oktober 2004 anführen: den Tod des Schauspielers Christopher Reeve und den Mord an dem Besitzer eines Waffengeschäfts.

Während die Süddeutsche Zeitung, gewohnt seriös, eine kurze Meldung in der Randspalte der Titelseite platziert: *»Superman Reeve 52-jährig gestorben«*, wird die TZ München schon etwas plakativer: *»Kampf verloren. Superman Reeve tot.«* Reeve ist also nicht einfach gestorben, er musste wohl vorher noch kämpfen, nur mit wem? Bild München zeigt, wie kreative, halbseitige Schlagzeilen gemacht werden: *»Super-Virus tötet Supermann«*. Das klingt gut, denn ein Supermann kann offensichtlich auch nur von einem ebenbürtigen Virus getötet werden – es stimmt nur nicht. Er ist nämlich an einem banalen Herzinfarkt gestorben und von einem Supervirus ist im Artikel selbst dann auch keine Rede mehr.

Unter *»Waffengeschäft-Besitzer mit Schwert geköpft«* taucht die zweite Meldung des Tages in der Süddeutschen Zeitung, ebenso in der Randspalte, auf. Die TZ München hingegen widmet diesem Ereignis fast die ganze Titelseite und fährt gleich mit zwei Schlagzeilen auf: *»Irrer köpft ihn mit Schwert«* (Bild dazu) und *»Blutbad in Amberg vor den Augen von 2 BR-Reportern«* (ebenfalls Bild dazu). So sieht das Ereignis schon etwas blutrünstiger aus. In der Bild-Zeitung wiederum, in der ja Superman den Titel dominiert, muss der Mord in die Randspalte, dafür ist die Headline kurz, aber würzig: *»Samurai-Mord an Waffenhändler«*. Der Besitzer eines Waffengeschäfts ist bei Bild also zum Waffenhändler mutiert und die Tat eines Geistesgestörten zum Samurai-Mord. In der Wortwahl schwingen unterschwellig russische Mafia und japanische Leibwächter mit, die sich einen Kampf der Kulturen auf deutschem Boden liefern. Die Welt ist eben schlecht, gefährlich und überfremdet!

Die Macht der Medien:
Meinungsmacher oder nur Agenda-Setter?

Wie bereits beschrieben, geschieht Manipulation aus Sachzwängen, wirtschaftlichen Erfordernissen und auch beabsichtigter Beeinflussung heraus. Aber werden wir auch in eine bestimmte Richtung manipuliert?

Zumindest generell lässt sich keine feststellen. Die Konzentration der Medien nimmt zwar zu und einzelne vertreten auch dezidiert ihre Standpunkte, die bestehende Vielfalt ist aber trotzdem (noch) so groß, dass sich keine grundsätzliche Zielrichtung erkennen lässt. Oft bestätigen Medien auch nur das Vorhandene. Die meisten befriedigen die Bedürfnisse ihrer Klientel, bedienen also praktisch bestehende Einstellungen und Vorurteile.

Manipulation ist ja auch nicht immer platt, also dahingehend, dass Partei ergriffen würde. Norbert Bolz sagt, dass vielmehr versucht werde, das Chaos der Welt in Ereignisse zu strukturieren, die dann wiederum Personen zugeordnet würden: *»Das Fernsehen nennt Namen und zeigt Bilder als Antwort auf die Frage, warum schiefläuft,* *was schiefläuft.«* Nun sei aber die Welt hochkomplex – und Komplexität aber das Gegenteil von Zurechenbarkeit. Und daraus ergebe sich ganz einfach, meint Bolz, die Strategie der Massenmedien: *»Sie räumen mit der Unübersichtlichkeit der Welt auf, indem sie Ereignisse einzelnen Personen zurechnen.«* Man brauche Schuldige, um die Komplexität der Welt handhabbar zu machen.[178]

Oft stören wir uns, besonders wenn wir selbst involviert sind, an der Art der Darstellung der Medien, dass sie viele Dinge nicht entsprechend unseren Erfahrungen abbilden, und erheben Manipulationsvorwürfe. Aber die Medien bilden die Welt eben nicht eins zu eins ab: Sie lesen aus, lassen weg, setzen Schwerpunkte, banalisieren und skandalisieren. Sie interessieren sich nicht dafür, wie die Wirklichkeit an sich ist, sondern wie sie sich am besten verkaufen lässt.

Massenmedien stellen zwar Meinungen bereit, sie setzen aber nicht sie, sondern vielmehr nur bestimmte Themen durch. Man kann dann zu diesen Themen jede beliebige Meinung vertreten – aber eben zu diesen Themen. Die Macht der Medien, so Bolz, sei das *»Agenda-Setting«*.[179]

Doch manchmal werden die Medien auch selbst manipuliert. Vor allem die PR-Abteilungen von Unternehmen versuchen, die öffentliche Meinung zu ihren Gunsten zu beeinflussen. So produzieren Pressesprecher und Agenturen Informationen, die nur ein Ziel haben: Raum in Zeitungen oder Sendezeit im Radio und Fernsehen für sich zu gewinnen. Und manchmal sind diese Unternehmen gleichzeitig ein wichtiger Anzeigenkunde, der nicht verprellt werden darf. So kommt vieles, was im Sinne der Unternehmen beeinflusst wird, nur an die Öffentlichkeit, weil eine unselige wirtschaftliche Verquickung besteht.

Da auch Politik in immer größerem Maß über die Medien vermittelt und teilweise auch in ihnen gemacht wird – man denke nur an die vielen Polit-Talkshows –, wirkt umgekehrt auch das, was in den Medien geschieht, wieder auf die politische Agenda zurück. So gesehen leben wir in einer Mediendemokratie, deren Unvermeidbarkeit die TV-Moderatorin Sabine Christiansen so beschreibt: *»Nur wer in den Medien stattfindet, wird im neuen Jahrtausend tatsächlich wahrgenommen.«*[180]

Die Medien bestimmen unser Bild von der Welt. Sie geben uns Einblicke in die entferntesten Winkel der Erde, nehmen uns aber auch die unmittelbare Erfahrung mit den realen, unverfälschten Dingen.

Bei allem Wissen der aufgeklärten Gesellschaft um die Funktionsweisen und Manipulationsmöglichkeiten der Medien müssen wir uns diese doch immer wieder bewusst machen, um das, was in erster Linie unsere Bedürfnisse und Vorurteile bedient, nicht für das einzig Wirkliche und Wahre zu halten.

Und wir sollten uns auch klar darüber sein, dass die medialisierte Welt eine Bühne ist, auf der Konsum zelebriert und Materialismus verherrlicht wird, weil diese ihre Existenz überhaupt erst ermöglichen.

V.
IDENTITÄTSARBEIT HEUTE

Identität in der Krise

Die Welt ist heute nicht mehr, wie sie für die vorhergehenden Generationen war. Viele Veränderungen und Umbrüche haben uns aus vertrauten Bindungen freigesetzt und unsere Lebenswege durcheinandergewirbelt. Gerade für Jugendliche und junge Erwachsene ist es heute nicht mehr so leicht, eine stabile Identität heranzubilden. Dinge, über die sich ihre Eltern und Großeltern definiert haben, gelten nicht mehr oder lösen sich auf.

So sind Rasse und Nation als soziale Konstrukte entlarvt und die Geschlechterrollen haben sich überlebt. Auch einer der wesentlichen Identitätsanker – die Familie – verändert sich, die bürgerliche *Normalfamilie* büßt an Bedeutung ein. Durch unterschiedlichste Familienformen und konkurrierende Erzieher wie zum Beispiel das Internet oder den Einfluss von Peergroups vermindert sich die Erziehungsfunktion der Eltern. Bei der Vielfalt an scheinbar gleichwertig nebeneinanderstehenden Methoden weiß kaum einer mehr, wie man *richtig* erzieht – Supernannys müssen der Nation im Fernsehen zeigen, wie man aus dem Gleis geratene kleine Tyrannen wieder in die richtige Bahn bringt. Und Liebe, Ehe, gemeinsames Zusammenleben und Kinder gehören heute nicht mehr unbedingt zueinander.

Zudem steigen die beruflichen Anforderungen ständig. Die Ausbildungszeiten sind länger geworden, ihre Inhalte komplexer, und so etablieren sich junge Erwachsene in vielen Bevölkerungskreisen auch immer später in ihrem Beruf. Und im Gegensatz zu den noch halbwegs planbaren Karrieren ihrer Väter bietet ihr beruflicher Werdegang für die Zukunft wesentlich weniger Sicherheit und Stabilität.

Dazu kommt, dass in den modernen Gesellschaften verschiedene Ideen, Sinnangebote, Werte und Anschauungen gleichwertig nebeneinanderstehen. Doch was gleich*wertig* erscheint, wird auch gleich*gültig* und stellt damit das in der jeweiligen Gesellschaft bisher für richtig oder wahr Gehaltene infrage – oder relativiert zumindest seine Bedeutung beziehungsweise seine Verbindlichkeit.

Es wird zunehmend schwerer zu sagen, wer man ist, wenn nichts mehr gilt oder doch alles möglich scheint. Das klassische Identitätsverständnis ist erschüttert. Zurück bleibt eine tiefe Verunsicherung, was Identität heute ausmacht und bedeutet.

Dazu müssen wir uns in einer Welt zurechtfinden, die sich immer schneller verändert, ständig komplexer und unübersichtlicher wird.

Folgen der Komplexität: Orientierungslosigkeit und Frustration

Das heutige Zuviel an Informationen, das explosionsartige Anwachsen von Wissen und ein überquellendes Angebot an Waren und Dienstleistungen raubt uns den Überblick. Dass uns zu viel an Auswahl nicht befriedigt, sondern lähmen kann, veranschaulicht ein einfaches Experiment amerikanischer Psychologen.

Sie boten Kunden eines Kaufhauses zunächst sechs verschiedene Marmeladensorten an. In einer zweiten Phase präsentierten sie 24 Sorten. Beide Male beobachteten sie das Verhalten der Kundschaft. Diese fand die große Auswahl an Marmeladen zwar interessant, konnte sich aber nur selten zum Kauf entschließen. Nur drei Prozent der interessierten Kunden legten ein Marmeladenglas in ihren Einkaufskorb. Die kleine Auswahl von sechs Brotaufstrichen konnte zwar weniger Kunden auf sich aufmerksam machen. Dafür aber griffen deutlich mehr zu: 30 Prozent entschieden sich dafür, mit einer der angebotenen Marmeladen ihr Frühstück zu bereichern. Die Erklärung der Forscher: Zu viele Wahlmöglichkeiten verunsichern. Wer aus einer Fülle eine Ware herausgreift, muss sich fragen, ob er wirklich die beste Wahl getroffen hat. Das führt zu Überforderung und letztlich zu Stress und Frustration.[1]

Wir stecken heute in einer Welt voller Marmeladengläser und nehmen entweder zu viele mit oder gar keins. *»Überspitzt formuliert«*, so die Psychologin Ursula Nuber, scheinen wir nur noch zwei Zustände zu kennen: *»Wir sind entweder müde und gelangweilt* *oder gestresst und kaputt.«* Eine unbestimmte Unzufriedenheit dominiere unseren Alltag und tauche unser Leben in trübes Licht.[2]

Auch Umfrageergebnisse des Bielefelder Wissenschaftlers Wilhelm Heitmeyer bestätigen den tief greifenden Pessimismus, der uns befallen hat. Mehr als die Hälfte der befragten Bevölkerung findet, alles sei in Unordnung geraten. Zwei Drittel klagen über die wirtschaftliche Lage, 40 Prozent hätten *»gerne mehr Menschen, die zu mir halten«*, über 70 Prozent finden, dass ihre sozialen Beziehungen immer instabiler würden und halten es für *»immer schwieriger«*, echte Freunde zu finden.

Es fällt uns schwer, mit der Vielfalt und den Uneindeutigkeiten der heutigen Welt zurechtzukommen. Denn wir sind *»von der Biologie so angelegt, dass wir Ordnung brauchen. Da die Welt so komplex geworden ist, brauchen wir mehr Zeit, um Ordnung zu schaffen«*, meint Hans Henrik Knoop, Professor an der Pädagogischen Universität Kopenhagen.[3] Doch wir tun genau das Gegenteil: Wir wollen immer noch mehr in unsere Tage packen und hoffen, am Ende alles geregelt zu haben. Manchmal gelingt es uns zwar, äußerlich Ordnung zu schaffen, aber unsere innerliche Unordnung wird immer größer.

In den komplexen Systemen, in denen wir leben und deren Entwicklungen nicht mehr prognostizierbar sind, verlieren wir auch zunehmend die Illusion des *großen Ganzen* – die Vorstellung davon, was die Welt im Innersten zusammenhält. Wo man früher mit logischem Zwang und System geglänzt hat, erscheinen heute Paradoxien und Schleifen. Es wird schwierig, unsere Welt zu beschreiben, ein *Big Picture* von ihr zu haben, und von einem Weltbild sind wir weiter entfernt als je zuvor.

Zumal es seit dem Zusammenbruch des kommunistischen Systems auch auf gesellschaftlicher Ebene kein eindeutiges Gut und Böse mehr gibt, kein – je nach Sichtweise – Vorbild oder Feindbild. So sind der Gesellschaft die solidarisierenden und identitätsstiftenden Momente abhandengekommen.

Komplexität und Unübersichtlichkeit sind nicht nur schwer zu ertragen, sie schüren – quasi als Gegenreaktion – auch die Sehnsucht nach simplen Lösungen und Patentrezepten – man ist für jede Vereinfachung dankbar.

Dabei steigt das Risiko, dass sich Menschen, die Eindeutigkeiten brauchen, extremistischen Positionen zuwenden, da sie mit der gewonnenen Freiheit nicht zurechtkommen. Aber einfache Antworten gibt es in einer komplexen Welt, in der alles mit allem vernetzt ist, nicht mehr.

Nach der *Shell Jugendstudie* von 2000 hat die *»neue Unübersichtlichkeit«* auch die junge Generation erreicht, die sich ihren persönlichen Wertecocktail selber mixt und keine Normen mehr anerkennen will.[4] Erstaunlicherweise wird mit dem Aufkommen dieser Bastelexistenzen von konservativer Seite ein Werteverfall beklagt und nach mehr Fleiß, Disziplin und vor allem nach mehr Ordnung und einem starken Staat gerufen. Erstaunlich vor allem deswegen, weil ja nicht die Einstellungen und Lebensweisen von Jugendlichen zu kritisieren sind, sondern eher die Gesellschaft, die sie so ratlos aufwachsen lässt und ihnen wenig Orientierung gibt. So gesehen sind die Forderungen nach Ordnung letztlich auch nur Ausdruck der eigenen Orientierungslosigkeit in einer als unsicher empfundenen – da zu unübersichtlichen – Welt.

Identitätsarbeit heute: Lebenslange Aufgabe jedes Einzelnen

Es ist also immer schwieriger, die zentralen Fragen der Identität: *Wer bin ich? – Wo ist mein Platz? – Was ist der Sinn des Lebens?* zu beantworten. Die Antworten, die unsere Großeltern und Eltern für richtig hielten, lösen die Probleme der jüngeren Generation nicht mehr. Es wird keine Bedienungsanleitung mehr für dieses Leben mitgeliefert, das so ganz anders geworden ist als das der älteren Generationen.

Laut Eickelpasch und Rademacher fehlen uns heute die vorprogrammierten Identitätsmuster, weil die *»tradierten gesellschaftlichen und kulturellen Grundlagen für eine stabile soziale Verortung und Einbindung der Menschen«* zunehmend wegbrächen.[5] Durch die gesellschaftlichen Veränderungen sei eine *»stabile, in sich stimmige, quasi naturhafte Identität von Menschen und Gruppen«* nachhaltig unterminiert worden.

Identitätsbildung ist heute Aufgabe jedes Einzelnen, das Individuum ist zum Baumeister seines eigenen Selbst geworden. Jeder stellt sich sein eigenes *»Existenzdesign«*[6] selbst zusammen. Dabei muss er lebenslang seine Identitätsentwürfe mit den anderen und der Gesellschaft aushandeln – Identität wird so zum Dauerthema, weil jeder Einzelne unaufhörlich mit seinen Entwürfen um sein *Erkannt- und Anerkanntwerden* (Greverus) ringt.

Das Problem dabei: Die Gesellschaft als Gegenpart des Individuums ist nicht mehr stabil, sondern zu einem lebendigen, sich ständig wandelnden und kaum mehr überschaubaren Sozialsystem geworden – mit diffusen und mehrdeutigen Wertvorstellungen, Zielen und Rollenangeboten.

Da die Gesellschaft sich ändert, sind auch wir gehalten uns anzupassen. Wir können unsere Identitätsentwicklung nicht mehr nach einer bestimmten Phase abschließen und danach mehr oder weniger stabil durch die *Stürme des Lebens* gehen – auch Identität ist heute im Fluss. Auf das Unabgeschlossene dieses Prozesses weist auch der Begriff Identitäts*arbeit* hin.

Wenn sich die Gesellschaft individualisiert und pluralisiert, gibt es zwar Rahmenbedingungen, die die Entwicklung in gewissen Bahnen lenken, aber keine allgemeinverbindlichen Normen, also auch keine genormten Identitäten mehr. Laut Keupp *»löst sich das Subjekt infolge dieses Prozesses immer mehr von vorgegebenen biografischen Entwurfsschablonen und Schnittmustern (...). In diesen Erosionsprozessen verlieren die großen religiösen, philosophischen, kulturellen und politischen Deutungsmuster und Formationen ihre Konstruktionskraft«*.[7] Anstelle der früheren, oft vorgegebenen und schablonenhaften Identitätsmodelle müssen wir heute individuelle Eigenschöpfungen entwickeln.

Dafür haben wir mehr Optionen als je zuvor. Die Kosten dieser Freiheit werden allerdings mit einem Verlust an Sicherheit und Zugehörigkeit bezahlt. Identitätsbildung wird so zum riskanten Unterfangen, weil jeder für seinen Erfolg oder Misserfolg selbst verantwortlich ist.

Das Dilemma dabei: Jahrtausendelang wurde das Ich unterdrückt, hat sich in langen Kämpfen befreit, macht sich dann auf die Suche nach seinem Selbst und weiß nicht, welchen Weg es einschlagen soll. Um es mit den Worten des Kulturhistorikers Kobena Mercer auszudrücken, *»Identität wird nur in ihrer Krise zum Problem«*.[8]

Multiple Identität

Wie muss man geartet sein, um sich in diesen pluralen und divergierenden Lebensformen mit ihren unterschiedlichen Normen und Erwartungen zurechtzufinden?

Jürgen Fritz, Professor für Spielpädagogik, Interaktionspädagogik und komplexe Kommunikation, fordert den Aufbau einer *multiplen Identität*: *»einer flexiblen Identität, die in der Lage ist, das Surfen in den verschiedenen Lebensbereichen und ihre ständigen Veränderungen aufzufangen und darauf angemessen zu reagieren«.*[9] Sie sei vielfältig, komme mit Widersprüchen zurecht und könne so im Beruflichen und Privaten unterschiedlichen Werten und Vorstellungen folgen und divergierenden Erwartungen gerecht werden.

Laut Keupp wäre Identität dann nur noch das, *»was einer zu einem gegebenen Zeitpunkt an Bezügen bündelt, ohne notwendigen Anspruch auf Allgemeingültigkeit, Dauerhaftigkeit, Kohärenz und Kontinuität«.*[10] Nach diesem Verständnis legt die Person Masken nach Belieben an und ab, begreift persönliche Identität nicht als Substanz, sondern als lockere Aggregationsform von Handlungsrepertoires, die, wie es die Situation erfordert, zum Einsatz kommen.[11]

Die Sozialwissenschaftlerin Helga Bilden sieht in dieser Form von Identität die angemessene Antwort auf die Herausforderungen unseres sozialen Systems: *»Die eigene innere Vielfalt zu akzeptieren und eine Vielzahl von Formen des Individuum-Seins zu akzeptieren, ist meines Erachtens eine Voraussetzung, um mit Pluralität in der Gesellschaft leben zu können, ohne rigide unterordnen und ausgrenzen zu müssen. Innere Pluralität brauche ich, um mit unterschiedlichen Sinnsystemen umgehen zu können. Wenn ich in mir mehrere Wahrheiten und Lebensformen existieren lasse – wenigstens als mögliche Selbste –, dann kann ich auch leichter andere Menschen auf andere Weise leben und die Welt interpretieren lassen.«* [12]

Dieses neue Verständnis von Identität ist vielleicht nicht für jeden nachvollziehbar. Wie soll man zu jemandem Vertrauen fassen, der ständig seine *»Masken«* an- und ablegt? Wie kann eine solch scheinbar opportunistische Persönlichkeit in soziale Systeme integriert werden? Schlägt diese Flexibilität nicht leicht in Beliebigkeit, Unberechenbarkeit und Substanzlosigkeit um? Und wo bleibt die Authentizität, nach der wir uns alle sehnen? Wie können innere

Vielfalt und Pluralität ausgehalten werden, ohne zur Schizophrenie zu führen?

Nach Ansicht von Fritz entwickelt sich eine multiple Identität aber ebenso wenig zufällig wie die klassische. Auch sie ist Arbeit. Die Aufgabe der alltäglichen Identitätsarbeit bestehe darin, *»die Passungen und Verknüpfungen der unterschiedlichen Elemente der multiplen Identität zu erreichen«*. Dazu sei eine lebenslange, bewusste Entwicklung der Person notwendig, die sowohl die produktive Realitätsverarbeitung als auch die sozialen Kompetenzen einschließe. Nur so sei es der Person in einer sich ständig verändernden gesellschaftlichen Situation möglich, wenigstens teilweise ihr Leben selbst zu bestimmen.[13]

Das Akzeptieren der verschiedenen Elemente der eigenen Identität und ihr Erleben in unterschiedlichen sozialen Kontexten müsse nicht *»Konfusion, Destabilisierung oder Pathologie«* bedeuten. Möglicherweise könne eine *»lockere und akzeptierende Verbindung der Teilidentitäten«* dazu beitragen, Erschütterungen, Störungen und Beeinträchtigungen in einem bestimmten Lebensbereich besser zu verarbeiten, weil sie nicht die ganze Person betreffe, sondern nur einige Identitätsanteile.

So gesehen gründet die multiple Identität auf mehreren Säulen – brechen ein oder zwei weg, geben die restlichen immer noch genügend Halt. Die multiple Identität passt sich der sie umgebenden pluralen Gesellschaft an, in der auch nicht mehr nur noch eine Wahrheit gilt. Hier scheint sich auch im inneren Erleben der eigenen Person ein evolutionärer Schritt der Anpassung zu vollziehen.

Nach Fritz braucht auch diese neue Form der Identität ein Selbstkonzept: Es müsse zum einen *»variable, elastische Verbindungen zwischen den Teilidentitäten«* zulassen, die ein *»spielerisches Experimentieren mit den Identitäten in unterschiedlichen Lebensbereichen«* nicht ausschließen dürften, und zum anderen *»die Person in ihrer Integrationsfähigkeit nicht überfordern«*. Ein solches Selbstkonzept würde nicht den Verlust von Identität bewirken, sondern eine Veränderung des Typus von Identität, der sich durch *»ein großes Maß zentrierender Kohärenz und Kontinuität, und damit berechenbarer Verlässlichkeit ausgezeichnet hat«*.[14]

Unbestreitbar ist Identitätsentwicklung schwieriger geworden, denn Flexibilität ist anspruchsvoller als das Betreten ausgetretener

Pfade. In einer Multioptionsgesellschaft ohne gottgegebene Prinzipien und kaum noch staatlicher Weisungskultur ist der flexible und autonome Mensch in allen Lebensbereichen gefordert. Er muss sich zurechtfinden, ohne sich selbst zu verlieren oder sich aufzugeben. Gerade wenn alles machbar, wählbar und erreichbar scheint, muss es Lebensunternehmer geben, die Entscheidungen treffen, ihren Weg finden und gehen können. Das ist umso schwerer, weil ihnen keine Vorgängergeneration den Weg weisen kann. Sie kann sie allenfalls mit Proviant versehen und selbstbestimmt den eigenen Weg gehen lassen.

Für das zukünftige Miteinander einer globalisierten Gesellschaft hat die multiple Identität einen entscheidenden Vorteil: Sie lässt Andersartigkeit, Widersprüche und Unklarheiten zu. Bei den vielen Optionen der Identitätsausprägung betrachtet sie ihr Sosein, ihr Lebenskonzept, nicht als das einzig richtige – so scheint der Toleranz und damit auch der Akzeptanz gegenüber dem anderen, Neuen, Fremden der Weg besser bereitet als in der Vergangenheit.

Virtuelle Identität

Eine zentrale Rolle bei der Identitätsentwicklung junger Menschen spielen die Medien. Keine der früheren Generationen war ihnen derart massiv ausgesetzt, keine wurde in solchem Maß von ihnen geprägt wie die heutige. Über Musik, Werbung, Konsum und Mode ausdifferenzierte, also multimedial präsentierte Lebensstile, übernehmen für viele Jugendliche quasi identitätsstiftende Funktionen. Sie treten an die Stelle der – durch unaufhaltsame Erosionen – geschwächten identitätsstiftenden Funktionen gemeinschaftlicher Traditionen, Strukturen, Einrichtungen und traditional-kollektiver Lebensformen.[15]

Über die positiven und negativen Auswirkungen, insbesondere der Bildschirmmedien, wird nach wie vor heftig gestritten. Es gibt Studien, die belegen, dass Bildschirmmedien – vorausgesetzt man nutzt sie bewusst – schlauer machen, dass Computerspiele die Hand-Auge-Koordination verbessern und dass Fernsehzuschauer heute komplexere Dramaturgien genießen können als früher.

Unbestritten ist aber auch, dass ein hoher Medienkonsum negative Auswirkungen hat. So hat Christian Pfeiffer vom Kriminologischen Forschungsinstitut Niedersachsen mit seinem Team 6000 Grundschüler befragt und dabei festgestellt, dass hoher Medienkonsum meist gemeinsam mit schlechten Schulleistungen auftritt. Pfeiffer spricht hier von einer *»Medienverwahrlosung«*.[16]

Zwar saßen frühere Generationen auch stundenlang vor dem Fernseher, heute aber verbringen viele Kinder und Jugendliche ganze Tage und Nächte im Internet. Sie können dieser Wunscherfüllungsmaschine kaum widerstehen, denn die vielfältigen Angebote sind weitaus unterhaltsamer als die aller anderen Medien. Da die Dinge, mit denen wir uns intensiv beschäftigen, auch unsere Persönlichkeit prägen, bleibt auch das Internet nicht wirkungslos – zumal es eine ganz neue Form der Identität bereithält: die virtuelle.

Gemäß der Psychologin Nicola Döring von der Technischen Universität Ilmenau sprechen wir von virtuellen Identitäten, *»wenn es darum geht, wie Menschen sich selbst präsentieren, wenn sie computervermittelt miteinander kommunizieren«*.[17]

Virtuelle Identitäten entstehen in Onlinecommunitys, Chatrooms, Foren und Onlinespielen. Je nach Kategorie und Machart dieser virtuellen Räume entwickeln sich unterschiedliche Ausprägungen: Während in Chatrooms noch eher reale Personen agieren, die in einer besonderen Kommunikationsform ihre Meinungen und Erfahrungen untereinander austauschen, können bei Onlinespielen völlig neue Identitäten konstruiert werden, die mit der realen des Spielers nichts mehr gemein haben. Die Übergänge und Zwischenformen sind jedoch fließend – denn auch in einem Chatroom kann sich ein Teilnehmer für jemanden ausgeben, der er nicht ist und dabei Ansichten vertreten, hinter denen er im realen Leben nicht steht oder die er dort nicht zu vertreten wagt.

Wie genau sich der Umgang mit virtuellen Identitäten auf die reale Identitätsentwicklung auswirkt, ist nur zum Teil oder noch gar nicht erforscht. Die älteren Studien, wie zum Beispiel die von Sherry Turkle, beziehen sich auf Frühformen der virtuellen Communitys, die sogenannten textbasierten *MUDs*, bei denen die Akteure mit geschriebenen Texten miteinander kommunizieren. Da die neuen Onlinerollenspiele wie *Second Life* oder *World of Warcraft* ihren Hype erst 2007 erlebten, ist deren langfristige Wirkung auf die Identitätsentwicklung noch gar nicht nachweisbar. Neuere Studien untersuchen deshalb im Schwerpunkt eher die Erfahrungshintergründe und Verhaltensmuster von Mitgliedern virtueller Spielgemeinschaften oder die Suchtproblematik. Meist lassen die Ergebnisse aber aufgrund ihrer geringen Fallzahl oder der spezifischen Art des Personenkreises keine repräsentativen Verallgemeinerungen zu.

Trotzdem versuchen Wissenschaftler natürlich herauszufinden, was geschieht, wenn wir mit virtuellen Identitäten spielen, und wie sich dies auswirkt.

Virtuelle Identität in textbasierten Systemen: Nur Spaß am Verkleiden oder Soziallabor fürs unerforschte Selbst?

Bei der Beschäftigung mit virtuellen Identitäten stellt sich die Frage, was Menschen überhaupt dazu treibt, eine solche zu konstruieren.

Einer der zentralen Anziehungspunkte des Cyberspace ist sicherlich seine Anonymität, die Nicholas Negroponte, einer der Vordenker des Internets, treffend mit *»im Internet weiß niemand, dass du ein Hund bist«* umschreibt.

Dieser Reiz der Anonymität spricht, vergleichbar mit der Verkleidung an Fasching, natürlich die Experimentierfreude an. Wie in einem Labor kann man im Cyberspace neue Wege gehen und diese erst einmal unverbindlich testen, ohne gleich die Sanktionen der realen Welt fürchten zu müssen. Durch diese Anonymität fallen die Schamgrenzen der Selbstdarstellung weg, man ist geschützt durch die mediale Distanz.[18]

Diese Distanz bietet Vorteile: Es können sich auch diejenigen äußern, die körperlich, geistig oder seelisch im realen Leben nicht zu öffentlichen Auftritten oder schriftlichen Stellungnahmen in der Lage sind. Außerdem können Dinge gesagt werden, die man sich im realen Leben nicht zu sagen traut, denn viele Menschen empfinden die Kommunikation im Cyberspace als unverbindlich. Die Hemmschwelle liegt deshalb deutlich tiefer – es sind ja keine negativen sozialen Konsequenzen zu fürchten. In ihren virtuellen Zusammenkünften neigen die Akteure deshalb viel eher als sonst zu radikalen, inkompatiblen Meinungsäußerungen und wagen es auch, einen aggressiven, die Norm verletzenden oder asozialen Standpunkt zu vertreten. Die soziale Filterung des eigenen Verhaltens ist weitgehend aufgehoben.

Zudem kann man im Internet seine Identität variieren: Es ist ohne Weiteres möglich, die ansonsten unveränderlichen Merkmale der eigenen Person wie Alter oder Hautfarbe in spielerischer Weise zu verändern. Beliebt ist vor allem der Geschlechtertausch, auch *Gender-Switching* genannt. So gehen Schätzungen davon aus, dass sich in den einschlägigen Internetforen hinter 80 Prozent der Frauennamen männliche Internetnutzer verbergen.[19] Manche machen sich auch reicher, schlanker, jünger, attraktiver – spätestens aber bei intelligenter oder gebildeter stößt dann die Virtualität an ihre Grenzen.

Zusammengefasst liegen die Motivationen für den Aufbau einer virtuellen Identität darin, sich äußern zu können, ohne dass Handicaps sichtbar werden oder Sanktionen in der realen Welt zu befürchten sind. Andererseits können durch die Möglichkeit, seine Identität zu variieren, ganz neue Erfahrungen gewonnen werden.

Doch für Pragmatiker ist es nur schwer nachvollziehbar, warum man seine Identität variieren und Masken aufsetzen sollte, wo man doch im wahren Leben auch mit seiner realen Identität zurechtkommen muss. Was nützt da eine virtuelle?

Die klinische Psychologin Sherry Turkle hält den Umgang mit verschiedenen Identitäten für durchaus gewinnbringend. Daraus entwickele sich nämlich ein neues Bewusstsein: Sie nennt es ein *Ich-bin-viele-Gefühl.* Es entstehe ebenso durch den Wechsel der Geschlechterrolle wie durch das Ausleben bestimmter charakterlicher Eigenarten, die sowohl tatsächlichen Eigenschaften des realen Lebens als auch der Fantasie entspringen könnten. So stelle die virtuelle Welt eine gute Plattform dar, um mit Wünschen und (Charakter)zügen zu experimentieren. Da uns der Alltag oft feste Regeln und Rollen zuweise, bliebe dafür im richtigen Leben kein Platz. Turkle plädiert in ihrem Buch *Leben im Netz – Identität in Zeiten des Internet* für eine Bereicherung des Realen und eine persönliche Weiterentwicklung durch die Bewusstmachung virtueller Erfahrungen im Umgang mit Onlinemasken.[20]

Auch Döring sieht in diesen Maskeraden des Cyberspace Chancen: *»Indem Personen etwa eine idealisierte virtuelle Identität annehmen,* *die den gängigen Schönheitsidealen und Attraktivitätsnormen entspricht, fühlen sie sich ermutigt und legitimiert, jene kontaktfreudigen, abenteuerlustigen oder erotischen Selbstaspekte zu artikulieren, die ihnen in Offline-Szenarien etwa aufgrund geringen Marktwertes oder sozialer Stereotype nicht zugebilligt werden.«*[21]

Wie schon in Teil I Identität angeführt, geht die Identitätsentwicklung immer durch *»das Nadelöhr des anderen«* (Hall) – wir bieten unserem Umfeld unsere Identitätsentwürfe an, sie werden von diesem entweder bestätigt oder wir müssen sie bei Nichtpassung entsprechend modifizieren. Wie bei dem Austausch mit unserem Umfeld auch unsere Erfahrungen mit anderen Medien wichtig sind – wir diskutieren über Filme, Fernsehsendungen, Bücher, Comics und Musik –, spielen auch zunehmend unsere Erfahrungen in virtuellen Welten eine wichtige Rolle. Je mehr wir uns in diesen virtuellen Welten bewegen, desto mehr werden diese auch zum Erfahrungsraum unserer Identität.

Wir erfahren uns im Spiegel unserer virtuellen Gesprächspartner, bestimmte Fähigkeiten und Eigenschaften werden bestätigt, andere abgelehnt. Entsprechend intensive Kontakte vorausgesetzt, kann man diese Impulse für die Entwicklung der eigenen Identität nicht als Belanglosigkeit abtun – sie können genauso folgenreich sein wie jeder intensive unmittelbare Kontakt. So gesehen spielt es eigentlich keine Rolle, ob sich das Aushandeln von Identität in der realen oder der virtuellen Welt abspielt – allerdings dürften sich unmittelbare Begegnungen von Angesicht zu Angesicht verbindlicher und intensiver auf das Aushandeln von Identitäten auswirken als ein anonymer Kontakt in einem Chatroom, der eher flüchtiger, unverbindlicher und folgenloser bleibt. So dient die virtuelle Welt zu großen Teilen als *»Soziallabor für Experimente mit der Konstruktion von Identitäten«*.[22] Sie bieten *»dem Einzelnen eine Fülle von Möglichkeiten, unerforschte Bereiche seines Selbst auszuleben«* (Turkle).

Vielleicht kann der eine oder andere mit einer virtuellen Alternatividentität sogar besser und intensiver leben als mit den Identitätsmustern seines verarmten Lebens in der realen Welt. Sie ermöglicht es, Gefühle politischer Ohnmacht ebenso zu kompensieren wie Verlust von Nachbarschaft, wie Einsamkeit, Angst vor Gewalt und Bedrohung, körperliche Gebrechen oder Ausgeschlossensein von bestimmten Gesellschaftsschichten.[23]

Doch auch, wenn keine neue Identität erfunden wird, können virtuelle Räume die nötige Sicherheit geben, um Unzulänglichkeiten zu enthüllen, sodass man beginnen kann, sich als den anzunehmen, der man nun einmal ist. Turkle meint, die Virtualität müsse kein Gefängnis sein. Sie könne das Floß, die Leiter, der Übergangsraum, das Moratorium sein, das man hinter sich lässt, sobald man einen größeren Grad an Freiheit errungen habe. Wir sollten das Leben auf dem Bildschirm nicht ablehnen, es aber auch nicht als ein alternatives Leben betrachten. Wir könnten es als einen Freiraum der persönlichen Weiterentwicklung nutzen.[24]

Virtuelle Identität in Onlinespielen: Möglichkeit zur Selbstbestimmung oder Selbstmedikation?

Etwas anders sehen die Motivationsstrukturen und Wirkungen bei modernen und grafisch anspruchsvoll gestalteten Onlinespielen wie zum Beispiel *World of Warcraft* oder *Second Life* aus.

Second Life kommt dem uralten Traum der Menschen nahe, neben dem eigentlichen Leben noch ein zweites zu führen – in einem Land der Verheißung, mit unendlichen Reichtümern, blühenden Landschaften und man selbst als blendende Schönheit mittendrin. Diese Internet-Wunderwelt, *»ist nicht wirklich ein Spiel – es ist ein Erlebnis mit offenem Ausgang«*, so Peter Gray von der kalifornischen Softwareschmiede Linden-Lab, die diese neue Welt 2003 erfunden hat.[25]

Bei *Second Life* nimmt der Nutzer eine selbst gestaltete virtuelle Identität an. Als sogenannter *Avatar* kann er, unabhängig vom Dasein und Aussehen in der realen Welt, sein virtuelles Ich nach eigenen Wünschen verändern, sich mit durchtrainiertem Körper, trendigen Frisuren und Schmuck ausstatten. Im Medienhype 2007 haben auch Firmen, Verlage, Hochschulen, private und staatliche Organisationen viel Geld für ihre Auftritte in der 3-D-Welt ausgegeben. Viele wollten nach dem verschlafenen Internetboom der neunziger Jahre nicht noch einmal den Zug verpassen. Sogar die Politik sprang auf: Schweden eröffnete als erstes Land eine virtuelle Botschaft, Nicolas Sarkozy nutze *Second Life* im Präsidentschaftswahlkampf von 2007 als Plattform zur Selbstdarstellung und seine Konkurrentin Ségolène Royal betrieb ein virtuelles Büro.

Inzwischen hat sich die anfängliche Begeisterung aber etwas abgekühlt. Viele Firmen haben sich zurückgezogen: Daimler-Benz hat die Pforten seines virtuellen Autohauses geschlossen, Adidas und die Deutsche Post haben ihr Engagement ganz beendet. Der oft einzige Erfolg für die Unternehmen war die Offline-Imagepflege: Wer früh genug dran war, der stand in den Zeitungen. Inzwischen interessiert das kaum noch jemanden – was der Faszination für die Spieler aber keinen Abbruch tut, denn *Second Life* ist keineswegs gescheitert. 2009 halten sich dort drei bis viermal so viele Avatare auf wie Anfang 2007, pro Monat sind es immer noch eine Million Besucher.

Doch worin liegt der Reiz dieser Onlinewelt? Jürgen Fritz vertritt die Auffassung, dass für Kinder und Jugendliche eine wichtige Motivation die Auseinandersetzung mit Macht und Kontrolle sei und der Wunsch, anstelle *»des permanent erlebten Kontrollverlustes«* das *»eigene Leben selbst zu bestimmen«*. So würden diese Spiele als *»Selbstmedikation«* gegen Misserfolgsängste, mangelnde Lebenszuversicht und gegen das Gefühl, das eigene Leben nicht beherrschen und kontrollieren zu können, eingesetzt – die intensive Auseinandersetzung mit den Spielen solle ein gutes Gefühl machen. Und die Spiele seien so konzipiert, dass sie Erfolgserlebnisse möglich machten.[26]

Und das tun sie. Denn bei vielen Onlinespielen kann der Spieler als Handelnder das Spiel in seinem Sinne beeinflussen – und dann will er sich natürlich auch in der virtuellen Welt durchsetzen, sein virtuelles Ich behaupten. Die Bindung an die Spielfigur ist deshalb sehr eng, auch wenn diese weit entfernt von der Realität ist. Selbst die Spieler von *World of Warcraft*, dem größten Rollenspiel der Welt, sagen *ich* zu ihren fantastischen Kreationen. Trotz des martialischen Namens geht es hier aber nicht nur um kriegerische Aktivitäten – im Gegensatz zu Egoshooterspielen sind nicht Einzelkämpfer gefragt, die Spieler müssen sich in *Gilden* organisieren, um zu überleben. Im weiteren Sinne sind also auch Sekundärtugenden wie Teamfähigkeit, Pünktlichkeit und Spezialisierung gefragt. Der Lohn dafür sind Anerkennung und Aufstiegschancen in der Hierarchie der Gruppe. Und das Versprechen, dass jeder es schaffen kann, egal wie unscheinbar er zu Beginn im Spiel erschienen ist, motiviert viele.[27] Manche sogar so, dass sie als sogenannte *Hardcorespieler* über 60 Stunden in der Woche in der virtuellen

Welt verbringen. Als Normalspieler werden schon die bezeichnet, die dafür *nur* 29 Stunden aufwenden.[28] Zwar können auch Computer-Fantasy- und Rollenspiele zum Erfahrungs- und Übungsraum für das Aushandeln von Identitätsentwürfen genutzt werden, dummerweise entfernen sie die Spieler aber aus der realen Welt, denn *World of Warcraft* kennt keine Pause – es geht weiter, auch wenn der Spieler gar nicht mitmacht. So wird das Computerfabelland ein ständiger Lockruf, und vielen Spielern erscheint es attraktiver als ihre reale Existenz und ihre Offlinefreunde.

Das Problem dabei: Die Identität wird nicht mehr zwischen realer Welt und virtueller Welt ausbalanciert und angemessen bilanziert. Der Spieler steht vielmehr in der Gefahr, sich zunehmend aus der realen Welt zurückzuziehen, ihr seine Aufmerksamkeit zu entziehen und Identitätsarbeit hauptsächlich in virtuellen Spielräumen zu leisten.[29]

Entscheidend bei virtuellen Identitäten ist, wie viel Zeit man ihnen widmet und wo der Schwerpunkt der Präsenz liegt. Nach Fritz sollte ein individuell angemessenes *»Identitätsmanagement«* dafür sorgen, dass sich die verschiedenen Identitätsanteile befruchten und die eigene Identitätsentwicklung vorantreiben. Dies erfordere aber wiederum eine *»multiple und dennoch integrierte, in der realen Welt fest verwurzelte Identität«*, die über Flexibilität, Elastizität und Genussfähigkeit verfügen müsse. Das richtige Maß im Umgang mit virtuellen Identitäten setzt also Personen voraus, die ökonomisch gesichert, psychisch stabil und sozial integriert sind. Das könne man aber für große Teile der Bevölkerung der westlichen Industrienationen nicht voraussetzen, meint Fritz, und so seien die Gefahren der expandierenden virtuellen Welten nicht zu unterschätzen. Zudem wächst mit der Möglichkeit, Identitäten weiter auszubilden, auch das Risiko für eine Suchtkarriere. Vor allem, weil das Internet gleichzeitig den Spieltrieb und die Kommunikationsbedürfnisse des Menschen befriedigt – ein Magnet, dem viele nicht widerstehen können.

Systemwechsel: Von der virtuellen zur digitalen Identität

Doch die wirklich erfolgreichen digitalen Parallelwelten heißen heute nicht *Second Life* oder *World of Warcraft*, sondern *Facebook, Myspace, StudiVZ* oder *Wer-kennt-wen*. Laut einer Studie der Marktforscher von Nielsen sind 51 Prozent der deutschen Internetnutzer in Social Networks oder Blogs engagiert, weltweit nutzen Hunderte Millionen Menschen solche Communitys. *Second Life* habe sich wohl deshalb nicht so rasant entwickelt, sagt der Kommunikationswissenschaftler Jan Schmidt, weil für viele Internetnutzer gar kein großer Reiz darin bestehe, dauerhaft in andere Existenzen zu schlüpfen. Statt virtueller Welten seien *»die Netzwerkplattformen des Web 2.0 zum Massenphänomen geworden. Dort geht es um die Darstellung der echten eigenen Identität, weil ja auch Beziehungen aus dem echten Leben dort artikuliert oder reproduziert werden sollen.«*[30]

Entgegen der landläufigen Meinung pflegen Jugendliche nicht den Kontakt mit Unbekannten aus der ganzen Welt – die überwiegende Mehrzahl kennt die im eigenen Profil aufgeführten Freunde tatsächlich persönlich. Abgebildet werde, so Schmidt, das reale eigene Umfeld. Das habe nicht zuletzt damit zu tun, dass gerade Jugendliche und junge Erwachsene voll und ganz damit beschäftigt seien, ihre reale Identität abzugrenzen. Ein digitales Zweitleben, das sich vom ersten fundamental unterscheidet, wäre da eher hinderlich.

Trotzdem findet natürlich auch hier ein Stück Idealisierung statt: Man stellt sich möglichst im besten Licht dar, sucht das vorteilhafteste Foto aus und frisiert so manche Angaben – allerdings nur in vertretbarem Maß, denn die Wahrheit ist offline (zumindest von den echten Freunden) jederzeit nachprüfbar.

Diese – man könnte sagen *digitalen Identitäten* – haben meist nichts mit Weltflucht zu tun, sie sind eine neue Form der Beziehungspflege mithilfe moderner Medien. Und für die braucht man keine Fantasiewelt mit Avataren, sondern vor allem Kontakt zu echten Menschen.

VI.
SELBSTBESTIMMUNG

Selbstbestimmung ist das übergreifende Thema des letzten Teils dieses Buches. Schon in vorangegangenen Kapiteln habe ich darauf hingewiesen, dass ich erörtern möchte, inwieweit wir tatsächlich in der Lage sind, unser Leben selbstbestimmt zu gestalten.

Voraussetzung dafür ist aber zu klären, was Selbstbestimmung überhaupt bedeutet, wie weit sie geht und was sie beeinflusst – dies ist Inhalt des ersten Kapitels.

Wie bereits festgestellt gibt es in der heutigen Zeit keine Königswege der Identitätsentwicklung mehr. Verschiedene Wahrheiten, Lebensmodelle und Normen stehen beziehungslos nebeneinander, und als Individuum werden wir immer weniger durch allgemeinverbindliche Werte zusammengehalten. Wenn wir an unverrückbaren Einstellungen, starren Denkkategorien und gewohnten Verhaltensmustern festhalten, scheitern wir an der Vielfalt, Pluralität und Widersprüchlichkeit der Welt. Entscheidend ist – wie im letzten Teil bereits angeführt – nicht mehr die klassische, wohlbalancierte und fest etablierte Identität, sondern wie wir auf diese neuen Situationen reagieren, sie aushalten und sie bewältigen. Welche speziellen Einstellungen, Kompetenzen und Denkhaltungen unabdingbar sind, um mit der Welt und sich selbst zurechtzukommen, ist dann Gegenstand der folgenden Kapitel.

Selbstbestimmung

Selbstbestimmung bedeutet Autonomie, sie umfasst Selbstverantwortung und Selbststeuerung und ist das Gegenteil von Fremdbestimmung.

Selbstbestimmung ist ein zentraler Grundsatz der Menschenrechte: Menschen sollen ihre eigenen Ideen und Wünsche frei verwirklichen können, ohne von außen bedrückt oder bedrängt zu werden. In Deutschland wird dieses Recht im Grundgesetz vor allem durch Artikel 2 Abs. 1 geschützt: Jedem Menschen wird darin das Recht auf die *»freie Entfaltung seiner Persönlichkeit«* garantiert. Selbstbestimmung heißt aber nicht, dass man tun und lassen kann, was man will. Sie hat auch ihre Grenzen und endet da, wo die Freiheit der anderen beginnt.

Die westlichen Staaten garantieren uns eine weitgehende Selbstbestimmung. Das ist für uns so zur Selbstverständlichkeit geworden, dass wir es gar nicht mehr zu schätzen wissen. Den entsprechenden (meist finanziellen) Hintergrund vorausgesetzt, können wir uns unsere Ausbildung und unseren Beruf aussuchen; entscheiden, wo wir wohnen und was wir glauben möchten; den Partner heiraten, den wir lieben; die Zahl unserer Kinder selbst bestimmen und uns gegen die Willkür, die uns angetan wird, wehren.

In früheren Epochen oder anderen Kulturkreisen war und ist das anders und Selbstbestimmung oft ein Fremdwort. Als Beruf durfte man nur den des Vaters ergreifen – egal, ob man dafür geeignet war oder nicht; manche Schichten oder Zunftangehörige durften nur in bestimmten Bezirken der Städte wohnen; man bekam die Religion aufgezwungen, die dem Landesfürsten gerade den meisten Profit versprach und musste heiraten, wen die Eltern ausgewählt hatten – Liebe hin oder her. In China gilt noch heute die Ein-Kind-Politik, wer sich nicht an diese Vorschrift hält, wird Repressalien ausgesetzt.

In vielen Epochen gab es Sklaven oder Leibeigene, die keinerlei Recht auf Selbstbestimmung und auch keine Anlaufstelle hatten, bei der sie die an ihnen ausgeübte Willkür hätten anklagen können. So gesehen haben wir in den westlichen Industrienationen einen hohen Grad an Selbstbestimmung erreicht.

Wirkung auf die Psyche: Glück oder Fluch

Das Gefühl, selbst bestimmen zu können, scheint für die Psyche des Menschen von zentraler Bedeutung zu sein. Nach der Selbstbestimmungstheorie von Ryan und Deci[1] ist Selbstbestimmung neben den Bedürfnissen nach Kompetenz und Verbundenheit eines der drei universellen psychischen Grundbedürfnisse des Menschen, wobei Ryan und Deci Grundbedürfnis als einen angeborenen, universellen, *»energetisierenden«* Zustand definieren, der, wenn er befriedigt ist, zu Gesundheit und Wohlbefinden führt und somit Voraussetzung für eine positive menschliche Entwicklung ist.

Zu Stressgefühlen kommt es allerdings, wenn man das Gefühl hat, keine Kontrolle über sein Leben zu haben. Dass diese Reaktion ein uraltes Erbe der Evolution ist, beobachtete der Stressforscher Robert Sapolsky bei Pavianen in der Serengeti: Die niederrangigen Männchen litten darunter, sich dem Willen des Alphatiers fügen zu müssen. Obwohl sie in der nahrungsreichen Serengeti keinen Mangel hatten, war ihr Gesundheitszustand deutlich schlechter als bei den Anführern der Horde. Je weiter unten Paviane in der Hierarchie standen, desto mehr Stresshormone zirkulierten in ihrem Blut, desto häufiger waren sie krank und desto früher starben sie.[2]

Neuere Forschungen haben herausgefunden, dass Selbstbestimmung auch ein wesentlicher Faktor für das Glücksempfinden ist – mehr noch als das Erreichen gesellschaftlich definierter Ziele. So erlebt den *Flow* einer Tätigkeit am ehesten, wer sich frei für sie entscheidet und sie frei gestalten kann: *»Wer bei der Arbeit autonom ist, sich also die Zeit flexibel einteilen und seine Projekte selbst bestimmen kann, kommt häufiger in den Flow«*, berichtet der Psychologe Falko Rheinberg von der Universität Potsdam.[3]

Dabei kann schon ein relativ kleiner Zuwachs an Selbstbestimmung Menschen glücklicher machen – und sogar ihr Leben verlängern. In einem Versuch in einem amerikanischen Altenheim wurden Senioren dazu ermutigt, über Kleinigkeiten ihres Alltags selbst zu bestimmen. So durften sie sich zum Mittagessen ein Menü unter anderen auswählen, von mehreren Ausflugszielen eines aussuchen und die Verantwortung für die Pflege der Zimmerpflanzen selbst übernehmen. Den alten Leuten ging es umso besser, je mehr sie ihr Leben in die eigene Hand nehmen konnten, und umso schlechter, je mehr Aufgaben ihnen das Personal abnahm.[4]

Diese kleinen Freiheiten mögen zwar zum momentanen Glücksgefühl beitragen, auf der komplexeren Ebene aber scheinen Autonomie, Kontrolle über das eigene Leben und Wahlfreiheit nicht notwendigerweise dazu zu führen, meint der Psychologe Barry Schwartz vom *Swarthmore College*: *»Die freie Wahl kann aber zum*

Fluch werden, wenn wir zu viel davon haben.« Dabei ginge es nicht nur um die Mühe der Entscheidung, sondern auch um die Verantwortung für das Ergebnis.[5]

Und diese Verantwortung für das eigene Leben mit seinen Erfolgen und Misserfolgen wollen viele Menschen nicht tragen. Sie neigen prinzipiell eher dazu, sich Autoritäten und Mehrheiten anzupassen, ihnen zu gehorchen, als sich ihnen zu widersetzen. Erich Fromm sieht die Ursache hierfür in der Tatsache, dass Folgsamkeit und Gehorsam einem Menschen Sicherheit und Anteil an der Macht geben, der er sich unterwirft.[6]

Hingegen braucht man für angemessenen Ungehorsam oder das Auflehnen gegenüber einer Mehrheit den Mut, Verantwortung zu übernehmen, zu irren und zu sündigen und die Konsequenzen seines Handelns zu (er)tragen.[7] Nicht mit einer Gruppenmehrheit konform zu sein, erzeugt die Angst vor sozialem Ausschluss und Einsamkeit.

Der freie Wille: Vor- oder Selbstbestimmung?

Die äußeren Bedingungen, also die Optionen, die uns unsere Gesellschaft zur Entfaltung unserer Persönlichkeit einräumt, sind nur die eine Seite der Selbstbestimmung. Die andere ist die unserer inneren Möglichkeiten.

Mit der Weiterentwicklung der Gentechnik ist gegen Ende des 20. Jahrhunderts die Determinismusdebatte wieder aufgekommen: Inwieweit ist der Mensch überhaupt Herr über seine Entscheidungen? Haben wir einen freien Willen oder ist er letztendlich durch Veranlagung und Umwelteinflüsse vorbestimmt?

Wie selbstverständlich gehen wir davon aus, dass Willensfreiheit zu unserer Grundausstattung gehört. Wir können uns für oder gegen etwas entscheiden, Dinge tun oder lassen. Sie konnten dieses Buch kaufen oder sich dagegen entscheiden und Sie können es jetzt weiter lesen oder aus der Hand legen. Wir sind Personen mit Verstand und Gewissen, die nicht nur von Reflexen, Trieben und Instinkten gesteuert werden. Wie schon Jean-Paul Sartre sagte, sind wir Menschen *verdammt zur Freiheit.*

Wie können wir aber von Freiheit und Willensfreiheit reden, wo wir doch in einer Welt unverrückbarer Naturgesetze leben, denen auch wir unterworfen sind? Nicht nur unser Gehirn, auch alle unsere Körperfunktionen gehorchen den Regeln von Physik und Chemie. Können wir Entscheidungen wirklich unabhängig von Erfahrungen, Motiven und Prägungen treffen? Dies würde ja letztlich bedeuten, dass wir grundlos handelten. Unter diesem Blickwinkel erscheint unsere angenommene Freiheit plötzlich fraglich.

Einige Neurobiologen sind der Ansicht, dass wir gar keinen freien Willen haben. Wir Menschen seien im Grunde unseres Wesens nicht viel mehr als bessere, weil *»fühlende Cola-Automaten«*, die sich einbildeten, sie entschieden selber, wenn sie eine Dose spendierten.[8] Und tatsächlich steuern wir, wie wir im Teil Gehirn und Persönlichkeit gesehen haben, vieles unbewusst. Dazu gehören nicht nur die Atmung oder das Laufen durch eine belebte Fußgängerzone, auch viele unserer Motivationen und Entscheidungen, die wir vermeintlich rational steuern, treffen wir *aus dem Bauch* – also emotional aus dem Unterbewussten heraus.

Gesetzt den Fall, dies wäre bei allen unseren Handlungen und Gedanken so und wir wären nicht in der Lage, frei zu entscheiden, dann könnten wir auch keine Schuld auf uns laden. Verbrechen wären dann folglich nicht das Ergebnis von eigenständigem und damit auch zu verantwortendem, sondern von vorherbestimmtem, quasi unvermeidlichem Verhalten.

Nach der Schuld von Menschen zu fragen, so die These vieler Forscher, sei überhaupt ein fundamentaler Irrtum. Die Hirnforscher Wolf Singer, Gerhard Roth und Hans Markowitsch sind die Wortführer dieser neuen These. Sie glauben, dass ein Mensch gar nicht die Wahl habe, moralisch gut oder böse zu agieren. Markowitsch argumentiert, dass sich Gene, frühkindliche Erlebnisse und die soziale Umgebung ins Gehirn eingraben: *»Unser Handeln in einer spezifischen Situation ist durch die Verschaltungen in unserem Gehirn determiniert.«* Sein Kollege Roth sieht ebenfalls Faktoren wirken, die sich schon vorgeburtlich, in der Kindheit oder in der frühen Jugend entfalten. *»Der Straftäter kann sie mit seinem Willen nicht beeinflussen.«*[9]

So gesehen wären Gewaltverbrecher eher Patienten als Täter und benötigten Therapie statt Strafe. Die Rechtsprechung dürfe sich zwar nicht in Widerspruch zu den Erkenntnissen der Naturwissenschaft setzen, so Björn Burkhardt, Rechtswissenschaftler an der Universität Mannheim, *»aber die Naturwissenschaften können von sich* *aus nicht festlegen, ab wann wir einen Menschen als verantwortlich ansehen und ab wann wir ihn nicht mehr als verantwortlich ansehen. Das ist eine gesellschaftliche Entscheidung.«*[10]

Gesetzt den Fall, der Mensch hätte tatsächlich keinen freien Willen, könnten wir Tätern keine Handlungsalternativen zugestehen. Folglich gäbe es auch keine Eigenverantwortung. Wenn aber einzelne Personen nicht mehr dafür verantwortlich gemacht werden könnten, was sie getan hätten, dann wäre es, so Burkhardt, *»mit der freien Gesellschaft dahin.«*

Uns ist zwar klar, dass wir auch bei vermeintlich freien Willensentscheidungen oft nicht *»Herr im eigenen Haus«* sind (Freud), aber der Vorstellung, nur ein programmgesteuerter Automat zu sein, mag sich eigentlich kaum jemand gerne anschließen.

Die Frage ist auch, ob wir uns das Rätsel des freien Willens allein vom verdinglichenden Denken des modernen Naturtechnikers beantworten lassen wollen. Welche Rolle spielen Geist und Seele, die sich nicht in Computerbildern einfangen lassen?

Der Neurobiologe Franz Mechsner ist der Ansicht, dass es auf den ersten Blick zwei Alternativen zu geben scheint: *»Entweder müssen wir glauben, dass wir das natürliche Geschehen in Gehirn und Körper auf nicht naturgesetzliche Weise quasi von außen beeinflussen können, etwa durch eine unsterbliche Seele. Dann macht uns ein von der materiellen Natur unabhängiges geistiges Prinzip zu freien und verantwortlichen Personen. Oder aber wir müssen annehmen, dass unser Denken, Reden und Tun sich im Rahmen der Naturvorgänge abspielt. Dann ist der freie Wille schlicht eine Illusion, und wir sind naturgesetzlich determinierte Automaten.«*[11]

Der Berliner Philosoph Peter Bieri, Autor des Buches *Das Handwerk der Freiheit,*[12] meint: *»Wenn das tatsächlich die beiden einzigen Möglichkeiten wären, sich die Sache zurechtzulegen, dann müsste uns das verstören, denn es würde nichts Geringeres bedeuten, als dass wir uns in diesem entscheidenden Aspekt unseres Lebens nicht verstehen können.«*

Mechsner führt diese Problematik weiter aus: Wer glaube, dass etwas Geistiges materielle Prozesse beeinflusse, würde Schwierigkeiten haben zu erklären, wie dies geschehen soll. Wer aber umgekehrt davon ausgehe, dass unser Leben vollständig nach Naturgesetzen ablaufe, würde sich schwertun zu erklären, weshalb wir uns dann überhaupt frei fühlen könnten.[13]

Wir verspüren unseren freien Willen aber ständig aufs Neue und können ihn nicht wegdiskutieren – trotz aller Bedingtheiten unserer Psyche. Wer sagt, wir hätten keinen freien Willen, spricht uns jede Verantwortlichkeit für unser Tun und somit auch unsere Handlungs- und Gesellschaftsfähigkeit ab. Wenn wir vielleicht auch nicht völlig frei sind, muss zumindest ein gewisser Grad an Willensfreiheit vorhanden sein.

Bieri löst dieses Problem folgendermaßen: Er meint, dass wir im Gegensatz zu Tieren Wünsche und Wahlmöglichkeiten hätten. Und diese Wahl sei nicht einfach der Sieg des momentan stärksten Motivs, nicht der Ausgang eines blinden Kräftespiels. Wählen bedeute, *»sich am Ende von einem Motiv leiten zu lassen, das einem inneren, distanzierten Prozess der Bewertung standgehalten hat«*.

Das bedeutet, dass wir die Möglichkeit haben, über Dinge und Sachverhalte nachzudenken, um nach diesem Prozess eine Entscheidung zu fällen. Dabei sei der Wille, wie Bieri darlegt, nicht einfach frei oder nicht frei. Es gebe Grade der Willensfreiheit: Ein Wille sei umso freier, je umfassender er von Nachdenken – sei es im Bösen oder Guten – geleitet werde, und umso unfreier, je weniger dies zutreffe. Nach dieser Theorie müssen wir uns die Freiheit unseres Willens erst erarbeiten und sie wird dann im Laufe unseres Lebens immer umfassender: Persönliche Entwicklung geht einher damit, die Gestaltung unserer Entscheidungen und damit den *»Grad der Willensfreiheit«* zu entfalten.[14]

Kurz formuliert heißt das: Nachdenken macht frei. Allerdings reflektieren viele ihr Verhalten wenig bis gar nicht und benehmen sich entsprechend daneben. Die Rechtfertigung lautet: *Er kann ja nichts dafür.* Bieri zufolge kann aber ein schlechter Charakter sein schlechtes Benehmen nicht entschuldigen, denn der Charakter sei gewissermaßen *»geronnener Wille«*; in ihm manifestiere sich das versäumte oder geleistete Nachdenken in der Vergangenheit.

Ob und wie frei unser Wille ist – darüber besitzen wir kein unmittelbares und sicheres Wissen, sondern nur Interpretationen und gedankliche Konstruktionen. Auch der kalifornische Neurophysiologe Benjamin Libet, der bei Versuchen festgestellt hat, dass unser Unterbewusstsein schon weiß, was wir wollen, ehe es uns bewusst wird, stellt fest: *»Da das Thema Willensfreiheit so fundamental ist für unser Selbstverständnis, sollten wir die Behauptung, es handle sich* *hier um eine Illusion, nur aufgrund gesicherter Beweise aufstellen. Und solche Beweise gibt es nicht.«*[15]

Die Debatte ist also noch nicht zu Ende – so gesehen wird Selbstbestimmung zum relativen Begriff. Vielleicht sollten wir eher von einer *gefühlten* Willensfreiheit sprechen, die uns glauben macht, dass wir selbst bestimmen könnten. Und dieser Glaube an den freien Willen ist lebens-, wenn nicht sogar überlebenswichtig. Ohne ihn, gibt der amerikanische Philosoph John R. Searle zu bedenken, könnten wir uns selbst schlicht nicht denken. *»All unsere Bemühungen, all unser Moralisieren, unsere Schuldgefühle – alles eine Menge heißer Luft, denn wir hätten sowieso nichts ändern können. Alles, was wir taten, machte dann keinen Unterschied.«*[16] Deshalb müssen wir uns einbilden, wir säßen am Lenkrad unseres Lebens. Nur in den seltensten Fällen erfahren wir, wer das Steuer wirklich führt. Denn die emotionale Zentrale in unserem Stammhirn lässt sich selbst durch Psychotherapie, Hypnose oder Drogen kaum knacken.

Selbstbestimmung und Identität: Ist man nur, was man hat?

Unabhängig vom tatsächlichen Grad der Selbstbestimmung sind wir in der heutigen Zeit, in der allgemeinverbindliche Normen und autoritäre Strukturen schwinden, auf uns selbst zurückgeworfen. Wir können und müssen selbst bestimmen, wie wir unsere Identität gestalten. Ich-Autonomie und Selbstbestimmung werden so zu den obersten Leitwerten und Persönlichkeitsidealen.

Wir stecken dabei jedoch in einer paradoxen Situation: Auf der einen Seite leben wir frei und selbstbestimmt wie nie zuvor, auf der anderen macht uns dies aber auch ängstlich und orientierungslos – was oftmals mit Genuss und einem zwanghaften Konsumismus betäubt wird. Man ist nicht der, der man ist, man definiert sich über das, was man hat.

Es wird gekauft, was man fürs Ich zu benötigen meint, Markt und Mainstream werden zur Richtschnur, sie sind die Mächte, denen man sich aufgrund des Fehlens eigener Substanz ausliefert. Marketing und Werbung verwandeln alles und jedes in Waren und mediale Trugbilder. Tag für Tag wird uns suggeriert, dass jede Art von Wunscherfüllung ein Ausdruck individueller Selbstbestimmung sei, dass jeder, der etwas kauft, in den Genuss seiner Freiheit komme, sobald er seinen Geldbeutel zückt. Dies schränkt nicht nur die eigene Autonomie ein, es führt auch dazu, dass unser Leben nicht mehr unser eigenes, sondern ein Abziehbild von vielen wird. Wir führen kein Leben mehr – es wird geführt.

Diese Führung beschränkt sich nicht nur auf den Konsumbereich, sie geht weiter, bis in unser Selbstempfinden. Denn jede Kultur propagiert auch ihre eigenen Vorstellungen davon, was man zu leisten, wie man auszusehen und was man anzuziehen hat, was einen Gewinner oder Verlierer ausmacht und somit auch, auf welcher Seite wir uns selbst verorten.

Gewinner sind die Erfolgreichen, die Mächtigen, die Reichen – egal, auf welche Weise und mit welchen Methoden sie dahin gekommen sind. Verlierer dagegen die, die *es* nicht geschafft haben, vielleicht einfach nicht skrupellos genug waren. Dass uns Gesellschaften mit dieser Vorstellung missbrauchen und in die Irre führen, realisieren wir oft nicht einmal – oder erst dann, wenn es zu spät ist.

Freiheit wird in der heutigen Zeit weitgehend auf Konsumfreiheit reduziert. Je mehr wir konsumieren, desto besser scheint es auch unserer auf Wachstum fixierten Gesellschaft zu gehen. Wir können alles für jeden Preis haben und leben dabei in der Illusion, für uns selbst frei entscheiden zu können. Wir sind zu großen Teilen nicht autonome, sondern verführte Individuen.

Allein, dies zu erkennen, wäre schon ein großer Schritt weg von der Fremd- und hin zur Selbstbestimmung. Hier passt das Sprichwort, dass nur der, der seine Ketten kennt, sie auch zersprengen kann. Voraussetzung dafür ist – unter anderem – der Glaube an die Selbstwirksamkeit.

Einstellungen zum Selbst

Selbstwirksamkeit: Ich wirke selbst

Selbstwirksamkeit ist eine Einstellung. Sie ist die Überzeugung, dass man in einer bestimmten Situation selbst etwas erreichen oder bewirken kann.[17] Es ist, anders ausgedrückt, der Glaube daran, gezielt selbstständig handeln, Einfluss auf die Dinge und die Welt nehmen zu können und nicht nur vom Schicksal, äußeren

Umständen, anderen Personen oder dem Glück abhängig zu sein.

Ein positives Gefühl der Selbstwirksamkeit hat nicht nur große Auswirkungen auf die chancenorientierte Wahrnehmung von Situationen, es macht auch ihre erfolgreiche Bewältigung wahrscheinlicher. Denn ob eine Situation als belastend empfunden wird, hängt nicht nur von den objektiven Gegebenheiten der Situation selbst ab, sondern auch von der Einschätzung der eigenen Einflussmöglichkeiten. Stress entsteht erst dann, wenn wir glauben, wir könnten doch nichts ändern. Ist man dagegen überzeugt, *das schaffe ich*, ist man stressresistenter und auch leistungsfähiger.

Das Konzept der Selbstwirksamkeit wurde von dem amerikanischen Psychologen Albert Bandura in den achtziger Jahren entwickelt und ist Teil seiner Theorie des sozialen Lernens. Bandura nennt vier verschiedene Quellen, die Selbstwirksamkeit prägen können: die eigenen Erfahrungen bei der Meisterung von schwierigen Situationen, die Beobachtung anderer Menschen dabei, die soziale Unterstützung, die man in dieser Situation erfährt, und die damit verbundenen Stressfaktoren.[18]

Selbstwirksamkeit entsteht sowohl durch eigene Erfahrungen als auch durch die Beobachtung, wie andere, mit uns vergleichbare Personen, Aufgaben lösen – Bandura nennt dies *Modellbeobachtung*. Schaffen sie es, trauen wir es auch uns selbst eher zu. Allerdings kann deren Misserfolg auch uns demotivieren. In beiden Fällen gilt: Je größer die Ähnlichkeit zu beobachteten Personen ist, desto stärker ist die Beeinflussung durch das Modell.

Menschen, die soziale Unterstützung bekommen, denen gut zugeredet und zugetraut wird, eine bestimmte Situation zu meistern, gehen selbstbewusster an Probleme heran und strengen sich mehr an. Das manchmal vielleicht sogar motivierend gemeinte *das schaffst du nie* hat allerdings meist nur negative Wirkung – genauso wie zu hohe Forderungen, an denen man nur scheitern kann.

Entscheidend bei der Problembewältigung ist auch der damit verbundene Stress – nicht nur der, den man selbst dabei empfindet, sondern auch der, der um einen herum verbreitet wird. Wenn wir versuchen, ihn weitgehend abzubauen, können wir entspannter und gelassener an Herausforderungen herangehen.

Nicht jeder verfügt über das gleiche Vertrauen in seine Selbstwirksamkeit. Sie ist sehr individuell ausgeprägt, entwickelt sich in verschiedenen Lebensstadien und je nach Lebensumständen und Einflussfaktoren unterschiedlich. Der Neurologe, Psychiater und Psychotherapeut Karl C. Mayer vertritt die These, dass wir alle uralte, teils noch aus frühester Kindheit stammende Überzeugungen über uns selbst in unserem Gehirn eingebrannt haben. Seien diese Annahmen einschränkend, wie *ich kann nicht ..., ich darf nicht ...* oder *ich bin nicht ...*, könnten sie die freie Entwicklung des Individuums blockieren. *»Denn nur das, was man glaubt, womit man sich beschäftigt, was man innerlich will und was zu den eigenen Gedankenmustern passt«*, so Mayer, erlebe man wirklich. Alles andere werde ausgefiltert, gelange weder in die Wahrnehmung noch ins Gedächtnis.[19]

Die Einflüsse der Familie in der frühen Kindheit sind also für den Aufbau der Selbstwirksamkeit von entscheidender Bedeutung. Kinder, bei denen sie schwach ausgeprägt ist, haben Probleme, sich anderen anzuschließen, und als Jugendliche nehmen sie die Pubertät und die Berufswahl sehr schwer.

Untersuchungen zeigen, dass Personen mit einem starken Glauben an die eigene Kompetenz und Effizienz größere Ausdauer bei der Bewältigung von Aufgaben, eine niedrigere Anfälligkeit für Angststörungen und Depressionen und mehr Erfolg im Berufsleben aufweisen.

Selbstwirksamkeit funktioniert wie eine Spirale: Hat man eine hohe Selbstwirksamkeitserwartung, führt diese auch zu hohen Ansprüchen an die eigene Person – dementsprechend sucht man sich eher anspruchsvolle, schwierigere Herausforderungen. Werden diese bewältigt, stärkt dies wiederum die eigene Selbstwirksamkeit und man traut sich zukünftig noch schwierigere Aufgaben zu.

Die Spirale kann aber auch nach unten wirken. Glaubt man nicht an sich, entstehen Selbstzweifel und Stress. Es fällt schwer, sich selbst zu motivieren und negative Emotionen zu kontrollieren – so jagt ein Misserfolg den anderen. Und egal, wem daran die Schuld gegeben wird – der eigenen Unfähigkeit, dem Schicksal oder den anderen – die Selbstzweifel können sich zu einer Depression entwickeln, die jede Aktivität im Keim erstickt.

Selbstwirksamkeit kann, im Sinne einer sich selbst erfüllenden Prophezeiung, in zwei Richtungen entgleiten. Ein gutes *Kohärenzgefühl* sorgt hier für den Ausgleich.

Kohärenzgefühl: Ich bin nicht immer schuld

Mit Kohärenz (lat.: *cohaerere = zusammenhängen*) bezeichnet man allgemein den inneren oder äußeren Zusammenhang von etwas.

Der Begriff wird in unterschiedlichen Bereichen gebraucht; so beschreibt es in der Philosophie die wechselseitige Abhängigkeit zwischen wissenschaftlichen Aussagen oder in der klinischen Psychologie den logischen Zusammenhang und die Nachvollziehbarkeit von Gedankengängen von Patienten.

Ich möchte diesen Begriff hier ganz speziell definieren: Unter Kohärenzgefühl verstehe ich die richtige Einschätzung des Zusammenhangs von Eigen- und Fremdeinwirkung. Es ist das Bewusstsein, dass zwar vieles von dem, was einem widerfährt, auf das eigene Wirken zurückgeführt werden kann, aber nicht immer *alles*.

Ein gutes Kohärenzgefühl wirkt nach beiden Seiten: Einerseits hilft es, ein übersteigertes Gefühl der eigenen Selbstwirksamkeit auf den Boden der Tatsachen zurückzuholen, es quasi ins Schicksal einzubetten, und andererseits dämmt es zu ausgeprägte Selbstzweifel ein.

Wenig Kohärenzgefühl scheinen viele unserer Politiker und Manager zu haben. Sie rechnen jede positive Entwicklung sich selbst, jede negative den anderen oder den ungünstigen Rahmenbedingungen zu. Auch wenn dieses Ritual verständlich und systembedingt sein mag – immer wieder mantraartig heruntergebetet, scheinen sie ihre vermeintlich hohe Selbstwirksamkeit irgendwann selbst zu glauben. Oft genug wird ihnen Realitätsverlust und schwindende Bodenhaftung vorgeworfen; sie leben in ihrer eigenen Welt und halten vielfach verzweifelt an ihrer Machtposition fest – im paradoxen Bewusstsein, dass mit ihrem Verlust auch von ihrer Selbstwirksamkeit wenig übrig bleibt.

Die Entwicklung eines Kohärenzgefühls ist aber auch für die Charaktere wichtig, die ins andere Extrem neigen und ständig von Selbstzweifeln geplagt werden. Viele Menschen suchen, wenn sich Pläne zerschlagen oder Projekte nicht so gelingen wie sie sich das vorgestellt haben, die Schuld bei sich selbst. Sie fühlen sich als Versager, glauben, nicht genügend Einsatz gebracht oder sich nicht gut genug verkauft zu haben. Sie haben das Motto unserer Gesellschaft *Jeder ist seines Glückes Schmied* so verinnerlicht, dass sie vergessen, dass sie auch nur Opfer von Faktoren werden können, die sich ihrer Kontrolle entziehen und mit denen sie selbst ursächlich nichts zu tun haben.

Selbstverständlich ist man an Fehlschlägen nicht immer ganz unschuldig, aber man muss auch den Gesamtzusammenhang sehen und erkennen, wo der eigene Einflussbereich endet. Wird ein Problem zu sehr individualisiert, geht zu viel Energie und Kraft durch nicht notwendige Selbstverbesserungsaktionen verloren und das Selbstbewusstsein schwindet zusehends. Gerade das benötigen wir aber, um mit Misserfolgen und Frustrationen umgehen, bei einer Sache bleiben und sie meistern zu können.

Ambiguitätstoleranz: Widersprüche aushalten

Wir leben in einer widersprüchlichen Welt und wissen oft nicht, wie wir uns verhalten sollen, was richtig und was falsch ist. Nur eines scheint noch sicher – dass eben nichts sicher ist. Es bleiben uns nur zwei Möglichkeiten: an den Widersprüchen zu verzweifeln oder zu lernen, mit ihnen umzugehen.

Der Dichter John Keats sagte, Menschen sollten fähig sein, *»in der Ungewissheit, dem Geheimnis, dem Zweifel zu verharren, ohne ungeduldig nach Tatsachen oder Begründungen zu streben«*. Er umschreibt damit anschaulich, was wir heute mehr benötigen als je zuvor, nämlich Ambiguitätstoleranz. Diese Fähigkeit ermöglicht es uns, Ambiguitäten (also Widersprüchlichkeiten) auszuhalten und nebeneinander stehen zu lassen.

Dies können sowohl widerstrebende eigene Bedürfnisse oder Wertschätzungen als auch kulturell bedingte Unterschiede oder mehrdeutige Informationen sein, die schwer verständlich oder sogar inakzeptabel erscheinen. Es geht dabei darum, diese Widersprüchlichkeiten wahrzunehmen, sie aber nicht von vornherein negativ oder vorbehaltlos positiv zu bewerten.

Dies fällt uns von der westlichen Kultur geprägten und logisch denkenden Individuen sehr schwer. Nach unserem Verständnis hat jedes Geschehen seine Ursache und eins geht folglich aus dem anderen hervor. Und von dem, was wir als richtig erkannt haben, kann das Gegenteil nur falsch sein. Logisch.

Ganz anders denken zum Beispiel die Chinesen. Ihrer Überzeugung nach sind wir in unseren Denkmustern viel zu festgefahren. Der amerikanische Sozialpsychologe Richard Nisbett hat dazu ein

Experiment durchgeführt. Er legte amerikanischen und chinesischen Testpersonen zwei wissenschaftliche Studien vor: In Studie A wurde behauptet, dass Menschen, die besonders alt werden, sehr viel Fisch essen, Studie B legte hingegen nahe, es sei besonders gesund, auf den Verzehr von Fisch generell zu verzichten. Während die Amerikaner die Studie A für plausibler hielten, fanden die Chinesen beide gleich überzeugend.[20]

Nisbett erklärt dieses Phänomen aus der Geschichte: Während die naturwissenschaftlichen Modelle im Griechenland der Antike den Gesetzen der formalen Logik genügen mussten, glaubten bereits die alten Chinesen an die gleichzeitige Gültigkeit paradoxer Aussagen. Wie heißt es doch im Zen-Buddhismus? *Das Gegenteil einer großen Wahrheit ist auch wahr.*

Im Zusammenhang mit der Identitätsentwicklung liegt Ambiguitätstoleranz dann vor, wenn jemand ein ausgeglichenes Verhältnis zwischen Rollenerwartung und Rollenentwurf gefunden hat. Das bedeutet nicht, dass alle Widersprüche aufgelöst sind – dann wäre ja keine Ambiguitätstoleranz mehr erforderlich –, sondern dass die Person mit Unklarheiten zurechtkommt und auch mit ihren inneren Widersprüchen umzugehen weiß.

Nicht jeder besitzt die Fähigkeit, Widerstreitendes zu verarbeiten. Im Extremfall schlägt dies dann in Ambiguitätsintoleranz um. Studien des *Instituts für Psychologie der Fernuniversität Hagen* zufolge neigen dazu besonders Menschen mit *»einem Bedürfnis nach kognitiver Geschlossenheit«*.[21] Diese zeigen die Tendenz, in einfachen, klaren kognitiven Strukturen zu denken, um eindeutige Antworten auf komplexe soziale Sachverhalte zu erhalten.

Diese Personen mit ihrem starken Bedürfnis nach Struktur sind – wenn der Tagesablauf routiniert abläuft – entschlossen und von großem Selbstvertrauen erfüllt. Sobald sie aber neue unbekannte Situationen erfahren, schwinden diese Eigenschaften, weil sie Mehrdeutigkeiten, Unvollständigkeiten und Widersprüchlichkeiten als zumindest lästig oder gar als Bedrohung empfinden. Sie fühlen sich in diesen Situationen zunehmend unbehaglich.

Menschen mit einem hohen Bedürfnis nach kognitiver Geschlossenheit verarbeiten auch Informationen auf ihre eigene Art: Sie bilden sich sehr schnell, auf Basis weniger und kurzer Informationen, ein (Vor)Urteil, dem sie aus Mangel an konkurrierenden

Hypothesen (mit denen sie sich ja auch nicht beschäftigen) paradoxerweise umso fester vertrauen. Durch ihre besondere Methode, mit der Informationsflut umzugehen (nämlich sie einfach auszublenden), neigen sie auch eher zur Stereotypenbildung, die ihnen die Orientierung im Alltag erleichtert.

Nach Webster und Kruglanski findet dabei auch verstärkt eine unreflektierte Perspektivübernahme statt und das Einfühlungsvermögen in andere wird reduziert.[22] So bildet Ambiguitätsintoleranz auch die Grundlage für eine allgemeine Intoleranz und – in ihrer ausgeprägtesten Form – für Fanatismus. Dieser leugnet nicht nur, dass jedes Ding immer zwei (oder mehr) Seiten hat und daher auch aus unterschiedlichen Perspektiven betrachtet werden kann, sondern erhebt eine Sache zum absoluten Wert und verbindet damit das Recht oder die Pflicht, sich für diese Sache mit allen Mitteln einzusetzen und das ihr Widerstreitende zu bekämpfen.

Menschen mit hoher Ambiguitätstoleranz hingegen neigen nicht zu stereotyper Wahrnehmung und vorurteilsbehaftetem Denken. Sie sehen Widersprüche nicht als Bedrohung und reagieren auf ungewohnte Situationen, bei denen oft Kreativität und innovatives Denken gefragt sind, nicht ablehnend – sie sehen sie eher als Herausforderung und suchen sie sogar auf.

Ambiguitätstoleranz ist nicht nur eine Voraussetzung für die interkulturelle Kompetenz eines Menschen, sie ist außerdem ein Zeichen seelischer Reife und Merkmal des besonnenen Erwachsenen.

Ihr Gegenbild entwirft das Märchen *Hans im Glück* der Brüder Grimm: In ihm tauscht der jugendliche Held wertvolle Dinge wegen einer augenblicklichen Unbequemlichkeit, die er nicht ertragen kann, gegen minderwertigere Dinge, die er anfänglich bewundert, von denen er aber alsbald wieder enttäuscht ist. Schließlich kehrt er mit leeren Händen in die Abhängigkeit seiner Mutter zurück.

Schlüsselkompetenzen

In der heutigen Zeit sind neben ausgeprägtem Fachwissen auch zunehmend überfachliche Qualifikationen gefragt, die einerseits zum kompetenten Umgang mit diesem Fachwissen als auch zum selbstständigen und teamorientierten Handeln befähigen sollen.

Nach der Definition der Bildungskommission NRW (1995) sind Schlüsselkompetenzen beziehungsweise -qualifikationen erwerbbare allgemeine Fähigkeiten, Einstellungen und Strategien, die bei der Lösung von Problemen und beim Erwerb neuer Kompetenzen in möglichst vielen Inhaltsbereichen von Nutzen sind.

Da wir in der Welt immer enger zusammenrücken und unser Wissen immer unüberschaubarer und spezialisierter wird, können wir viele Aufgaben nur noch gemeinsam lösen. Weder der Klimaschutz noch die Terrorismusbekämpfung noch die Bildungsaufgaben machen vor den Ländergrenzen Halt. Auch innerhalb von Unternehmen werden immer mehr Aufgaben abteilungsübergreifend oder über Länder hinweg angegangen. Wir sind dabei herausgefordert, mit den anderen zusammenzuarbeiten, die unterschiedlich geprägten Generationen angehören, anders denken und handeln, an andere Dinge glauben und die von unterschiedlichen Motivationen angetrieben werden. In dieser Situation sind insbesondere die Sozialkompetenzen *Kommunikations-* und *Konfliktfähigkeit* sowie *emotionale Intelligenz* gefragt, damit wir in den zwischenmenschlichen Beziehungen angemessen reagieren und konstruktiv handeln können. Und natürlich sind in unserer Wissensgesellschaft auch *Informations-* und *Medienkompetenz* von zentraler Bedeutung. Sie ermöglichen uns die Orientierung in der Informationsflut und die aktive Teilhabe am gesellschaftlichen Kommunikationsprozess.

Diese Kompetenzen sind, wie oben schon erwähnt, nicht angeboren und können zumindest teilweise erworben werden. Trotzdem ist ihr Erlernen von individuellen Persönlichkeitsstrukturen, dem Zugang zu Bildung und den finanziellen Möglichkeiten abhängig.

Kommunikationsfähigkeit: Sich verständlich machen und verstehen

Die Erfindung der Sprache erlaubte es dem Homo sapiens, sich zwischen Äquator und den Polen auf 6,5 Milliarden Individuen weltweit zu vermehren. Sie war und ist nicht dazu da, Selbstgespräche zu führen, sondern um Informationen auszutauschen, den Zusammenhalt einer Gruppe zu festigen und um Lernen zu ermöglichen.

Bei der Entwicklung unserer Identität spielt Kommunikation eine Schlüsselrolle. So weist der Soziologe Lothar Krappmann darauf hin, dass Identität über Sprache vermittelt wird. Sie sei nichts Starres, sondern entstehe durch die Kommunikation eines Individuums mit seinen Mitmenschen in jeder Situation neu.[23]

Die Sprache – sowohl die gesprochene als auch die geschriebene – war nicht nur unser Wegbereiter in der Vergangenheit, wir sind auch auf sie angewiesen, wenn wir die Zukunft gewinnen wollen. Denn gerade in der heutigen unübersichtlichen und zusammenwachsenden Welt müssen wir kommunizieren, um sie besser verstehen und gestalten zu können. Demgemäß verleiht auch die Philosophie dem *Miteinander-reden* (J. Habermas) eine hohe Priorität. Sie sieht im *kommunikativen Handeln*, das im Gegensatz zum *strategischen Handeln* nicht nur am eigenen Vorteil, sondern an Verständigung orientiert ist, den Wegweiser zu einer humaneren Gesellschaft.

Kommunikationsfähigkeit genießt heute einen sehr hohen Stellenwert. Dies hat verschiedene Ursachen: Bei der Erziehung in der Familie nehmen tendenziell autoritäre Beziehungen ab, die Eltern bestimmen nicht mehr nur, sondern sehen Heranwachsende im Zeichen einer herrschaftsfreien Kommunikation eher als Gesprächspartner; in der Schule wandelt sich die traditionelle Belehrungs- in eine Lernkultur, wobei der Unterricht zunehmend kommunikationszentriert und eigenverantwortlich gestaltet wird; in der Wirtschaft gelten Führungsstile auf der Basis von *command and control* als weithin obsolet und auch in der Politik kann Zustimmung nicht einfach verordnet, sondern muss erst durch Kommunikation vermittelt und konsensfähig gemacht werden.

Wir haben heute mehr Möglichkeiten als je zuvor, miteinander zu kommunizieren – egal ob per Handy, SMS, E-Mail oder in einem Chatroom. Durch die neuen Kanäle wurde die Kommunikation für viele einfacher und schneller: Jeder, der etwas auf sich hält, ist fast jederzeit an jedem Ort erreichbar. Die Menge der ausgetauschten Botschaften hat rapide zugenommen. Aber macht uns dieses Mehr an Möglichkeiten auch kommunikationsfähiger?

Eine von der *Österreichischen Akademie der Wissenschaften* im Jahre 1998 organisierte Konferenz mit Wissenschaftlern aus aller Welt zeichnete in ihrer Abschlusserklärung ein düsteres Bild – die moderne Informationsgesellschaft leide trotz ihrer Zunahme an Kommunikationsmöglichkeiten an einem dramatischen *»Kommunikationsverlust«*.[24]

Der rasante technologische Fortschritt führe zu immer höheren Anforderungen an die Kommunikationsfähigkeit des Individuums, allerdings sei nur eine Minderheit von Bürgern in der Lage, die Möglichkeiten der technologischen Neuerungen effektiv zu nutzen und die Fülle von Information im *globalen Dorf* für die eigene Lebensgestaltung fruchtbar zu machen. Die europäischen Bildungssysteme reagierten jedoch nur unzureichend auf diese Situation und so steige der *»funktionale«* oder *»sekundäre«* Analphabetismus. Dieser äußere sich nicht nur in der Unfähigkeit, Alltagstexte wie Rundfunknachrichten, Gebrauchsanweisungen oder Beipacktexte zu verstehen, sondern auch in der zunehmenden Schwierigkeit, schriftliche Eingaben zu verfassen oder die technischen Möglichkeiten von Fax, E-Mail oder Internet zu nutzen.

Gefahren sehen die Wissenschaftler nicht nur darin, dass solche *»spracharmen«* Menschen lediglich unqualifizierte Arbeitsplätze bekämen, sondern auch in ihrer besonderen Anfälligkeit für vereinfachende, radikale Ideologien. Sie fordern deshalb unter anderem neue Lehr- und Lernangebote für Schule und Erwachsenenbildung. Verbessert werden sollte damit neben der Fähigkeit, mit kultureller Verschiedenheit umzugehen, auch die Kommunikations- und Informationsmedien über sprachliche und kulturelle Grenzen hinweg besser nutzen zu können.

Probleme mit der Kommunikationsfähigkeit haben aber auch manchmal jene, die mit neuen Medien umgehen können, obwohl sie nicht durch grundlegende Sprachprobleme gehandicapt sind. Man sieht oft Jugendliche, die zwar in der Gruppe zusammen sind, sich aber nicht miteinander unterhalten. Stattdessen tippen sie ständig Kurzbotschaften in ihre Handys – an diejenigen, die gerade nicht dabei sind. Im gleichen Maß, wie die indirekte Kommunikation mit SMS, E-Mail oder Chat zugenommen hat, scheint die direkte abzunehmen. Zudem macht es die Unverbindlichkeit dieser Kommunikationsformen leicht, direkte Aussprachen zu vermeiden. Manch einer bricht seine Liebesbeziehung schon mit einer kurzen SMS ab.

Heute wird so viel kommuniziert wie nie zuvor. Wo aber – aus welchen Gründen auch immer – weder auf Rechtschreibung noch auf gute Formulierungen geachtet wird, leidet auch der Inhalt. Der wird zunehmend unwichtiger; man kommuniziert schließlich nicht, um bedeutungsschwere Botschaften auszutauschen, sondern um sich ständig der eigenen Wichtigkeit zu versichern. Man muss im Kommunikationsfluss mitschwimmen, sonst droht das Versinken in der medialen Bedeutungslosigkeit. Dabeisein ist alles: Ich simse, maile und twittere, also bin ich.

Vielleicht ist diese neue Art der Kommunikation aber auch nur das Ergebnis unserer Erziehung, denn teilweise erziehen wir unsere Kinder zur Kommunikationslosigkeit: Aus Mangel an Zeit oder Gesprächsanlässen setzen wir sie lieber vor Fernseher oder Computer oder entlassen sie in virtuelle Welten. Was bedeuten diese Entwicklungen für ihre Ausdrucksfähigkeit, für ihre Kommunikations- und Beziehungsfähigkeit? Was für das soziale Miteinander?

Fernseher, Gameboy und Computer können den Platz eines lebendigen Gesprächspartners nicht ersetzen. Es fragt sich, wie viele Jugendliche zukünftig die virtuelle Kommunikation beziehungsweise Realität der wirklichen vorziehen werden, wie zum Beispiel der Blogger, der sich zwar darüber freute, dass man demnächst mit anderen Spielern in *Second Life* reden könne, gleichzeitig aber auch sehr angetan davon war, sich nicht mehr mit der lästigen Wirklichkeit auseinandersetzen zu müssen: *»Prima, dann brauchen wir die virtuelle Welt bald gar nicht mehr verlassen und müssen uns nicht mehr mit schwierigen Realkontakten herumschlagen.«*[25]

Wie wichtig Kommunikationsfähigkeit ist, ist zwar seit den Ergebnissen von Pisa bekannt, trotzdem wird sie in Familie und Schule meist nicht systematisch genug trainiert und kultiviert. Wo sonst aber sollen Heranwachsende verbale oder nonverbale Kommunikation erlernen? Wo angstfreies Sprechen, verständnisvolles Zuhören und konstruktives Diskutieren üben?

Was aber gehört zur Kommunikationsfähigkeit? Voraussetzung, um überhaupt effektiv kommunizieren zu können, ist natürlich das Beherrschen der Sprache des Landes, in dem man lebt, in Wort und Schrift. Wie wir oben gesehen haben, ist dies selbst auf europäischer Ebene keine Selbstverständlichkeit. In Zeiten der Globalisierung kommen auch Kenntnisse in einer oder mehreren

Fremdsprachen dazu, um sich auch interkulturell verständigen zu können. Kommunikationsfähigkeit umfasst ein Konglomerat aus verschiedenen Fähigkeiten und Fertigkeiten.

Um es vorab etwas zu vereinfachen – grundsätzlich hat Kommunikationsfähigkeit zwei Aspekte: zum einen, sich klar und verständlich ausdrücken zu können; zum anderen in der Lage zu sein, den Gesprächspartner zu verstehen.

Sich ausdrücken zu können, heißt, fähig zu sein, dem Kommunikationspartner die eigenen Absichten, Interessen und Bedürfnisse nahezubringen. Dies beinhaltet nicht nur Sachverhalte und Emotionen zu verbalisieren, das heißt sie klar und für den anderen verständlich ausdrücken zu können, sondern auch über sich selbst sprechen zu können und gegebenenfalls auch etwas von der eigenen Person preiszugeben – denn Kommunizieren bedeutet *In-Beziehung-Sein.*

Außerdem sollte man sich auf das Wesentliche konzentrieren. Lange Monologe, bei denen alle nebensächlichen Details erläutert werden, erschlagen den Gesprächspartner. Kommunikationsfähigkeit hat nichts mit viel reden zu tun – eher mit der Praxis des *manchmal ist weniger mehr.*

Das Verstehen ist der andere Aspekt der Kommunikationsfähigkeit. Es erfordert Einfühlungsvermögen, Offenheit und Interesse an und für andere Menschen und ihre Meinung. Und verstehen kann man den Anderen nur, wenn man ihm zuhört und Fragen stellt. Dazu gehört auch, ihn ausreden zu lassen, seine Rückmeldungen zu berücksichtigen und auch ihm ausreichend Redezeit zuzugestehen. Ein afrikanisches Sprichwort besagt: *Man hat nur eine Zunge, aber zwei Ohren.*

Doch damit nicht genug: Unabdingbar sind auch noch das Verständnis für nichtsprachliche Elemente wie Mimik, Gestik und Körperhaltung, denn sie sagen oft mehr als das, was jemand verbal äußert; zum anderen rhetorische Fertigkeiten wie freies Sprechen, Berichten, Argumentieren und Vortragen bis hin zum Diskutieren, Debattieren und Verhandeln.

Kommunikationsfähigkeit, also sich verständlich machen zu können und andere zu verstehen, ist – um wieder das Identitätsverständnis von Ina-Maria Greverus[26] anzuführen – der zentrale Faktor, um sich und andere erkennen zu können und von ihnen anerkannt zu werden.

Konfliktfähigkeit: Auseinandersetzungen aufnehmen und bewältigen

Mit anderen zu kommunizieren, mit ihnen in Beziehung zu treten, setzt auch Konfliktfähigkeit voraus.

Der Begriff beschreibt die Fähigkeit, eine Auseinandersetzung aufnehmen und sie konstruktiv bewältigen zu können. Impliziert wird dabei aber nicht nur der Aufbau einer fairen Streitkultur und die Suche nach einer angemessenen Lösung, sondern auch die Fähigkeit, eine Basis für gute Beziehungen schaffen zu können sowie Toleranz und Offenheit zu stärken. Und das will gelernt sein. Martin Buber hat dazu einmal gesagt: *»Der Ursprung aller Konflikte zwischen mir und meinen Mitmenschen ist, dass ich nicht sage, was ich meine, und dass ich nicht tue, was ich sage.«*

Konfliktfähig ist jemand, dem bewusst ist, dass Auseinandersetzungen auch zu einer verbesserten Situation führen können und nicht nur der Durchsetzung des eigenen Standpunkts oder der Herabsetzung des anderen dienen. Konfliktfähig sein heißt, Konfliktpotenzial frühzeitig zu erkennen, es anzusprechen und sich nicht vor der Auseinandersetzung zu scheuen. Dabei sollte der eigene Standpunkt zwar selbstbewusst vertreten, das bessere Argument aber angenommen werden.

Voraussetzung dafür sind Empathie und Verständnis für die Ansichten der anderen Streitpartei sowie ein gesundes Maß an Selbstbehauptung. Aber auch Kritikfähigkeit gehört dazu, also die Einsicht, dass man sich nichts vergibt, wenn man seinen Irrtum eingesteht und selbst etwas lernt. Das macht nicht nur sympathischer, es hilft auch, verhärtete Fronten aufzubrechen.

Wichtig bei Auseinandersetzungen ist, dass wir das, worum es geht, und das Persönliche auseinanderhalten – nicht Emotionen sollten die Diskussion bestimmen, sie muss auf der Sachebene geführt werden. Andere persönlich herabzusetzen, führt bei der Konfliktbewältigung genauso wenig weiter wie das Verhalten von jemandem, der alles persönlich nimmt und immer gleich beleidigt ist, oder sich angegriffen fühlt, wenn man ihm widerspricht.

Konfliktfähigkeit ist eine Eigenschaft, die sich im Laufe des Lebens heranbildet. Der Grundstein für diese Kompetenz wird zwar bereits in den frühen Entwicklungsjahren eines Kindes gelegt, nach Ansicht der Pädagogen ist sie aber erlernbar.

Mangelnde Konfliktfähigkeit äußert sich in erhöhter verbaler und körperlicher Gewaltbereitschaft. Dabei sind Männer wesentlich gewalttätiger als Frauen – das beweist ein Blick in die deutsche Kriminalstatistik: Sie begehen rund 90 Prozent aller Mord- und Totschlagdelikte, 75 Prozent der fahrlässigen Tötungen und 85 Prozent der Rohheitsdelikte und Körperverletzungen.[27]

Nach vielen Theorien entsteht Gewalt aufgrund von Defiziten in der Kindheit wie Gewalterfahrungen, liebloser Erziehung oder ökonomischen und sozialen Mankos. Da aber Jungen und Mädchen unter den gleichen Defiziten zu leiden haben, erklären diese Theorien nicht, warum die Gewaltbereitschaft bei Jungen deutlich höher ist als bei Mädchen. Einige Forscher sehen einen Defekt des MAOA-Gens auf dem X-Chromosom als Ursache. Da das X-Chromosom bei Frauen doppelt und bei Männern nur einfach auftrete, könnten Frauen mit einem tadellos arbeitenden Gen auf dem zweiten X-Chromosom diese Fehlfunktion eher korrigieren.[28]

Die Soziologin Angela Sack-Hauchwitz vertritt die Meinung, dass die stereotypen Rollenbilder, nach denen wir unsere Kinder erziehen, für das Umkippen von Gewaltbereitschaft in Gewalt verantwortlich sind.[29] Eine Erziehung zur Konfliktfähigkeit könne nur dann gelingen, wenn ein männlicher Jugendlicher für die Entwicklung *»seiner Identität als Mann«* auf ein breites Rollenrepertoire zurückzugreifen lerne. *»Die Gesellschaft meint, Jungen sollen durchsetzungsstark und kämpferisch sein, wenn sie richtige Männer werden wollen«*, so Sack-Hauchwitz. Diese aggressive männliche Rolle würde gelernt, die weicheren Eigenschaften in einer männlich dominierten Gesellschaft aber diskreditiert. Auch würden starke Jungen meist nur einseitig, in Richtung auf das *»Starksein«* unterstützt. Ihre sicher auch vorhandenen *»weichen«* Kompetenzen wie zum Beispiel die Fähigkeit, zuhören zu können, werden aber als unmännlich abgetan. *»Das Starksein«*, meint Sack-Hauchwitz, *»erfordert, eigene Gefühle auszuklammern und die Gefühle anderer nicht zur Kenntnis zu nehmen. Viele Jungen lernen also früh, ihre Gefühle und die Signale ihres Körpers nicht wichtig zu nehmen.«* Viele hätten auch nicht gelernt, Frauen und Mädchen als gleichwertig anzuerkennen, geschweige denn, die Gefühle anderer wahrzunehmen und zu respektieren.

Bei Mädchen liege der Fall etwas anders: Sie definierten physische Gewalt als Kontrollverlust. Außerdem toleriere das soziale

Umfeld physische Gewalt bei Mädchen viel weniger als bei Jungen. »*Mädchen neigen also eher dazu, Gefühle wie Wut und Ärger zu unterdrücken, sie demütigen ihre Opfer verbal durch Niederreden, Beleidigungen, Ausgrenzung und Nichtachtung.*« Wie bei Jungen sei die Ursache häufig gleich: ein unsicheres Selbstbild, Angst vor Ablehnung und auch Angst, selbst Opfer von Gewalt zu werden.

Eine Erziehung zur Konfliktfähigkeit – und damit auch eine wirksame Gewaltprävention – würde also ein Umdenken in der Gesellschaft bezüglich des stereotypen und überholten männlichen und weiblichen Rollendenkens voraussetzen.

Jungen müsste die Möglichkeit gegeben werden, untereinander Wünsche, Probleme, Stärken und Schwächen austauschen zu können, damit sie ohne Angst vor Diskriminierung wirklich eigene Interessen entwickeln können. Die positive Bewertung kommunikativer sozialer Kompetenzen und Fähigkeiten zur Konfliktlösung durch das soziale Umfeld würde es Jungen leichter machen, sich mit diesen Fähigkeiten auch als zukünftiger Mann zu identifizieren.

Um Konflikt- und Kommunikationskompetenz zu erwerben, ist eine weitere Fähigkeit nötig – die *Empathie*. Empathie heißt, sich in die Gefühls- und Stimmungslage einer anderen Person hineinversetzen, quasi *in seine Haut schlüpfen* zu können. Diese Fähigkeit wirkt in zwei Richtungen: Man selbst ist eher in der Lage, die Gefühle des anderen zu teilen und sein Verstehen und Handeln nachzuvollziehen, und der andere fühlt sich verstanden und angenommen und reagiert offener und vertrauensvoller.

Empathie kann nur entstehen, wenn man anderen Menschen vorurteilsfrei begegnen und sich mit ihnen identifizieren kann. Dies fällt besonders schwer, wenn deren lebensgeschichtliche, soziale oder kulturelle Prägung anders ist als die eigene. Nach Herbert Mead kann man erst, wenn man sich selbst in die Rolle eines anderen hineinversetzen kann, überhaupt kooperatives und soziales Handeln ausbilden.[30]

Die Fähigkeit zur Empathie hilft, Vorurteile zu vermeiden. Ein indianisches Sprichwort sagt: Urteile nie über einen anderen, bevor du nicht einen Mond lang in seinen Mokassins gegangen bist.

Und sie hilft, Aggressionen vorzubeugen. »*Wer in der Lage ist mitzuempfinden, wie es einem anderen ergeht, wendet selten Gewalt an*«, sagt

Kaj Björkqvist, einer der bekanntesten Aggressionsforscher, für den Empathie das Gegenmittel zur Aggression ist. Und da Einfühlungsvermögen erlernbar sei, hält er es auch für möglich, einen Menschen zum Guten zu formen.[31]

Emotionale Intelligenz: Mit Gefühlen, Stimmungen und Affekten umgehen

Die *emotionale Intelligenz* umschreibt ein ganzes Bündel an Eigenschaften und Fähigkeiten und ist – im Vergleich zu Kommunikations- und Konfliktfähigkeit oder Empathie – vermutlich mehr von der individuellen Veranlagung abhängig und dadurch auch schwerer oder für manchen nur in Teilbereichen erlernbar.

Nach dem allgemeinen Verständnis wird Intelligenz beziehungsweise die Ermittlung des Intelligenzquotienten (IQ) mit der Fähigkeit verbunden, mathematisch-technische Aufgaben lösen zu können. Dieser relativ einseitig orientierten Vorstellung wird inzwischen der Begriff *emotionale Intelligenz* (EQ) entgegengesetzt, der die gefühlsorientierte Komponente der Intelligenz deutlicher herausstellen soll. So schließt der EQ eine Lücke, die in der klassischen Intelligenzforschung übersehen worden ist: nämlich die Persönlichkeitseigenschaften und Fähigkeiten, die den bewussten Umgang mit eigenen und fremden Gefühlen betreffen.

Der Begriff *emotional Intelligence* wurde 1990 von Salovey und Mayer eingeführt[32] und durch das Buch *Emotionale Intelligenz* des amerikanischen Psychologen und Publizisten Daniel Goleman[33] in den neunziger Jahren auch bei uns populär. Goleman bezeichnet mit diesem Begriff den Zusammenhang aller Teile der Persönlichkeit bei Intelligenzleistungen, insbesondere solche, die sich nicht durch Intelligenztests messen lassen. Dazu gehören alle sozialen, schöpferischen, musischen und künstlerischen Fähigkeiten.

Nach Golemans Definition handelt es sich bei emotionaler Intelligenz um *»die Fähigkeit, unsere eigenen Gefühle und die anderer zu erkennen, uns selbst zu motivieren und gut mit Emotionen in uns selbst und in unseren Beziehungen umzugehen«*.[34] Dabei setzt sich emotionale Intelligenz als eine übergeordnete Fähigkeit aus fünf Teil-konstrukten zusammen: Goleman bezeichnet sie als *Selbstbewusstheit, Selbstmotivation, Selbststeuerung, soziale Kompetenz* und *Empathie*.

Die *Selbstbewusstheit* beschreibt die Fähigkeit eines Menschen, auf der einen Seite seine eigenen Stimmungen, Gefühle und Bedürfnisse zu akzeptieren und zu verstehen, und auf der anderen Seite ihre Wirkung auf andere einschätzen zu können.

Unter *Selbstmotivation* versteht Goleman die Begeisterungsfähigkeit für die Arbeit und wie man sich selbst – unabhängig von finanziellen Anreizen oder Status – anfeuern kann.

Selbststeuerung bedeutet, inwieweit man in der Lage ist, in Bezug auf Zeit und Ressourcen planvoll zu handeln.

Unter die *soziale Kompetenz* fallen die Fähigkeiten, Kontakte zu knüpfen und tragfähige Beziehungen aufzubauen sowie das Beziehungsmanagement und die Netzwerkpflege.

Empathie umschreibt, ob man die emotionalen Befindlichkeiten anderer Menschen verstehen und angemessen darauf reagieren kann.

Ein Mensch mit hoher emotionaler Intelligenz ist dazu in der Lage, starke psychische und physische Reaktionen (Affekte) und bewusste Erkenntnisprozesse (Kognitionen) miteinander zu verknüpfen und zu kontrollieren. Er verliert deshalb auch in Stresssituationen nicht die Kontrolle.

Er weiß, dass gerade dann, wenn starke Emotionen wie Wut, Ärger und Feindseligkeit im Spiel sind, der Verstand droht, sich auszuschalten. Er ist sich bewusst, dass Wut durch die eigene Reaktion noch verstärkt werden kann, und wird versuchen – anstatt sich in sie hineinzusteigern und sie durch Beleidigungen und Beschimpfungen noch weiter anzustacheln –, sich zu beruhigen und die Situation abzumildern.

Als Mitglied einer zivilisierten Gesellschaft sollten wir gelernt haben, die eigenen aggressiven Impulse zu beherrschen, weil sonst Spannungen, Auseinandersetzungen und Ablehnung drohen. Das bewusste Umgehen mit Gefühlen, Stimmungen und Affekten entschärft nicht nur Konflikte, es ermöglicht auch, andere anzuerkennen und selbst anerkannt zu werden.

Informationskompetenz: Analysieren, strukturieren, präsentieren

Der englische Schriftsteller und Gelehrte Samuel Johnson hat einmal gesagt: »*The next best thing to knowing something, is knowing where to find it.*« Dies ist zwar schon eine Weile her – Johnson ist vor über

200 Jahren gestorben –, seine Ansicht hat aber nichts von ihrer Aktualität eingebüßt.

Gerade heute, in unserer dynamischen Wissensgesellschaft ist es nötiger denn je, sich in der stetig wachsenden Informationsflut orientieren zu können. Und da auch unser Alltag maßgeblich durch Informations- und Kommunikationstechnologie mitgestaltet wird, ist Informationskompetenz nicht nur zur Schlüssel-, sondern sogar zur Basiskompetenz geworden. Die OECD hat sie im Rahmen der viel diskutierten Pisa-Studie auch als *»Schlüssel für ein erfolgreiches Leben«* bezeichnet.

Sie gehört zu den – wie man auf Neudeutsch so schön sagt – *soft skills* und umfasst eine Reihe von Fähigkeiten, die den kompetenten, effizienten und verantwortungsbewussten Umgang mit Informationen betreffen, und ist Voraussetzung für das selbst organisierte Erschließen von Wissen.

Wie alle Fähigkeiten ist sie von verschiedenen inneren und äußeren Faktoren abhängig. Dazu gehören unter anderem das eigene Fachwissen, Sprachkenntnisse, Kreativität und Eigenmotivation sowie als äußere Rahmenbedingungen die Kultur und Gesellschaft, in der man lebt, die in ihr zugänglichen Informationsformen, der technische Entwicklungsstand und die eigene Lebenssituation.

Mit Informationen kompetent umgehen zu können, bedeutet: Informationsbedarf zu erkennen; Informationsquellen zu lokalisieren, zu selektieren und zu analysieren; die Information selbst zu organisieren, zu gestalten und zu präsentieren.

Erst wenn man erkannt hat, dass das eigene Wissen unvollständig ist – also im Sokrates'schen Sinne zu *wissen, dass man nichts weiß* – und ergänzt werden muss, um ein Problem zu lösen, entsteht überhaupt erst die Motivation, aktiv zu werden.

Die nächste Frage ist die, welche Informationsquellen überhaupt infrage kommen. Das können unter anderem Bibliotheken, Archive, Internet oder Befragungen sein. Zur ersten Orientierung geben sogenannte Findmittel oder Recherchesysteme mit Referenzinformationen wie Bibliothekskataloge, Datenbanken und Suchmaschinen einen groben Überblick.

Die gefundenen Informationen müssen aber auch organisiert und strukturiert werden – zum Beispiel durch Techniken wie Clustering und Mind-Mapping, Methoden zur gezielten Weiterverarbeitung der Informationen und Strategien zur zweckmäßigen Verwaltung und Sicherung.

Die Organisation der Informationen ist das eine und ihre Selektion nach Relevanz das nächste Problem, denn nicht immer eignen sich die bei der Recherche gefundenen Informationen zur Aufbereitung und Weiterverarbeitung: Die Quellen können sich widersprechen, unter verschiedenen Gesichtspunkten erstellt worden sein, nicht mehr den aktuellen Wissensstand wiedergeben oder unglaubwürdig sein.

Voraussetzung für den Erwerb von Informationskompetenz sind eine Reihe anderer Fähigkeiten, die auch manchmal mit ihr gleichgesetzt werden. Natürlich sollte man nicht nur in der Lage sein, geschriebene Texte zu verstehen, zu nutzen und über sie reflektieren zu können, sondern auch seine Gedanken auszudrücken. Es gilt, zentrale Inhalte und Botschaften zu formulieren und einen roten Faden zu entwickeln, dem das Publikum folgen kann. Doch damit hat gerade die neue, internetversierte Generation Probleme.

Julia Semmer, Fachdidaktikerin am Institut für Anglistik der Uni Halle-Wittenberg beklagt Defizite bei den Studenten: *»Sie tun sich immer schwerer mit dem Schreiben zusammenhängender Klausuren«*, sagt sie. *»Konditioniert auf das Herumsurfen im Netz stoppeln sie sich per Copy-and-paste zwar Texte zusammen, durchdenken aber nur mühsam eine komplexe Aufgabe.«*[35]

Viele Studenten und Schüler nutzen ausschließlich das Internet als Recherchemedium. Kein Wunder: Hausaufgaben und Seminararbeiten sind schnell kopiert und werden per Einfügen als eigenes Wissen deklariert. Das Problem, so Robert Darnton, Direktor der Harvard-Bibliothek, sei die Haltung der Studenten. Sie verließen sich auf Suchmaschinen und *Wikipedia* und würden den Unterschied zu sorgfältig editierten, wissenschaftlichen Büchern nicht erkennen.[36]

Wie sich das Internet langfristig auf unseren Umgang mit Information und auf uns selbst auswirkt, ist noch nicht erforscht. Aber nach Meinung von Norman Doidge, Psychiater, Psychoanalytiker und Bestsellerautor (*Neustart im Kopf. Wie sich unser Gehirn selbst repariert*), sorgen Innovationen für neue Strukturen im Gehirn, *»das war schon bei der Einführung von Schrift und Papier als Speichermedium* *so«*. Und dies hat Folgen für das Gedächtnis. Früher musste man sich Wissen mühsam aneignen und ein Leben lang merken. Kritikfähigkeit, das Trennenkönnen zwischen wichtig und bedeutungslos war entscheidend, denn der Speicherplatz war begrenzt. Jetzt dagegen haben wir *»das Internet als großes Lagerhaus für Informationen. Wir glauben, es reicht uns aus, wenn wir damit interagieren können«*, sagt er. Die Folge: Das Erinnerungsvermögen nimmt ab und auch die Urteilskraft schrumpft.[37]

Wenn die Entwicklung in diese Richtung zeigt, wird es nicht unbedingt einfacher, uns durch den ständig dichter werdenden Informationsdschungel zu kämpfen. Denn gewusst *wo*, heißt noch lange nicht gewusst *wieso*.

Medienkompetenz: Medien verstehen, nutzen, gestalten

Gerade in der heutigen Gesellschaft, die sich von der Industrie- zur Informations- und Wissensgesellschaft gewandelt hat, ist es enorm wichtig, an der Medienkommunikation aktiv und autonom teilzuhaben und sich in der Informationsflut kompetent orientieren zu können.

Nie zuvor stand uns ein so breit gefächertes multimediales Informationsangebot zur Verfügung. Doch mit dem raschen Wandel der Technik konnte die Befähigung der Bürger, mit ihr umzugehen und ihre Wirkungsweisen einschätzen zu können, nicht Schritt halten.

Noch in den fünfziger und sechziger Jahren stand man den Medien überwiegend kritisch gegenüber. Insbesondere die Pädagogen sahen das Fernsehen und die sogenannten *Neuen Medien* noch als Gefährdung und Mittel zur Manipulation – ihnen schien das Buch noch als das wertvollere Medium. Ende der sechziger Jahre tauchte der Begriff der Medienkompetenz erstmals auf und in den folgenden Jahrzehnten ging die ursprüngliche Abwehrhaltung zurück. Nicht nur weil die Medien aus unserem Leben nicht mehr wegzudenken waren, sondern auch, weil ihre gestalterischen Potenziale langsam erkannt wurden.

Aufgrund der Einflussmöglichkeiten der Medien forderte Hans Magnus Enzensberger schon vor über 30 Jahren, dass die Bevölkerung überall dabei sein sollte, auch bei der Produktion von Medien: *»Ein revolutionärer Entwurf muss nicht die Manipulateure zum*

Verschwinden bringen; er hat im Gegenteil einen jeden zum Manipulateur zu machen.« Mit dem Aufkommen von *Web 2.0* – einem Medium, dessen Möglichkeiten damals noch jenseits aller Vorstellungen lagen – scheint seine Forderung langsam Wirklichkeit zu werden.

Was Medienkompetenz heute genau bedeutet, ist nicht so leicht zu bestimmen. Nach Harald Gapski gibt es über einhundert Definitionen, die bis zu sieben Dimensionen der Medienkompetenz benennen.[38]

In den vergangenen Jahren hat Dieter Baackes Definition besondere Bedeutung erlangt. Medienkompetenz ist seiner Ansicht nach die Fähigkeit, Medien und die durch sie vermittelten Inhalte den eigenen Bedürfnissen und Zielen entsprechend effektiv nutzen zu können.[39] Er gliedert den Begriff in vier Dimensionen: *Medienkunde, Medienkritik, Mediennutzung* und *Mediengestaltung.*

Medienkunde umfasst neben dem Wissen über die heutigen Mediensysteme auch die Fähigkeit, sie bedienen zu können.

Die *Mediennutzung* ist doppelt zu verstehen: Medien sollen sowohl rezeptiv angewendet als auch als interaktive Angebote genutzt werden können.

In den Bereich *Mediengestaltung* fallen nach Baacke die innovativen Veränderungen und Entwicklungen des Mediensystems und die kreativen ästhetischen Varianten, die über die Grenzen der alltäglichen Kommunikationsroutine hinausgehen.

Die *Medienkritik* schließlich soll analytisch problematische gesellschaftliche Prozesse angemessen erfassen.

Baacke erweitert den Begriff der Medienkompetenz theoretisch auf die überindividuelle, gesellschaftliche Ebene und wünscht sich einen Diskurs der Informationsgesellschaft, der dauerhaft Wissenschaft, Praxis und Politik inspiriert.

Nach Franz Josef Röll[40] beeinflussen Fotos, Zeitschriften, Kataloge, Werbung, Fernsehen, Kino und Computer seit einigen Jahrzehnten unsere Wahrnehmung der Welt – somit wird unser Wirklichkeitsverständnis auch maßgeblich durch Bilder geprägt. Durch die Dominanz von Fernsehen und Internet wurden sie zur wichtigsten Darstellungsform – kein Wunder, denn Bilder sagen bekanntlich mehr als tausend Worte. Sie können nicht nur komplexe Inhalte transportieren, sie drücken auch Emotionen aus und sind in einer globalisierten Medienwelt international verständlich.

Aber sie werden auch manipulativ eingesetzt – deshalb sollten wir auch wissen, wie Bilder entstehen, was sie transportieren und wie sie wirken können.

Je aktiver Medien genutzt werden, desto größer wird das Wissen über sie. Im Idealfall resultiert daraus auch eine erweiterte Kritikfähigkeit. Nach Schwinger kann diese intensive Auseinandersetzung mit den Medien sogar zu einer kritischen Auseinandersetzung des Subjekts mit sich selbst (*Bewusstseinsbildung*) führen (Schwinger 2005) und ihm damit neue Formen autonomen Handelns ermöglichen (Röll 2003, Schwinger 2005).

Ob die aktive Mediennutzung auch bei der jüngeren Generation zu erweiterter Kritikfähigkeit und stärkerer Bewusstseinsbildung führt, darf zumindest bezweifelt werden. Zum einen, weil das Internet als fast ausschließliche und allein selig machende Autorität anerkannt wird und alle anderen Medien dominiert. Durch seine Aktualität und Informationsvielfalt verdrängt es zunehmend *alte* Medien wie Bücher, Zeitungen und Zeitschriften. Die seriösen darunter sind jedoch – im Unterschied zum unstrukturierten Informationsüberfluss des Internets – didaktisch besser gegliedert und von qualifizierten Experten aufbereitet, die fähig sind, die Spreu vom Weizen zu trennen. Zum anderen wird gerade die Informationsvielfalt des Webs nur wenig in Anspruch genommen. *»Das Problem besteht darin«*, so Christine Feil vom Deutschen Jugendinstitut in München, *»dass Kinder und Jugendliche das Internet vor allem als Unterhaltungsmedium nutzen.«*[41] Und Zeit, die mit Entertainment und Computerspielen verbracht wird, fördert weder die Kritikfähigkeit noch trägt sie zur Bewusstseinsbildung bei.

Zusammengefasst geht es bei der Medienkompetenz also darum, neben den herkömmlichen vor allem auch die *neuen Medien* für sich nutzen zu können. Man sollte sie nicht nur verstehen, interaktiv anwenden und in Grundzügen gestalten können, sondern auch ihre Funktionsweisen und Wirkungen (also auch Manipulationen) erkennen und beurteilen können.

Grundeinstellungen

Neben den Einstellungen zum eigenen Selbst und wichtigen Kompetenzen, die den Umgang mit anderen erleichtern, sind für die Identitätsentwicklung auch unsere Grundeinstellungen wichtig. Es ist von entscheidender Bedeutung, welche Vorstellungen wir zum Beispiel von Glück und Erfolg oder vom Sinn des Lebens haben.

Manch einer läuft sein Leben lang einer unrealistischen Glückserwartung hinterher und verpasst dadurch die alltäglichen kleinen Glücksmomente. Der andere misst seinen Erfolg an gesellschaftlichen Maßstäben, denen er vielleicht nicht gerecht werden kann, und fühlt sich ständig überfordert. Und wieder ein anderer sucht seinen Sinn im Leben gerade dort, wo er für ihn nie zu finden ist. Viele Lebensentwürfe geraten so aus der Bahn, man findet nicht zu sich selbst, und auch die heiß ersehnte Anerkennung der anderen bleibt aus.

Wir sollten also versuchen, unsere Grundeinstellungen kritisch zu überprüfen und vor allem herausfinden, was Glück, Erfolg oder Sinn für uns ganz persönlich bedeuten.

Glück: Schicksal oder Fähigkeit?

Bittet man Menschen in Deutschland, die Begriffe zu nennen, die sie am meisten faszinieren, stehen *»Glück«* zusammen mit *»Liebe«* und *»Freundschaft«* ganz oben.[42] Mitte der achtziger Jahre stimmten etwa fünfzig Prozent der Deutschen der These zu, der Sinn des Lebens liege darin, glücklich zu sein und möglichst viel Freude zu haben. 1998 vertraten schon 70 Prozent diese Ansicht.[43] Aber nur drei von zehn bezeichneten sich selbst als glücklich und nur etwas mehr als die Hälfte aller Befragten war mit ihrem Leben *»im Allgemeinen zufrieden«*.[44]

Obwohl Glück für uns eine so wichtige Rolle spielt, scheinen wir nicht unbedingt ein glückliches Volk zu sein, denn jeder Fünfte leidet im Laufe seines Lebens mindestens einmal an einer psychischen Störung, die meisten an Angst oder Depression, die bei jedem Zehnten mehrere Wochen dauert.[45] Besonders junge Menschen haben heute mit einem dreimal höheren Risiko zu rechnen, eine schwere Depression zu erleiden, als noch vor 15 Jahren.[46]

Die Hoffnung auf Glück und sein tatsächliches Vorhandensein scheinen also noch nicht deckungsgleich. Bertolt Brecht hat dieses Dilemma schon in seiner *Dreigroschenoper* beschrieben:

»Ja renn nur nach dem Glück
Doch renne nicht zu sehr!
Denn alle rennen nach dem Glück
Das Glück rennt hinterher.«

Haben wir vielleicht einfach nur eine falsche Vorstellung oder eine unrealistische Erwartungshaltung an das Glück? Nur, was ist Glück überhaupt?

Das Lexikon sagt, Glück sei *»allgemein der Zustand höchsten Wohlgefühls, der höchsten Befriedigung der Wünsche. Glückszustände rufen das Gefühl der Freude hervor«*.[47] Aber wie und wann entsteht es? Ist es tatsächlich in erster Linie mit der Befriedigung von Wünschen verbunden? Und: Kann Glück von Dauer sein? Kann man es festhalten, oder ist es – bevor man es überhaupt richtig wahrgenommen hat – nicht meist schon wieder vorbei?

Doch beschäftigen wir uns zuerst mit dem, was Glücksgefühle behindert – nämlich negative Gefühle. Leider sind wir von der Biologie darauf geeicht, dass negative Gefühle leichter ausgelöst werden als positive und wir sie auch generell intensiver erleben. Versuche illustrieren dies: Zeigt man im neuropsychologischen Experiment Versuchspersonen fröhliche und traurige Bilder, so reagieren sie unwillkürlich auf die zweiten stärker, was am heftigen Ausschlag der Hirnströme deutlich ablesbar ist. Diese Voreinstellung hat sich im Laufe der Evolution bewährt: So brachte die Angst unsere Vorfahren dazu, beim leichten Rascheln im Gebüsch schleunigst das Weite zu suchen. Das hat sich bis heute gehalten: Immer noch scheuen wir das Risiko stärker, als wir das Glück suchen. Wir sind also eher auf die Erfahrung von Unglück als auf den Genuss des Glücks gepolt, fühlen Ärger und Niedergeschlagenheit schneller und heftiger als Freude.[48]

Wir müssen erst lernen, Glück zu empfinden – es ist uns nicht in die Wiege gelegt. Dieser Erkenntnis steht allerdings ein Faktor entgegen: Viele Menschen glauben, dass Glück etwas Schicksalhaftes ist, etwas, das von außen über uns kommt oder eben nicht.

»Glück«, schrieb der Dichter Rainer Maria Rilke, *»bricht über die Menschen herein, Glück ist Schicksal.«*

Aber vielleicht sind Glücksgefühle kein Zufall, sondern eine Folge der richtigen Gedanken und Handlungen? Das glaubten jedenfalls nicht nur die antiken Philosophen, sondern auch Shakespeare ließ schon seinen Hamlet sagen: *»Nichts ist gut noch schlecht, nur dein Denken macht es dazu.«* Während es im Deutschen nur einen Begriff für Glück gibt, unterscheiden die Italiener nach zwei Zuständen: Den glücklichen Zufall bezeichnen sie als *la fortuna*, die glückliche Lebenseinstellung hingegen ist *la felicità*. Dem Zufall kann keiner auf die Sprünge helfen, eine glückliche Lebenseinstellung hingegen ist erlernbar. Diese Auffassung vertritt inzwischen auch die moderne Neurowissenschaft.[49] Wer demnach lerne, die schönen Momente des Lebens auszukosten, hilft seinem Gehirn, das bei vielen Wiederholungen neu verdrahtet wird, sich mehr zum Guten zu prägen. Dies setzt allerdings Bereitschaft und etwas Mühe voraus.

Doch auch ein zweites Vorurteil verhindert Glücksempfinden: Vielfach werden Geld und Wohlstand mit Glück gleichgesetzt oder zumindest als seine Grundvoraussetzung gesehen. Doch wie schon der Volksmund weiß: Geld und Wohlstand machen uns nicht glücklich. Und er hat recht, Reichtum bereichert das Leben nicht, wie neuere Forschungen zeigen.

Viele Studien der psychologischen Glücksforschung belegen: Reiche sind mit ihrem Leben nicht zufriedener als Arme; Menschen in wirtschaftlich schwachen Ländern sind oft zufriedener als die in den wohlhabenden Industriestaaten; selbst größere Erfolgserlebnisse – wie zum Beispiel eine Beförderung oder ein Lottogewinn – bescheren einem Menschen nur kurzfristige Glücksmomente.[50]

Der Psychologe und Wirtschaftsnobelpreisträger Daniel Kahnemann meint, es sei die wohl am weitesten verbreitete Illusion zu glauben, man lebe in dauerndem Glück, wenn man reich wäre. *»Der Mensch unterschätzt die Schattenseiten seines Erfolges, wenn er Karriere macht und reich und berühmt werden will.«* Denn Reiche hätten *»weniger Zeit für die Dinge, die ihnen persönlich Spaß machen«*. Und irgendwann sei das prächtige Haus mit Garten der Normalzustand, und das Glück sei wieder so groß wie vorher, als man ärmer war.

»Momente schlechter Stimmung dominieren den Alltag der Reichen und Erfolgreichen«, so die Erfahrung von Kahnemann.[51]

Nach einer Studie des amerikanischen Psychologen und Glückforschers Ed Diener zeigt Geld als Zufriedenheitsfaktor selbst bei Superreichen kaum messbare Wirkung. Jeder der 50 reichsten Amerikaner, die Diener interviewte, besitzt mehr als 100 Millionen Dollar – doch wie er herausfand, liegt die Lebenszufriedenheit auch dieser Menschen nur wenig über dem Durchschnitt.[52]

Nach Ansicht Kahnemanns sind Menschen genetisch in unterschiedlichem Maß darauf programmiert, mehr oder weniger glücklich zu sein. Nur eines sei allen gleich: *»Zufrieden ist der Mensch nur, wenn er mehr erreicht als andere. Die Gründe dafür sind biologisch, sie liegen in unserer Natur. Wir können es schon beim Affen sehen: Wenn ein Affe weniger bekommt als ein anderer, kann er ziemlich sauer werden. Das ist auch ein Grund, warum Reichtum und Wohlstand nicht unbedingt zufrieden machen. Weil es in der Regel immer einen gibt, der mehr als man selbst besitzt.«*

Dazu kommt ein weiteres Problem: Der Wert der Persönlichkeit von Reichen tritt hinter den ihres Geldes zurück. So bedauert der schwerreiche Protagonist in Helmut Kraussers Roman *Eros*: *»Das ist mein Problem schon immer gewesen, Menschen, die mir begegneten, sahen erstmal die Möglichkeiten, die mein Reichtum ihnen bot, dann erst mich, den Menschen.«*[53]

Dass wir als Voraussetzung zum Glück oft einen Vergleich benötigen, ist gleichzeitig auch unser größtes Problem: Denn, wer sich vergleicht, kann auch verlieren. Nicht nur, dass der andere mehr Geld hat, er könnte auch in anderen Belangen besser abschneiden. Der Philosoph Montaigne beschreibt dieses Dilemma: *»Wenn ein Mensch nur glücklich sein wollte, wäre dies nicht so schwer, aber er will glücklicher als andere sein, und dies ist fast immer schwer, denn wir stellen uns die anderen glücklicher vor als sie sind.«*[54] Diese Seitenblicke machen nicht nur abhängig von anderen, sie können obendrein zu falschen Erwartungen an das Glück und an uns selbst führen.

Materieller Wohlstand und das Fehlen existenzieller Sorgen scheinen uns also weder automatisch zufrieden zu machen noch wunschloses Glück zu bescheren. Unsere Bedürfnisse verändern, aber sie vermindern sich nicht durch Wohlstand. Der Wohlhabende hat vielleicht weniger Hunger, dafür aber umso mehr Angst um sein Geld.

Der Soziologe Ruut Venhoven von der *Universität Rotterdam*, der seit 20 Jahren sämtliche Studien zum Glück in der *World Database of Happiness* sammelt und auswertet, sagt: *»Wenn der Mensch gerade so viel besitzt, dass er nicht jeden Tag aufs Neue für die blanke Existenz arbeiten muss, lebt er im Durchschnitt genauso glücklich wie der Durchschnitt sehr wohlhabender Menschen.«* Und Ed Diener kam 2005 in einer Studie, bei der er mehrere Kulturen miteinander verglich, sogar zu dem Ergebnis, dass diejenigen zufriedener sind, die sich von materiellen Gütern ausdrücklich abwenden.[55]

Kultursoziologische Forschungen belegen, dass es denen subjektiv am besten geht, die sich im Mittelbereich zwischen Not und Überfluss bewegen – eine Erkenntnis, die schon im Alten Testament zu finden ist: *»Lass uns weder arm noch reich sein. Gib uns das, was wir zum Leben brauchen.«* (*Sprüche* 30,8) Menschen, die noch nicht alles haben, fehlt noch etwas, wofür sich Arbeit und Anstrengung lohnen. Ihr Leben hat eine Richtung nach oben. Und die Erfahrung lehrt: Menschen, die nach oben wollen, haben eher Mittelkrisen, Menschen, die oben sind, dagegen Sinnkrisen. Die einen sind noch unterwegs, die anderen sind schon angekommen. Und für die, die noch nicht alles haben, ist das Leben eine spannende Herausforderung.[56]

Diese Ansicht teilt auch Kahnemann: *»Die Lebenszufriedenheit erhöht sich, wenn man Pläne hat und sie erfüllt, wenn man Ziele erreicht.«*[57] Das Glück scheint also eher im Wünschen und nicht im wunschlosen Glücklichsein zu liegen.

Doch auch bei der Verwirklichung von Wünschen und Zielen kann man in die Zwickmühle geraten – gerade dann, wenn sich der vermeintliche Erfolgsmensch auf die Mehrung seines Wohlstandes über das gesellschaftliche Mittelmaß hinaus konzentriert: Er hat ein in die Zukunft verschobenes Glück vor Augen und rackert sich ab, weil er sich nach jedem Etappenziel schnell an seinen Status gewöhnt, und muss dann, um die nächsten Ziele zu erreichen, noch mehr Kraft investieren. *Hedonic treadmill*, Tretmühle des Glücks, nennen Forscher den Mechanismus. *»Diese Mühle entsteht dadurch, dass nur Neues uns glücklich macht, aber dieses Neue immer nur für kurze Zeit neu ist«*, sagt Gregory Berns, Psychiater an der *Universität Atlanta*.

Forscher erklären dies biologisch: Der Mensch sei von Natur aus dazu fähig, sich auf Neues einzustellen. *»Denn die Evolution«*, meint Berns, *»hat uns dazu gebracht, auf Veränderungen der Umwelt zu reagieren und uns schnell anzupassen. Deshalb ist es nur logisch, dass Menschen sich nach kurzer Zeit an neue Umstände gewöhnen.«*[58] Das erklärt auch, warum sich die meisten Lottogewinner – nach den ersten Wochen, in denen sie auf Wolken gehen – danach nicht wohler fühlen als zuvor. Denn es ist für sie normal geworden, statt Fiat nun Ferrari zu fahren. Die Wiederholung des Gleichen bringt nichts Neues und damit auch kein gesteigertes Glücksgefühl mehr.

Doch wenn Glück nicht Geld und Wohlstand bedeutet und dauerhaftes Glück auch nicht immer mit dem Erreichen von Zielen oder dem Erfüllen von Wünschen verbunden ist, was ist es dann?

Der amerikanische Psychologe Mihaly Csikszentmihalyi hat mit seinem Konzept des *Flow* die Glücksforschung am Ende des 20. Jahrhunderts neu befruchtet. Glück ist demnach nicht ein Motiv oder Ziel, sondern ein Erleben, das bei ganz unterschiedlichen Tätigkeiten auftreten kann. *Flow* (engl. Fließen) ist ein durchgängig positiv ekstatisches Erleben bei der Durchführung verschiedener Aufgaben. Der Langstreckenläufer erlebt es beim Marathon, der Komponist beim Komponieren. Es wird erreicht, wenn man mit leichter Anstrengung reibungslos in einer Aufgabe aufgeht. Voraussetzung ist, dass die Anforderungen der Situation und die Fähigkeiten der Person optimal zueinanderpassen. Sonst treten Gefühle von Angst (bei Überforderung) oder Langeweile (bei Unterforderung) ein.[59]

Die Stimmung des Flow wird nach Csikszentmihalyi von allen Beschäftigungen erzeugt, denen der Mensch um ihrer selbst willen nachgeht und mit denen er sich in völliger Versenkung beschäftigt. Glück liegt also in jenen Momenten des Lebens, die frei sind von äußerem Zwang oder Anreiz – und diese lassen sich mit Geld nicht erkaufen. Und anhaltendes Glück entsteht offensichtlich dann, so vermuten Forscher, wenn man den gegenwärtigen Zustand nicht unterbrechen will.[60]

Wer im Fluss seiner Beschäftigung versinkt, motiviert sich selbst von innen heraus, hat Kontrolle über seine Erfolgserlebnisse und kann sich selbst mit kleinen Fortschritten belohnen. Außerdem verringert sich die Abhängigkeit von externen, etwa durch materielle Anreize erzeugten Motivationen und Einflüssen. Wer mit Leidenschaft ein Ziel verfolgt, braucht zu seinem Glück keine Belohnung von anderen. Am besten geht es den Menschen, die aus einem inneren Antrieb heraus und mit Leidenschaft intrinsische Ziele verfolgen. Denn es kommt sowohl auf die Ziele selbst als auch auf die Motivation an, mit der man diese anstrebt.

Csikszentmihalyi betont aber, dass die Selbstbelohnung in einer angenehmen Tätigkeit nur durch kognitive Kontrolle, das bedeutet durch das Abstecken von Zielen und durch planvolles Vorgehen, möglich sei. Doch wer gar nicht wisse, wohin die Reise gehen soll, könne auf keiner Autobahn entspannt fahren. Wer also wie ein Junkie immerzu in den Tag hinein lebe, produziere damit immer mehr Unglück als Glück, denn er habe keine Kontrolle über seine Aufmerksamkeit.

Auf den ersten Blick scheint dies der im antiken Rom entstandenen Devise *carpe diem* des Dichters Horaz, was in etwa *Nutze den Tag und lebe im Hier und Jetzt* bedeutet, zu widersprechen. Allerdings nur auf den ersten Blick. Denn Horaz sagt in seinen Oden auch: *»Nur der wird heiter leben, der nach jedem Tag zu sprechen weiß: Ich habe gelebt.«* Und um zu wissen, dass man gelebt hat, muss man eine Vorstellung davon haben, was Leben und was Glück bedeutet. Und das Bewusstsein, dass Glück weder Schicksal noch Zufall ist.

Dass diese Einstellung durchaus erlernbar ist, zeigt die Willy-Helpach-Schule in Heidelberg – sie verteilt erstmals Zeugnisnoten im Fach Glück. Anscheinend mit Erfolg. Darauf lässt zumindest die Antwort der achtzehnjährigen Tijana Matcovic, die die 12. Klasse besucht, schließen: Ob sie denn jetzt glücklicher sei als vorher? *»Auf jeden Fall. Denn durch den Unterricht habe ich überhaupt angefangen, über mein eigenes Glück und meine eigenen Werte zu reflektieren.«* Und wie man denn das Glück erlernen könne? *»Man sollte nicht so viel analysieren und nicht in Selbstmitleid versinken. Stattdessen die Dinge schätzen lernen und sich das Glück des Augenblicks bewusst machen. Viele haben doch eigentlich alles, was sie brauchen, um glücklich zu sein. Man muss nicht viel Geld oder den Riesenerfolg haben, um Glück zu verspüren.«*[61] Das erinnert an Kahnemanns Motto: *»Kauf dir keine Villa und kein tolles Auto. Fahr in den Urlaub, verschenke Blumen, feiere Partys!«*[62]

Erfolg: Nach dem Passenden streben

Jeder Mensch strebt nach Erfolg und Anerkennung. Jeder möchte sein Ich von den anderen bestätigt wissen, vielleicht auch bewundert werden. Ratgeber wie man erfolgreich wird, wurden schon unzählige geschrieben, es sind sicherlich auch einige nützliche darunter. Doch oft sind es hinter Erfolgsstories verpackte Lebensgeschichten von sogenannten *Gurus*, die es verstanden haben, sich selbst geschickt zu vermarkten. Einige davon sind anschließend gescheitert, weil sie ihre eigenen Rezepte nicht dauerhaft umsetzen konnten oder ihren Erfolg nicht verkraftet haben. Auch ist so mancher Manager unter den Autoren, der das scheinbar so raffinierte Erfolgskonzept eines Großkonzerns unter die Leute brachte, der im Nachhinein aber lediglich als großer Vermögensvernichter entlarvt worden ist.

Nicht wenige Ratgeber konzentrieren sich auf die materielle Seite des Erfolgs und weisen den Weg zur ersten Million – die folgenden sollen dann ja nicht mehr so schwer zu verdienen sein – oder geben Tipps, wie man sich am besten gegen andere durchsetzt und sie in seinem Sinne manipuliert. Viele haben diese Ratschläge von Erfolgstrainern, Business- und Lebensplanern inzwischen satt. Vor allem, wenn es mit der Umsetzung nicht so recht klappen will, weil die persönliche Situation eine völlig andere ist.

Ich möchte hier keine Ratschläge geben, wie man im Leben erfolgreicher wird, aber anregen, darüber nachzudenken, was Erfolg für einen selbst bedeutet – denn Erfolg ist eine sehr individuelle Sache.

Die allgemeine Definition sagt, Erfolg sei das positive Ergebnis einer Bemühung beziehungsweise das Erreichen eines angestrebten Ziels.[63]

Dabei – und das ist eine der individuellen Komponenten – hängt der Erfolg nicht unbedingt von der Größe der Leistung ab, sondern davon, wie hoch man selbst die Latte gelegt hat. Wichtig ist, dass die Ansprüche und Möglichkeiten im Gleichgewicht sind. Nur dann fühlen wir uns wohl und sind nicht über- oder unterfordert.

Ziele sind ein wichtiger Faktor, weil sie zum Handeln animieren und nur ihr Erreichen den Erfolg messbar macht. Alain Godard, ein Vorstandschef eines bekannten Chemiekonzerns, der sich zum Winzer gewandelt hat, meint dazu, dass es gar nicht so wichtig sei, was man mache, *»sondern dass man ein Ziel hat und es mit Leidenschaft verfolgt. Wenn eine Sache es wert ist, angepackt zu werden, dann ist sie das auch für den Fall, dass es schiefgeht. Denn letztlich bereut man doch nur Dinge, die man nicht getan hat«.*[64]

Aber die Multioptionsgesellschaft macht es uns nicht leicht – unsere Eltern und Großeltern hatten viel weniger Wahlmöglichkeiten und deshalb vielleicht auch klarere Ziele. Heute können wir uns aufgrund der vielen Möglichkeiten bei der Wahl des Lebensentwurfs nicht entscheiden, und gleichzeitig lastet der Druck auf uns, ein erfolgreiches Leben zu führen. Uns fehlt der Kompass für das Leben. Nicht umsonst hat die überbordende Ratgeberliteratur so viel Erfolg. Können wir bei diesen vielen Möglichkeiten die richtigen Ziele finden, bei diesem *endlosen Werden* überhaupt noch Ziele erreichen? Können wir noch ein Erfolgserlebnis über unsere Entwicklung verspüren, wenn wir immer auf der Reise sind und doch nie ankommen? Oder müssen wir unsere Ziele anders definieren, unsere Vorstellung von Erfolg revidieren?

Oft machen wir den Fehler und richten uns nach den Erfolgskonzepten, die uns die Gesellschaft vorgibt. Statt mit der Mehrheit mitzuschwimmen, sollten wir den Mut haben, uns den gängigen Erwartungen zu entziehen. Ist es wirklich so erstrebenswert, sich wegen der Raten für das eigene Haus nichts anderes mehr leisten zu können – nur weil der Nachbar eines hat? Fühlt man sich auf der Karriereleiter wirklich so wohl, dass man immer weiterklettern möchte? Muss man unbedingt das anziehen, womit alle anderen gerade auch rumlaufen?

Wir werden ständig nach dem Werbemotto *Mein Haus, mein Auto, meine Jacht …* verführt und wollen immer mehr Reichtum, Macht, Berühmtheit. Doch dieser Weg hat kein Ende: Wir gewöhnen uns schnell an den erreichten Standard, er führt weder zum Glück noch zu langfristiger Zufriedenheit.

Statt uns am Mainstream auszurichten, sollten wir uns auf unsere Identität konzentrieren. Die amerikanische Karriereberaterin Barbara Sher meint, jeder Mensch sei einzigartig und habe dadurch auch einen völlig eigenen Zugang zur Welt, und deshalb müsse sich diese Einzigartigkeit auch auf irgendeine Weise ausdrücken. Sie rät, sich von den gängigen Erfolgsdefinitionen zu verabschieden und sich auf das zu besinnen, was man selbst will.[65]

Zu wissen, was man will, ist aber nicht leicht. Als Grund führt Sher an, dass uns oft die Dinge verboten wurden, die wir gern getan hätten und wir stattdessen vielfach Dinge tun mussten, die uns nicht entsprochen hätten. Daher hätten wir uns nicht darauf ausgerichtet, unsere eigentlichen Fähigkeiten zu entwickeln. *»Als Kinder müssen wir herausfinden, was unsere Bezugspersonen von uns wollen und was wir selbst wollen. Wenn die erste Aufgabe uns davon abhält, uns der zweiten zuzuwenden, verlieren wir die Orientierung.«* Kein Wunder also, dass wir im Leben Probleme damit hätten zu erkennen, was wir im Leben tatsächlich wollten.

Wir dürfen Erfolg auch nicht nur nach materiellen Maßstäben oder der Zahl der erklommenen Stufen auf der Karriereleiter messen. Wir können ihn auch in ganz anderen Bereichen erleben: *»Wenn Sie das tun, was Sie lieben, egal ob Sie Mutter sein, Flugzeuge bauen oder schwimmen wollen, wird es Ihnen nicht nur Spaß machen, sondern Sie werden es auch sehr gut machen und langfristig dabei bleiben – und stetig dabei zu bleiben ist ein entscheidender Erfolgsfaktor!«*[66]

Eng mit dem Erfolg verbunden ist die Angst vor dem Scheitern. Winston Churchill hat diesen Zusammenhang auf die ihm eigene Art auf den Punkt gebracht: *»Erfolg ist, von Niederlage zu Niederlage zu gehen und dabei den Enthusiasmus nicht zu verlieren.«*

Doch Niederlagen und Misserfolge passen nicht in unsere Welt der Superlative. Richard Sennett beschreibt sie in seinem *flexiblen Menschen* als das letzte große Tabu der modernen (kapitalistischen) Gesellschaft.[67]

Immer mehr Menschen betrachten sich als gescheitert – trotz vorzeigbarer Familie, Eigenheim und regelmäßiger Geldeingänge auf dem Konto. Kein Wunder, denn in unserer auf Höchstleistung getrimmten Gesellschaft zählt nur diese – und so wird die Angst vor dem Scheitern zum ständigen Wegbegleiter. Aus Sicht des Auslandes ist gerade in Deutschland die Kultur des Scheiterns wenig ausgeprägt. Denn bei uns gelte jeder, der scheitere, schnell als Versager.

Aber Scheitern gehört zum Leben. Denn *»in einer Welt der unbegrenzten Möglichkeiten, in der man alles aus sich machen kann, gibt es auch immer diese bedrohliche Möglichkeit: aus all den Möglichkeiten zu wenig oder nichts zu machen«*, so Christiane Zschirnt in ihrem Buch *Keine Sorge, wird schon schiefgehen.*[68]

In einer Welt des *Schöner, besser, weiter* sind geplatzte Träume und Desillusionierung, Arbeitslosigkeit, gescheiterte Ehen, Pleiten und Bankrott nichts anderes als der ganz normale Alltag. Einer alten englischen Butlerregel zufolge ist es nicht entscheidend, dass man hinfällt, sondern wie man wieder aufsteht. Und in Japan gibt es ein Sprichwort, wonach die Menschen wenig von ihren Siegen, aber viel von ihren Niederlagen lernen.

Und vielleicht hat auch das, was die Gesellschaft als Scheitern auslegt, nichts mit einem selbst zu tun, denn jede Kultur propagiert ihre eigene Vorstellung davon, was einen Gewinner und was einen Verlierer ausmacht. *»Meiner Definition nach ist ein Gewinner jemand, der das tut, was er gern macht«*, so Barbara Sher, *»egal was es ist. Und ein Verlierer ist jemand, der Zeit damit verschwendet, etwas zu tun, woran ihm nichts liegt. Jeder Mensch in einem Rolls-Royce, der nicht glücklich ist, gehört meiner Meinung nach zu den Verlierern.«* Womöglich müssten wir Erfolg für uns völlig neu definieren: *»Sie müssen dafür sorgen, dass der Erfolg wirklich Ihr Erfolg ist und nicht der von jemand anderem, und dass dieser Erfolg wirklich zu dem Menschen passt, der Sie sind.«*[69]

Wenn wir nicht zufrieden sind mit unserem Leben, dann sollten wir auch überprüfen, ob unsere Ziele, die wir im Leben verfolgen, angemessen sind. Oder ob wir nicht vielleicht einen anderen Lebensentwurf ausprobieren sollten. Für den, der zu viele Kompromisse schließen muss, gilt die Erkenntnis des Philosophen Theodor W. Adorno: *»Es gibt kein richtiges Leben im falschen.«*

Wissenschaftliche Studien haben bewiesen: Es ist besser für unser Seelenheil, wenn wir uns dem Sog des Üblichen entziehen. Sehr viel zufriedener sind jene, die sich den Luxus leisten, nach eigenem Gutdünken eine Wahl zu treffen. Wer mit Begeisterung und großem Engagement einer Tätigkeit nachgeht, ist zufriedener als jemand, für den die Belohnung in einem möglichst hohen Prestige und Gehalt besteht.[70]

Wir sollten uns also um Unabhängigkeit bemühen. Denn wer sich von anderen weitgehend unabhängig fühlt und glaubt, Kontrolle über sein Leben zu haben, kann besser mit Ungerechtigkeiten umgehen und erlebt auch seltener negative Gefühle wie Neid und Missmut.

Auch diese Erkenntnis ist eine weitere Facette der Selbstbestimmung.

Die Suche nach dem Sinn: Der Weg ist das Ziel

Wie oft stellen wir uns die Frage: Hat das Leben einen Sinn? Das Vertrauen in die Sinnhaftigkeit des Lebens ist uns ziemlich abhandengekommen. Früher wurde das Gefühl, in der Welt gehalten zu sein, in erster Linie von den Religionen gestiftet. Heute ist alles sehr stark ver(natur)wissenschaftlicht, funktionalisiert und auf die eigene Leistung fokussiert.

Michael Schmidt-Salomon, Geschäftsführer der freidenkerischen Giordano-Bruno-Stiftung, meint, das Universum habe keinen Sinn: *»Die Erde und die Menschen sind zeitlich begrenzte Phänomene in einem sinnleeren Universum, das irgendwann den Kältetod sterben wird.«*[71] Es gibt wohl einige, die ähnlich denken. Aber lässt sich mit so einer Einstellung leben?

Der Medienwissenschaftler Norbert Bolz ist der Ansicht, dass auch das Gegenteil von Sinn – nämlich Sinnlosigkeit – sehr wohl Sinn verleihen könne. Die Komplexität der Welt mache es uns zunehmend schwer, ein klares Bild der Gesellschaft zu entwickeln.[72] Negativismus sei die einfachste Sinnform, mit der man sich *»aufs Ganze«* beziehen könne. Wir würden diese Einstellung bei Menschen erkennen, die fast ausschließlich von Krisen, der Unregierbarkeit der Staaten, von katastrophalen Zuständen reden und meinen, dass doch sowieso alles sinnlos sei. *»Dieses Bewusstsein findet also sein Glück im Unglück«*, so Bolz, *»der Negativismus hat nämlich seine eigenen Lüste – er konsumiert die Sensationen des Unheils im Empörungsgenuss. Wir haben es hier also mit der Paradoxie eines glücklichen unglücklichen Bewusstseins zu tun.«*[73]

Doch wenden wir uns positiveren Einstellungen zu. Über die Frage, ob das Leben einen Sinn hat, haben sich die größten Geister der Welt den Kopf zerbrochen: Von den Ägyptern und Griechen über die Kirchenväter bis zu den wissenschaftlichen Forschern unserer Zeit, von Salomo bis Kant und Schopenhauer, von Plato und Sokrates bis Heidegger. Die Antworten sind, wie es zu erwarten war, ziemlich unterschiedlich ausgefallen. Sie sind mal mehr, mal weniger verständlich, manche Gedankengänge sind für Nichtphilosophen kaum nachvollziehbar. Kant braucht für die Begründung, dass man anständig sein und sich trotzdem nicht für einen Trottel verkaufen lassen soll, etwa 500 Seiten; Schopenhauers Weltsicht ist ziemlich pessimistisch und Heidegger nur für weit Fortgeschrittene geeignet.

Aber wie auch immer die Antworten ausfallen: Es lebt sich leichter, wenn man einen Sinn im Leben sieht. Neben der Fähigkeit, die Realität so zu akzeptieren wie sie ist, und einem gewissen Talent, in schwierigen Situationen zu improvisieren, wirkt sich Studien zufolge ein fester Glaube, dass das Leben einen Sinn hat, nicht nur positiv auf die seelische Widerstandskraft, sondern auch auf die körperliche Gesundheit aus.[74]

Sinnstifter sind von alters her in erster Linie Religionen, Glaubensgemeinschaften und Weltanschauungen. Sie geben ihren Mitgliedern Antwort auf ihre Frage nach dem Sinn ihres Lebens, denn diese Systeme sind ja immer darauf angelegt, einen Sinn zu fixieren.

Im Glauben findet zum Beispiel die Schriftstellerin Luise Rinser Halt und Sinn: *»Nun, wir werden einmal sterben (...) Und dann ist da irgendetwas. Es ist nicht aus. Das fühlen wir, und insofern wir Christen sind, glauben wir es (ohne irgendetwas zu wissen darüber, als was in den Evangelien steht und dem zu glauben ist). (...) Warum, wozu aber dieses ewige Leben? Weil da Gott ist. Er ist ewig und will uns, liebend wie er ist, bei sich haben. (...) Der Sinn des Lebens ist: Die Ordnung der Liebe festigen, weil sie im Sinne Gottes ist, der sie liebt.«*[75]

Viele Menschen können damit wenig anfangen. Die Verheißungen der Religionen spielen für sie keine Rolle mehr. In dieses Vakuum sind neue Sinnstifter eingedrungen – neben der Fun- und Popkultur der kommerzielle Hedonismus mit seinem Glauben an Konsum und Geld.

Durch die Ökonomisierung der Gesellschaft wurde Geld – das am Anfang nur Tauschmittel war – zum Vehikel der Selbstdarstellung: Hast du was, dann bist du was. Oft hören wir die Floskel: *Du musst dich besser verkaufen.* Geld ist existenziell geworden, es gibt an, wie viel Wert, wie viel Sinn menschliche Existenz in dieser Gesellschaft hat. So hat sich Geld zum Sinnstifter verselbstständigt.

Doch die Ersatzreligionen Werbung, Lifestyle, Mode und Konsum haben keine nachhaltigen Antworten nach dem Sinn geliefert. Wir haben zwar alles, was für ein angenehmes Leben notwendig ist, verlangen aber ständig nach mehr Tempo, Spaß und immer neuen Höhepunkten. Die Erlebnisindustrie spricht von Glück und Erfolg, meint aber nur immerwährenden Konsum. Doch die zentralen Fragen bleiben: Und was dann? Und warum das alles?

Wir sind vor die Herausforderung gestellt, einen Lebenssinn unabhängig von Besitz, Wohlstand und Spaßbädern zu finden. Lebensqualität kann auch bedeuten, weniger zu haben und doch besser zu leben; weniger Geld zu verdienen und doch mehr vom Leben zu haben. Wir werden uns wieder zurückbesinnen müssen: Was ist das Wesentliche? Worauf kommt es im Leben an?

Dabei ist es vielleicht interessant, sich zuerst die Frage zu stellen, warum wir überhaupt nach einem Sinn suchen. Die Ursache könnte in der Begrenztheit unseres Lebens liegen: Erst der Tod führt uns vor die Frage, warum wir überhaupt in der Welt sind und wofür unser Leben sich lohnt. Die Folge ist nach Meinung des österreichischen Astrophysikers Erich Jantsch, dass diese Frage die Evolution der Kultur vorantreibt: *»Das Bedürfnis nach Sinn erweist sich als mächtiger autokatalytischer Faktor in der Evolution des menschlichen Bewusstseins.«* Seiner Ansicht nach reizen wir mit der Frage nach dem Sinn unser Bewusstsein, sich weiterzuentwickeln.[76]

Bei der Frage nach dem Sinn scheint der Weg das Ziel zu sein. Und überraschenderweise trifft man bei der Frage, was Sinn bedeutet, im etymologischen Wörterbuch auf althochdeutsche Wortwurzeln, die Bedeutungen haben wie *»reisen«* und *»eine Richtung einschlagen«*. Zum Bedeutungshof von Sinn gehörte einmal für das Individuum, dass es einen eigenen Weg nimmt – nämlich zum Heil seiner Seele.

In unserer unübersichtlichen Welt, die voller Wegweiser steht, ist es aber weder einfach, sie als sinnvoll zu erfahren, noch in ihr die richtige Richtung zu finden. Und die Wissenschaft hat es nicht geschafft, uns einen Weg zu weisen. Um es mit Max Webers Worten zu sagen: *»Das Schicksal einer Kulturepoche, die vom Baum der Erkenntnis gegessen hat, ist es, wissen zu müssen, dass wir den Sinn des Weltgeschehens nicht aus dem noch so sehr vervollkommneten Ergebnis seiner Durchforstung ablesen können, sondern ihn selbst zu schaffen imstande sein müssen.«*

In der individualisierten Gesellschaft wird also – genauso wie die Entwicklung der eigenen Identität – auch die Suche nach dem Sinn zunehmend zur Privatsache. Der Philosoph Hermann Lübbe meint, die Herausforderung laute, *»aus der Freiheit, als die uns der Gewinn an disponabler Lebenszeit zufällt, Sinn, Lebenssinn zu generieren, nämlich durch Selbstbestimmung zu sinnvollem Tun«*.[77]

Und diese Selbstbestimmung wird notwendig sein. Vor allem deshalb, weil sich der fürsorgliche Staat aus immer mehr Lebensbereichen zurückziehen wird. Wir werden zukünftig viel stärker auf Eigeninitiative setzen und uns als *Unternehmer unseres eigenen Lebens* verstehen müssen.

Auch der eingangs zitierte Schmidt-Salomon zieht – auch wenn er (oder vielleicht gerade weil er) das Universum als sinnleer sieht, Sinn aus sich selbst: *»Wenn ich weiß, dass es keinen Sinn an sich gibt, bin ich dazu ermächtigt, den Sinn aus mir selbst zu schöpfen. Wenn ich weiß, dass ich endlich bin, werde ich dieses einzige Leben, das ich habe, auch wirklich leben und genießen.«*[78]

Man könnte also sagen, dass Sinn nicht unbedingt die Verwirklichung eines Endziels bedeuten muss, sondern dass er sich eher aus dem Gehen des eigenen, selbstbestimmten Weges ergibt. Max Frisch meint, dass wir immer wieder Dinge erleben werden, *»wo die Frage sich einbringt, wo das Leben sich selbst genug ist und nicht ein Ziel hat.«*[79]

Die Meinung von Frisch teilen auch einige andere Schriftsteller. Auch wenn sie uns nicht sagen können, wo der Sinn unseres Lebens liegt, helfen uns ihre Einsichten vielleicht trotzdem auf unserem Weg ein wenig weiter.[80]

Für Erich Kuby liegt der Sinn allein schon darin, die Frage nach ihm zu stellen und die Antwort zu ersehnen. *»So bleibt nichts, als sich step for step vorwärtszubewegen und statt der pauschalen Frage jeden Tag neu zu fragen, ob man das Nächstliegende leidlich richtig und zur eigenen Zufriedenheit tut.«*

Dieser Ansicht schließt sich Gregor Rezzori an: *»Das Leben hat keinen anderen Sinn (und braucht keinen anderen) als den, gelebt zu werden. Wer nicht mehr fragt, lebt nicht mehr.«*

Gerhard Zwerenz sagt, man müsse dem Sinn des Lebens sein ganzes Leben lang nachforschen. *»Man kann freilich die Flinte ins Korn werfen und vorher aufgeben. Also entweder oberflächlich leben und nicht mehr nachdenken – oder sich umbringen.«* Er hält beides für unwürdig.

Den Sinn nicht nur in großen Dingen zu suchen, empfahl einst Walter Jens: *»Fangen Sie mit den kleinen Dingen Ihrer täglichen Umgebung und Ihres alltäglichen Tagesablaufs an, versuchen Sie, in diesem bescheidenen Bereich zwischen sinnvoll und sinnlos zu unterscheiden – ich* *glaube, dass jeder Mensch über ein solches Urteilsvermögen verfügt –, dann finden Sie, möchte ich meinen, den »Sinn des Lebens«, ohne dass Sie es merken.«*

Wenn man gar keinen Sinn im Leben entdecken könne, so Hermann Kesten, müsse man wenigstens versuchen, *»heiter und glücklich zu werden oder als Allermindestes anderen zu helfen, heiter und glücklich zu leben«*.

Denkhaltungen

Positives Denken: Zukunft gestalten statt erleiden

»Unser Leben ist das Produkt unserer Gedanken.«

Marc Aurel

»Das Leben besteht aus dem, was der Mensch den ganzen Tag über denkt«, meint der Dichter und Philosoph Ralph Waldo Emerson. Und diese Denkweise beeinflusst unsere Gemütslage, unser Wohlbefinden und unsere Gesundheit in hohem Ausmaß. Wir sollten uns das Leben durch destruktives Denken nicht noch zusätzlich schwer machen.

Positives oder negatives Denken sind Grundhaltungen. Sind sie einmal verinnerlicht, kann man ihnen nur schwer entkommen. Das Leben von Menschen, die überall nur Katastrophen sehen, wird irgendwann selbst zur Katastrophe. Wer negativ denkt, lebt auch negativ.

Als Sinnbild für positives Denken muss oft das Beispiel des bis zur Hälfte gefüllten Glases herhalten: Der Pessimist sieht es als halb leer, der Optimist hingegen als halb voll. Bei diesem anschaulichen Beispiel geht es gar nicht darum, wer recht hat und wer nicht – denn beide Interpretationen sind richtig. Es geht vielmehr um die persönliche Grundeinstellung und ihre Auswirkungen auf unser Leben.

Positives Denken bedeutet nicht, mit einer rosaroten Brille durchs Leben zu laufen und ein fast leeres Glas als fast volles umzudeuten. Das würde nämlich bedeuten, massive Probleme nicht wahrhaben zu wollen und sie nach Managermanier zu einer *Herausforderung* oder eine Katastrophe als *Chance* umzuetikettieren. Wenn man sich schlecht fühlt, sollte man seine Gefühle auch nicht verleugnen und einfach lächeln. Denn Gefühle sind die *»Werkzeuge von Körper und Seele«*,[81] man muss sie äußern und herauslassen. Werden sie verdrängt, kommen sie irgendwann gewaltsam zum Ausbruch.

Positives Denken beeinflusst einerseits unseren Blick auf die Welt, es bedeutet aber auch, mit schwierigen Situationen besser zurechtkommen zu können, wenn man es muss – in der Gewissheit, dass mit Pessimismus gar nichts gewonnen ist.

Ein klassisches Beispiel für diese Denkweise ist Daniel Defoes *Robinson Crusoe*, der, als er auf eine einsame Insel verschlagen wurde, völlig auf sich allein gestellt und ohne Kontakt zur Außenwelt, von Depressionen geplagt wurde. *»Ich saß häufig und konnte mir Gedanken über mein Schicksal machen (...) War das nun Schicksal und Strafe des Himmels, dass ich in diesem wüsten Land einsam und verlassen mein Leben beenden sollte? Dann aber tröstete ich mich wieder. In allem Unglück war mir Glück beschieden worden. Ich hatte mein Leben gerettet und aus dem Schiff herausholen können, womit ich mir das Leben erhalten konnte.«*[82]

Diese Fähigkeit, Glück im Unglück sehen zu können, hat ihm das Leben gerettet. Man könnte zwar sagen, er habe sich selbst betrogen, indem er sich die Lage schönredete – aber hätte er sich seiner Mutlosigkeit hingegeben, wäre er in der Einsamkeit sehr schnell zugrunde gegangen.

Optimisten erleben genauso wie Pessimisten Belastungen, Niederlagen und Misserfolge. Aber sie sehen sie als Situationen, die nicht unbegrenzt andauern, und lassen sich in ihrer grundlegend positiven Haltung nicht irritieren. Sie bewahren ihre Selbstwirksamkeit und sind dadurch nicht so gefährdet, Gefühle des Kontrollverlusts und der Hilflosigkeit zu empfinden.

Meistens ist es nicht nur nützlicher, sondern auch gesünder, die Dinge optimistisch zu sehen. In den letzten Jahren ist die Forschung auf dem Gebiet der *Positiven Psychologie*, wie sich diese Richtung nennt, geradezu explodiert. Dabei wurde am intensivsten die Bedeutung des Optimismus für die psychische Gesundheit erforscht. Alle Studien bestätigen die Volksweisheit: *Der Optimist sieht an Türen die Klinken und Angeln, der Pessimist nur die Riegel und Schlösser.*[83] Eine positive Einstellung zum Leben geht erfahrungsgemäß auch mit größerer Selbstsicherheit einher – entsprechend geringer ist deshalb auch die Anfälligkeit für Depressionen.[84]

Die *positive Brille* ist auch die wirksamste Medizin zur Lebensverlängerung. Aus Studien geht hervor, dass diejenigen, die im mittleren Lebensalter eine positive Einstellung zum Alter offenbarten, im Schnitt 7,15 Jahre länger lebten als jene, die eine negative Sicht des Alters hatten.[85]

Eine lebensbejahende Einstellung ist außerdem ein Garant für mehr Lebensqualität und Lebenszufriedenheit im höheren Lebensalter. So wird in den Biografien von über hundertjährigen Menschen oft deren durchgehend positive und humorvolle Einstellung zum Leben deutlich. Ihre Vergnügtheit und Fröhlichkeit ließ sie sehr alt werden – und das Altwerden machte sie offenbar lustig.[86]

Doch woher kommt diese Einstellung? Manchen scheint sie in die Wiege gelegt zu sein, sie werden schon als Sonnenschein geboren. Andere lernen sie durch das Elternhaus, Erziehung und Bildung. Die Erkenntnis, dass eine positive Lebenseinstellung vermittelbar ist, hat sich das finnische Erziehungssystem zu eigen gemacht – positives Denken ist dort ein Schulfach.

Eine positive Einstellung hilft nicht nur, schwierige Situationen zu meistern, sie erleichtert auch den Umgang mit anderen Menschen. Dies weiß auch Notker Wolf: *»Ich habe nämlich die Erfahrung gemacht, dass man auch in hoffnungslosen Fällen etwas erreichen kann, wenn man Menschen mit unerschütterlichem Verständnis, das heißt so vorbehaltlos und unbefangen wie möglich, entgegentritt. Fast immer gelingt es dann, in Menschen und Verhältnissen doch noch ein positives Potenzial zu entdecken, so verborgen es auch sein mag.«*[87]

Zwar kann niemand in die Zukunft schauen, aber unser Blick wird auch hier durch unsere Denkhaltung beeinflusst. Leider sind viele Menschen so gepolt, dass sie das Negative eher für möglich halten als das Positive. Wer aber die Zukunftsentwicklung nur negativ sieht, muss die Zukunft erleiden. Wer hingegen positiv nach vorne schaut, kann sie offensiv angehen und gestalten. Der Optimist hat die Überzeugung, dass sich Probleme immer irgendwie lösen lassen. Meine Großmutter, geprägt von ihren Kriegserlebnissen, hat immer, wenn es schwierig wurde, gesagt: *»Es ging, als es gar nicht mehr ging. Warum sollte es nicht weitergehen?«*

Dankbarkeit: Lernen, das Selbstverständliche zu schätzen

Warum ist Dankbarkeit wichtig? Wofür sollten wir uns bedanken – und bei wem überhaupt? Dafür, dass unser sauer verdienter Wohlstand immer kleiner wird, wir real weniger verdienen als früher und unser Arbeitsplatz nicht mehr sicher ist? Dafür, dass wir ständig in Angst vor islamistischen Anschlägen leben, unsere Freiheit immer weiter eingeschränkt wird und die Gewalt in der Gesellschaft stetig zunimmt? Dafür, dass die Politiker und Wirtschaftsbosse nur noch für den Machterhalt kämpfen, in die eigene Tasche wirtschaften und unsere Probleme völlig aus dem Auge verlieren?

Diese Stammtischklagen hören wir leider allzu oft. Man könnte meinen, wir leben in einem Entwicklungsland, das keine Zukunft mehr vor sich hat. Und nicht – allem Krisengerede zum Trotz – in einem der wohlhabendsten Länder der Welt. Vielleicht müssen wir unseren Blickwinkel etwas ändern, um wieder schätzen zu können, was wir haben. Leider ist uns vieles zur Selbstverständlichkeit geworden. Wir haben uns an unseren Wohlstand gewöhnt und klagen auf sehr hohem Niveau.

Doch für was können wir dankbar sein? Meinhard Miegel ist der Auffassung, dass der Westen sich wenigstens gelegentlich seiner außerordentlichen Begünstigung durch die Natur und seines reichen kulturellen Erbes bewusst sein sollte: *»Die Völker des Westens leben zumeist in Regionen, die zu den schönsten und fruchtbarsten der Erde gehören. Gutes Wasser gibt es reichlich, und keiner braucht zu hungern. Das Klima ist im Allgemeinen gesund, angenehm und anregend. Sie achten die Würde des Menschen und dessen Freiheitsrechte. Sie verfügen über gut funktionierende Staats-, Rechts- und Sozialwesen. Der Schutz der Umwelt hat einen hohen Rang. Wissenschaft und Kunst blühen. Sie sind überaus produktiv. Sie erwirtschaften weit mehr als andere Völker und genießen einen historisch beispiellosen Massenwohlstand. Ihre Erwerbstätigkeit ist im internationalen Vergleich hoch. Ihre Länder haben zuverlässige und leistungsfähige Infrastrukturen. Niemand hat existenzielle Not. Sie sind arbeitsam, ideen- und erfindungsreich. Ihre Erwerbsbevölkerungen sind mehrheitlich gut qualifiziert. Viele ihrer Schulen und Universitäten haben ein hohes Niveau. Manche sind Weltspitze.«*[88]

Um sich die Relativität unserer Klagen vor Augen zu führen, ist auch das Gedankenspiel geeignet, das die ganze Menschheit auf ein Dorf mit 100 Einwohnern reduziert. Dieses wäre dann in etwa so zusammengesetzt: 70 von diesen hundert Einwohnern wären Analphabeten, 50 unterernährt, 80 hätten unzureichende Wohnverhältnisse, 6 würden etwa 60 Prozent des gesamten Reichtums besitzen und nur einer hätte einen akademischen Abschluss und einen PC.

Und da wir unsere Zufriedenheit ja immer im Vergleich zu den anderen messen, stehen wir ziemlich gut da, denn wir befinden uns schon auf der Sonnenseite, wenn wir genug zu essen haben, Kleidung zum Anziehen, eine geheizte Wohnung, gesund sind und lesen können.

Eigentlich müssten wir alleine dafür schon dankbar sein. Und doch sind wir es nicht, weder bei den großen noch bei den kleinen Dingen. Bei den meisten gehört das Wort *danke* weder zum Gedankengut noch zum Verhaltens- und Sprachrepertoire. Kein Wunder: Dankbarkeit wird nicht mehr vermittelt und nicht mehr vorgelebt. Das Gute, das einem widerfährt, ist selbstverständlich, das Schlechte Grund zu ausgiebiger Klage.

Wir müssen wieder lernen, dankbar zu sein. Damit ist aber nicht der alltägliche höfliche Reflex gemeint. Dankbarkeit ist ein tief empfundenes Gefühl, eine innere Haltung, eine besondere Perspektive auf die Umwelt. Wer dankbar sein kann, ist auch glücklicher und zufriedener.

So meint der österreichische Persönlichkeitspsychologe Willibald Ruch, der an der *Universität Zürich* den Zusammenhang zwischen Charakterstärken und Lebenszufriedenheit erforscht, dass Menschen, bei denen die Charakterzüge Hoffnung, Enthusiasmus, Bindungsfähigkeit, Neugier und Dankbarkeit besonders stark ausgeprägt sind, auch am zufriedensten seien.[89]

Mehr und mehr entdecken Psychologen die Dankbarkeit als wichtige psychologische Ressource. Der Begründer der *Positiven Psychologie*, Martin Seligmann, zählt die Dankbarkeit sogar zu den *signature strengths* – also zu jenen Basistugenden, die zum Markenzeichen einer Persönlichkeit werden können.

Auch Robert Emmons hat in seinen Forschungen nachgewiesen, dass dankbare Menschen zufriedener, glücklicher und sozialer seien als Personen, die sorgfältig alles Negative in ihrem Leben registrierten, das Positive aber übersähen. Dabei setze Dankbarkeit weder paradiesische Lebensumstände noch ein gefülltes Bankkonto voraus.[90]

Seiner Ansicht nach legen dankbare Menschen weniger Wert auf materielle Güter und messen ihren eigenen und den Wert anderer nicht an Besitz, Status und Erfolg. Sie sind nicht neidisch und teilen selbstverständlicher als Menschen, denen Dankbarkeitsgefühle eher fremd sind. Außerdem würden sie seltener unter depressiven Verstimmungen und Stresssymptomen leiden.

Menschen hingegen, die Dankbarkeit noch nicht als Ressource entdeckt haben, konzentrieren sich meist auf das, was sie nicht haben und was ihnen nicht gelingt – und erschweren sich damit zusätzlich ihr Leben. Schon Mitte der fünfziger Jahre beklagte der Psychologe Abraham Maslow: Wenn zu viele Menschen nicht zu schätzen wüssten, was sie haben, dann sei das eine wesentliche Ursache *»menschlichen Übels, menschlicher Tragödie und menschlichen Leidens«*. Würden die Menschen dagegen ihre *»Segnungen zählen«*, würde das *»das Leben sehr verbessern«*.[91]

Emmons hat festgestellt, dass es vor allem Menschen mit narzisstischen Persönlichkeitszügen schwerfällt, Dankbarkeit zu empfinden. Sie könnten dem, was sie haben, und anderen Menschen nur schwer Wertschätzung entgegenbringen. Sie kreisten zu sehr um sich selbst, hätten ein starkes Bedürfnis, bewundert zu werden. Und weil sie sich mit anderen vergleichen würden, neigten sie auch zu Neidgefühlen.[92]

Dankbarkeit ist zudem für das soziale Miteinander wichtig. Gäbe es sie nicht, wäre der Zusammenhalt einer Gesellschaft ernsthaft gefährdet. *»Dankbarkeit«*, so der Soziologe Georg Simmel, sei das *»moralische Gedächtnis der Menschheit«*, es erinnere die Bürger daran, dass sie aufeinander angewiesen seien.[93]

Leider gewöhnen wir uns sehr schnell an neue Dinge und Lebensumstände, die wir erreicht haben. Das neue Niveau wird schnell zum Normalzustand. Und weil wir *mehr* auch immer als *besser* interpretieren, können wir vieles nicht mehr schätzen.

Doch auch Dankbarkeit lässt sich lernen. So startete 2007 das *Zürcher Stärken Programm* (S.T.P.), bei dem die Probanden jeden Abend drei Dinge aufschreiben, die im Laufe des Tages positiv waren. Das Ergebnis: Der Geist, der sich normalerweise stärker an negative Ereignisse erinnert als an positive, kann mit dieser Methode überlistet werden – selbst wenn negative Vorfälle überwiegen.[94]

Allerdings macht es uns unsere Leistungsgesellschaft, in der sich jeder mit den anderen vergleicht, nicht leicht. Neid und Missgunst sind fast unvermeidliche Begleiterscheinungen. Auch die materialistische Ausrichtung unseres Wirtschaftssystems tut ihr Übriges – wenn immer nur Haben zählt, kann es nie genug geben. Dann bleibt für Dankbarkeit kein Platz.

Religiösen Menschen fällt es leichter, dankbar zu sein, als nichtreligiösen. Nicht nur weil Dankbarkeit von den Religionen schon immer gepriesen wurde, sondern weil die Danksagung ein wichtiger Bestandteil des Gebets ist und somit das Positive täglich vergegenwärtigt wird. Vielleicht sollten wir uns daran ein Beispiel nehmen und, genauso wie die Zürcher Trainingskandidaten, am Ende eines Tages darüber nachdenken, was uns Gutes widerfahren ist. So wird man mit der Zeit die positiven Anteile in seinem Leben bewusster wahrnehmen. Und derjenige, der lernt, tiefe Dankbarkeit zu empfinden, ist eher vor Enttäuschungen und Verbitterung geschützt, und auch Fehlschlägen wird viel von ihrer Kraft genommen.

FAZIT

In den vorangegangenen Teilen habe ich einen weiten Bogen gespannt, um die unterschiedlichen Aspekte und Faktoren, die unsere Identität ausmachen und auf sie einwirken, zu beleuchten. Zum Abschluss möchte ich die zentralen Gedanken und Erkenntnisse in stark gestraffter Form zusammenfassen und ergänzen.

Identität: Was unser Selbst bestimmt

Unsere Identität wird von unterschiedlichsten Einflüssen geprägt, die jeden Menschen zu einem einzigartigen und unverwechselbaren Individuum machen.

Schon von Geburt an verfügt unser Gehirn über ein Erfahrungswissen, das sich im Laufe der Evolution angesammelt hat und das unsere instinktiven Reaktionen und Verhaltensweisen steuert. Doch auch die Umwelt, mit der wir uns täglich aufs Neue auseinandersetzen, wirkt auf uns ein. Manche Einflüsse verarbeiten wir bewusst, das meiste jedoch dringt – von uns unbemerkt – nur in unser Unterbewusstsein. Aus diesen Erfahrungen und immer wieder erprobten und modifizierten Mustern entwickeln sich unsere individuellen Denkweisen, Handlungen und Verhaltensrepertoires.

Wenn wir beginnen, unsere Identität wahrzunehmen, ist sie – ohne dass wir sie bewusst maßgeblich beeinflusst hätten – in vielen Aspekten schon ausgebildet. Und obwohl wir uns permanent verändern, wird sie uns als Konstante unser ganzes Leben lang begleiten.

Dass sich dieses Gefühl für unser Selbst entwickelt, hat sich im Laufe der Evolution als sehr nützlich erwiesen: Es erlaubt uns, Zukunftspläne zu schmieden, eigene Interessen zu verfolgen, das Verhalten anderer in Bezug auf uns selbst zu beurteilen und das eigene Überleben sicherzustellen. Das Ich blickt auf seine Vergangenheit zurück, hat Vorstellungen von seiner Zukunft. Und es weiß: Ich war es gestern, ich bin es heute und werde es auch morgen sein. Dies gibt Sicherheit und Orientierung.

Unsere Identität grenzt uns auch von den anderen ab. Erst durch das Bekenntnis zum Ich werden wir für die anderen als Individuum erkennbar. Wir können mit ihnen in Beziehung treten und Gemeinschaften bilden, denn nur in ihnen ist der Mensch überlebensfähig. Gemeinschaften machen ihren Mitgliedern einerseits Angebote, mit denen sie sich identifizieren können, andererseits verlangen sie die Einhaltung bestimmter Gesetze und Normen, um das Zusammenleben zu regeln.

Das Individuum seinerseits bietet Identitätsentwürfe an, erhält Reaktionen von seinem Umfeld und modifiziert sie bis zur Passung. Bei zu geringer Anpassung an die Gruppe droht der Ausschluss, ist sie zu groß, geht die eigene Identität verloren. So wird die Identitätsentwicklung zu einer Gratwanderung zwischen der Verwirklichung der eigenen Individualität und der Anpassung an die Gemeinschaft.

Um auf Dauer in einer Gemeinschaft bestehen zu können, muss das Gruppenmitglied Verhaltenssicherheit gewährleisten können. Das bedeutet, dass es auch innerlich mit sich übereinstimmen sollte, um für andere einschätzbar und somit auch vertrauenswürdig zu werden.

Mit dem Entstehen der Gruppenidentität, also geteilten Normen und Werten, werden konkurrierende Gruppen automatisch als anders und damit unter Umständen auch als für die eigene Gruppe gefährlich wahrgenommen. Dieses Prinzip von Anpassung und Abgrenzung hat den stärkeren Gruppen über Jahrtausende das Überleben und den Machterhalt gesichert, es führte aber auch zu Kriegen zwischen Stämmen und Völkern, zu Rassenhass, ethnischen Säuberungen und Nationalismus. Und einmal gelernte Vorurteile gegenüber anderen – wer auch immer als solcher definiert wird – dringen tief ins kollektive Bewusstsein und sind schwer wieder abzubauen.

Die Verortung des Selbst in der Gesellschaft erfolgte in der Vergangenheit in erster Linie durch die Zugehörigkeit zu Klassen, Rassen, Nationen und dem Geschlecht. *»Wenn man seine Klasse kannte, kannte man seinen Platz im gesellschaftlichen Universum. Wenn* *man seine Rasse kannte, kannte man seine rassische Position innerhalb der großen Rassen der Welt (...) Wenn man sein Geschlecht kannte, konnte man sich in den umfassenden gesellschaftlichen Kategorien von Mann und Frau einordnen. Wenn man seine nationale Identität kannte, wusste man sicherlich von der Hackordnung des Universums.«*[1]

Der Einzelne war Teil einer vorgegebenen Sozialordnung. Er war unter anderem in Schichten, Zünfte, Konfessionen, Landsmannschaften, Sippen oder Familien eingebunden, die ihre fest gefügten Weltanschauungen hatten und allgemeinverbindlich vorgaben, was richtig und falsch und auf welche Weise das Leben zu führen war.

Das Individuum hatte sich der Gemeinschaft unterzuordnen, die jeweilige Autorität – ob Gott, Staat, Führer, Lehrer oder Vater – zeigte, wo es langging. So zog der Einzelne seine Identifikation nicht aus sich selbst, sondern aus der Gemeinschaft der Gleichen. Die individuelle Freiheit war dadurch zwar begrenzt, die Sicherheit, den richtigen Weg einzuschlagen, aber umso größer.

Identitätsfindung: Die Verortung wird schwieriger

Zwei Entwicklungen zerstörten die traditionelle Ordnung: die Globalisierung und die Individualisierung. Während vor der Globalisierung unterschiedliche Ideen und Systeme geografisch getrennt existierten und nicht in Konkurrenz zueinander standen, hat sich die Lage mit den erhöhten Mobilitätsforderungen und zunehmenden Migrationsströmen erheblich gewandelt: Die anderen sind nicht mehr woanders, sondern plötzlich mitten unter uns, ihre Weltanschauungen, Wertvorstellungen, religiösen Ansichten und Rollenmodelle stehen neben unseren und wollen als gleichwertig anerkannt oder zumindest toleriert werden.

Dieses gleichzeitige Nebeneinander unterschiedlichster Vorstellungen und Lebensstile relativiert die bislang gültigen Kategorisierungen und (Vor)Urteile und bringt sie durcheinander. Mit der Individualisierung werden auch die herkömmlichen Vorstellungen und Traditionen der Gemeinschaften hinterfragt und lösen sich zunehmend auf: Nicht nur die Nation wird als soziales Konstrukt entlarvt, auch die Unterschiede zwischen Rassen und Geschlechtern entpuppen sich als Zuschreibungspraktiken der Herrschenden beziehungsweise als nur erlernte Rollenmuster.

Auch die Bedeutung der Familie, die unsere Identität maßgeblich prägt, hat sich gewandelt. Da die Ehe keine ökonomische Notwendigkeit mehr ist, hat sie ihren hohen gesellschaftlichen Stellenwert eingebüßt. Zwar sind viele alternative Formen des Zusammenlebens entstanden, sie können aber nicht alle die Sehnsucht nach Halt und Geborgenheit erfüllen.

Im Zuge der Globalisierung bröckelt auch eine weitere Säule der Identität – die Arbeit. Der mögliche Verlust des Arbeitsplatzes macht viele unsicher und ängstlich, denn Arbeit sichert nicht nur unsere Existenz und gesellschaftliche Teilhabe, wir definieren uns auch in hohem Maße über sie und sie stiftet uns Sinn.

Darüber hinaus haben ideelle und übergreifende, die Gemeinschaft konstituierende Rahmen weitgehend ausgedient: Die Religionen büßen im scheinbar gleichwertigen Nebeneinander verschiedenster Wert- und Moralvorstellungen ihren Alleinvertretungsanspruch ein – anstelle des *einzig Wahren* steht heute beliebiges Patchwork. Und die rigiden Ideologien mit ihren verbindlichen Wahrheiten und Patentrezepten haben sich als Illusion entpuppt und in ihrer realen Umsetzung im Alltag versagt.

Seit der Aufklärung setzen wir verstärkt darauf, dass uns auch die Wissenschaften neue Welt- und Ich-Erklärungen liefern. Zwar werden unsere Außen- und Innenwelt bis in den letzten Winkel durchforscht und vermessen, doch mit der steigenden Flut der Entdeckungen wird die Erklärung ihrer Sinnhaftigkeit und vor allem ihres Zusammenwirkens immer komplexer und auch die Widersprüche nehmen zu. Bislang haben die Naturwissenschaften das Rätsel Mensch noch nicht entschlüsselt und sind uns ein allgemeinverbindliches Ich-Modell schuldig geblieben.

Während die Ausbildung der persönlichen Identität in den alten Gesellschaften weitgehend sozial und kulturell vorgeprägt war, wird sie heute dem Einzelnen als Eigenleistung abverlangt. Da wir aber in einer extrem veränderten Gesellschaft nicht mehr auf die Weise unserer Väter leben können und uns wichtige Identitätsanker wie Rasse, Klasse, Nation, Geschlecht oder Arbeit weitgehend verloren gegangen sind, macht sich Orientierungslosigkeit breit. Dazu trägt auch die zunehmende Unübersichtlichkeit der Welt bei. Denn wo alles gleichwertig nebeneinandersteht, wird auch alles gleich viel oder wenig wert und somit relativ. Durch die globalen Verflechtungen und gegenseitigen Abhängigkeiten werden die Folgen von Entscheidungen unabsehbar, und kaum jemand weiß, ob und wie Entwicklungen überhaupt noch zu beeinflussen sind. Dies überfordert uns. Der Kontrollverlust gibt uns das Gefühl zunehmender Fremdbestimmtheit.

Identität heute: Bestimmt unser Selbst?

Dass die Frage *Wer bin ich?* in einer Gesellschaft, die in eine Vielzahl widersprüchlicher Lebensformen, Werte und Sinnwelten zersplittert ist, schwieriger zu beantworten und belastender geworden ist als früher, steht außer Zweifel. Nach Ansicht vieler Psychologen und Soziologen werden die klassischen Identitätsmodelle, die unter Identität ein einheitliches, eindeutiges, lebenslang gültiges Selbstbild verstehen, den veränderten Verhältnissen nicht mehr gerecht. Die Erfahrung einer pluralisierten und widersprüchlichen Alltagswelt erzwinge eine Haltung, für die ein Identitätszwang und das Streben nach Eindeutigkeit nur Fesseln wären.[2]

Wir sind also gefordert, eine flexible oder *»multiple Identität«* (Fritz) zu entwickeln, bei der Identität kein innerer Besitzstand mehr ist, sondern zu einer offenen, prinzipiell unabschließbaren *»alltäglichen Identitätsarbeit«* (Keupp), einer *»permanenten Passungsarbeit zwischen inneren und äußeren Welten«* wird. Keupp sieht in dieser veränderten Art, seine Identität zu entwickeln, einen *»Zugewinn kreativer Lebensmöglichkeiten«* und einen Prozess der Selbstorganisation, der gelungene, oft überraschende Verknüpfung von Lebensmustern, Stilelementen und Sinnangeboten zu einem Sinnganzen ermögliche.[3]

Doch diese Selbstorganisation fällt nicht jedem leicht. Denn sie ist, wie der Begriff *Arbeit* schon impliziert – mitunter sehr mühsam. Viele flüchten deshalb lieber in die Unverbindlichkeit. Denn wer sich zu nichts bekennt, wird auch zu nichts verpflichtet und kann sich alle Optionen offenhalten. Baumann beschreibt mit seinem *»Touristen«* einen Prototypen der postmodernen Lebensstrategie: Er sei rastlos auf der Jagd nach Genuss und Lebensglück, wechsele ständig die Orte und benehme sich als Durchreisender, der aus Angst vor zu viel Nähe den Einheimischen nicht zu nahe käme. Eine dauerhafte, fest gefügte Identität wäre für ihn eine Belastung. *»Der Angelpunkt der postmodernen Lebensstrategie ist nicht, eine Identität zu fundieren, sondern eine Festlegung zu vermeiden.«*[4]

Es gibt auch andere Strategien. Sie nutzen die neue Freiheit, doch leider verstehen sie diese falsch. Denn in der heutigen Gesellschaft, in der wir zunehmend von außen durch Markt und Medien gesteuert werden, wird Freiheit mit der Freiheit, aus verschiedenen Konsum- und Unterhaltungsangeboten auswählen zu können, gleichgesetzt. So wird das Sein zum Haben. Selbst übergeordnete Ideale von Glück, Erfolg und Sinn reduzieren sich auf rein materialistische Aspekte, weil sie so leichter nur mit dem Geldbeutel zu realisieren sind. Die Folge: Wir führen unser Leben nicht, wir werden dazu verführt.

Die heutige Multioptionsgesellschaft bietet uns zudem so viele Möglichkeiten, dass wir gar nicht mehr wissen, was wir wollen sollen. Viele fühlen sich überfordert, die Option der Freiheit wird schnell zur Last. Dazu kommt die permanente Angst, womöglich falsch gewählt oder ein besseres Angebot verpasst zu haben. Als Ausweg bietet sich die Anpassung an den herrschenden Mainstream.

So entstehen entweder austauschbare und oberflächliche Massenidentitäten oder *»Bastelexistenzen«* (Hitzler/Hohner), aus denen sich *»Patchworkidentitäten«* (Keupp) entwickeln, die mehr schlecht als recht aus den unterschiedlichsten Versatzstücken und Sinnangeboten der Gesellschaft zusammengenäht sind. Diese Formen zeigen aber lediglich, dass ihr Eigner sich der Schwäche seiner Identität im Inneren bewusst ist und sich verkleidet, um kein Niemand zu sein. Die verbreitete Verunsicherung, was Identität heute ausmacht, und die Mühe, die damit verbunden ist, einen eigenen Weg zu finden, spielen allen möglichen *Selfness*-Experten in die Hände: Man lässt sich lieber von ihnen sagen, wer und wie man denn sein solle.

Wir können uns unsere Identität zurückerobern

Diese Verunsicherung ist in einer Zeit, in der nur die Ungewissheit gewiss ist, nachvollziehbar. Trotzdem können wir unseren eigenen Weg gehen und uns unsere Identität zurückerobern. Denn wir sind weder gezwungen, uns dem Mainstream anzupassen, noch sind wir so determiniert, wie uns einige Wissenschaftler das glauben machen wollen.

Zwar sind wir durch Anlagen und Kindheitserfahrungen vorgeprägt, aber nur bis zu einem gewissen Grad. Durch entsprechende

Umweltbedingungen und Lernen können wir durchaus neue Wege einschlagen. Bildlich könnte man sich unsere Gene als Tastatur eines Klaviers vorstellen und die Umwelt als Pianist. Je nach Pianist werden dann beim Spiel des Lebens unterschiedliche Tasten angeschlagen – oder auch nicht. Die Entwicklungspsychologin Ursula Staudinger vergleicht unsere Persönlichkeit mit einer *»Knetmasse«* aus der sich vieles modellieren ließe. [5]

Freiheit erlangen wir auch durch die Neuroplastizität unseres Gehirns: Seine Veränderbarkeit ermöglicht uns eine Weiterentwicklung bis ins Alter. Je mehr wir es einsetzen, desto mehr Nervenbahnen entwickeln sich und umso leistungsfähiger wird es. So ist unser Gehirn quasi das Resultat seiner Benutzung.

Zudem haben wir neben unserem (relativ) freien Willen, die Möglichkeit, uns durch bewusste Reflexion und die Änderung von Einstellungen und Denkweisen einen höheren Freiheitsgrad zu erarbeiten und dadurch mehr zum eigenständigen Selbst zu finden. Der Begriff der flexiblen Identität bedeutet ja nicht (wie man ihn vielleicht missverstehen könnte), sich einfach allem unreflektiert zu unterwerfen, nur weil der Markt oder die Gesellschaft dies verlangen. Gefordert ist nicht der Persönlichkeitstypus des *»wendigen und vollmobilen Selbstvermarkters«*. Dieser versinnbildlicht nur *»die spannungs- und widerstandslos ins globale System der deregulierten Marktökonomie eingepassten Sozialcharaktere der Spätmoderne. (...) Sie sind Metaphern beschädigter Identität, nicht autonomer Lebensgestaltung«*.[6]

Um unserem Ich auf die Spur zu kommen, gilt es zu hinterfragen, welche Einflüsse uns so gemacht haben, wie wir sind. Sind wir nur Getriebene oder waren wir selbst treibende Kraft? Versuchen wir die internalisierten Muster, die uns prägen, zu erkennen oder trotten wir einfach weiter wie die Schafe durchs Gatter? Vergewaltigen uns die Rollen, die wir spielen, oder erfüllen sie uns? Entsprechen die Vorstellungen vom Sinn des Lebens, vom Glück, vom Erfolg unseren eigenen oder nur denen von Familie oder Gesellschaft? Erarbeiten wir uns unser eigenes, kritisches Bild der Welt oder lassen wir uns mit manipulierten Infotainmenthäppchen abspeisen und sedieren?

Wir müssen an uns arbeiten, bereit dazu sein, uns selbst, unsere Erkenntnisse, Denkhaltungen und Motivationen immer wieder infrage zu stellen. Und offen die Rückmeldungen aus unserer Umwelt aufnehmen und darüber reflektieren.

Außerdem benötigen wir ein hohes Maß an Toleranz, denn in einer zusammenwachsenden Welt werden die Menschen zukünftig nicht mehr gegen-, sondern verstärkt miteinander arbeiten. Toleranz entsteht aber nur, wenn wir unsere sozialen Kompetenzen stärken: Wenn wir lernen, wie man sich mitteilt und zuhört, wie man Konflikte erkennt und konstruktiv bewältigt und wie man mit seinen Gefühlen und Affekten umgeht, ohne andere vor den Kopf zu stoßen. Wir müssen andere Kulturen bewusst wahrnehmen, andere Traditionen und Lebensentwürfe akzeptieren und anerkennen. Nur so können wir tief verwurzelte Vorurteile abbauen, erkennen, dass *anders* nicht gleichbedeutend mit bedrohlich ist, sondern unsere eigene Persönlichkeit ergänzen und bereichern kann.

Wenn wir unsere Identität zurückerobern wollen, müssen wir uns auch bewusst werden, dass wir *einer* sind. Auch wenn Richard David Precht mit seinem populären Bestseller *Wer bin ich? Und wenn ja wie viele?* selbst nicht unbedingt in diese Richtung denkt, scheint er doch missverstanden zu werden: Einige nehmen das *Ich bin viele* als bequeme Rechtfertigung dafür, innere Widersprüchlichkeiten weder zu hinterfragen noch zu verarbeiten. *Ich bin halt so* zu sagen ist schließlich einfacher als sein Verhalten zu ändern. Da jeder Mensch aber nur *einer* ist, hat er auch nur *eine* Identität. Es geht also auch in der heutigen Zeit nach wie vor noch darum, widerstreitende Triebe, Strömungen, Motive und Emotionen in einer Persönlichkeit zu integrieren, ohne dass diese auseinanderbricht.

Wenn wir unsere Identität zurückerobern wollen, benötigen wir auch eine Fähigkeit, die der Sozialphilosoph Oskar Negt als *Identitätskompetenz*[7] bezeichnet hat. Dies bedeutet einerseits, sich mit sich selbst zu identifizieren, dabei aber eine reflektierte Haltung gegenüber sich selbst einzunehmen. Andererseits, sich selbst eigensinnig in gesellschaftlichen und politischen Zusammenhängen zu positionieren. Selbstidentifikation und Positionierung stehen dabei aber unter dem Vorbehalt, stets vorläufig und unabschließbar zu sein.

Solche Persönlichkeiten, die autonom nach eigenen Überzeugungen handeln, passen in keine Schablone, sie unterwerfen sich nicht den Uniformierungszwängen der Gesellschaft. Sie lassen sich nicht zum Massenmenschen machen, denn sie wissen, wer sie sind und was sie wollen.

So gesehen hat Theodor W. Adorno[8] recht: Er bezeichnet das Nichtidentische als das eigentlich Identische.

ANMERKUNGEN

Einleitung

1 Nuber, U.: *Die neue Leichtigkeit des Seins. 10 Wege aus dem Alltagsblues.* Bern 2003, Seite 32

I. Identität

1 Büscher, W.: *Der Limes-Effekt.* In: *Die Zeit* Nr. 42/2005
2 vgl. Hobbes, T.: *Grundzüge der Philosophie. Erster Teil. Lehre vom Körper*
3 Die Bibel, *Apostelgeschichte*, Kapitel 9: *Die Bekehrung des Paulus*, Vers 21
4 vgl. Erikson, E. H.: *Identität und Lebenszyklus.* Frankfurt/M. 1973
5 Frey, H. P./Haußer, K.: *Identität.* 1987, Seite 21
6 vgl. Krappmann, L.: *Soziologische Dimensionen der Identität.* 1993
7 Greverus, I.-M.: *Die anderen und ich.* Darmstadt 1995, Seite 219
8 vgl. Mead, G. H.: *Geist, Identität und Gesellschaft.* 1998
9 Keupp, H.: *Diskursarena Identität: Lernprozesse in der Identitätsforschung.* In: Keupp, H./Höfer, R. (Hrsg.): *Identitätsarbeit heute.* Frankfurt/M. 1997, Seite 167
10 Fritz, J.: *Ich chatte also bin ich. Virtuelle Spielgemeinschaften zwischen Identitätsarbeit und Internetsucht.* In: www.bpb.de/themen/YBL3QW.html Hrsg.: Bundeszentrale für politische Bildung, 2005, Seite 7
11 Geo Themenlexikon Band 12: *Psychologie.* Mannheim 2007
12 Prinzbach, C.: *Kann sein, dass man seine Identität immer wieder umbauen muss.* In: *Biss* Nr. 1/2001
13 *Die Schimpansen der Lüfte.* In: *PM* Nr. 5/2009
14 *Wer ist Ich?* 3sat vom 11.3.2009 URL: http://www.3sat.de/neues/sendungen/magazin/131875/index.html
15 Siefer, W./Weber, C.: *Ich. Wie wir uns selbst erfinden.* Frankfurt/M. 2006, Seite 254
16 Siefer, W./Weber, C.: *ebenda*, Seite 251
17 Siefer, W./Weber, C.: *ebenda*, Seite 263
18 Spitzer, M.: *Vorsicht Bildschirm! Elektronische Medien, Gehirnentwicklung, Gesundheit und Gesellschaft.* München 2006, Seite 102
19 *Hirntraining: So bleibt Ihr Geist topfit.* In: *Bunte* Nr. 33/2008
20 Roth, G.: *Die permanente Selbsttäuschung. Über die Schwierigkeit, sich selbst zu verstehen.* In: *Psychologie heute* Nr. 9/2007
21 Siefer, W./Weber, C.: *Ich. Wie wir uns selbst erfinden.* Frankfurt/M. 2006, Seite 125ff.
22 *Hirntraining: So bleibt Ihr Geist topfit.* In: *Bunte* Nr. 33/2008
23 Fritz, J.: *Ich chatte also bin ich. Virtuelle Spielgemeinschaften zwischen Identitätsarbeit und Internetsucht.* In: www.bpb.de/themen/YBL3QW.html Hrsg.: Bundeszentrale für politische Bildung, 2005, Seite 7
24 Eikelpasch, R./Rademacher, C.: *Identität.* Bielefeld 2004, Seite 77
25 Hall, S.: Rasse, *Artikulation und Gesellschaften mit struktureller Dominante.* In: *Ders.: Ausgewählte Schriften*, Bd. 2, Hamburg: Argument, Seite 45
26 Meffert, H./Burmann, C./Koers, M. (Hrsg.): *Markenmanagement. Grundfragen der identitätsorientierten Markenführung.* Wiesbaden 2002, Seite 41
27 Geo Themenlexikon Band 13: *Psychologie.* Mannheim 2007, Seite 672f.
28 zitiert nach Ritzel, A.: *Der Schatten des Schwans.* Lengwil 1999, Seite 107
29 Strassmann, B.: *Bonds Mottenkiste.* In: *Die Zeit* Nr. 42/2005

30 Watzlawick, P.: *Anleitung zum Unglücklichsein.* München 1983, Seite 37
31 Opaschowski, H. W.: *Das Moses-Prinzip. Die 10 Gebote des 21. Jahrhunderts.* Gütersloh 2006, Seite 157
32 Wolf, N.: *Worauf warten wir? Ketzerische Gedanken zu Deutschland.* Reinbeck 2006, Seite 193
33 Geo Themenlexikon Band 12: *Psychologie.* Mannheim 2007, Seite 140
34 Krappmann, L.: *Die Identitätsproblematik nach Erikson aus einer interaktionistischen Sicht.* In: Keupp,H./Höfer, R. (Hrsg.): *Identitätsarbeit heute.* Frankfurt 1997, Seite 79
35 Haußer, K.: *Identitätspsychologie.* Heidelberg 1995, Seite 25
36 Haußer, K.: *ebenda,* Seite 25
37 Haußer, K.: *ebenda,* Seite 17
38 Geo Themenlexikon Band 13: *Psychologie.* Mannheim 2007, Seite 677
39 *Bunte* Nr. 51/2006
40 Keupp, H.: *Diskursarena Identität: Lernprozesse in der Identitätsforschung.* In: Keupp, H./Höfer, R. (Hrsg.): *Identitätsarbeit heute.* Frankfurt/M. 1997, Seite 167

II. Umwelt und Gesellschaft

1 Becker, M.: *150 Jahre Evolutionstheorie: Ist Darwin gescheitert?* In: *Spiegel Online* vom 19.1.2009. http://www.spiegel.de/wissenschaft/natur/0,1518,601661,00.html
2 *Nichts bleibt je, wie es ist. Ein Gespräch mit dem Zürcher Historiker Philipp Sarasin.* In: *Die Zeit* Nr. 3/2009
3 Reichholf, J. H.: *Die Macht des Wandels.* In: *Die Zeit* Nr. 39/2008
4 Schmitt, S.: *Evolution und Schöpfung: Papst weist Naturwissenschaft in die Schranken.* In: *Spiegel Online*, April 2009; http://www.spiegel.de/wissenschaft/mensch/0,1518,476820,00.html
5 vgl. Bauer, J.: *Das kooperative Gen: Abschied vom Darwinismus.* Hoffmann und Campe, Hamburg 2008
6 Blech, J.: *Im Bann der Steinzeit.* In: *Der Spiegel* Nr. 6/2009
7 vgl. de Waal, F.: *Primaten und Philosophen: Wie die Evolution die Moral hervorbrachte.* München 2008
8 Neffe. J.: *Danke Darwin!* http://www.zeit.de/2009/02/N-Darwin-Biografie
9 Lubbadeh, J.: *Homo sapiens: Wir revolutionieren unsere Evolution.* In: *Spiegel Online* vom 4.2.2009 http://www.spiegel.de/wissenschaft/mensch/0,1518,605062,00.html
10 Lubbadeh, J.: *ebenda*
11 vgl. Elias, N.: *Die Gesellschaft der Individuen.* Frankfurt/M. 2001
12 *Stern* Nr. 47/2006
13 Bolz, N.: *Die Sinngesellschaft.* Düsseldorf 1997, Seite 12
14 Miegel, M.: *Epochenwende.* Berlin 2005, Seite 104
15 *Mittelstand profitiert von EU.* In: *Münchner Merkur* Nr. 155/2007
16 vgl. Huntington, S. P.: *The Clash of Civilizations and the Remaking of World Order.* New York 1998
17 vgl. Noelle-Neumann, E./Petersen, T.: *Allensbach-Analyse: Eine fremde, bedrohliche Welt.* 2006

18 vgl. Breidenbach, J./Zukriegel I.: *Widersprüche der kulturellen Globalisierung: Strategien und Praktiken.* In: *Aus Politik und Zeitgeschichte*, Band 12/2002
19 Salins, M.: *Cosmologies of Capitalism: The Trans-Pacific Sector of the World System. In: Proceedings of the British Academy*, 74. 1989, Seite 1-51
20 Brost, M./Dausend, P.: *Überflieger oder Pleitegeier.* In: *Die Zeit* Nr. 10/2009
21 vgl. Kromphart, J.: *Konzeptionen und Analysen des Kapitalismus. Von seiner Entstehung bis zur Gegenwart.* Stuttgart 2004
22 http://religion.orf.at/projekt02/news/0409/ne040929_lehmann.htm
23 vgl. Ende, M.: *Momo.* Stuttgart 1973
24 Gleick, J.: *Schneller! Eine Zeitreise durch die Turbo-Gesellschaft.* New York 1999, München 2000, Seite 60
25 vgl. Levine, R.: *Eine Landkarte der Zeit. Wie Kulturen mit Zeit umgehen.* München 1998
26 Nuber, U.: *Die neue Leichtigkeit des Seins. 10 Wege aus dem Alltagsblues.* Bern 2003, Seite 48
27 Nuber, U.: *ebenda*, Seite 49
28 Milgram, S.: *The experience of living in cities.* In: *Science* 167/1970, Seite 1461ff.
29 Opaschowski, H. W.: *Das Moses-Prinzip. Die 10 Gebote des 21. Jahrhunderts.* Gütersloh 2006, Seite 136
30 Miegel, M.: *Epochenwende.* Berlin 2005, Seite 173f.
31 vgl. Lyons, J. O.: *The Invention of the Self.* Carbondale (Southern Illinois University Press) 1978
32 vgl. Elias, N.: *Die Gesellschaft der Individuen.* Frankfurt/M. 2001
33 vgl. Beck, U./Giddens, A./Lash, S.: *Reflexive Modernisierung – Eine Debatte.* 1996
34 *Die nächste Entwicklungsstufe ist der Narzissmus. Gespräch mit Jean M. Twenge.* In: *GDI Impuls* Nr. 3/2008
35 Weizsäcker, R. v.: *Verantwortung für die Stabilität des demokratischen Rechtsstaates.* In: *Verhandlungen des 56. Deutschen Juristentages.* Bd. II, München 1986, Seite 39
36 Noelle Neumann, E./ Petersen, T.: *Zeitenwende. Der Wertewandel 30 Jahre später.* In: *Aus Politik und Zeitgeschichte*, Bundeszentrale für politische Bildung (Hrsg.) Band 29/2001, Seite 15ff.
37 vgl. Deth, van, J. W.: *Wertewandel im internationalen Vergleich. Ein deutscher Sonderweg?* In: *Aus Politik und Zeitgeschichte*, Bundeszentrale für politische Bildung (Hrsg.) Band 29/2001, Seite 23ff.
38 Noelle-Neumann, E./Petersen, T.: *Zeitenwende. Der Wertewandel 30 Jahre später.* In: *Aus Politik und Zeitgeschichte*, Bundeszentrale für politische Bildung (Hrsg.) Band 29/2001, Seite 15ff.
39 vgl. Deth, van, J. W.: *Wertewandel im internationalen Vergleich. Ein deutscher Sonderweg?* In: *Aus Politik und Zeitgeschichte*, Bundeszentrale für politische Bildung (Hrsg.) Band 29/2001, Seite 30
40 Opaschowski, H. W.: *Das Moses-Prinzip. Die 10 Gebote des 21. Jahrhunderts.* Gütersloh 2006, Seite 81
41 *Der Spiegel* Nr. 51/1999, Seite 50ff.
42 Klages, H.: *Brauchen wir eine Rückkehr zu traditionellen Werten?* In: *Aus Politik und Zeitgeschichte*, Bundeszentrale für politische Bildung (Hrsg.) Band 29/2001, S. 7

43 Hepp, G. F.: *Wertewandel und bürgerschaftliches Engagement – Perspektiven für die politische Bildung.* In: *Aus Politik und Zeitgeschichte,* Bundeszentrale für politische Bildung (Hrsg.), Band 29/2001, Seite 31ff.
44 Klages, H.: *Brauchen wir eine Rückkehr zu traditionellen Werten?* In: *Aus Politik und Zeitgeschichte,* Bundeszentrale für politische Bildung (Hrsg.) Band 29/2001, S. 10
45 Opaschowski, H. W.: *Das Moses-Prinzip. Die 10 Gebote des 21. Jahrhunderts.* Gütersloh 2006, Seite 90
46 vgl. *Speyerer Werte- und Engagementsurvey* 1997
47 Hillmann, K.-H.: *Wertewandel. Ursachen, Tendenzen, Folgen.* Würzburg 2003, Seite 19
48 Schmidtchen, G.: *Wie weit ist der Weg nach Deutschland? Sozialpsychologie der Jugend in der postsozialistischen Welt.* Opladen 1997, Seite 364
49 Noelle-Neumann, E./Petersen, T.: *Zeitenwende. Der Wertewandel 30 Jahre später.* In: *Aus Politik und Zeitgeschichte,* Bundeszentrale für politische Bildung (Hrsg.) Band 29/2001, Seite 15ff.
50 Zukunftskomission Gesellschaft 2000 der Landesregierung Baden-Württemberg (Hrsg.): *Solidarität und Selbstverantwortung. Von der Risikogesellschaft zur Chancengesellschaft.* Stuttgart 2000, Seite 82
51 vgl. Bell, D.: *The coming of post-industrial society a venture of social forecasting.* New York 1973
52 vgl. Toffler, A.: *Future Shock.* New York 1970/1991
53 Lem, S.: *Wir stehen am Anfang einer Epoche, vor der mir graut.* http://www.heise.de/tp/r4/artikel/2/2048/1.html, 2006
54 Nuber, U.: *Die neue Leichtigkeit des Seins. 10 Wege aus dem Alltagsblues.* Bern 2003, Seite 45
55 Bolz, N.: *Die Sinngesellschaft.* Düsseldorf 1997, Seite 197
56 vgl. Schaar, P.: *Das Ende der Privatsphäre: Der Weg in die Überwachungsgesellschaft.* München 2007
57 Spitzer, M.: *Vorsicht Bildschirm! Elektronische Medien, Gehirnentwicklung, Gesundheit und Gesellschaft.* München 2006, Seite 3
58 Lissmann, C.: *Panorama Netzwelt.* In: *Wie das Internet unser Leben verändert.* Zeit Internet Spezial, April 2008
59 Hornig, F.: *Du bist das Netz.* In: *Der Spiegel* Nr. 29/2006
60 Ladurner, U.: *Bloggen mit dem Präsidenten.* In: *Wie das Internet unsere Gesellschaft verändert.* Zeit Internet Spezial, Mai 2008
61 Dröser, C./Buhr, P.: *Die Antwortmaschine.* In: *Wie das Internet unsere Kultur verändert.* Zeit Internet Spezial, Mai 2008
62 Hamann, G.: *Nackt unter Freunden.* In: *Wie das Internet unser Leben verändert.* Zeit Internet Spezial, April 2008
63 Hamann, G.: *Datengeiseln.* In: *Die Zeit* Nr. 9/2009
64 http://www.spiegel.de/netzwelt/web/0,1518,539890,00.html, 07.03 2008
65 vgl. Lessing, L.: *Code: Version 2.0.* Basic Books, 2007
66 Hornig, F.: *Du bist das Netz.* In: *Der Spiegel* Nr. 29/2006
67 Thamm, B. G.: *Die virtuelle Terror-Uni.* In: *Wie das Internet unsere Gesellschaft verändert.* Zeit Internet Spezial, Mai 2008
68 Hornig, F./Müller, M./Weingarten, S.: *Die Daten-Sucht.* In: *Der Spiegel* Nr. 33/2008

69 Neudecker, S.: *Jeder ist ein ... Star?* In: *Wie das Internet unsere Gesellschaft verändert.* Zeit Internet Spezial, Mai 2008
70 *Exhibitionismus leicht gemacht.* Interview mit Norbert Bolz. In: *Der Spiegel* Nr. 29/2006
71 Celko, M.: *Zeigs mir! Exhibitionismus als Jugend-Trend.* In: *GDI Impuls* Nr. 3/2008

III. Gehirn, Erfahrung und Persönlichkeit

1 Spitzer, M.: *Vorsicht Bildschirm! Elektronische Medien, Gehirnentwicklung, Gesundheit und Gesellschaft.* München 2006, Seite 71
2 May, K.: *Weihnacht.* Bamberg 1953, Seite 362
2 Spitzer, M.: *Vorsicht Bildschirm! Elektronische Medien, Gehirnentwicklung, Gesundheit und Gesellschaft.* München 2006, Seite 58f.
4 vgl. Gopnik, A./Meltzoff, AN/Kuhl, PK: *The Scientist in the Crib.* New York 1999
5 Spitzer, M.: *Vorsicht Bildschirm! Elektronische Medien, Gehirnentwicklung, Gesundheit und Gesellschaft.* München, 2006, Seite 57
6 Siefer, W./Weber, C.: *Ich. Wie wir uns selbst erfinden.* Frankfurt/M. 2006, Seite 65
7 Grolle, J./Thimm, K.: *Altern beginnt in der Wiege.* Interview mit Gerd Kempermann und Ulman Lindenberger. In: *Der Spiegel* Nr. 12/2007, Seite 153
8 Wegener, J.: *Warum immer ich? Schicksal. Eine Betriebsanleitung.* Berlin 2004, Seite 40
9 vgl. Rosch E./Lloyd B. L. (Hrsg.): *Cognition and Categorization.* 1978
10 Blank, A.: *Einführung in die lexikalische Semantik.* Tübingen 2001, Seite 48
11 Kloss, T./Mörchen, P./Naas, C.: *Ambiguitätstoleranz und Stereotypie. Fragebogenuntersuchung zum Zusammenhang zwischen den Konstrukten »Ambiguitäts(in)toleranz« und »Bedürfnis nach kognitiver Geschlossenheit«.* Fernuniversität Hagen, Institut für Psychologie, 2005, Seite 6
12 Chaplet, A.: *Caruso singt nicht mehr.* München 1998, Seite 275
13 Siefer, W./Weber, C.: *Ich. Wie wir uns selbst erfinden.* Frankfurt/M. 2006, Seite 9ff.
14 Luczak, H.: *Wie entsteht unsere Persönlichkeit?* In: Geo Themenlexikon Band 12: *Psychologie.* Mannheim 2007, Seite 420 ff.
15 Roth, G.: *Das Ich ist eine Einbahnstraße.* In: *Der Spiegel* Nr. 35/2007, Seite 124f.
16 Roth, G.: *ebenda*
17 Roth, G.: *ebenda*
18 *Das Gehirn ist eine Baustelle.* Gespräch mit Gerald Hüther. In: *Der Spiegel Wissen* Nr. 1/2009
19 *Die Ratio allein bewegt überhaupt nichts.* Der Philosoph Richard David Precht und der Hirnforscher Gerhard Roth über das Ich-Bewusstsein, die Willensfreiheit und die Schwierigkeit, sich zu ändern. In: *Der Spiegel Wissen* Nr. 1/2009
20 Luczak, H.: *Wie entsteht unsere Persönlichkeit?* In: Geo Themenlexikon Band 12: *Psychologie.* Mannheim 2007, Seite 432ff.
21 Luczak, H.: *ebenda*, Seite 378
22 *Das Gehirn ist eine Baustelle.* Gespräch mit Gerald Hüther. In: *Der Spiegel Wissen* Nr. 1/2009
23 *Die Ratio allein bewegt überhaupt nichts.* Der Philosoph Richard David Precht und der Hirnforscher Gerhard Roth über das Ich-Bewusstsein, die Willensfreiheit und die Schwierigkeit, sich zu ändern. In: *Der Spiegel Wissen* Nr. 1/2009

24 Luczak, H.: *Wie entsteht unsere Persönlichkeit?* In: Geo Themenlexikon Band 12: *Psychologie*. Mannheim 2007, Seite 383
25 Luczak, H.: *ebenda*, Seite 392
26 Luczak, H.: *ebenda*, Seite 393
27 http://www.philosophieverstaendlich.de/freiheit/aktuell/libet.html

IV. Prägende Faktoren

1 Kneissler, M.: *Bildung schützt nicht vor Gewissenlosigkeit. Wissenschaftler im Dritten Reich*. In: PM Nr. 6/2005, Seite 36
2 vgl. Wright, L.: *Twins*. 1997
3 Wegener, J.: *Warum immer ich? Schicksal. Eine Betriebsanleitung*. Berlin 2004, Seite 208f.
4 Rigos, A.: *Sind wir die Sklaven unserer Gene?* In: *GEO kompakt* Nr.7/2006, Seite 59
5 *Gedächtnis. DNA-Schlüssel zur Erinnerung*. In: *Der Spiegel* Nr. 12/2007, Seite 150
6 Blech, J.: *Bruch des bösen Zaubers*. In. *Der Spiegel* Nr. 32/2008, Seite 110f.
7 Linton Kwesi Johnson zitiert nach Lipsitz, G.: *Dangerous Crossroads*. 1999, Seite 166f.
8 Eikelpasch, R./Rademacher,C: *Identität*. Bielefeld 2004, Seite 87
9 Sontheimer, M.: *Lange braune Schatten*. In: *Spiegel spezial* Nr. 8/2006, Seite 57
10 Eikelpasch, R./Rademacher,C: *Identität*. Bielefeld 2004, Seite 81
11 Balibar, E./Wallerstein, I.: *Rasse Klasse Nation. Ambivalente Identitäten*. Hamburg 1990, Seite 28
12 vgl. Park, R. E.: *Race and Culture. Essays in the Sociology of the Contemporary Man*. Glencoe 1950
13 vgl. Räthzel, N./Kalpaka, A.: *Die Schwierigkeit nicht rassistisch zu sein*. Leer 1990
14 *Bayern 2, Radio Micro*, 17. Januar 2006
15 Schnurr, E.-M.: *Frauen sind auch nur Männer*. In: *Zeit Wissen* Nr. 1/2007
16 http://www.wdrde/tv/quarks/sendungsbeitraege/2005/0503/06_evolution.jsp. Sendung vom 03.05.2005
17 Sher, B./Smith, B.: *Ich könnte alles tun, wenn ich nur wüsste, was ich will.* München 2006, Seite 103
18 Schnurr, E.-M.: *Frauen sind auch nur Männer*. In: *Zeit Wissen* Nr. 1/2007
19 Eikelpasch, R./Rademacher,C: *Identität*. Bielefeld 2004, Seite 98
20 vgl. Bourdieu, P.: *Die männliche Herrschaft*. In: Dölling, I./Krais, B. (Hrsg.): *Ein alltägliches Spiel. Geschlechterkonstruktion in der sozialen Praxis*. Frankfurt/M. 1997, Seite 153f.
21 Seidler, V. J.: *Rejection, Vulnerability and Friendship*. In: Nardi, Peter M. (Hrsg.): *Men's Friendship*. London, Seite 18
22 Metz-Göckel, S./Müller, U.: *Der Mann. Die Brigitte Studie*. Weinheim, Basel 1986, Seite 158
23 vgl. Herman, E.: *Das Eva-Prinzip. Für eine neue Weiblichkeit*. München 2006
24 Möbius, P. J.: *Über den physiologischen Schwachsinn des Weibes*. 8 ver. Aufl. von 1905. Berlin 1990, Seite 34
25 Nuber, U.: *Die neue Leichtigkeit des Seins. 10 Wege aus dem Alltagsblues*. Bern 2003, Seite 40

26 *Deutsche Frauen verdienen 22 Prozent weniger als Männer.* In: http://magazine.web.de/de/themen/beruf/karriere/6074476, 09.06.2008
27 Holzer, K.: *Die Reifeprüfung.* In: *Focus* Nr.12/2007, Seite 44f.
28 vgl. Lebert, A./Lebert, S.: *Anleitung zum Männlichsein.* Frankfurt 2007
29 Pützer, T.: *Was bleibt vom Mann?* In: *Matador* Nr. 4/2007
30 Nuber, U.: *Die neue Leichtigkeit des Seins. 10 Wege aus dem Alltagsblues.* Bern 2003, Seite 100f.
31 Schnurr, E.-M.: *Frauen sind auch nur Männer.* In: *Zeit Wissen* Nr. 1/2007
32 Boswell, J.: *Christianity, Social Tolerance, and Homosexuality.* Chicago/London 1980, Seite 58f.
33 *Es ist nicht mein Gesicht.* In: *Münchner Merkur* Nr. 156/2007
34 http://www.wdr.de/themen/politik/1/hart_aber_fair/faktencheck_080604/index.jhtml, 04.06.2008
35 *American Economic Review.* Vol 84, Dec. 1994, pp 11741194
36 http://www.wdr.de/tv/quarks/sendungsbeitraege/2008/0805/004_schoen.jsp, 05.08.2008
37 *Schönsein verschafft Vorteile.* In: http://magazine.web.de/de/themen/beruf/karriere/ aktuell/5462426, 27.02.2008
38 http://www.wdr.de/tv/quarks/sendungsbeitraege/2008/0805/004_schoen.jsp, 05.08.2008
39 Oberhuber, N.: *Erfahrung verzweifelt gesucht.* In: *Die Zeit* Nr. 38/2006
40 Pötzl, N. F.: *Handeln statt jammern.* In: *Spiegel Special* Nr. 8/2006, Seite 13
41 Pötzl, N. F.: *ebenda*, Seite 11
42 Pötzl, N. F.: *ebenda*, Seite 13
43 Pötzl, N. F.: *ebenda*, Seite 15f.
44 Wolf, M.: *Jung zu sein ist anstrengend.* In: *Spiegel Special.* Nr. 8/2006, Seite 34
45 Seidl, C.: *Schöne junge Welt.* München 2005, Seite 180
46 vgl. Wilde, O.: *Das Bildnis des Dorian Gray.* Berlin 1928
47 Pötzl, N. F.: *Die Rushhour des Lebens.* In: *Spiegel Special* Nr. 8/2006, Seite 64
48 vgl. Breitscheidel, M.: *Abgezockt und totgepflegt. Alltag in deutschen Pflegeheimen.* Berlin 2005
49 vgl. Gold, S. J.: *Ontogeny and Phylogeny.* Cambridge 1977
50 vgl. Diamond, J.: *Der dritte Schimpanse.* Frankfurt/M. 1994
51 Seidl, C.: *Schöne junge Welt. Warum wir nicht mehr älter werden.* München 2005, Seite 36f.
52 Pötzl, N. F.: *Handeln statt jammern.* In: *Spiegel Special* Nr. 8/2006, Seite 18
53 Harrison, R. P.: *Wie alt sind wir?* In: *Merkur*, September/Oktober 2001
54 Nuber, U.: *Die neue Leichtigkeit des Seins. 10 Wege aus dem Alltagsblues.* Bern 2003, Seite 117
55 Geo Themenlexikon Band 12: *Psychologie.* Mannheim 2007, Seite 140
56 Wüsthof, A.: *Gehirn im Ausnahmezustand.* In: *Die Zeit* Nr. 42/2006
57 vgl. Berk, L. E.: *Entwicklungspsychologie.* 3. aktualisierte Auflage, München 2005
58 vgl. Berk, L. E.: *ebenda*
59 vgl. Willenbrock, H.: *Das rätselhafte Alter.* In: Geo Themenlexikon Band 12: *Psychologie.* Mannheim 2007, Seite 456ff.
60 Willenbrock, H.: *ebenda*
61 Willenbrock, H.: *ebenda*

62 vgl. Wüsthof, A.: *Gehirn im Ausnahmezustand.* In: *Die Zeit* Nr. 42/2006

63 vgl. Berk, L. E.: *Entwicklungspsychologie.* 3. aktualisierte Auflage, München 2005

64 www.bpb.de/wissen/NHXRDM,0,Entwicklung_der_Scheidungsrate.html

65 *Deutschland nur Mittelmaß.* Internationaler *Unicef*-Bericht zur Situation der Kinder in Industrieländern. www.unicef.de/4264.html

66 vgl. Beck-Gernsheim, E.: *Was kommt nach der Familie? Einblicke in neue Lebensformen.* München 1998

67 Sher, B./Smith, B.: *Ich könnte alles tun, wenn ich nur wüsste, was ich will.* München 2006, Seite 22f.

68 Eberle, U.: *Das Erbe der Eltern.* In: *Geo Wissen* Nr. 43/2009

69 Schirrmacher, F.: *Minimum. Vom Vergehen und Neuentstehen unserer Gemeinschaft.* München 2006, Seite 7ff.

70 Bertram, H.: *Familien leben. Neue Wege zur flexiblen Gestaltung von Lebenszeit, Arbeitszeit und Familienzeit.* Gütersloh 1997, Seite 104

71 Opaschowski, H. W.: *Das Moses-Prinzip. Die 10 Gebote des 21. Jahrhunderts.* Gütersloh 2006, Seite 104

72 *Können Freunde die Familie ersetzen?* In: *Chrismon* 10/2006

73 Siefer, W./Weber, C.: *Ich. Wie wir uns selbst erfinden.* Frankfurt/M. 2006, Seite 31

74 Nimitz-Köster, R.: *Familie ist ein Garten, eine Wüste.* In: *Der Spiegel Wissen* Nr. 1/2009

75 Jungblut, C.: *Ich.* In: *Zeit Wissen* Nr. 1/2005

76 vgl. Sulloway, F. J.: *Der Rebell der Familie.* Berlin 1997

77 *Geschwister.* In: Geo Themenlexikon Band 12: *Psychologie.* Mannheim 2007, Seite 214

78 Jungblut, C.: *Ich.* In: *Zeit Wissen* Nr. 1/2005, Seite 13

79 *Einzelkinder.* In: Geo Themenlexikon Band 12: *Psychologie.* Mannheim 2007, Seite 127

80 *Können Freunde die Familie ersetzen?* Leserbrief in: *Chrismon* 10/2006

81 www.zitate-online.de

82 Nuber, U.: *Die neue Leichtigkeit des Seins. 10 Wege aus dem Alltagsblues.* Bern 2003, Seite 130

83 www.freundschaft-diplomarbeiten.de

84 Wüst, C.: *Internet: Wer mit wem?* In: *Der Spiegel* Nr. 52/2007, Seite 132f.

85 *Der kleine Unterschied: Warum Männer anders sind.* In: http://magazine.web.de./de/themen/wissen/mensch/psychologie/5400, 14.02.2008

86 Musall, B.: *Zwei Leben lang Liebe.* In: *Der Spiegel Wissen* Nr. 1/2009

87 Geo Themenlexikon Band 12: *Psychologie.* Mannheim 2007, Seite 151

88 Harris, J., R.: *Ist Erziehung sinnlos? Die Ohnmacht der Eltern.* Reinbeck 2000

89 vgl. Kapitza, E./Kucklick, C.: *Die hohe Kunst des Helfens.* In: *GEO* Nr. 4/2002

90 vgl. Mainka, I.: *Erziehen üben!* In: *Die Zeit* Nr. 44/2004

91 Gerster, P./Nürnberger, C.: *Der Erziehungsnotstand. Wie wir die Zukunft unserer Kinder retten.* Berlin 2001

92 Gaschke, S.: *Die Erziehungskatastrophe. Kinder brauchen starke Eltern.* München 2001

93 http://www.br-online.de/bayerisches-fernsehen/lesezeichen/michael-winterhoffwarum-unsere-kinder-tyrannen-werden-lesezeichen-2008-03-09-ID1204811039788.xml

94 vgl. Gaschke, S.: *Die Erziehungskatastrophe. Kinder brauchen starke Eltern.* München 2001
95 http://www.br-online.de/bayerisches-fernsehen/lesezeichen/michael-winterhoffwarum-unsere-kinder-tyrannen-werden-lesezeichen-2008-03-09-ID1204811039788.xml
96 vgl. Winterhoff, M.: *Warum unsere Kinder zu Tyrannen werden. Oder: Die Abschaffung der Kindheit.* Gütersloher Verlagshaus, Januar 2008
97 Mainka, I.: *Erziehen üben!* In: *Die Zeit* Nr. 44/2004
98 Mainka, I.: *ebenda*
99 vgl. Kapitza, E./Kucklick, C.: *Die hohe Kunst des Helfens.* In: *GEO* Nr. 4/2002
100 Dinkmeyer, D. et al.: *Parenting Young Children. Systematic Training for Effective Parenting (STEP) of Children under Six.* 1997
101 vgl. Kapitza, E./Kucklick, C.: *Die hohe Kunst des Helfens.* In: *GEO* Nr. 4/2002
102 Klages, H.: *Brauchen wir eine Rückkehr zu traditionellen Werten?* In: *Aus Politik und Zeitgeschichte,* Band 29/2001, Seite 10ff.
103 Eikelpasch, R./Rademacher, C.: *Identität.* Bielefeld 2004, Seite 30
104 Münk, K.: *Und morgen bringe ich ihn um! Als Chefsekretärin im Top-Management.* Berlin 2006
105 *Die Zeit* Nr. 43/2006
106 vgl. Breitscheidel, M.: *Abgezockt und totgepflegt. Alltag in deutschen Pflegeheimen.* Berlin 2007
107 Nuber, U.: D*ie neue Leichtigkeit des Seins. 10 Wege aus dem Alltagsblues.* Bern 2003, Seite 179
108 Pötzl, N. F.: *Die Rushhour des Lebens.* In: *Spiegel Special* Nr. 8/2002, Seite 70
109 Tietz, J.: *Unternehmen Jugendwahn.* In: *Spiegel Special* Nr. 8/2006, Seite 84
110 www.fes.de: *Gesellschaft im Reformprozess.* Studie der Friedrich-Ebert-Stiftung, 2006
111 Beck, U.: *Schöne neue Arbeitswelt. Vision: Weltbürgergesellschaft.* Frankfurt 1999, Seite 94ff.
112 Eikelpasch, R./Rademacher, C.: *Identität.* Bielefeld 2004, Seite 33f.
113 Sennett, R.: *Der flexible Mensch. Die Kultur des neuen Kapitalismus.* Berlin 1998, Seite 31
114 Sennett, R.: *ebenda,* Seite 182
115 Zistl, S.: *Nomaden der Chip-Welt.* In: *Focus* Nr. 12/2007, Seite 50f.
116 Friebe, H./Lobo, S.: *Wir nennen es Arbeit.* München 2006
117 Sher, B./Smith, B.: *Ich könnte alles tun, wenn ich nur wüsste, was ich will.* München 2006, Seite 219
118 Sher, B./Smith, B.: *ebenda,* Seite 40
119 Schmidt T. E.: *Reden über die Unbenennbaren.* In: *Die Zeit* Nr. 43/2006
120 http://pisa.ipn.unikiel.de/Pisa2003_E_Zusammenfassung.pdf
121 vgl. Sinus Sociovision: *Sinus Milieus in Deutschland. Die Struktur unserer Gesellschaft 2020*
122 Sennett, R.: *Der flexible Mensch. Die Kultur des neuen Kapitalismus.* Berlin 1998, Seite 119
123 Berger, P. A.: *Kommunikation ohne Anwesenheit. Ambivalenzen der postindustriellen Wissensgesellschaft.* In: Rademacher, C./Schroer, M./Wiechens P. (Hrsg.): *Spiel ohne Grenzen? Ambivalenz der Globalisierung.* Opladen 1999, Seite 157

124 Studie der Friedrich-Ebert-Stiftung: *Gesellschaft im Reformprozess.* 2006, www.fes.de
125 vgl. Sinus Sociovision: *Sinus Milieus in Deutschland. Die Struktur unserer Gesellschaft 2006*
126 Studie der Friedrich-Ebert-Stiftung: *Gesellschaft im Reformprozess.* 2006, www.fes.de
127 Schmidt T. E.: *Reden über die Unbenennbaren.* In: *Die Zeit* Nr.43/2006
128 Evangelische Kirche in Deutschland: *Reichtum und Armut als Herausforderung für kirchliches Handeln.* 2002, Kapitel 5
129 vgl. Sinus Sociovision: *Sinus Milieus in Deutschland. Die Struktur unserer Gesellschaft 2006*
130 Schnabel, U.: *Alles Wissbare hat Grenzen.* In: *Die Zeit* Nr. 20/2005
131 vgl. Althusser, L.: *Ideologie und ideologische Staatsapparate.* 1997
132 vgl. Foucault, M.: *Überwachen und Strafen.* Frankfurt/M. 1976
133 *Das Ich ist eine Einbahnstraße.* In: *Der Spiegel* Nr. 35/2007
134 vgl.: Welzer, H.: *Täter: Wie aus ganz normalen Menschen Massenmörder werden.* Frankfurt 2007
135 *Die Zeit* Nr. 46/2006
136 Grass, G.: *Werdet laut und deutlich!* In: *Die Zeit* Nr. 4/2008
137 Miegel, M.: *Epochenwende.* Berlin 2005, Seite 109f.
138 Gergen, K. J.: *Das übersättigte Selbst. Identitätsprobleme im heutigen Leben.* Heidelberg 1996, Seite 30
139 Krockow, Graf von, C.: *Vom lohnenden Leben.* Stuttgart 1996, Seite 115
140 *Deutschland nur Mittelmaß.* Internationaler *Unicef*-Bericht zur Situation der Kinder in Industrieländern. www.unicef.de/4264.html
141 Untersuchung des *Allensbacher Instituts für Demoskopie*, 2006
142 Silbereisen, R. K. et al.: *Jungsein in Deutschland.* Opladen 1997, Seite 123
143 Traub, R.: *Die Rückkehr des Glaubens.* In: *Spiegel Special* Nr. 9/2006, Seite 11
144 Randow, G.: *Wie Jesus auf das T-Shirt kam.* In: *Die Zeit* 6. April 2000
145 vgl. Tönnies, F.: *Geist der Neuzeit.* 1935/1998
146 Wolf, N.: *Worauf warten wir? Ketzerische Gedanken zu Deutschland.* Reinbeck 2006, Seite 139f.
147 vgl. Victor, B.: *Beten im Oval Office.* München 2005
148 Bahnsen, U./Schnabel, U.: *Glauben ist mehr als ein Körperzustand.* In: *Die Zeit* Nr. 20/2005
149 vgl. Ratzinger, J.: *Einführung in das Christentum. Vorlesungen über das Apostolische Glaubensbekenntnis.* München 2000
150 *Was war eine Stunde vor dem Urknall?* In: *Zeit Wissen* Nr. 1/ 2007, Seite 3
151 Schnabel, U.: *Warum Menschen glauben.* In: *Die Zeit* Nr. 20/2005
152 Schnabel, U.: *ebenda*
153 Bolz. N.: *Die Sinngesellschaft.* Düsseldorf 1997, Seite 127
154 Rosenkranz, S.: *Madame Pompadour.* In: *Stern* Nr. 30/2008
155 *Bild München*, 10. Juli 2006
156 Anderson, B.: *Die Erfindung der Nation. Zur Karriere eines folgenreichen Konzepts.* Frankfurt/M. 1988, Seite 15
157 Eikelpasch, R./Rademacher, C: *Identität.* Bielefeld 2004, Seite 69
158 Hobsbawm, E./Ranger, T.: *The Invention of Tradition.* Cambridge 1983

159 Deth, van, J.: *Wertewandel im internationalen Vergleich. Ein deutscher Sonderweg?* In: *Aus Politik und Zeitgeschichte*, Band 29/2001, Seite 24
160 Büscher, W.: *Der Limes-Effekt.* In: *Die Zeit* Nr. 42/2005
161 Belwe, A.: *Gute Jahrgänge in Sicht?* In : *PM* Nr. 1/2008
162 Belwe, A.: *ebenda*
163 Bohnenkamp, B.: *Das Ende der Generationen?* In: *GDI Impuls* Nr. 3/2008
164 *Wir werden immer unberechenbarer.* Ein Gespräch mit dem Soziologen und Erforscher von Jugendszenen Ronald Hitzler. In: *GDI Impuls* Nr. 3/2008
165 Spitzer, M.: *Vorsicht Bildschirm! Elektronische Medien, Gehirnentwicklung, Gesundheit und Gesellschaft.* München 2006, Seite 79
166 Siefer, W./Weber, C.: *Ich. Wie wir uns selbst erfinden.* Frankfurt/M. 2006, Seite 294
167 Spitzer, M.: *Vorsicht Bildschirm! Elektronische Medien, Gehirnentwicklung, Gesundheit und Gesellschaft.* München 2006, Seite 274
168 Twitchell, JB.: *Adcult USA. The triumph of advertising in American Culture. Columbia University Press.* New York 1996, Seite 2
169 Schierl, T.: *Werbung im Fernsehen. Eine medienökonomische Untersuchung zur Effektivität und Effizienz werblicher TV-Kommunikation.* Köln 2003, Seite 33
170 Spitzer, M.: *Vorsicht Bildschirm! Elektronische Medien, Gehirnentwicklung, Gesundheit und Gesellschaft.* München 2006, Seite 7
171 http://www.wdr.de/tv/quarks/sendungsbeitraege/2008/0729/005_unfall.jsp, 30.07.2008
172 *Quarks & Co.* In: WDR, Sendung vom 29.07.2008
173 Steffens, M.: *Das Geschäft mit der Nachricht.* München 1971, Seite 9ff.
174 Possmeyer, I.: *Warum uns Zuversicht beflügelt.* In: Geo Themenlexikon Band 13: *Psychologie.* Mannheim 2007, Seite 896ff.
175 Bolz, N.: *Die Sinngesellschaft.* Düsseldorf 1997, Seite 174f.
176 Ippen, D.: *Das Gemüt des Lesers erreichen*

V. Identitätsarbeit heute

1 Nuber, U.: *Die neue Leichtigkeit des Seins. 10 Wege aus dem Alltagsblues.* Bern 2003, Seite 69f.
2 Nuber, U.: *ebenda*, Seite 20f.
3 Nuber, U.: *ebenda*, Seite 50
4 vgl. Shell (Hrsg.): *Jugend 2000. 13. Shell Jugendstudie.* 2 Bände, Opladen 2000
5 Eickelpasch, R./Rademacher, C.: *Identität.* Bielefeld 2004, Seite 5
6 Kellner, H./Heuberger, F.: *Zur Rationalität der »Postmoderne« und ihrer Träger.* In: Soeffner, H.-G. (Hrsg): *Kultur und Alltag. Soziale Welt.* Sonderband 6, Göttingen 1988, Seite 334
7 Keupp, H.: *Diskursarena Identität: Lernprozesse in der Identitätsforschung.* In: Keupp, H./Höfer, R. (Hrsg.): *Identitätsarbeit heute.* Frankfurt/M. 1997, Seite 163
8 zit. nach Hall, S.: *Die Frage der kulturellen Identität.* In: Ders. *Ausgewählte Schriften.* Bd. 2, Hamburg 1994: Argument, Seite 181
9 Fritz, J.: *Ich chatte also bin ich.* http://www.bpb.de/themen/YBL3QW.html. 2005, Seite 10
10 Keupp, H.: *Diskursarena Identität: Lernprozesse in der Identitätsforschung.* In: Keupp, H./Höfer, R. (Hrsg.): *Identitätsarbeit heute.* Frankfurt/M. 1997, Seite 167

11 Keupp, H.: *ebenda,* Seite 22

12 Bilden, H.: *Das Individuum – ein dynamisches System vielfältiger Teil-Selbste.* In: Keupp, H./Höfer, R. (Hrsg.): *Identitätsarbeit heute.* Frankfurt/M. 1997, Seite 228

13 Fritz, J.: *Ich chatte also bin ich.* http://www.bpb.de/themen/YBL3QW.html. 2005, Seite 11

14 Fritz, J.: *ebenda*

15 Ferchhoff, W.: *Identitätsbildung im Umgang mit neuen Medien.* In: *Deutsche Jugend 1.* 1997, Seite 34

16 Weber, C./Peters, M.: *Achtung Bildschirm.* In: *Focus* Nr. 12/2007, Seite 87

17 vgl. Döring, N.: *Identität+Internet=virtuelle Identität?* In: *Forum Medienethik* Nr. 2/2000 http://www.forum-medienethik.de

18 *Exhibitionismus leicht gemacht.* Interview mit Norbert Bolz. In: *Der Spiegel* Nr. 29/2006

19 vgl.: Döring, N.: *Sozialpsychologie des Internet. Die Bedeutung des Internet für Kommunikationsprozesse, Identitäten, soziale Beziehungen und Gruppen.* Göttingen 1999

20 vgl. Turkle, S: *Leben im Netz – Identität in Zeiten des Internet.* Reinbeck 1998

21 Siefer, W./Weber, C.: *Ich. Wie wir uns selbst erfinden.* Frankfurt/M. 2006, Seite 122

22 Fritz, J.: *Ich chatte also bin ich.* http://www.bpb.de/themen/YBL3QW.html. 2005, Seite 18f.

23 Turkle, S.: *Leben im Netz. Identität in Zeiten des Internet.* Reinbeck 1998, Seite 378ff.

24 Turkle, S.: *ebenda,* Seite 429

25 *Online-Welt Second Life – Und welche Maske trägst du?* In: http://magazine.web.de/de/themen/digitale-welt/internet/web-trends, 12.03.2007

26 Fritz, J.: *Ich chatte also bin ich.* http://www.bpb.de/themen/YBL3QW.html. 2005, Seite 13

27 Stillich, S.: *Unter Trollen.* In: Wie das Internet unsere Kultur verändert. Beilage zu *Die Zeit* Nr. 21, Mai 2008

28 Cypra, O.: *Warum spielen Menschen in virtuellen Welten? Eine empirische Untersuchung zu Online-Rollenspielen und ihren Nutzern.* Diplomarbeit Uni Mainz (2005) Internet vom 07.02.2006: http//www.staff.uni-mainz.de/cyprao/

29 Fritz, J.: *Ich chatte also bin ich.* http://www.bpb.de/themen/YBL3QW.html. 2005, Seite 19f.

VI. Selbstbestimmung

1 vgl. Deci, E. L./Ryan, R. M.: *Intrinsic motivation and self-determination in human behavior.* New York, 1985

2 Klein, S.: *Die Glücksformel oder wie die guten Gefühle entstehen.* Reinbek 2002, Seite 274

3 Schäfer, S./Wolff, P.: *Der Fluch des Goldes.* In: *SZ Wissen* Nr. 12/2006, Seite 25

4 vgl. Sapolsky, R.: *Warum Zebras keine Migräne kriegen.* München 1998

5 Siefer, W./Weber, C.: *Ich. Wie wir uns selbst erfinden.* Frankfurt/M. 2006, Seite 123

6 vgl. Fromm, E.: *Über den Ungehorsam.* München 1985

7 Ostermann, Ä.: *Zivilcourage – eine demokratische Tugend. Test für Demokratiefähigkeit einer Gesellschaft.* In: *HSFK – Standpunkte* 1998/I, Seite 7

8 Darnstädt, T./Lakotta, B.: *Von Menschen und Monstern.* In: *Der Spiegel* Nr. 19/2008

9 Darnstädt, T./Lakotta, B.: *ebenda*
10 3sat.online: *Schuldig oder krank* http://www.3sat.de/neues/sendungen/magazin/131873/index.html
11 Siefer, W./Weber, C.: *Ich. Wie wir uns selbst erfinden.* Frankfurt/M. 2006, Seite 175
12 Bieri, P.: *Das Handwerk der Freiheit. Über die Entdeckung des eigenen Willens.* München 2001
13 Mechsner, F.: *Wie frei ist unser Wille?* In: Geo Themenlexikon Band 14: *Philosophie.* Mannheim 2007, Seite 424
14 Mechsner, F.: *ebenda,* Seite 427
15 Mechsner, F.: *ebenda,* Seite 435
16 Willenbrock, H.: *Das Geheimnis der guten Wahl.* In: *Geo* Nr. 8/2008
17 Geo Themenlexikon Band 13: *Psychologie.* Mannheim 2007, Seite 677
18 vgl. Bandura, A.: *Self-efficacy.* In V. S. Ramachaudran (ed.) *Encyclopedia of human behaviour* (Vol. 4, pp. 71-81), New York 1994 und Bandura, A.: *Self-efficacy: The exercise of control.* New York 1997
19 *Hirntraining: So bleibt Ihr Geist topfit.* In: *Bunte* Nr. 33/2008
20 Hein, T.: *Das kommt den Chinesen spanisch vor.* In: *Die Zeit* Nr. 41/2004
21 vgl. Kloss, T./Mörchen, P./Naas, C.: *Ambiguitätstoleranz und Stereotypie. Fragebogenuntersuchung zum Zusammenhang zwischen den Konstrukten »Ambiguitäts(in)toleranz« und Bedürfnis nach kognitiver Geschlossenheit.* Fernuniversität Hagen, Institut für Psychologie, 2005
22 Webster, D. M./Kruglanski, A. W.: *Cognitive and social consequences of the need for cognitive closure.* In: *European Review of Social Psychology* 8/1998, Seite 133ff.
23 vgl. Krappmann, L.: *Soziologische Dimensionen der Identität.* Stuttgart 1993
24 Österreichische Akademie der Wissenschaften: *Kommunikationsverlust im Informationszeitalter.* Abschlusserklärung der Wiener Konferenz vom 26.–28. November 1998
25 *Online-Welt Second Life – Und welche Maske trägst du?* In: http://magazine.web.de/de/themen/digitale-welt/internet/web-trends, 12.03.2007
26 Greverus, I.-M.: *Die anderen und ich.* Darmstadt 1995, Seite 219
27 Haegele, A.: *Ist Gewalt tatsächlich männlich?* In: Geo Themenlexikon Band 13: *Psychologie.* Mannheim 2007, Seite 913
28 Haegele, A.: *ebenda,* Seite 914
29 Sack-Hauchwitz, A.: *Zu männlicher und weiblicher Konfliktbereitschaft, Genderperaspekten und Diversity.* In: *Kriminologische Studienwoche der Universität Hamburg, 7.-11. März 2005*
30 Mead, H.: *Mind, Self & Society.* Chicago 1934, Seite 150, 254
31 Haegele, A.: *Ist Gewalt tatsächlich männlich?* In: Geo Themenlexikon Band 13: *Psychologie.* Mannheim 2007, Seite 919
32 Salovey, P./Mayer, J. D.: *Emotional Intelligence. Imagination, Cognition and Personality,* 9. Seite 185ff.
33 vgl. Goleman, D.: *Emotionale Intelligenz.* München 1999
34 Goleman, D./Griese. F.: *EQ2. Der Erfolgsquotient.* München 1999, Seite 387
35 Finger, E.: *Verzettelt im Netz.* In: *Die Zeit* Nr. 21, *Wie das Internet unsere Kultur verändert,* Mai 2008
36 Hornung, F./Müller, M./Weingarten, S.: *Die Daten-Sucht.* In: *Der Spiegel* Nr.33/2008

37 Hornung, F./Müller, M./Weingarten, S.: *ebenda*
38 vgl. Gapski, H.: *Medienkompetenz. Eine Bestandsaufnahme und Vorüberlegungen zu einem systemtheoretischen Rahmenkonzept.* Wiesbaden 2001
39 vgl. Baacke, D.: *Medienpädagogik.* Tübingen 1996
40 vgl. Röll, F. J.: *Pädagogik der Navigation. Selbstgesteuertes Lernen durch Neue Medien.* München 2003 und Baacke, D./Röll, F. J.: *Weltbilder. Wahrnehmung. Wirklichkeit. Der ästhetisch organisierte Lernprozess.* Opladen 1995
41 Hornung, F./Müller, M./Weingarten, S.: *Die Daten-Sucht.* In: *Der Spiegel* Nr. 33/2008
42 Umfrage der *IHRES-Marketingforschung,* Düsseldorf 1998
43 Allensbach-Untersuchung, zitiert von dpa am 21.1.1998
44 Allensbacher Archiv, *IFD-Umfragen* 078-6020 und 1019-5069. 1998
45 Wittchen, H.-U.: *Die Studie Depression 2000.* In: *Fortschritte der Medizin.* Sonderheft 1/2000
46 Cross-National Collaborative Group: *The changing rate of major depression.* JAMA 268 (Bd.21) 1992, Seite 3098f.
47 Geo Themenlexikon Band 12: *Psychologie.* Mannheim 2007, Seite 228
48 Klein, S.: *Die Glücksformel oder wie die guten Gefühle entstehen.* Reinbek 2002, Seite 48
49 Klein, S.: *ebenda,* Seite 87
50 Nuber, U.: *Die neue Leichtigkeit des Seins. 10 Wege aus dem Alltagsblues.* Bern 2003, Seite 22
51 Wolff, P.: *Glück durch Geld ist eine Illusion.* Interview mit D. Kahnemann. In: *SZ-Wissen* Nr. 11/2006
52 Diener, E. et al.: *Happiness of the very wealthy.* In: *Social Indicators Research* 16. 1985, Seite 263ff.
53 Krausser, H.: *Eros.* Köln 2006, Seite 117
54 vgl. Montaigne: *Essais.* Frankfurt 2001
55 Schäfer, S./Wolf, P.: *Der Fluch des Goldes.* In: *SZ-Wissen* Nr. 12/2006
56 Schulze, G.: *Die Erlebnisgesellschaft. Kultursoziologie der Gegenwart.* Frankfurt/M.–New York 1992
57 Wolff, P.: *Glück durch Geld ist eine Illusion.* Interview mit D. Kahnemann. In: *SZ-Wissen* Nr. 11/2006
58 Schäfer, S./Wolf, P.: *Der Fluch des Goldes.* In: *SZ-Wissen* Nr. 12/2006
59 Geo Themenlexikon Band 12: *Psychologie.* Mannheim 2007, Seite 228
60 Schäfer, S./Wolf, P.: *Der Fluch des Goldes.* In: *SZ-Wissen* Nr. 12/2006
61 Göbel, E.: *Glücklich wie nie.* In: *Die Zeit* Nr. 30/2008
62 Wolff, P.: *Glück durch Geld ist eine Illusion.* Interview mit D. Kahnemann. In: *SZ-Wissen* Nr. 11/2006
63 vgl. Geo Themenlexikon Band 12: *Psychologie.* Mannheim 2007
64 Nuber, U.: *Die neue Leichtigkeit des Seins. 10 Wege aus dem Alltagsblues.* Bern 2003, Seite 187
65 Sher, B./Smith, B.: *Ich könnte alles tun, wenn ich nur wüsste, was ich will.* München 2006, Seite 12f.
66 Sher, B./Smith, B.: *ebenda,* Seite 27f.
67 vgl. Sennett, R.: *Der flexible Mensch. Die Kultur des neuen Kapitalismus.* Berlin 1998
68 vgl. Zschirnt, C.: *Keine Sorge, wird schon schiefgehen.* München 2005

69 Sher, B./Smith, B.: *Ich könnte alles tun, wenn ich nur wüsste, was ich will.* München 2006, Seite 143f.
70 Nuber, U.: *Die neue Leichtigkeit des Seins. 10 Wege aus dem Alltagsblues.* Bern 2003, Seite 186
71 Siefer, W./Weber, C.: *Ich. Wie wir uns selbst erfinden.* Frankfurt/M. 2006, Seite 293
72 Bolz, N.: *Die Sinngesellschaft.* Düsseldorf 1997, Seite 119
73 Bolz, N.: *ebenda*, Seite 63
74 Nuber, U.: *Die neue Leichtigkeit des Seins. 10 Wege aus dem Alltagsblues.* Bern 2003, Seite 60, 117
75 *Hat das Leben einen Sinn?* In: *Die Zeit* Nr. 16/2004
76 vgl. Jantsch, E.: *Die Selbstorganisation des Universums: Vom Urknall zum menschlichen Geist.* München 1979
77 vgl. Lübbe, H.: *Im Zug der Zeit.* Berlin 1992
78 Siefer, W./Weber, C.: *Ich. Wie wir uns selbst erfinden.* Frankfurt/M. 2006, Seite 293
79 *Hat das Leben einen Sinn?* In: *Die Zeit* Nr. 16/2004
80 *ebenda*
81 Sher, B./Smith, B.: *Ich könnte alles tun, wenn ich nur wüsste, was ich will.* München 2006, Seite 148
82 Defoe, D.: *Robinson Crusoe.* München 2005, Seite 73f. Englische Originalausgabe: *The life and strange surprising adventures of Robinson Crusoe.* 1719
83 Nuber, U.: *Die neue Leichtigkeit des Seins. 10 Wege aus dem Alltagsblues.* Bern 2003, Seite 94
84 Lehr, U.: *Subjektiver und objektiver Gesundheitszustand im Lichte von Längsschnittstudien.* In: *Medizin, Mensch und Gesellschaft* 7. 1982, Seite 241ff.
85 Nuber, U.: *Die neue Leichtigkeit des Seins. 10 Wege aus dem Alltagsblues.* Bern 2003, Seite 117
86 Havinghurst, R. J.: *Successfull aging.* In: *The Gerontologist 1.* 1961, Seite 4ff.
87 Wolf, N.: *Worauf warten wir? Ketzerische Gedanken zu Deutschland.* Reinbeck 2006, Seite 160
88 Miegel, M.: *Epochenwende. Gewinnt der Westen die Zukunft?* Berlin 2005/2007, Seite 224f.
89 Hollweg, P.: *Zufriedenheit ist Charaktersache.* In: *Focus Online* 01.04.07
90 vgl. Emmons, R. A. Shelton, C. M.: *Gratitude and the science of positive psychology.* In: C.R. Snyder, Shane J. Lopez (eD): *Handbook of positive psychology.* Oxford University Press, New York 2002
91 Nuber, U.: *Dankbarkeit. Der Schlüssel zur Zufriedenheit.* In: *Psychologie heute* Nr. 11/2003
92 vgl. Emmons, R. A., Shelton, C. M.: *Gratitude and the science of positive psychology.* In: C.R. Snyder/Shane J. Lopez (eD): *Handbook of positive psychology.* Oxford University Press, New York 2002
93 Nuber, U.: *Dankbarkeit. Der Schlüssel zur Zufriedenheit.* In: *Psychologie heute* Nr. 11/2003)
94 Schiessl, M.: *Heule nicht, handle!* In: *Der Spiegel Wissen,* Nr. 1/2009

Fazit

1 Hall, S.: *Ethnizität: Identität und Differenz*. In: Engelmann, J. (Hrsg.): *Die kleinen Unterschiede. Der Cultural Studies-Reader*. Frankfurt/M. 1999, Seite 83-89

2 Eickelpasch, R./Rademacher, C.: *Identität*. Bielefeld 2004, Seite 10

3 Keupp, H.: *Auf der Suche nach der verlorenen Identität*. In: Keupp, H./Bilden, H. (Hrsg.): *Verunsicherungen*. Göttingen 1989, Seite 64

4 Baumann, Z.: *Unbehagen in der Postmoderne*. Hamburg 1999, Seite 166

5 In: *Geo Wissen* Nr.43/2009

6 Eickelpasch, R./Rademacher, C.: *Identität*. Bielefeld 2004, Seite 118f.

7 Negt, O.: *Arbeit und menschliche Würde*. Göttingen 2002, Seite 530

8 zitiert nach: Glaser, H.: *Kultur und Identitäten*. In: *Aus Politik und Zeitgeschichte* B 50/2001

STICHWORTVERZEICHNIS

PERSONENVERZEICHNIS

1. Auflage

Schutzumschlag: Stefan W. Schimmel
Titelfoto: Corbis
Satz: Dorén + Köster, Berlin
Druck und Bindung: fgb, freiburger graphische betriebe
Printed in Germany

ISBN: 978-3-937989-51-8

www.wjs-verlag.de